U0936047

深圳

中国特色社会主义先行示范区发展报告（2021）

深圳市推进中国特色社会主义先行示范区建设领导小组办公室◎主编

人 民 出 版 社

序　言

支持深圳建设中国特色社会主义先行示范区，是习近平总书记亲自谋划、亲自部署、亲自推动的重大国家战略。2019 年 7 月，习近平总书记主持召开中央全面深化改革委员会第九次会议，审议通过《中共中央、国务院关于支持深圳建设中国特色社会主义先行示范区的意见》（以下简称《意见》），于当年 8 月 18 日公开发布。这是中国特色社会主义又一伟大实践的时代性开启，是广东、深圳发展进程中具有重要里程碑意义的大事，是继兴办经济特区后深圳迎来的又一重大历史性机遇，对广东、深圳改革发展产生极为重大而深远的影响。《意见》发布以来，深圳先行示范区建设全面铺开、纵深推进，各项事业全面发展、全面进步。2020 年 10 月 14 日习近平总书记在庆祝深圳经济特区建立 40 周年大会上赋予深圳新时代历史使命，并宣布支持深圳实施综合改革试点，充分体现出以习近平同志为核心的党中央对深圳改革开放和创新发展寄予厚望。

2021 年是党和国家历史上具有里程碑意义、必将载入史册的一年，也是深圳改革开放、创新发展历史上具有重要意义的一年。深圳先行示范区建设迎来新机遇，2021 年 5 月中央全面依法治国委员会印发《关于支持深圳建设中国特色社会主义法治先行示范城市的意见》，9 月中共中央、国务院印发《全面深化前海深港现代服务业合作区改革开放方案》，同月习近平总书记在中央人才工作会议上提出可以在粤港澳大湾区建设高水平人才高地。2021 年，深圳坚持以习近平新时代中国特色社会主义思想为指导，全面贯彻落实党的十九大和十九届历次全会精神，深入贯彻习近平总书记对广东、深圳系列重要讲话和重要指示批示精神，抢抓“双区”驱动、“双区”叠加、“双改”示范和建设中国特色社会主义法治先行示范城市、粤港澳大湾区高水平人才高地等重大战略机遇，统筹疫情防控和经济社会发展，全面推进中国特色社会主义先行示范区建设，以新气象新担当新作为推动“十四五”实现良好开局，在建党 100 周年交出了优异答卷。

值此党的二十大召开之际，为系统介绍深圳中国特色社会主义先行示范区建设成果，总结一批可复制、可推广的经验，继《深圳中国特色社会主义先行示范区发展报告（2020）》首次公开出版、并取得良好社会反响后，总结 2021 年深圳先行示范区建设经验，我们编制形成《深圳中国特色社会主义先行示范区发展报告（2021）》。报告延续继有的板块，总论篇、五大率先篇、先行示范篇收录年度标志性事件、突破性改革、阶段性成果，国际对标篇以全球视野、世界眼光思考未来发展方向。

当前，我国进入了全面建设社会主义现代化国家、向第二个百年奋斗目标进军的新征程，深圳将更加坚定、更加自觉地扛起习近平总书记和党中央赋予深圳的新时代历史使命，始终牢记党中央创办经济特区、支持深圳建设中国特色社会主义先行示范区的战略意图，立足新发展阶段，贯彻新发展理念，构建新发展格局，努力把习近平总书记亲自擘画的宏伟蓝图变成生动实践，勇当驶向中华民族伟大复兴光辉彼岸的第一艘“冲锋舟”。

目 录

先行示范篇

国际对标篇

总　论　篇

沿着习近平总书记指引方向奋勇前进
全力推动深圳先行示范区建设走深走实

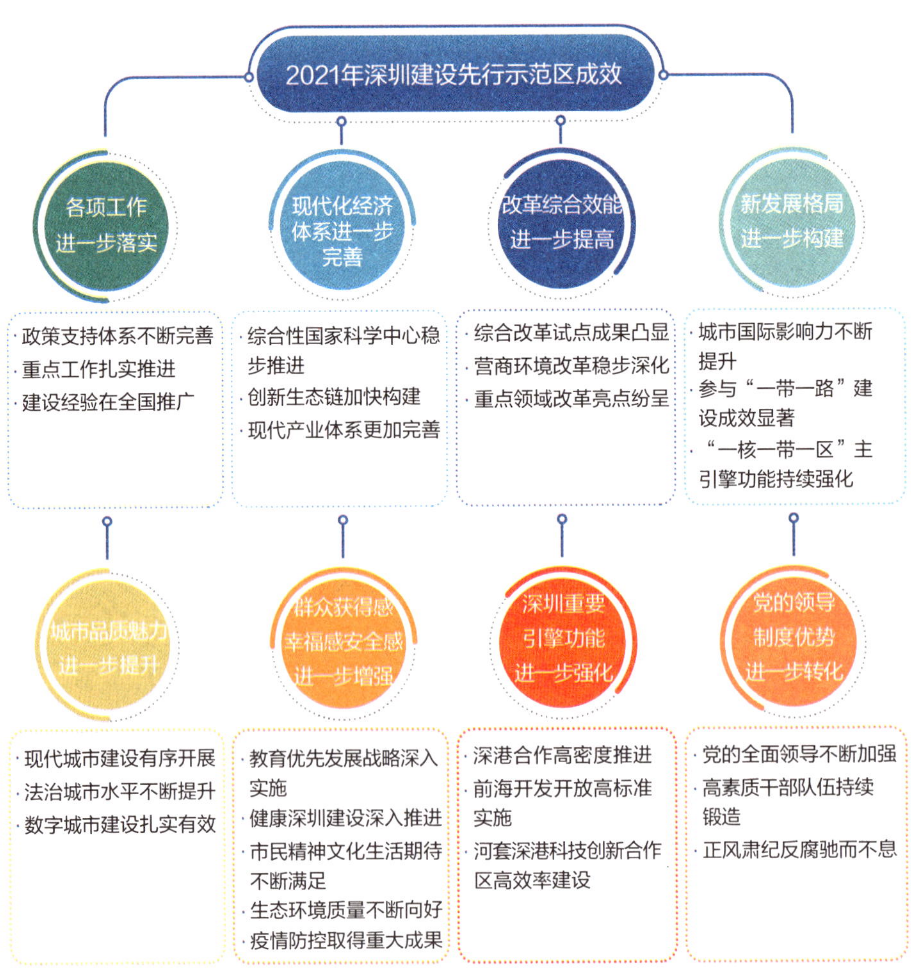

2021年是党和国家历史上具有里程碑意义、必将载入史册的一年，也是深圳先行示范区建设全面发力、纵深推进的关键一年。一年来，深圳牢记嘱托，感恩奋进，深入贯彻习近平总书记出席深圳经济特区建立40周年庆祝大会和视察广东、深圳重要讲话、重要指示精神，坚决落实《中共中央、国务院关于支持深圳建设中国特色社会主义先行示范区的意见》（以下简称《意见》）精神，切实担负起新时代党中央赋予深圳的历史使命，攻坚克难、真抓实干，全力推动先行示范区建设取得新成效。

一、以深圳先行示范区建设为总牵引、总要求，各项工作进一步落实

深圳坚决落实“双区”建设主体责任，围绕先行示范区建设目标及战略定位，对重大任务进行台账式管理、项目式实施、节点式推进落实。截至2021年底，《意见》提出的56项重点任务中，推动探索知识产权证券化、实行更加开放便利的境外人才引进和出入境管理制度等11项任务已经完成，规范有序建设知识产权和科技成果产权交易中心、加快建设全球海洋中心城市等45项任务取得重大进展。

（一）深圳先行示范区建设政策支持体系不断完善

继2019年8月18日《意见》正式发布后，2021年9月6日，党中央、国务院又印发实施《全面深化前海深港现代服务业合作区改革开放方案》，赋予前海打造全面深化改革创新试验平台、建设高水平对外开放门户枢纽的使命，为深圳先行示范区建设注入新的强大动力。同年9月底，习近平总书记在中央人才工作会议上强调，“在北京、上海、粤港澳大湾区建设高水平人才高地”，推动粤港澳大湾区建立人才资源竞争优势，为深圳先行示范区建设汇聚磅礴力量。2021年5月，中央全面依法治国委员会正式印发《关于支持深圳建设中国特色社会主义法治先行示范城市的意见》，要求深圳积极探索中国特色法治建设模式和路径，先行先试、引领示范，为建设中国特色社会主义先行

示范区提供坚实法治保障。2021 年 12 月，国家发展改革委批准深圳成为全国首个基础设施高质量发展试点城市，为深圳高质量建设先行示范区提供有力支撑。广东省出台推动前海改革开放若干措施等重要文件，对深圳先行示范区建设给予鼎力支持。

（二）深圳先行示范区建设重点工作扎实推进

建立完善深圳先行示范区建设工作机制，整合市委推进粤港澳大湾区建设领导小组、市推进中国特色社会主义先行示范区建设领导小组，组建“双区”建设领导小组，提升议事协调效率。精心谋划，于阳历新年、农历新年、市第七次党代会后第一时间及《意见》发布 2 周年前夕等关键时间节点，组织召开领导小组会议，全年共审议 26 项重大议题，其中，中国特色社会主义先行示范区节水典范城市工作方案、光明科学城总体发展规划等 24 项已经完成，推动数据中心建设、建设国际创新产业信息服务平台等 2 项持续推进，有力推动先行示范区建设。聚焦深圳先行示范区建设阶段性目标，制定出台深圳“十四五”发展规划纲要，同步编制 54 项专项规划，推动深圳先行示范区建设各项战略任务落实落细。制定实施先行示范区建设 2021 年工作要点，进一步细化各项重点任务进度安排和落实举措。

（三）深圳先行示范区建设经验在全国推广

国家发展改革委印发《关于推广借鉴深圳经济特区创新举措和经验做法的通知》，在总结深圳经济特区已复制推广经验的基础上，系统梳理总结党的十八大以来深圳在建立“基础研究 + 技术攻关 + 成果产业化 + 科技金融 + 人才支撑”全过程创新生态链、建立健全促进实体经济高质量发展的体制机制等 5 方面 47 条创新举措和经验做法，向全国公开推广，深圳先行示范作用进一步彰显。《深圳中国特色社会主义先行示范区建设发展报告（2020）》由人民出版社首次出版并面向全国公开发行，系统介绍深圳先行示范区建设成效，总结一批可复制可推广的经验。在《意见》印发 2 周年之际，人民日报、新华社、南方日报、深圳特区报等国家、省、市媒体对深圳先行示范区建设成效进行宣传报道，中央电视台《新闻联播》栏目播出，进一步凝聚深圳先行示范区建设合力。

建立“基础研究+技术攻关+成果产业化+科技金融+人才支撑”全过程创新生态链

- 率先形成基础研究长期持续稳定投入机制
- 建立关键核心技术攻关新机制
- 建立科技成果“沿途下蛋”高效转化机制
- 发挥政府投资杠杆作用组建早期创业投资引导基金
- 建立科技人员双向流动制度
- 重构市场导向的人才分类评价激励体系
- 构建以“四个90%”为鲜明特点的企业创新生态
- 支持企业和战略科研平台组建创新联合体

建立健全促进实体经济高质量发展的体制机制

- 推动产业链“全链条、矩阵式、集群化”发展
- 划定“区块线”保障工业发展空间
- “联合建楼”让企业降成本共成长
- 建设符合产业需求的高品质产业空间
- 实施“5G+工业互联网”工程
- 打造“深i企”政策精准直达企业服务平台
- 促进诚信市场主体“经济再生”
- 建立企业除名和依职权注销制度
- “小错免罚”包容柔性执法
- 推出“秒报秒批一体化”智慧审批

构建以规则机制衔接为重点的制度型开放新格局

- 探索粤港澳大湾区法律规则衔接
- 创新机制建设国际仲裁高地
- 率先形成最严格的知识产权保护体系
- 允许香港建筑业专业机构及人士在深提供服务
- 运用“互联网+”放大便利化通关模式优势
- 促进财政科研资金跨境便利流动
- 打通国企“资本结构优化-公司治理强化-选人用人市场化”改革链条
- 探索创新大湾区标准化协同机制

创新优质均衡的公共服务供给体制

- 率先出台《深圳经济特区健康条例》
- 创新构建“两融合、一协同”的整合型医疗卫生服务体系
- 集团化办学推动优质教育“遍地开花”
- 率先建立职业教育产教深度融合模式
- “圳品”全链条守护“舌尖上的安全”
- 百姓“点菜”政府“买单”的民生微实事
- 建立民有所呼、我有所应的民生诉求响应机制
- 率先创建儿童友好城市
- 推进“图书馆之城”建设

创新推动城市治理体系和治理能力现代化

- 创建国家生态文明建设示范区
- “全流域、全要素、全联动”推进水污染治理
- 打造“公园里的城市”
- 公共部门牵引推动全社会绿色发展
- 创新生活垃圾分类与处理设施建设模式
- 多元共治让基层社会治理迸发新活力
- 创新防疫模式打造社区抗击疫情典范
- “红马甲”扮靓志愿者之城
- “越深圳，越国际”打造国际化街区
- 构建城市生命周期安全管理体系
- 牢牢拧紧小散工程和零星作业“安全阀”
- 强化防灾减灾救灾体系建设

深圳 5 方面 47 条创新举措和经验做法

二、以新发展理念为指引，现代化经济体系进一步完善

在全球疫情持续蔓延、国际形势复杂多变等不利影响下，深圳厚植发展基础雄厚、产业体系完备、市场空间广阔等优势，坚持发展是第一要务、人才是第一资源、创新是第一动力，推动经济运行稳中提质、产业竞争力持续增强。

（一）综合性国家科学中心稳步推进

加强综合性国家科学中心顶层设计，出台实施大湾区综合性国家科学中心先行启动区实施方案、光明科学城“六重”五年行动计划等政策文件。重大科技基础设施建设全面加速，合成生物研究、脑解析与脑模拟设施土建工程主体结构全面封顶。依托重大科技基础设施，一体化布局产业创新中心，打造国内首个“楼上楼下”创新创业综合体。截至 2021 年底，深圳市工程生物产业创新中心已投入运营，13 家企业已入驻。探索建立重大科技基础设施开放共享机制，搭建开放共享服务平台。

（二）创新生态链加快构建

突出加强源头创新，鹏城实验室石壁龙园区一期启动建设，“鹏城云脑Ⅱ”完成主体建设并开展试运行。基础研究取得高质量成果，获 2020 年度国家科

学技术奖13项，广东省科学技术奖53项，获奖数和一等奖数均创历史新高。深入开展核心技术攻关，累计立项支持技术攻关重点项目159个。全社会研发投入占地区生产总值比重5.49%。出台进一步促进科技成果产业化38条措施，试行赋予科研人员职务科技成果所有权或长期使用权。发行知识产权证券化产品金额55亿元，规模居全国首位。推动人才R字签证、出入境和停居留便利等措施落地实施，新增全职院士20人，在站博士后首次突破5000人，形成“聚天下英才而用之”的良好态势。

（三）现代产业体系更加完善

围绕构建面向未来的现代化产业体系，制定20个战略性新兴产业和8个未来产业发展行动计划、规划布局20大先进制造业园区，“一群一策”打造优势产业集群。战略性新兴产业增加值增长6.7%，规模达1.21万亿元，占地区生产总值比重达39.6%。先进制造业加快发展，19家企业入选“全国制造业单项冠军”，5G中高频器件创新中心获批国家级制造业创新中心。企业生态进一步完善，新增1家世界500强企业、38家境内外上市企业。双港物流发展迅速，深圳港南山港区妈湾智慧港、小漠国际物流港一期投入运营。机场卫星厅建成使用，深圳机场航班时刻高峰小时容量标准提升至60架次，位于国内双跑道机场之首。申报国家民用无人驾驶航空试验区，在坪山、龙岗开设8条无人机末端配送航线。

三、以全面深化改革为动力，改革综合效能进一步提高

作为改革的排头兵、试验田，深圳坚持在更高起点、更高层次、更高目标上推进改革开放，用好综合改革试点“关键一招”，在要素市场化配置、营商环境优化、资本市场建设、国资国企改革等重要领域实施一批重大改革措施，改革综合效能不断提高。

（一）综合改革试点成果凸显

构建“部省市区”联动、上下互动、高效协同的工作格局，成功争取省里下放经济社会管理权限并出台专项支持举措。召开综合改革试点攻坚推进大会，大力实施《深圳建设中国特色社会主义先行示范区综合改革试点实施方案（2020—2025年）》（以下简称《综合改革试点实施方案》），构建起1个实施方案、1个分工方案、若干专项方案的“1+1+N”落实体系。将实施方案和首批清单细化分解为122项任务，按照“四个一”要求（一个任务对应制定一个方案、一套操作规范、一批应用场景、一套评估体系），逐个事项倒排工期、挂图作战。改革政策红利充分释放，首批40条授权事项全部落地实施，试点取得重要阶段性成果。改革示范效应更加凸显，深圳综合改革试点成效获中央改革办专门推广。

（二）营商环境改革稳步深化

国家营商环境创新试点城市加快建设，研究编制深圳市实施方案和首批事项清单，出台实施深圳经济特区优化营商环境条例、营商环境改革4.0版政策。对标国际先进，提升市场主体办事便利化水平，企业开办、工程建设项目审批、不动产登记、货物通关等时间大幅压缩。截至2021年底，深圳市共有377万户商事主体，商事主体数和创业密度保持全国第一，其中有超过2万家国家高新技术企业、494家境内外上市企业、169家“专精特新”企业。成功举办2021深圳全球招商大会，洽谈签约项目超260个，涉及投资总额超8200亿元，洽谈签约项目和涉及投资总额再创新高。

（三）重点领域改革亮点纷呈

推动深交所改革发展，主板恢复发行上市功能，主板与中小板合并顺利落地，形成以主板、创业板为主体的市场格局。开展基础设施领域不动产投资信托基金（REITs）试点，首批4只基础设施公募REITs顺利上市，市场总体运行平稳。大力实施深圳国企改革三年行动实施方案，提前半年完成国家部署任务，在全国国企改革三年行动评估中获评最优档次 A 级。深圳投控公司、创新投集团、城市交通规划设计研究中心获评全国国有重点企业管理标杆。商业类企业混合所有制改革扎实开展，市场化选人用人、激励约束机制不断完善，深圳国资国企改革创新研究院正式启用。高质量完成市、区深化事业单位改革试点，市属事业单位精简超过 28%、区属事业单位精简超过 31%（均不含学校、医院）。

四、以全面扩大开放为导向，新发展格局进一步构建

深圳始终坚定不移全面扩大开放，抢抓《区域全面经济伙伴关系协定》签署等机遇，加强对外合作交流，积极开拓东盟等"一带一路"沿线市场，配置全球高端要素资源，主动融入"一核一带一区"区域发展格局，对外开放的广度和深度不断拓展。

（一）城市国际影响力不断提升

深化对外交流合作，国际友城总数增至 89 个，国际友好港达到 26 个。高水平举办中国共产党与世界政党领导人峰会深圳会场、世界创新城市论坛等活动。持续推动联合国开发计划署全球政策中心——金融科技与可持续金融中心落地深圳。全力筹建世界创新城市合作组织，2021 年底会员已达 70 个，覆盖全球 21 个国家和地区。金砖国家未来网络研究院中国分院加快建设，承办金砖国家未来网络创新论坛。加快全球海洋中心城市建设，编制海洋发展规划，全面谋划深圳未来 15 年海洋高质量发展道路。加快推动国际海洋开发银行筹建工作，开展相关课题研究。

（二）参与"一带一路"建设成效显著

与"一带一路"沿线国家和地区的经贸合作持续加强，中金岭南多米尼加迈蒙矿采选工程、深圳能源集团加纳燃气联合循环、中国—越南（深圳—海防）经贸合作区等项目纳入国家"一带一路"重大项目，启动深圳—新加坡数字经

济产业合作示范园区项目。推动深圳中欧班列铁路货运大通道建设，“湾区号”中欧班列常态化运行，截至2021年底，累计开行131列，为维护产业链供应链稳定畅通提供有力支撑。港口航运合作不断深化，截至2021年底，深圳港连接“一带一路”沿线国家班轮航线达248条，共完成“一带一路”沿线国家集装箱吞吐量超1600万标箱。

（三）“一核一带一区”主引擎功能持续强化

携手广州“双城联动、比翼双飞”，共同落实基础设施、科技创新、营商环境等7项专项合作协议，推动重点合作项目取得新进展。高水平规划建设深圳都市圈，积极加强与珠江西岸城市发展战略对接，强化与中山、珠海等城市合作交流。促进深圳汕头深度协作、深圳潮州战略协作，签署深圳汕头深度协作框架协议。深汕特别合作区加快建设，规划深汕智造城、深汕湾机器人小镇两大先进制造园区。强化与韶关、梅州等城市生态型产业合作，推动北部生态发展区一批特色优势农产品纳入“圳品”工程。对外联络通道进一步完善，赣深铁路建成通车，深茂铁路深江段、深汕铁路、深大城际等项目开工建设。

五、以治理体系和治理能力现代化为重点，城市品质魅力进一步提升

面临城市治理承压明显、发展空间不足等诸多挑战，深圳坚持以系统观念为指导，统筹城市规划、建设、管理三大环节，着力打造宜居、枢纽、韧性、智慧城市，努力走出一条符合超大型城市特点和规律的治理新路子，推动城市功能品质全方面提升。

（一）现代城市建设有序开展

高水准编制国土空间总体规划，科学优化空间布局。地铁20号线一期开通运营，地铁运营总里程达419.4公里。坪盐通道、沙河西路快速化改造、外环高速二期、南坪快速路二期等项目建成通车，高快速路总里程达600公里。

圆满完成国土空间提质增效计划，拆除消化违法建筑5000万平方米以上。绿色建筑、装配式建筑规模位居全国前列，城市建设质量不断提升。生活垃圾分类回收利用率居全国前列，“蒲公英计划”获全国推广，城中村面貌和治理水平显著提升。打造“公园里的城市”，公园总数达1238个。储粮规模增储至167.3万吨，城市安全底线进一步筑牢。深入推进安全生产专项整治三年行动，未发生重特大安全事故，妥善处置“5·18”赛格大厦震动等较大影响突发事件，实现自然灾害事件“零伤亡”。被列为全国首批城市安全风险综合监测预警平台建设试点城市，监测预警指挥中心正式揭牌运作。

（二）法治城市水平不断提升

用足用好经济特区立法权，出台《深圳经济特区数据条例》《深圳经济特区无障碍城市建设条例》《深圳经济特区生态环境保护条例》等一批全国首创性、引领性法规，推进人工智能、数字经济、细胞和基因、智能网联汽车等新产业新业态新商业模式立法。推进行政复议体制改革，市、区两级地方政府职能部门全部实现本级政府集中管辖行政复议案件。推动个人破产事务有序开展，审结全国首宗个人破产案。加强合规建设顶层设计，深入推进城市合规体系建设。持续开展企业、行业主动合规建设试点，全面推开涉案企业刑事合规司法改革，办理企业合规案件49件，发布首批企业合规典型案例8个，深圳首个“守信合规示范基地”经验在全国推广。全国首家民法主题公园开园，尊法学法守法用法氛围更加浓厚。

（三）数字城市建设扎实有效

全面推广掌上政府、指尖服务、刷脸办事，政务服务事项99.94%实现“最多跑一次”、93.19%实现“不见面审批”，网上政务服务能力连续三年排名全国第一。“i深圳”平台接入8000余项服务，累计注册用户数超5000万。出台加快推进建筑信息模型（BIM）技术应用的实施意见，城市信息模型（CIM）标准体系更加完善。梅林数据中心扩建、市城市大数据中心一期项目开工，建成市政务云一期项目。推动5G创新应用加速落地，建成5G基站5万个，举办全球 5G 创新应用场景展。推进粤港澳大湾区大数据中心一期项目建设，推进主要应用场景展示系统落地。加快数据交易平台建设，完成数据交易规则和技术规范编制，首批数据商组建和交易产品设计进展顺利。国家(深圳・前海)新型互联网交换中心挂牌运营，扎实推进新型基础设施建设试点。

六、以“民生七优”为发展目标，群众获得感幸福感安全感进一步增强

深圳始终践行以人民为中心的发展思想，以解决群众急难愁盼问题为切口，大力实施民生工程和民生实事，努力让发展成果更多、更公平地惠及人民群众，改革发展红利切实转化为民生幸福指数。

（一）教育优先发展战略深入实施

出台促进 3 岁以下婴幼儿照护服务发展实施方案，完成 42 所托幼一体化幼儿园和 28 家具有示范效应的普惠性托育机构建设。获评教育部“基础教育综合改革实验区”“基于教学改革、融合信息技术的新型教与学模式”实验区，入选“智慧教育示范区”创建名单。“双减”工作初见成效，在全国率先全面推行课后服务，证照不齐学科类培训机构实现动态清零。新增基础教育学位 13 万个，坪山高中园正式开建。推进深圳职业技术学院、深圳信息职业技术学院建设中国特色高水平学校和专业群。南方科技大学、深圳大学累计 15 个学科进入 ESI 学科排名世界前 1%，深圳大学新增博士点 7 个、完全新增数量居全国高校首位。中科院深圳理工大学、创新创意设计学院、音乐学院、海洋大学筹建工作加快推进。

（二）健康深圳建设深入推进

公共卫生治理体系加快完善，组建市公共卫生与重大疾病防治工作领导小组，推动社区公共卫生委员会全覆盖。高水平医教研平台加快打造，深圳市医学科学院（筹）注册成立，8 家医院进入国家三级公立医院绩效考核百强，2

家医院进专科类十强，市第三人民医院首次跻身复旦排行榜全国百强医院、结核病学科技量值排行全国第五，新增国家临床重点专科 2 个，新增省高水平医院 2 家、三甲医院 7 家。整合型医疗服务体系加快形成，香港大学深圳医院成为国家公立医院高质量发展和建立健全现代医院管理制度“双试点医院”。印发社区健康服务扩容提质行动计划，社康机构数达到 771 家、全科医生达到 5889 名。加快构建以促进健康为导向的创新型医保制度，出台医疗保障信用评价管理办法。全面实现异地就医普通门诊直接结算，有力减轻异地就医人群“跑腿垫资”负担。

（三）市民精神文化生活期待不断满足

印发《深圳市民文明素养提升行动纲要（2021—2025）》《深圳城市文明建设规划（2021—2035）》，启动实施公共文明提升三年行动计划。注册志愿者人数超过 200 万，开展第十九届关爱行动，成功举办第九届中国慈展会，“慈善之都”“关爱之城”成为城市金字招牌，相助众扶让城市更有温度。推进重大文体设施建设，“新时代十大文化设施”加快规划建设，“十大特色文化街区”改造提升全面完成，各类公共图书馆（室）、自助图书馆已突破千个。深圳工业设计获德国 iF、红点设计大奖数量连续十年居全国首位，“设计之都”城市名片擦得更亮。以线下线上相结合的新模式成功举办第十七届文博会，展出文化产品近 10 万件。加快建设国家队训练基地，中国国际象棋国家队训练基地、中国国家田径队深圳龙岗训练基地、深圳龙岗国家冰球项目训练基地等先后建成启用。不断完善“十分钟健身圈”建设，全年新建 80 个便民利民体育场地设施，配建 30 套室外智能健身器材。创建国家全域旅游示范区，全球最大乐高乐园正式开工，金沙湾国际乐园正式开园，成功申报 4 条粤港澳大湾区文化遗产游径，优化升级“海上看湾区”旅游项目，“大湾区二号”投入运营并成功开通前海湾新航线，“招商伊敦”号作为中国第一艘自主经营管理、悬挂五星红旗的高端游轮正式首航，深圳华侨城旅游度假区获评第一批国家级文明旅游示范单位。

（四）社会保障和社会治理水平不断提升

全面落实就业优先政策，城镇登记失业率2.23%，零就业家庭动态归零。不断完善社会保障体系，推动非深户灵活就业人员以个人身份参加企业职工养老保险。制定出台最低生活保障办法，将最低生活保障范围适度扩大到符合条件的非深户籍家庭成员，提升兜底保障能力。居民最低生活保障、孤儿最低养育、全日制最低工资的标准，均居全国大中城市前列。坚持"房住不炒"，建立完善二手住房成交参考价格发布机制。优化调整住房保障政策体系，加大公共住房建设和供应力度，建设筹集公共住房约8.5万套，供应约4万套，超额完成年度任务。建设青年发展型城市，出台《关于先行示范建设青年发展型城市的实施意见（2021—2025年）》，首个青年发展主题公园立项。建设儿童友好型城市，印发全国首个关于建设儿童友好城市的地方指导性意见和新一轮行动计划。创新思路开展社会治理，"防范化解政治安全风险""防范化解网络安全风险""防范化解社会矛盾风险"等3个项目入选全国市域社会治理现代化试点项目。推广群众诉求服务"光明模式"，建成各级群众诉求服务大厅579个、服务站点226个，做到服务阵地全市覆盖。

（五）生态环境质量不断向好

落实国家和广东省推进碳达峰碳中和工作部署，编制完善"双碳1+1+N"政策体系，成功举办2021碳达峰碳中和论坛暨第九届深圳国际低碳城论坛。聚焦《深圳经济特区绿色金融条例》落地，构建起"1+1+1+N"的绿色金融发展体系，形成绿色金融发展良好生态。全面实施污染防治攻坚收官战，空气质量优良天数比例（AQI优良比率）达96.2%，$PM_{2.5}$平均浓度为17.8微克/立方米，空气质量在全国超大城市中排名第一。159个黑臭水体和1467个小微黑臭水体稳定消黑，小微黑臭整治工作荣获广东省污染防治攻坚战典型案例，大鹏湾、茅洲河入选全国美丽海湾、美丽河湖优秀案例。全面推进节水典范城市建设，用水效率保持全国领先水平。攻坚克难完成"无废城市"建设硬任务，56项指标和100项年度任务如期完成。开展生态环境专项执法"利剑五号"

行动，对违法行为“零容忍”。在环境高风险领域建立环境污染强制责任保险制度，组织环境高风险企业投保。探索实施生态系统服务价值核算制度，完成2020年度GEP核算。

（六）疫情防控取得重大成果

坚持“外防输入、内防反弹”总策略，坚持“动态清零”总方针，快速有效处置“5・21”“6・14”突发疫情，处置经验做法获国家有关部门高度肯定。全面推进大规模人群新冠疫苗接种，成为广东省首个两针都“破千万”城市。坚持科技抗疫，市第三人民医院参与研发的首款国产新冠特效药获批上市，康泰生物新冠疫苗被纳入国家紧急使用，移动核酸检测实验室、5G巡逻机器人等一大批科技抗疫产品和解决方案入选亮相国家“十三五”科技创新成就展“科技抗疫成果”专区。强化深港疫情联防联控，每天为约8000人次的跨境货车司机提供免费核酸检测、健康监测和驿站休息服务。

七、以粤港澳大湾区建设为契机，深圳重要引擎功能进一步强化

深圳坚持以粤港澳大湾区建设为抓手，积极对接香港北部都会区发展策略，强化深港澳一体联动作用、重大平台引领作用、区域辐射带动作用，持续推动与港澳规则衔接、机制对接、设施连接，促进人员、货物等各类要素高效便捷流动，市场一体化水平不断提升。

（一）深港合作高密度推进

健全深港合作专班工作机制，深港19大类、35项专班任务稳步推进。加快打造联通融合的基础设施体系，大湾区城际铁路建设规划获批实施，粤港澳大湾区组合港项目拓展至13个港口。跨境投资贸易更加自由便利，推出“深港通注册易”“深澳通注册易”服务，港澳企业商事登记实现“一网通办”，GoGBA“湾区经贸通”一站式平台正式启动。科研项目财政资金跨境取得突破，

累计向港澳拨付9730万元。粤港澳联合实验室建设进展顺利，已完成“粤港澳智慧城市”等5个联合实验室立项。金融市场互联互通有序推进，跨国公司本外币一体化资金池试点正式启动，深港ETF互通正式开通，粤港澳大湾区“跨境理财通”业务试点落地，成功在香港发行50亿离岸人民币地方政府债券，为内地地方政府境外发债首开先河。积极开展粤港澳合伙联营律师事务所试点工作，截至2021年底，深圳共有合伙联营律师事务所7家。建成粤港澳大湾区第一所深港教育直接融合的示范性学校。推进沙头角深港国际旅游消费合作区建设，中英街品质提升、沙头角口岸重建等核心区项目加快实施。

（二）前海开发开放高标准实施

《全面深化前海深港现代服务业合作区改革开放方案》正式印发，高标准编制上报前海总体发展规划。港资企业集聚发展，前海注册资本1000万美元以上港资企业达2996家，累计实际使用港资超244.7亿美元。持续推出可复制可推广创新经验，新推出制度创新成果75项，累计达685项。助力香港青年创新创业，前海深港青年梦工场累计孵化创业团队555家、其中香港278家，建成梦工场北区，拓展青年创业空间至12万平方米。前海综保区二期成功封关运作，单位面积进出口额位居全国前列。高水平建设前海深港国际金融城，入驻安盛天平、瑞银财富、恒生基金等金融机构145家，港资及外资机构占比超过30%。积极创建信用经济试验区，获批广东省信用建设服务实体经济发展试点。高标准建设前海深港国际法务区，粤港澳大湾区国际仲裁中心正式揭牌，设立中国（深圳）知识产权仲裁中心、中国（深圳）证券仲裁中心和海事仲裁中心。

（三）河套深港科技创新合作区高效率建设

调整完善河套深港科技创新合作区领导小组架构及运行机制，合作区建设推进力度不断加强。深化河套深港科技创新合作区规划政策研究，完善深圳园区发展规划和空间、交通、科技创新专项规划，制定“七重”项目清单。加快落地科研“政策包”，制定选题征集制、团队揭榜制、项目经理制、政企联动制等科研管理六大创新机制实施细则。加快建设深港开放创新中心、深港科创综合服务中心、新皇岗口岸联检大楼和综合业务楼等一批重大项目，合作区开发建设全面铺开。加快聚集国际一流科创资源，5 所香港高校 9 个科研项目相继签约或运营，引入量子信息科学国家实验室深圳基地等重大平台、深港澳芯片联合研究院等 7 个集成电路机构和企业、深圳市第二人民医院前沿科学技术转化医学中心等 7 家生物医药机构和企业。

八、以强化党建引领为保障，党的领导制度优势进一步转化

深圳坚持把抓好党建作为最大政绩和“第一天职”，深入贯彻落实新时代党的建设总要求，强化党建引领，打造城市基层党建“深圳品牌”，营造风清气正的干事氛围，为先行示范区建设提供坚强保障。

（一）党的全面领导不断加强

扎实开展党史学习教育，形成深圳“1+11+N”总体工作思路，实现各领域、各群体、各层级党史学习教育全覆盖。深入开展“我为群众办实事”实践活动，省委督导的 10 项重点民生项目、70 项市委和市政府领导班子“我为群众办实事”重点民生项目清单任务、125 项深圳市“我为群众办实事”重点民生项目清单任务均已完成。投入财政资金 13 亿元实施民生微实事 1.2 万件。迅速兴起学习贯彻落实习近平总书记“七一”重要讲话精神热潮，举办“向党致敬　为党祝福”亮灯庆百年活动。高质量做好市、区领导班子换届，圆满完成村（社区）“两委”换届选举。深入推进党建“标准 + 质量 + 示范”建设，完善“1+10+N”党群服务中心布局和功能建设，实现“党务 + 政务 + 服务”三融合。严格落实党委（党组）意识形态工作责任制，牢牢掌握意识形态工作领导权。

（二）高素质干部队伍持续锻造

构建“知事识人、序事辨材”干部工作体系，通过谋事、干事、成事能力

考察识别干部，掌握市管领导班子和领导干部的干事“全息图像”。组织实施“百名干部破百题”行动，系统梳理难题任务232项，调动216名正处以上干部领衔、529名处科级干部协助，集中专业骨干力量攻坚，锻炼提高干部“七种能力”特别是解决实际问题能力。制定服务先行示范区建设打造高素质专业化特区公务员队伍的若干措施，组织开展服务“双区”建设专项招录公务员工作。出台公务员素质培养“雏鹰计划”，落实“优者奖”激发公务员干事创业热情，积极开展争做“人民满意的公务员”活动。顺利完成政法队伍教育整顿任务，专项查办“六大顽瘴痼疾”1900多个案件，获评优秀等次。

（三）正风肃纪反腐驰而不息

将廉洁建设作为深圳先行示范区建设的重点工作进行部署，出台《关于深入推进廉洁前海建设的若干措施》，从一体推进廉洁政治、廉洁政府、廉洁市场、廉洁法治、廉洁社会建设五个方面提出系列创新举措，努力打造廉洁治理高地和样板。健全完善监督机制，制定市委巡察工作规划，出台《发挥巡察密切联系群众纽带作用的若干措施》，启动七届市委第一轮巡察，开展市委“两个维护”十项制度机制落实情况专项巡察。狠抓基层正风反腐，持续纠治教育医疗、养老社保、安全生产、执法司法等领域侵害群众利益问题，严肃整治“微腐败”。建立健全办案、整改、治理和办案、监督、警示一体贯通的制度机制，坚持一体推进不敢腐、不能腐、不想腐。深化整治“四风”顽瘴痼疾，深入治理贯彻党中央决策部署只表态不落实、维护群众利益不担当不作为、违规向基层摊派任务等问题。

五大率先篇

争当构建新发展格局的先行示范者，加快打造高质量发展高地

准确把握新发展阶段，深入贯彻新发展理念，加快构建新发展格局，推动“十四五”时期高质量发展，确保全面建设社会主义现代化国家开好局、起好步。

——习近平：《在省部级主要领导干部学习贯彻党的十九届五中全会精神专题研讨班上的讲话》（2021 年 1 月 11 日）

实现高质量发展是开启全面建设社会主义现代化国家新征程、实现第二个百年奋斗目标的根本路径。以习近平同志为核心的党中央提出加快构建以国内大循环为主体、国内国际双循环相互促进的新发展格局，这是推动高质量发展的重大战略。2021 年，深圳坚持将高质量发展贯穿经济社会发展的各方面各环节，努力争当构建新发展格局的先行示范者，奋力建设好中国特色社会主义先行示范区，创建社会主义现代化强国的城市范例。

一、总体情况

2021 年，深圳上下坚持以习近平新时代中国特色社会主义思想为指导，全面贯彻落实党的十九大和十九届历次全会精神，立足新发展阶段、贯彻新发

展理念、构建新发展格局，统筹疫情防控和经济社会发展，深入实施经济社会发展提质增效“十大计划”，扎实做好“六稳”“六保”工作，推动高质量发展取得新成效，全市经济稳中提质、韧性增强，实现“十四五”良好开局。

（一）经济总量实现新突破

积极应对严峻复杂的外部挑战，克服“缺芯”“缺电”“缺柜”等影响，推动经济发展稳中提质，主要经济指标实现“三大突破”。全市地区生产总值突破3万亿元、达3.07万亿元，增长6.7%；工业增加值突破1万亿元、增长5%，规模以上工业总产值居全国城市第一；在新增减税降费733亿元基础上，来源于深圳辖区的一般公共预算收入突破1万亿元、达1.11万亿元，增长13.5%，其中地方一般公共预算收入达4258亿元、增长10.4%。

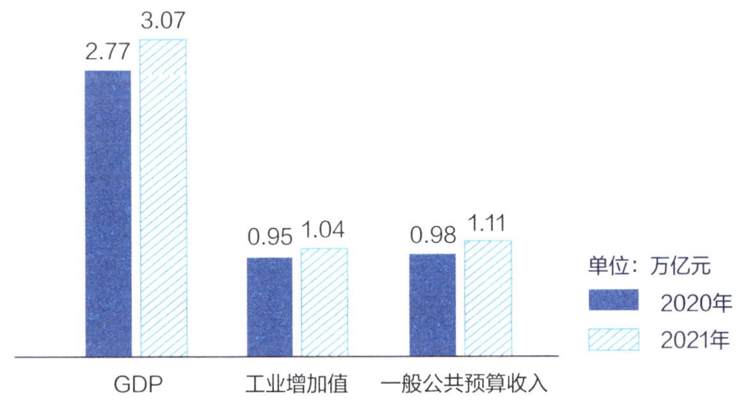

2021 年深圳主要经济指标实现“三大突破”

（二）质量效益达到新水平

工业企业利润显著回升，全年全市规模以上工业企业实现利润总额3403.5亿元，增长23.7%。市场主体活力不断激发，新增商事主体50.7万户、总量达380.4万户；新增国家专精特新“小巨人”企业134家、总量达169家；新增境内外上市企业47家、总量达495家；新增总部企业60家、总数达300家。

居民人均可支配收入突破 7 万元、达 7.08 万元，增长 8.2%，高于同期地区生产总值增速 1.5 个百分点。

（三）创新发展能力得到新提高

研发投入保持高强度，全社会研发投入占地区生产总值比重达 5.46%、居全国前列。其中，市级科技研发资金投向基础研究和应用基础研究 64.2 亿元、占比 47.89%，基础研究能力稳步提升。高水平创新载体加速聚集，国家第三代半导体技术创新中心、国家 5G 中高频器件创新中心先后获批成立。获国家科学技术奖 13 项，广东省科技奖 52 项、创历史新高，PCT 国际专利申请量稳居全国城市首位，获中国专利金奖 5 项。国家高新技术企业突破 2 万家，居全国城市第二位。

（四）现代化产业体系获得新提升

现代产业体系核心竞争力加速提升，战略性新兴产业增加值达 1.21 万亿元、占 GDP 比重达 39.6%。先进制造业增加值 6525.9 亿元、增长 2.9%，占规模以上工业增加值比重超过 2/3。现代服务业快速发展，增加值增长 7.5%，占服务业比重提升至 76.5%。其中，信息传输、软件和信息技术服务业较快发展，增加值增长 10.7%。国际金融创新中心加快建设，深交所恢复主板发行上市功能、中小板与主板合并，获批资本市场金融科技创新试点，新增 VC/PE 机构 46 家，科技型企业贷款、绿色信贷余额分别增长 39.4%、28.6%。

（五）改革开放释放新活力

首批 40 条授权事项全部落地实施，试点取得重要阶段性成果，并制定放宽市场准入 24 条特别措施。前海深港现代服务业合作区（简称“前海合作区”）面积扩大到 120.56 平方公里，“物理扩区”和“政策扩区”同步推进。全市进出口总额 3.5 万亿元、增长 16.2%，其中：出口总额增长 13.5%、连续 29 年居内地城市首位。实际利用外资 109.7 亿美元、增长 26.3%。

（六）城市功能品质实现新跃升

获批首个全国基础设施高质量发展试点城市，全年基础设施投资完成2142.8亿元、增长5.4%。现代化交通基础设施加快建设，深汕铁路、深大城际、深惠城际等项目开工建设，赣深高铁建成通车，全球首条应用车—车通信技术的地铁20号线开通运营；城市路网体系更加优化，高快速路总里程达600公里；机场卫星厅投入使用，机场旅客吞吐量、货邮吞吐量均位居全国第三，港口集装箱吞吐量达2877万标箱，增长8.4%。“新时代十大文化设施”规划建设扎实推进。深圳获评国家网络质量卓越城市。进一步筑牢城市安全底线，生产安全事故死亡人数下降9.1%，刑事治安警情下降29.8%，获批国家食品安全示范城市。

二、重点工作

2021年，深圳争当构建新发展格局先行示范者，始终坚持创新作为城市发展主导战略，助力国家科技自立自强，推动经济高质量发展，形成强大国内市场，加快构建现代化产业体系，坚持高水平对外开放，携手打造国际一流湾区和世界级城市群，开展一系列重点工作，推动高质量发展取得突出成效。

持续巩固创新先发优势

- 加强科技创新系统谋划
- 强化基础研究和应用基础研究
- 深入推进关键核心技术攻关
- 持续优化科技成果转化创新生态

坚持发展实体经济

- 高标准谋划产业集群发展顶层设计
- 稳步增强先进制造业竞争力
- 大力发展现代服务业
- 加快建设国际金融创新中心
- 积极发展双港物流

深入推进制度型开放

- 全力打造前海全面深化改革创新试验平台
- 持续深化深港澳合作
- 持续强化“一核一带一区”主引擎功能

2021年高质量发展高地建设重点工作

（一）持续巩固创新先发优势，建设具有全球影响力的科技和产业创新高地

1. 加强科技创新系统谋划。以深化完善全过程创新生态链为目标，以实施基础研究夯基、关键核心技术攻坚、成果产业化加速、科技金融深度融合、创新人才汇聚“五大行动”为主线，编制《深圳市科技创新“十四五”规划》，描绘深圳实现科技自立自强“作战蓝图”。统筹考虑全市产业链、创新链现有布局和未来需要，围绕量子信息、脑科学与类脑科学等未来产业，编制《深圳培育发展未来产业行动计划》，实施“强基”“突破”“加速”“融合”“汇聚”五大工程，形成深圳未来产业的发展图谱。谋划建设世界一流高科技园区，聚焦高新区科技创新、产业集聚、创新创业生态、产城融合等重点任务，编制《深圳高新区“十四五”发展规划》。

2. 强化基础研究和应用基础研究。实施高等院校稳定支持计划，全市11所高等院校获超2亿元的科研资金稳定支持，统筹高等院校制定校级项目管理办法、过程管理与验收管理办法等配套文件，不断营造宽松科研环境。统筹加快综合性国家科学中心建设，出台《大湾区综合性国家科学中心先行启动区实施方案》《光明科学城总体发展规划》，合成生物研究、脑解析与脑模拟等大科学装置完成主体建设。河套深港科技创新合作区建设加速推进，“一区两园”合作安排正式签订，国资国企产业创新中心正式启用，国际生物医药产业园二期开放运营，新增15万平方米科研空间，引进香港科学园深圳分园等27个优质科研项目。国家实验室深圳“一核心两基地”体系基本形成，鹏城实验室石壁龙园区一期启动建设，成功举办“鹏城云脑Ⅱ”启动运行仪式，深圳湾实验室、深圳国际量子研究院成为国家实验室基地。布局建设10家基础研究机构，新获国家、省部级科研项目122项，参与实施2021年度国家自然科学基金区域创新发展联合基金（广东）和广东省基础与应用基础研究基金深圳市联合基金，吸引和集聚全国的优势科研力量。

3. 深入推进关键核心技术攻关。率先实施承接国家重大科技项目，制定深圳承接国家重大科技项目实施方案，主动探索央地协同可行路径，引进国

家科技支撑计划、国家科技重大专项和国家自然科学基金重点项目等18个优质项目在深开展接续研究和产业化。精准实施技术攻关重点项目，采取“自下而上”的企业需求驱动和“自上而下”的政府主动布局相结合的方式，将应用基础研究、技术研发与产业需求有机对接，鼓励产业链上下游企业联合攻关，166个关键核心技术攻关项目稳步实施，半导体检测等领域技术攻关取得积极进展。首次获得两项国家重大攻关项目资金支持共59亿元，其中2021年21亿元，布局推进8个攻关项目，部分项目已实现下游产品小批量国产替代、成功打破国外垄断。实施广东省核心软件攻关工程，工业软件和工业云攻关基地、工业互联网创新中心在深落地，推动市政府与华为公司联合开展核心软件攻关合作。加快建设产业创新平台载体，国家第三代半导体技术创新中心挂牌成立，国家5G中高频器件创新中心获批建设，国家高性能医疗器械创新中心、国家药监局药品和医疗器械技术审评检查大湾区分中心投入运营。

4. 持续优化科技成果转化创新生态。依托大科学装置建设工程生物产业创新中心，打造国内首个“楼上楼下”创新创业综合体，新增市级以上孵化器10个、众创空间28个，成果产业化加速推进。完成新技术、新产品政府采购237亿元，全市技术合同交易额增长57%。加大力度面向全球引才，发布全国首个国际人才街区评价标准，新增全职院士20人、总数达74人，新引进高层次人才4500人、累计达2.2万人。31人入选全球“高被引科学家”名单。成功举办首届西丽湖论坛、中国国际高新技术成果交易会、中国深圳创新创业大赛、中国国际人才交流大会等交流活动。

“楼上楼下”创新创业综合体

深圳市工程生物产业创新中心首创“楼上楼下”创新创业综合体模式，“楼上”科研人员利用大设施开展原始创新活动，“楼下”创业人员对原始创新进行工程技术开发和中试转化，推动更多科技成果沿途转化，并通过孵化器帮助创业者创立企业，打通“0到10”创新创业孵化路径，形成“科研—转化—产业”的全链条企业培育模式。

（二）坚持发展实体经济，构建面向未来的现代化产业体系

1. 高标准谋划产业集群发展顶层设计。坚持把发展经济着力点放在实体经济上，瞄准前沿科技领域和关键细分赛道，推动建设以“20 大产业集群、8 大未来产业”为核心的现代产业体系，全力扶持从创新技术走向市场化的新兴产业，系统梳理各集群龙头企业和“隐形冠军”、招商对象、重大项目、创新载体、政策工具包、战略咨询机构等“六个一”工作体系，建立市区联动、部门协同的集群发展推进机制。规划布局 20 大先进制造业园区，实施产业空间直供计划，建立 697 家骨干企业专项服务小组，构建覆盖全链条的现代产业发展支撑体系。

2. 稳步增强先进制造业竞争力。出台“推动制造业高质量发展 28 条”，全面推动深圳制造业高质量发展，新一代信息通信等 4 个集群入选国家先进制造业集群，数量位居全国城市第一。2018—2020 年连续三年获国务院“促进工业稳增长和转型升级、实施技术改造成效明显地方”督察激励。荣耀 3C 产品线、华星光电第 11 代超高清新型显示面板生产线、康泰生物新冠疫苗生产线等项目投产，比亚迪深汕汽车工业园、重投天科第三代半导体等开工建设，中国电子集团总部落户。全力保障优质企业发展空间，出台《深圳市创新型产业用房管理办法》，实施优质产业空间供给试点改革，首个试点项目落户龙岗宝龙工业区。

3. 大力发展现代服务业。数字经济产业快速发展，持续放大数字赋能效应，数字经济核心产业占 GDP 比重达 30.6%，高于全国 22.7 个百分点，规模和质量均位居全国大中城市首位。建成国家级工业互联网平台应用创新体验中心，深入推进服装产业数字化转型，转型发展示范效应凸显。研究制定新型信息基础设施建设行动计划，提升硬件基础设施支撑能力，5G 基站密度位居全国主要城市首位，成功获评全国首批“千兆城市”。大力发展信创产业，推动华为与深圳信息职业技术学院共建鲲鹏产业学院，推动成立深圳市信创联盟。营造高品质总部经济生态，出台《深圳市鼓励总部企业高质量发展实施办法》、制定加强总部项目产业监管的若干措施，推动与中国电子、招商局、华润、中

海油达成战略合作，引进认定美团、京东等60家总部企业，总数达300家。会展经济加快发展，制定建设国际会展之都的若干措施，引进中国国际医疗器械博览会（秋季会）、华为生态伙伴大会等知名展会，展会规模突破500万平方米。

4. 加快建设国际金融创新中心。一批重大改革项目落地实施，跨国公司本外币合一跨境资金池业务率先试点，启动本外币合一银行结算账户体系试点，成为全国首批开展试点工作的四个城市之一；3个项目入选全国首批基础设施公募不动产投资信托基金试点；深交所恢复主板发行上市功能，中小板与主板合并。金融服务实体经济质效不断提高，深圳新增企业贷款超4934亿元，新增普惠小微企业贷款2293亿元，新增企业发债2432亿元，均超额完成计划任务。抓紧推进“四个千亿”计划实施，推动“千亿信贷”超期超目标完成任务，千亿发债累计完成民企债券发行1009.72亿元。金融抗疫持续推进，金融方舟项目共服务中小企业约4.1万家，累计贷款约2476亿元，创业创新金融服务平台“战疫专区”助力银企对接融资需求802亿元，上线全市首个企业首贷服务中心（盐田），提高首贷续贷成功率。首创一批有示范意义的绿色金融工具，如国内首支绿色治理指数、国内首支绿色金融指数，认定首批11家绿色金融专营机构。积极拓展深圳金融国际交流朋友圈，深圳—伦敦双城联动日益频繁，与伦敦金融城共同举办绿色金融、财富管理等双城线上论坛，与苏黎世、新加坡正式建立工作关系。建立粤港澳金融科技人才培养机制，组织完成3次“深港澳金融科技师专才计划”一级考试。瑞银前海公募基金销售资格成功获批，成为国内第二家外商独资的基金销售机构。

5. 积极发展双港物流。获批港口型国家物流枢纽，国际航行船舶保税燃料油完成首单加注，深圳港LNG接卸量增长25.3%，接卸量居全国首位。盐田港区东作业区集装箱码头工程开工，深圳港南山港区妈湾智慧港、小漠国际物流港一期投入运营。拓展粤港澳大湾区组合港覆盖范围，成功增开东莞、中山等地9个组合港，覆盖广东省6个地级市，实现“一次报关、一次查验、一次放行”。机场货邮吞吐量156.8万吨，增长12.1%，新开通洛杉矶等5条国际全货机航线，国际全货机航线通航城30个。持续推进平湖南商贸服务型国家物流枢纽、深圳机场空港型国家物流枢纽、黎光物流园等项目建设，全市物流业增加值2691.16亿元，同比增长9.8%。举办第十六届中国（深圳）国际物流与供应链博览会，举办70余场次高峰论坛、会议与专题活动，参展人次达15.2万，同比增长25%。

（三）深入推进制度型开放，持续增强大湾区重要引擎功能

1. 全力打造前海全面深化改革创新试验平台。《全面深化前海深港现代服务业合作区改革开放方案》正式印发，编制前海合作区新一轮总体发展规划和空间规划，新推出制度创新成果75项、累计达685项，全面拓展对外开放广度和深度。前海深港国际金融城启动建设，前海国际人才港、前海深港国际法务区、深港商贸物流平台投入使用，深港青年梦工场新孵化创业团队87家。前海综合保税区二期封关运作，“一带一路”贸易组合枢纽港启动，粤港澳大湾区国际仲裁中心揭牌成立。

《全面深化前海深港现代服务业合作区改革开放方案》

2021年9月6日，中共中央、国务院印发《全面深化前海深港现代服务业合作区改革开放方案》，明确提出扩展前海合作区发展空间，打造粤港澳大湾区全面深化改革创新试验平台，建设高水平对外开放门户枢纽。

2. 持续深化深港澳合作。金融市场互联互通稳步推进，深圳率先在港发行50亿元离岸人民币地方政府债券，是内地地方政府首次在境外发行绿色市政债，粤港澳大湾区“跨境理财通”试点、债券通“南向通”陆续落地。出台《关于进一步便利港澳居民在深发展若干措施》，港澳居民来深就业创业生活更加便利，港澳税务师、建筑师等16类专业人士在前海仅需备案即可执业，“深港通注册易”“深澳通注册易”商事登记服务扩至全市，“湾区经贸通”一站式平台投入使用，香港培侨书院龙华信义学校落成开学，“港澳药械通”政策在香

港大学深圳医院率先施行，已有在港澳上市的 9 种药品和 2 种医疗器械获批使用。与港澳法律服务合作持续深化，积极开展粤港澳合伙联营律师事务所试点工作，已有合伙联营律师事务所 6 家，前海深港合作法务区建设加快推进，最高人民法院第一巡回法庭和第一国际商事法庭落户前海，在前海选择适用香港法律取得突破。深港科技创新加快推进，深港科技创新合作区深圳园区首批 5 条先行先试政策稳步实施，支持港方在深圳园区设立独立运营单元，深港双方共同制定“联合政策包”，深方园区建成约 37 万平方米科研空间，引入港籍团队 30 多个，集聚金砖国家未来网络研究院中国分院、深圳国际量子研究院等 140 多个科研平台和项目。

3. 持续推进区域协调发展。协调推进落实广深合作框架协议和营商环境、基础设施、科技创新等 7 个专项合作协议。编制完成深圳都市圈规划，推动签署深圳汕头深度协作框架协议，起草深圳潮州战略协作协议。扎实推进与汕头、河源、汕尾 76 个驻镇帮镇扶村帮扶事项，积极开展援疆援藏、与广西东西部协作、深哈合作等对口帮扶和协作交流，投入资金 51.4 亿元，实施帮扶项目 461 个，促进巩固拓展脱贫攻坚成果同乡村振兴有效衔接，粤桂东西部协作连续四年被国家评为“好”档次。

三、改革亮点

深圳以综合改革试点牵引战略战役性改革，推出一系列重大改革举措。深圳经济特区 5 方面 47 条创新举措和经验做法在全国推广，深圳先行示范作用持续增强。

（一）深入实施深圳综合改革试点

深圳综合改革试点首批 40 条授权事项全面落地实施，重点领域和关键环节改革成效持续显现，承接农用地转建设用地审批等 103 项省级行政职权。建立健全统筹协调机制，第一时间将试点任务细化分解为 122 个改革事项，制定详细分工方案，实行台账式管理、项目式实施、节点式推进，构建起 1 个实施方案、1个分工方案、若干专项方案的“1+1+N”落实机制，主动加强与国家发展改革委的常态化沟通汇报，构建“部省市区”联动的改革新格局。建立健全法治保障机制，牵头梳理调整适用法律和行政法规的两个目录，涉及6部法律、8件行政法规的18项条款，按程序呈报全国人大常委会、国务院审议。召开综合改革试点攻坚推进大会，设立深圳综合改革试点突出贡献奖，健全改革正向激励机制。着眼于破解发展瓶颈制约、解决国内改革共性难题等需要，持续深化对全国具有示范效应和破冰效应的改革探索，在要素市场化方面率先突破，试行二三产业混合用地改革，形成“单一用地性质的混合使用”“混合用地的混合使用”等多种用地模式，构建了配置更精准、调节更灵活的土地要素资源配置机制。率先开展数据要素统计核算试点，在政府部门试点设立首席数据官，推动设立数据交易平台，完成首批86笔交易、超1亿元。加快完善社会主义市场经济体制，出台《关于构建更加完善的社会主义市场经济体制推动经济高质量发展的实施方案（2021—2025年）》，明确“十四五”期间深圳经济体制改革的任务书、路线图。推动3个项目入选全国首批基础设施REITs试点，获批项目数占到全国1/3、居全国城市之首，共募集资金58亿元。

（二）加快建设营商环境创新试点城市

营商环境改革深入推进，围绕企业所需、所急、所盼，迭代推出营商环境4.0版政策，提出26个领域222项改革任务，率先开展独立公平竞争审查等十大改革试点，打造“深i企”智慧化企业服务等十个平台。首设商事主体除名制度和依职权注销制度，率先开展个人破产试点，成立全国首家个人破产事务管理机构。实施新型知识产权法律保护试点，创新设置技术调查官，率先建立并实施知识产权侵权惩罚性赔偿制度。打响工业园区转供电改造攻坚战，完成1271个工业园区转供电改造。率先推出便利通关“新29条”措施，增开10个粤港澳大湾区组合港，报关成本降低30%。入选国家首批6个营商环境创新试点城市，推动推行企业年报“多报合一”改革、探索开展“组合港”等区域通关便利化改革、开展国际航行船舶保税加油业务等12项改革事项被吸纳入国家营商环境创新试点首批改革事项清单。进一步放宽市场准入限制，积极配合国家发展改革委出台深圳放宽市场准入的 6 方面 24 项特别措施，破局先进技术、医药健康等关键行业准入壁垒。

（三）持续深化科技体制改革

创新科技成果转化机制，出台促进科技成果产业化若干措施，构建“4 大工程、15 项计划、38 条举措”的全方位、全过程、全领域促进成果产业化体系，在 37 家单位实施赋予科研人员职务科技成果所有权或长期使用权改革。实施项目经理人、矩阵式科研管理等制度，实施基础研究项目、技术攻关项目、高等院校稳定资助、高企培育资助等 24 类竞争性和非竞争性科技计划，健全“双轨制”科研经费投入机制，科研单位自主权得以扩大，政府对科技创新的布局与引导稳步加强。深化科技奖励制度改革，修订《深圳市科学技术奖励办法》，推出实行提名制、扩大授奖名额等八个方面的改革举措。支持鹏城实验室创新管理体制与科研组织机制，牵头组织实施国家重大科研任务，与龙头企业开展深度合作，初步建成了以“鹏城云脑”为代表的世界顶尖大科学基础设施。

（四）加快完善人才体制机制

探索打造人才政策创新范例，严格落实中央“破四唯”要求，制定“鹏城孔雀计划”系列政策，从人才引进、培育、使用、管理、服务等各方面提出若干创新举措。出台《关于新形势下实施“鹏城孔雀计划”加快打造国际人才高地的意见》及相关配套文件，对于市场指挥棒发挥作用鲜明的竞争领域以及政府主导投入为主的非竞争领域，分类施策。推动企业博士后科研工作站分站设立和撤销权限在 5 家企业率先试点，印发《深圳企业博士后工作站分站设立和撤销工作实施方案》明确设立和撤销标准。提升引才用才制度国际竞争力，制定实施外籍“高精尖缺”人才认定标准，为深圳市外籍“高精尖缺”人才提供 R 字签证便利，外国高端人才确认函审发权正式落地，累计向 300 余名外国高端人才发放确认函。探索海外引才“央地协同”机制，联动中央部委协调解决海外人才及家属来深，累计为深圳高校、科研机构以及人才企业等办理人才回国业务共计 49 人次。发挥深港联动协作效应，打造香港知名高校与深圳重点高校、科研机构的港深引才联合体。引才育才并举，聚焦产业链创新链关键环节和“卡脖子”技术领域，实施“靶向”引才，2021 年支持高层次人才团队 28 个，阶梯式培养优秀科技创新人才；组织实施首批深圳市优秀科技创新人才培养项目，合计资助项目 153 个。深化职称制度改革，率先在锂电池、人工智能等新兴领域开展职称评审，填补行业发展空白。

四、未来展望

2021 年中央经济工作会议指出，在充分肯定成绩的同时，必须看到我国经济发展面临需求收缩、供给冲击、预期转弱三重压力。世纪疫情冲击下，百年变局加速演进，外部环境更趋复杂严峻和不确定。回顾 2021 年，深圳在率先打造高质量发展高地上成效明显，但还存在一些短板：中美贸易摩擦影响持续，经济面临新的下行压力，科技创新、人才培育与产业发展的协同性有待增强，部分关键核心技术受制于人，与国际高标准经贸规则对接不够紧密等。

下一步，深圳将坚决贯彻党中央决策部署，不断提高把握新发展阶段、贯彻新发展理念、构建新发展格局的能力和水平，找准发展中面临的主要矛盾，坚持问题导向，推动经济实现质的稳步提升和量的合理增长，增强科技创新能力，主动对标高标准国际经贸规则，以高水平开放促进深层次改革、推动高质量发展。

（一）加强产业链创新链人才链教育链协同，提升创新体系整体效能

以“主阵地”作为加快大湾区综合性国家科学中心建设，实施大科学装置群带动战略，高标准建设光明科学城，推动河套深港科技创新合作区建设提速提效。大力实施基础研究夯基行动，高质量推进全国重点实验室建设，勇当国家战略科技力量第一方阵，制定实施基础研究十年行动计划，形成“政府 + 企业 + 社会”多元投向基础研究的合力。深入推进关键核心技术攻坚行动，积极参与构建央地协同的关键核心技术攻关新型举国体制，支持头部企业和战略

科研平台组建创新联合体，建立“需求方出题、科技界答题”新机制。积极推动“四链”衔接畅通，推动创新链和产业链融合发展，完善高校、科研机构成果产业化机制；围绕创新链配置人才链，建设粤港澳大湾区高水平人才高地，提升引才精准度和产业适配度；围绕人才链完善教育链，积极推进新理科、新工科、新医科建设，加快建设全新机制创新创业学院。

（二）优化战略性新兴产业整体布局，提升现代产业体系核心竞争力

坚持把发展经济着力点放在实体经济上。健全重点产业链“链长制”，发展若干产业生态主导型企业，做大做强总部经济，培育一批“链主”企业和“专精特新”中小企业。实施培育先进制造业集群行动，大力发展新一代信息通信、智能装备、生物医药、新能源汽车等先进制造业集群，保持制造业比重基本稳定。重塑高品质产业发展空间，加快建设20大先进制造业园区。提升服务业发展能级和竞争力，大力发展现代服务业，创新“设计+研发+服务”设计体系，赋能提升服装、钟表、黄金珠宝等优势传统产业。培育战略性新兴产业增长新动能，实施“未来产业引领”计划，前瞻布局合成生物、区块链、细胞与基因、空天技术等前沿领域。实施工业互联网发展战略，建设国家级工业互联网平台。

（三）实施好扩大内需战略，更好服务构建新发展格局

争当服务国家培育完整内需体系的先行示范者，坚持全国全省一盘棋，实施国内市场拓展计划，深化对内经济联系、增加经济纵深。紧紧扭住供给侧结构性改革这条主线，以深圳的新产品、新技术、新供给引领和创造新需求。实施扩大内需促进消费计划，加快建设国际消费中心城市。着力扩大工业投资，强化政府投资撬动作用，激发民间投资活力，开展全国基础设施高质量发展试点，增强城市发展后劲。争当配置全球高端要素资源的先行示范者，抢抓《区域全面经济伙伴关系协定》签署等机遇，培育参与国际竞争合作新优势。加快推进制度型开放，主动参与国际规则标准制定，推动投资贸易自由化便利化。

大力发展跨境电商等外贸新业态，围绕重要资源、重要产品打造世界级市场平台，加快打造国际会展之都，增强深圳国际影响力。

（四）以实施综合改革试点为牵引，全面深化重点领域和关键环节改革

着眼于解决高质量发展中遇到的实际问题，着眼于建设更高水平的社会主义市场经济体制需要，多策划战略战役性改革。聚焦深圳综合改革试点六大领域集中发力，完善要素市场化配置体制机制，在国土空间管理、人才流动等方面实施更加灵活的创新举措；优化市场化法治化国际化营商环境，推进营商环境创新试点城市建设，落实放宽市场准入特别措施；完善高水平开放型经济体制，在内外贸、投融资、财政税务、出入境等方面，实行更加灵活、更加科学的政策制度。持续深化金融、科技创新体制、财政体制、国资国企等重点领域改革，形成更多可复制可推广的“深圳经验”。优化深圳综合改革试点推进机制，不断健全授权事项清单机制并滚动更新实施清单，健全立法和改革决策相衔接机制、改革激励容错机制。

（五）提升开放型经济发展水平，增强粤港澳大湾区重要引擎功能

提升深港澳市场一体化水平，着力打造深港“双城经济”，加快推进基础设施一体化联通，推进规则机制一体化衔接，促进人员、货物、资金、技术等各类要素更加高效便捷流动。加快打造重大合作发展平台，全面深化前海改革开放，创新管理体制机制，建设高水平对外开放门户枢纽，加快河套深港科技创新合作区建设，积极对接香港北部都会区。深度融入“一核一带一区”区域发展，强化广深“双城联动、比翼双飞”，促进珠江口东西两岸融合发展，研究谋划珠江口一体化高质量发展示范区，积极对接沿海经济带，深化与汕头、潮州协作。推动深圳都市圈发展规划出台实施，创新完善深汕特别合作区管理体制机制，加快深圳都市圈一体化发展。

加快推进法治先行示范城市建设，努力打造习近平法治思想的生动实践地

法治兴则民族兴，法治强则国家强。当前，我国正处在实现中华民族伟大复兴的关键时期，世界百年未有之大变局加速演进，改革发展稳定任务艰巨繁重，对外开放深入推进，需要更好发挥法治固根本、稳预期、利长远的作用。

——习近平：《在十九届中央政治局第三十五次集体学习时的讲话》（2021 年 12 月 6 日）

2021 年 5 月 25 日，中央全面依法治国委员会正式印发《关于支持深圳建设中国特色社会主义法治先行示范城市的意见》（以下简称《法治先行示范城市意见》）。这是中央层面首次为一个城市的法治建设专门出台文件。《法治先行示范城市意见》擘画了法治城市示范的总蓝图、路线图、施工图，在深圳先行示范区的五大战略定位中率先实现落地，是深圳法治建设进程中具有重大实践意义和深远历史影响的大事。《法治先行示范城市意见》的出台对全面贯彻习近平法治思想，加快推进深圳建设中国特色社会主义法治先行示范城市，充分发挥法治在推动改革、引领发展、服务民生等方面的基础性、保障性作用，不断推进城市治理体系和治理能力现代化，都具有重要意义。

一、总体情况

建设中国特色社会主义法治先行示范城市，使命光荣、任务艰巨、责任重大。2021 年，深圳坚定扛起建设中国特色社会主义法治先行示范城市的历史使命，深入推进科学立法、严格执法、公正司法、全民守法，全面建设法治城市、法治政府、法治社会，先行先试、引领示范，积极探索具有中国特色的法治建设模式和路径，奋力书写法治深圳建设的新篇章。

（一）坚持把党的领导贯穿到法治建设各方面全过程，法治深圳建设始终沿着正确政治方向奋勇前行

持续推动学习习近平法治思想往深里走、往实里走、往心里走，将习近平法治思想、民法典、法治建设“一规划两纲要”等内容纳入新修订的《深圳市党政领导干部法律知识读本》，开设法治专题课程 50 余课次。各区、市直各部门将习近平法治思想作为党委（党组）理论学习中心组的重要学习内容。成功举办习近平法治思想论坛深圳分论坛和中国法治论坛（2021），举办“百名法学家百场报告会”活动，邀请司法部法治调研局相关领导作题为“深入学习贯彻习近平法治思想，加快推进中国特色社会主义法治先行示范城市建设”的辅导报告。加强和改进党对立法工作的领导，在全国率先将所有人大法规和政府规章纳入前置审核范围，做到“一法规一审核意见”。深入开展党政主要负责人述法工作，推动“述法”工作常态化，出台实施细则，首次开展区和市直单位主要负责人向委员会述法活动。

（二）高起点谋划法治先行示范城市建设，推动法治先行示范城市建设强劲开局

《法治先行示范城市意见》印发后，市委召开全面依法治市工作会议，对建设法治先行示范城市进行总动员和全面部署，制定出台《深圳市建设中国特色社会主义法治先行示范城市的实施方案（2021—2025 年）》，紧紧围绕《法治先行示范城市意见》提出的“七个率先”，安排 266 项具体任务，其中有

123项对于全国有示范意义或者属于首创，占比47%，充分彰显法治先行示范城市的责任担当和改革魄力，同时实行挂牌攻坚机制，力争在2025年基本实现《法治先行示范城市意见》的目标任务。首次引入“局部试点 + 全面推广”工作模式，以点带面推动法治先行示范城市建设。高质量建设“一网一文一报”法治宣传平台。依托深圳新闻网开通“深圳法治发布”，整合法治宣传资源；推出《深圳法治大盘点》栏目，以每月打开一张“成绩单”方式，定期向公众报告深圳法治建设的创新举措和动态；编发《法治先行示范城市建设工作简报》，及时梳理报送深圳在法治先行示范城市建设过程中的重大创新举措和成果。及时跟进《法治先行示范城市意见》落实情况，定期通报工作进度，压实落实责任，确保各项工作有序推进。

（三）统筹谋划“十四五”法治城市示范总体设计，法治深圳建设规划框架初步形成

推动深圳“十四五”规划纲要首次以专章形式集中部署法治先行示范城市建设，为“十四五”期间如期完成先行示范目标任务打下坚实基础。市委依法治市委对标对表中央，加快推进法治深圳建设的总体设计，编制印发实施《法治深圳建设规划（2021—2025年）》《深圳市法治社会建设实施方案（2021—2025年）》《深圳市法治政府建设实施方案（2021—2025年）》。

二、重点工作

支持深圳建设法治先行示范城市，是建设中国特色社会主义法治国家的重要探索，是深圳必须举全市之力坚决完成的重大政治任务。深圳立足国家所需、深圳所能，围绕《法治先行示范城市意见》重点任务，把党中央部署和深圳先行优势有机结合，坚持改革与法治同步推进，大胆创新、勇于实践，扎实有序推进法治先行示范城市建设。

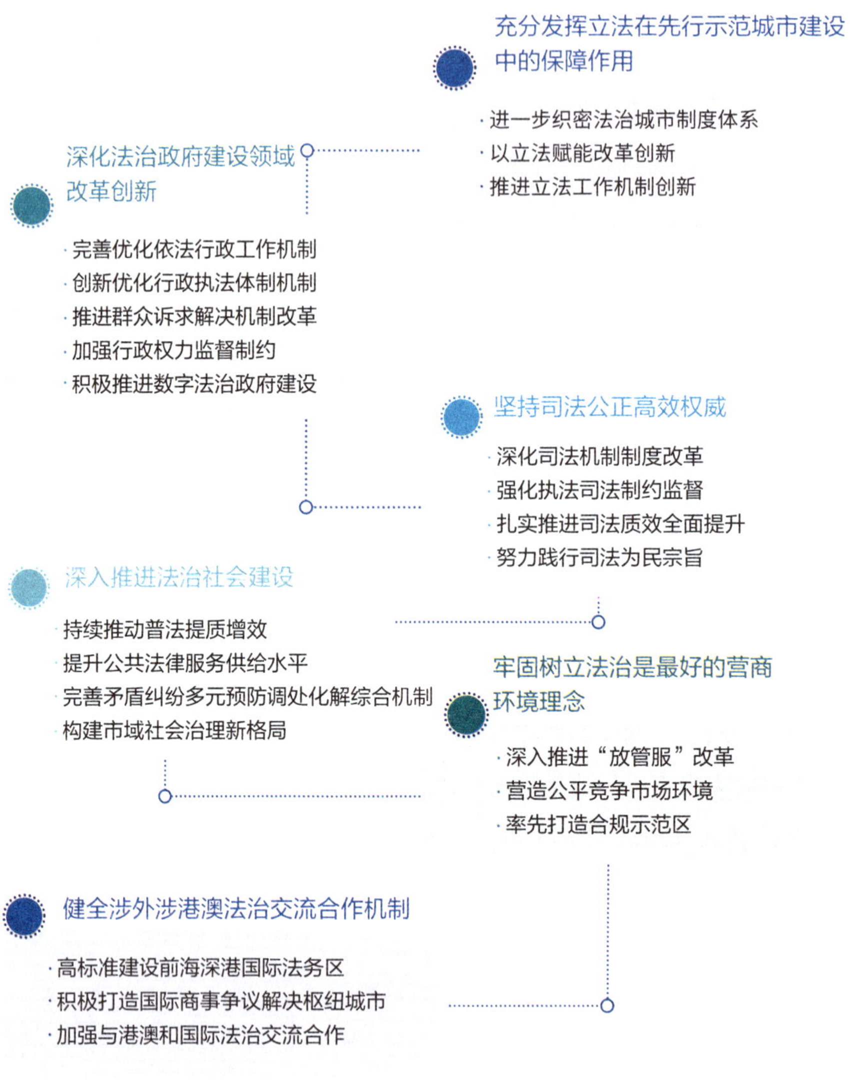

充分发挥立法在先行示范城市建设中的保障作用
- 进一步织密法治城市制度体系
- 以立法赋能改革创新
- 推进立法工作机制创新

深化法治政府建设领域改革创新
- 完善优化依法行政工作机制
- 创新优化行政执法体制机制
- 推进群众诉求解决机制改革
- 加强行政权力监督制约
- 积极推进数字法治政府建设

坚持司法公正高效权威
- 深化司法机制制度改革
- 强化执法司法制约监督
- 扎实推进司法质效全面提升
- 努力践行司法为民宗旨

深入推进法治社会建设
- 持续推动普法提质增效
- 提升公共法律服务供给水平
- 完善矛盾纠纷多元预防调处化解综合机制
- 构建市域社会治理新格局

牢固树立法治是最好的营商环境理念
- 深入推进“放管服”改革
- 营造公平竞争市场环境
- 率先打造合规示范区

健全涉外涉港澳法治交流合作机制
- 高标准建设前海深港国际法务区
- 积极打造国际商事争议解决枢纽城市
- 加强与港澳和国际法治交流合作

2021 年深圳建设法治先行示范城市重点工作

（一）充分发挥立法在先行示范城市建设中的保障作用，法治城市制度体系更加完善

1. 进一步织密法治城市制度体系。全年新制定法规 5 部、修改 10 部、废止 1 部，作出法规性决定 1 项；新制定规章 6 件、废止 1 件。立法更加注重整

体性和协调性，聚焦城市治理，制定出台《深圳经济特区出租汽车管理条例》，修改《深圳经济特区道路交通安全管理条例》，以法治保障城市交通安全有序；制定出台《深圳市地下空间开发利用管理办法》，着力规范地下空间的开发利用。聚焦生态文明，制定出台我国首部生态环境全链条立法《深圳经济特区生态环境保护条例》，率先对应对气候变化作出规定，创新生态保护和修复机制，在更高起点上推进生态文明建设。聚焦民生福祉，修改《深圳经济特区职业技能鉴定条例》，完善专业技能人才认定标准；修改《深圳经济特区社会养老保险条例》，进一步推动形成机制健全、多层互补、运转协调的养老保险体系；制定出台《深圳经济特区无障碍城市建设条例》，率先提出无障碍城市理念。探索“小切口”“小快灵”立法模式，制定出台《深圳经济特区互联网租赁自行车管理若干规定》，引导科技更好服务于人民群众的生活需求。

2. 以立法赋能改革创新。出台《深圳经济特区数据条例》，这是我国首部数据领域综合性地方性法规，在数据治理体系和治理能力现代化上先行示范。修改《深圳经济特区政府投资项目管理条例》，进一步优化管理决策程序。积极探索无人驾驶、人工智能、生物医药等新兴领域立法，《深圳经济特区智能网联汽车管理条例（征求意见稿）》《深圳经济特区人工智能产业促进条例（草案）》《深圳经济特区细胞和基因产业促进条例》《深圳经济特区数字经济产业促进条例》等地方性法规立法工作正在积极推进，为前沿科技领域创新提供法治保障。成立专门工作小组，系统梳理综合授权改革事项涉及需要调整法律、行政法规适用的建议，在此基础上形成深圳市第一批调法清单，实现改革与法治同步推进、同频共振。加快推进《深圳经济特区前海深港现代服务业合作区条例》第二次修订、“前海深港现代服务业合作区投资者保护条例”制定工作，为前海深化改革开放提供支撑。

3. 推进立法工作机制创新。完善常态化立法协商机制，在全国首创将标准化理念和方法引入立法协商工作领域。全面加强备案审查制度和能力建设，将政府规章、监察部门制定的规范性文件以及各区人大及其常委会作出的决议决定全部纳入备案审查。选取《深圳市碳排放权交易管理暂行办法》进行立法后评估，在此基础上启动修订该规章，提高立法的科学化水平。选取《深圳经济特区物业管理条例》《深圳经济特区警务辅助人员条例》实施情况展开监督检查，不断推动深圳法规“活起来、落下去”。

（二）深化法治政府建设领域改革创新，政府全面依法履职能力显著提升

1. 完善优化依法行政工作机制。严格落实重大行政决策法定程序，盐田区、龙华区率先打造重大行政决策统一公示平台，大鹏新区探索建立重大行政决策生态环保合规审查制度。健全行政规范性文件管理制度体系，出台《关于加强行政规范性文件管理的实施意见》，公布市本级行政规范性文件制定主体清单。市政府法律顾问室全年审查行政决策、重大项目 430 次，出具法律意见 755 份。行政复议体制改革顺利推进，全市行政复议案件实现市、区两级复议机构集中办理，行政复议已成为深圳解决行政争议的主渠道。

2. 创新优化行政执法体制机制。顺利完成街道综合行政执法体制改革，将“17+1”类 475 项行政执法事项下放街道，全市 74 个街道办事处开始以街道名义执法。加强行政执法主体及人员管理，发布行政执法主体及委托执法公告 21 个，开展行政执法人员、听证人员岗前培训 39 期。盐田区、大鹏新区探索场景式执法培训模式。创新行政执法方式，“小错免罚”包容柔性执法经验得到国家发展改革委认可并在全国推广。坪山区首创工地噪声监管“远程喊停”模式，被生态环境部推广至全国。市市场监管局首创“疑难案件远程会诊”智慧执法指导新模式，将原来 15 天才能完成的指导流程压缩至 1 个小时。

3. 推进群众诉求解决机制改革。市公安局以“局长信箱，接诉即办”为切口，第一时间快速响应群众诉求，全面推行“阳光冻结”“积案清理”等便民利企的服务举措。坪山区全覆盖推动“社区党群服务中心 + 民生诉求系统”改革，2021 年通过“@ 坪山”“12345 热线”等线上渠道采集办理的群众诉求达 8.9 万宗。光明区在劳资纠纷现场开辟就业服务绿色通道，通过“光明就业网”平台发布 602 家企业 4.46 万个岗位。

4. 加强行政权力监督制约。扎实推进法治政府建设督察，圆满完成中央依法治国办来深开展学习贯彻习近平法治思想和法治政府建设督察迎检工作。制

定加强行政检察与行政执法监督衔接工作方案，修订完善行政执法案卷评查标准。全市行政公益诉讼立案660件，被监督的行政机关到期回复率100%。完善政务公开平台，健全政务新媒体监管机制，推进规章集中统一公开，主动公开政策性文件政策解读率达100%。龙华区创新探索政务“公开+”模式，相关经验被国办《政务公开工作交流》刊登推广，政府网站建设经验获国务院网站发布推广，政务公开工作获省府办书面表扬肯定。

5. 积极推进数字法治政府建设。加快大数据平台（一期）建设，推进跨部门、跨层级的信息系统互联互通和数据交换共享，实现省、市、区三级平台互联互通，各单位共享数据总量达73亿条。盐田区积极开展政府信息公开改革试点，重构以群众需求为导向的角色化政府门户网站。深入推进“互联网+”监管执法，在全国首次推出行政执法监督数据规范地方标准。高质量完成深圳市行政执法信息系统和行政执法综合管理监督系统（简称“双系统”）的建设应用，录入执法依据16.6万条、执法职权事项信息2.8万项、归集执法数据464万条。

（三）坚持司法公正高效权威，司法公信力和服务效能大幅提升

1. 深化司法机制制度改革。完善刑事诉讼制度，制定13类常见多发刑事案件犯罪取证指引和4类犯罪证据标准。圆满完成民事诉讼程序繁简分流改革试点，62%的案件通过速裁、快执程序办结，3.9万件纠纷适用小额诉讼程序一审终局，两项试点经验被最高法院向全国推广。深化破产制度综合改革，设立全国首个独立运作的破产事务管理署，上线“深破茧”系统，首创预重整制度，4个案例入选全省破产审判十大典型案例。率先探索执行转破产机制改革，首创破产财产跨境网络拍卖模式。积极探索拓展公益诉讼范围，分别在无障碍出行、燃气安全、个人信息保护、未成年人保护等领域部署开展公益诉讼专项监督。健全环境资源案件集中管辖和“三合一”审理机制，出台首个环境行政代履行实施办法。全市检察机关21个案例被评为全国、全省检察机关典型案例。

2. 强化执法司法制约监督。强化全周期审判监督管理，将办案过程24个

关键流程节点和时限要求嵌入办案系统。创新监督管理方式，利用大数据分析系统，筛查司法人员承办案件与特定律师代理案件关联情况，对利益输送等问题动态监测。建立侦查机关办理重大疑难复杂案件听取检察机关建议制度，全市成立首家侦查监督与协作配合办公室。强化类案强制检索功能，将办案平台与法信平台、裁判文书网等海量资源库实现数据对接。加强审判专业化建设，优化调整分案机制，以专业化助推办案质量提升。制定《深圳市检察机关关于开展行政拘留以及查封、扣押、冻结等行政行为法律监督的实施方案》，在全国率先对行政处罚、行政许可、行政强制等行政行为开展法律监督。

3. 扎实推进司法质效全面提升。促进诚信市场主体经济再生、探索粤港澳大湾区法律规则衔接、率先形成最严格的知识产权保护体系等 3 项举措被纳入深圳经济特区 47 项创新举措和经验做法，由国家发展改革委向全国推广。全面提高办案效率，积极推广全流程无纸化办案模式，推进审判辅助事务集约化改革，“深圳移动微法院”注册用户增加到 40.8 万人，网上立案率达到 92%，在线开庭 3 万次，电子送达 569 万次。在全国首次适用民法典“绿色”原则，审结深超公司环境污染案，并入选全省法院环境资源保护十大典型案例，《人民日报》作了专题报道。大鹏新区打造生态环境损害赔偿替代性修复模式，以磋商模式探索替代性修复方式，推动形成生态环境资源保护执法司法联动新格局。坚持审慎善意文明司法，明确保全财产置换标准，严禁超标的查封、扣押、冻结财产，最大限度降低对企业经营的影响。

4. 努力践行司法为民宗旨。妥善处理涉民生案件，针对人民群众反映强烈的案件超审限长期未结、上诉案件超期移送问题，开展“双超”案件整治集中攻坚战，全年清结一年以上长期未结诉讼案件 4566 件，上诉案件平均移送周期下降到 21.13 天。针对群众关心的上访申诉问题，实行 12309 检察服务热线 24 小时接听，市检察院和宝安区检察院分别入选全国检察机关文明接待室。针对社会关注的未成年人保护问题，全面推行强制报告和入职查询制度，在全国率先制定被性侵未成年人精准保护深圳标准，深圳市检察院入选全国未成年人检察工作社会支持体系示范建设单位。提高诉讼服务便利度，实行全市法院无差别诉讼服务，跨域立案 689 件，南山法院办理全省首例跨境立案。积极践行“一次办好”承诺，为老弱病残孕等特殊群体定制个性化服务措施。深化家事审判改革，完善家事调解、家事调查、心理辅导等制度，45.7%的家事纠纷经调解撤诉。严格落实《个人信息保护法》，审结全国首宗互联网平台侵害个人信息案件。优化公益诉讼检察，主动围绕燃气安全、无障碍出行设施、校园监控设备管理等重点领域开展专项监督，“督促整治道路无障碍设施案”入选最高检典型案例。龙华区法院审理了全省首例危险作业案。

（四）深入推进法治社会建设，人民群众获得感、幸福感和满意度显著增强

1. 持续推动普法提质增效。印发实施《深圳市法治社会建设实施方案(2021—2025 年)》，起草“八五”普法规划。市司法局普法和依法治理处、市市场监管局机关党委、南山区应急管理局、深圳海关法规处获得全国“七五”普法工作先进单位。深入推进民主法治社区、法治文化主题公园、法治文化建设示范企业、青少年法治教育实践基地四项创建活动，益田社区等 3 个社区荣获“全国民主法治示范社区”，7 家公园被评为广东省省级“法治文化主题公园”，入选项目数量位列各地市首位，22 家企业上榜广东“法治文化建设示范企业”，位列全省第一。全面实施公民法治素养提升计划，出台《深圳市公民法律素质提升项目资助计划管理规定》。邀请奥运冠军陈梦和中国工程院院士罗智泉担任法治宣传形象大使，在全社会塑造尊法学法守法用法的良好氛围。市市场监管局实施“以案说法普法大篷车”“直播式执法”系列活动，在全国市场监管法治工作会议上分享。盐田区创建广东省法治宣教示范区入选首批广东省法治政府建设示范项目。创新开展民法典宣传教育，龙华区推出全国首套中小幼民法典课程。

2. 提升公共法律服务供给水平。开辟“i 深圳”公共法律服务专区，上线律师服务、律师核验、公证服务、行政复议以及法治地图五大板块，发布中英文版公共法律服务地图册。推动公共法律服务进园区，首家由国有企业设立的公共法律服务平台“创智云城公共法律服务中心”成立。市属国企公司律师实现全覆盖。全市已有 158 名律师纳入涉外律师领军人才、后备人才库。推动成

立市律协法律服务援助基金会，引导广大律师在法治先行示范城市建设中展现新担当新作为。组织公证机构开展“我为群众办实事”“365 天不打烊”等活动，举办“免费公证遗嘱百日行动”，创新打造“存证通”“互联网 + 公证”等服务新模式，推动公证服务便民利民。市区两级法律援助机构共受理法律援助案件 2.1 万宗，接受法律援助咨询 118747 人次，挽回经济损失逾 6.8 亿元人民币，案件优秀率 71.43%，位列全省第一。福田区成立未成年人保护服务中心，集协调、服务、宣传、研究和人才培养等功能于一体，未成年人保护服务走在全市前列。龙华区成立首个中小微企业公共法律服务中心，推出“法律 ATM”机，打造 500 米公共法律服务圈。

3. 完善矛盾纠纷多元预防调处化解综合机制。整合解纷资源，在福田区梅林街道、服装行业协会、蔡屋围商圈等设立诉源治理非诉解纷工作中心，龙华区建设“无讼厂区”，宝安区建设“无讼社区”，出台“无讼社区”创建标准体系规范。成立全国首个商事调解协会，吸纳 291 家特邀调解组织、2639 名特邀调解员，初步实现类案类调、精准解纷。探索调解组织与当事人协商收取调解费用，成功收费化解 112 件复杂商事纠纷。创新“示范判决 + 批量诉前调解”模式，市中级法院采用示范判决方式化解案件近 3000 件。特邀调解分级分类管理、司法确认防控虚假调解风险两项经验被最高院向全国法院推广。

4. 构建市域社会治理新格局。推广群众诉求服务“光明模式”，建成各级群众诉求服务大厅 791 个、服务站点 226 个，受理群众诉求 18 万宗，化解 17.2 万宗，得到中央政法委领导调研肯定。福田区铺开“社巡融合”新模式，推进综合治理中心“网格化 + 信息化”建设，构筑公共安全新体系。市、区社区矫正部门在全国率先探索“社区矫正法务官”制度，在福田区试点配备“社区矫正法务官”，并建立执法、管理、教育“三位一体”的常态化工作机制。龙岗区积极推广“龙岭模式”，形成党政一体、政社合一、社企联动、居民合作的良好社会治理局面。市市场监督管理局开展民生领域“铁拳”行动，对食品、儿童玩具、钢筋线缆、乱收费、“神医”“神药”虚假广告等 11 类民生领域突出问题进行集中打击。在 2021 年度全省群众安全感调查工作中，深圳以 95.22 分名列全省各地市第一。

（五）牢固树立法治是最好的营商环境理念，依法经营、保护产权的意识逐渐深入人心

1. 深入推进“放管服”改革。发布年度深化“放管服”改革、优化营商环境重点任务清单。优化527项涉企经营许可审批，其中取消审批72项，审批改备案16项，实行告知承诺60项。在福田试点开展告知承诺制改革，推出告知承诺事项66个。出台促进新兴产业发展实施包容审慎监管的指导意见，围绕打造开放包容的市场准入环境、建立能动审慎的执法监管机制、构建规范高效的风险管控体系出台16项措施。探索实施“人工智能+双随机”监管模式，有效破解重复检查扰企难题。科技赋能“服”出便利，“i深圳”政务服务APP已接入8070项服务，累计注册用户数达1603万。新增“秒报”209项、“秒批”350项、“秒报秒批一体化”107项、“免证办”300项，推出“一件事一次办”2084个。罗湖区创新全周期“反向办”服务模式，实现由“人找服务”到“服务找人”的转变，获全国第三届党建创新成果展示交流活动“十佳案例”铜奖。

2. 营造公平竞争市场环境。出台贯彻《深圳经济特区优化营商环境条例》实施方案，确保将“条例规定”转化为“企业感受”。出台《关于充分发挥纪检监察机关职能作用保障促进优化营商环境的“十大行动”方案》，将廉洁元素嵌入优化营商环境建设全过程，受到《人民日报》等中央媒体的专题报道和各界点赞好评。成功创建国家社会信用体系建设示范区，深圳信用网获评首届全国信用信息共享平台和信用门户网站一体化建设“示范性平台网站”奖，信用监测排名大幅跃升至全国第二。编写发布深圳首份法治化营商环境白皮书。加强知识产权保护力度，印发《关于强化知识产权保护的实施方案》，首次在互联网知识产权案件判决中界定证据妨碍排除的适用条件，进一步完善知识产权案件举证责任分配规则。制定出台《区块链存证证据审查认证规则》，上线区块链证据核验平台，有效破解知识产权维权取证难题。在全国首创技术调查官全流程、嵌入式辅助技术案件审理模式。完善知识产权行政禁令制度，作出全国首例知识产权行政禁令。首次确立中国法院对标准必要专利全球费率的管

辖权，率先对外国企业发出全球“禁诉令”，保障中国企业公平参与国际市场竞争。

3. 率先打造合规示范区。建立企业合规风险提示及预警发布机制，出版全国首部《民营企业合规与法律风险防控读本》，编印《企业海外合规实务》，帮助企业提高应对海外合规风险能力。率先在投控公司、地铁集团等市属国有企业开展合规体系建设，推广首席合规官制度。出台《企业合规工作实施办法》，形成“五个一”合规工作模式。探索实施“行业自治 + 行业合规”工作。首创独立监控人制度，协助企业制定合规计划并监督落实。推动成立 4 家合规智库，加快引进高端法治智库取得新突破。建立合规人才联合培养机制，招收和培养全国第一批 48 名合规方向法律硕士研究生。举办 2021 中国（深圳）企业国际化经营合规论坛，中兴通讯、比亚迪、迈瑞医疗等 168 家知名企业发布《企业国际化经营合规宣言》。组建企业合规讲师团，向 1000 多家企业传播依法合规经营理念。宝安区建立企业合规委员会，探索“刑事从宽处理”+“行政从宽处罚”双重激励机制，推行企业信用分级分类监管，建立 3A 信用企业合规激励机制，升级“信用宝安”系统，推出“信易贷”“信易租”等服务，细化企业信用修复“从快从简”流程。

（六）健全涉外涉港澳法治交流合作机制，大力提升法律事务对外开放水平

1. 高标准建设前海深港国际法务区。前海法院“链上”金融审判体系、线上跨境调解机制、跨境案件在线审理、普通程序案件独任审理、创新诚信企业司法激励机制等入选广东自贸试验区第五批制度创新案例。加快推进前海法治基础设施建设，完成前海国际法治文化交流中心设计工作，形成前海国际法律服务促进中心建设方案，积极推动成立全国首家合规主题公园、粤港澳大湾区涉外律师学院、司法部法治大数据与智能装备应用研究重点实验室落户前海。截至 2021 年底，已有 6 大类 70 余家机构入驻前海深港国际法务区，覆盖司法、仲裁、调解、律师、公证、司法鉴定、法学研究、法律培训等多个领域。中国首座国际仲裁大厦作为国际法律服务的集聚地已在前海正式启用，以粤港

澳大湾区国际仲裁中心为基础，通过合作方式引进相关国际组织和世界知名仲裁机构，国际商会仲裁院（ICC）、新加坡国际调解中心（SIMC）、南部非洲仲裁基金会（AFSA）、非洲商法统一组织（OHADA）、内罗毕国际仲裁中心（NCIA）、一邦国际网上仲调中心（eBRAM）已签约进驻前海国际仲裁大厦。

2. 积极打造国际商事争议解决枢纽城市。发挥“一带一路”国际商事诉调对接中心作用，与香港和解中心、粤港澳调解联盟等 48 家境内外调解机构共建国际商事调解平台，累计成功调解纠纷 1.1 万件。成立全国首个商事纠纷中立评估基地，引导企业理性应对潜在风险和已知纠纷，进一步打造国际化法治营商环境。整合粤港澳大湾区调解资源，与广州南沙、珠海横琴法院共享调解员名册，累计调解跨境商事纠纷 674 件。全国 15 家粤港澳合伙型联营律师事务所有 7 家落户前海，国际仲裁院 568 名境外仲裁员来自 113 个国家和地区，调解、仲裁、诉讼互为补充的国际商事纠纷解决机制在前海初步形成。在“港澳调解 + 深圳仲裁”多年探索的基础上，共同探索“新加坡调解 + 深圳仲裁”，丰富“境外调解 + 深圳仲裁”新模式。完善粤港澳仲裁调解联盟合作机制，制定争议解决规则和联合调解员名册，完善粤港澳大湾区商事调解组织和调解员的定期培训、交流和协作机制。创新“互联网 +”跨境商事纠纷化解新模式，全面实行网上立案、网上查询、电子送达、远程调解、网上庭审、网上执行。

3. 加强与港澳和国际法治交流合作。完善“一带一路”法治地图，编纂出版“一带一路”法治地图丛书，建立“一带一路”沿线国家主要商事法律线上数据库。加强涉外涉港澳台商事审判机制建设，优化“专业法官 + 港区陪审员 + 行业专家”审判机制。完善域外法律查明和适用机制，累计适用国际公约和域外法办结案件 114 件，前海法院成为全国适用香港法裁判案件最多的基层法院。在全国率先建立涉港案件文书转交送达机制，率先实行深圳市辖区内第一审涉外、涉港澳台商事案件集中管辖，方便当事人解决跨境纠纷，2 个案例入选粤港澳大湾区跨境纠纷典型案例。探索跨境破产协作机制，首例跨境破产案获香港法院认可，深圳市中级人民法院被最高法院确定为首批跨境破产试点法院。强化国际、区际司法协作，办结司法协助案件 606 件，覆盖面扩大到 52 个国家和地区。圆满完成粤港澳大湾区首次律师执业考试，为港澳律师投身粤港澳大湾区建设、融入国家发展大局开辟广阔的发展空间。

三、未来展望

建设中国特色社会主义法治先行示范城市是推进城市治理体系和治理能力现代化的重要路径。深圳经济特区依法而生、因法而兴，法治建设走在全国前列，有基础、有能力在新时代挑起法治先行示范的重担，深圳将继续立足全局谋一隅、抓好一隅促全局，努力打造中国特色社会主义法治的“窗口”和“名片”，为建设中国特色社会主义法治体系、建设社会主义法治国家提供深圳经验、作出深圳贡献。

（一）持续深入学习贯彻习近平法治思想，切实把学习成效转化为推进法治先行示范城市建设的生动实践

坚持深学细悟、笃学笃行，把全面学习贯彻习近平法治思想同深入贯彻实施《法治先行示范城市意见》结合起来。结合深圳法治实践需求，从推进法治建设的重要领域重要方面着手进行梳理、总结、研究、提炼，坚持全面系统学、及时跟进学、深入思考学、联系实际学，深入分析深圳在贯彻落实习近平法治思想方面的经验和启示、问题与短板，探寻创造性转化、创新性发展习近平法治思想的重要领域和方向，更加自觉用习近平法治思想指导解决实际问题，不断提高运用法治思维和法治方式深化改革、推动发展、化解矛盾、维护稳定、应对风险的能力，进一步彰显习近平法治思想指导法治建设实践的强大思想伟力。

（二）一体推进法治城市、法治政府、法治社会建设，努力实现各领域各环节有效贯通、相互衔接

法治建设是一个系统工程，必须统筹兼顾、把握重点、整体谋划，注重系统性、整体性、协同性。深圳将坚定扛起建设中国特色社会主义法治先行示范城市的政治责任、主体责任，综合考虑深圳经济社会发展状况、法治建设总体

进程、人民群众需求变化、对外开放形势任务等因素，与2035年基本实现社会主义现代化远景目标相衔接，锚定率先基本建成法治城市、法治政府、法治社会的方向，全面推进科学立法、严格执法、公正司法、全民守法。加强各领域各环节任务分工、进度安排、工作考核的协同推进，努力实现法治城市、法治政府、法治社会有效贯通，积极探索、先行先试，充分发挥法治在国家重大发展战略实施中的引领、规范、保障作用，用法治方式固化、推广成熟改革经验，为深圳在更高起点上推进改革开放，在全面依法治国新征程中更好发挥先行先试、引领示范作用奠定基础。

（三）构建市域社会治理新格局，在法治轨道上深入推进城市治理体系和治理能力现代化

加快推进市域社会治理现代化，持续提升贯彻落实新发展理念、构建新发展格局的能力和水平，形成责任清晰、分工负责、齐抓共管的社会治理链条。从经济社会发展布局中找准定位、对接需求、落实举措，健全党组织领导的自治、法治、德治相结合的基层治理体系，将市域社会治理工作与平安创建、文明创建、“放管服”改革、民生工程建设等中心工作结合起来，系统部署市域社会治理现代化工作，更好提供精准化、精细化服务，推动社会治理的理念思路、方式方法创新。化解一系列新老民生问题，精准回应人民群众对当下法治发展的诉求，完善群众参与基层社会治理的制度化渠道，激发群众参与基层社会治理的内生动力，促进社会公平正义的有效实现。

（四）始终坚持以人民为中心，不断增强人民群众的法治获得感、幸福感、安全感

习近平总书记在庆祝中国共产党成立100周年大会上的重要讲话中指出，以史为鉴、开创未来，必须团结带领中国人民不断为美好生活而奋斗。中国特色社会主义进入新时代，要不断增强人民的获得感、幸福感、安全感，需要更加强调“必须始终把人民利益摆在至高无上的地位”的原则。建设中国特色社会主义法治先行示范城市，需要全社会共同参与，不断增强全社会法治观念，

积极回应人民群众反映强烈的突出问题，同时全社会法治观念的提升也是打造“城市文明典范”的重要内容。要积极适应新时代人民日益增长的美好生活需要对法治建设新的更高要求，重点围绕完善人民群众参与法治建设机制制度、加快公共法律服务体系建设、加强法治建设社会监督等提出改革发展举措，系统研究谋划和解决法治领域人民群众反映强烈的突出问题，不断增强人民群众获得感、幸福感、安全感，用法治保障人民安居乐业。要贯彻以人民为中心的发展理念，努力让人民群众在每一项法律制度、每一个执法决定、每一宗司法案件中都感受到公平正义。

加快推进高质量文化强市建设，塑造展现社会主义文化繁荣兴盛的城市文明典范

促进人民精神生活共同富裕。促进共同富裕与促进人的全面发展是高度统一的。要强化社会主义核心价值观引领，加强爱国主义、集体主义、社会主义教育，发展公共文化事业，完善公共文化服务体系，不断满足人民群众多样化、多层次、多方面的精神文化需求。

——习近平：《在中央财经委员会第十次会议上的讲话》（2021 年 8 月 17 日）

习近平总书记在深圳经济特区建立 40 周年庆祝大会上的讲话中强调，经济特区要坚持“两手抓、两手都要硬”，在物质文明建设和精神文明建设上都要交出优异答卷。当前，深圳进入“双区”驱动、“双区”叠加的黄金发展期，迎来了“双改”示范、建设中国特色社会主义法治先行示范城市和粤港澳大湾区高水平人才高地的重大历史机遇。深圳宣传思想文化工作作为深圳先行示范区建设的重要组成部分，肩负着打造“城市文明典范”的主要任务，各个方面都应走在前列、勇当尖兵。

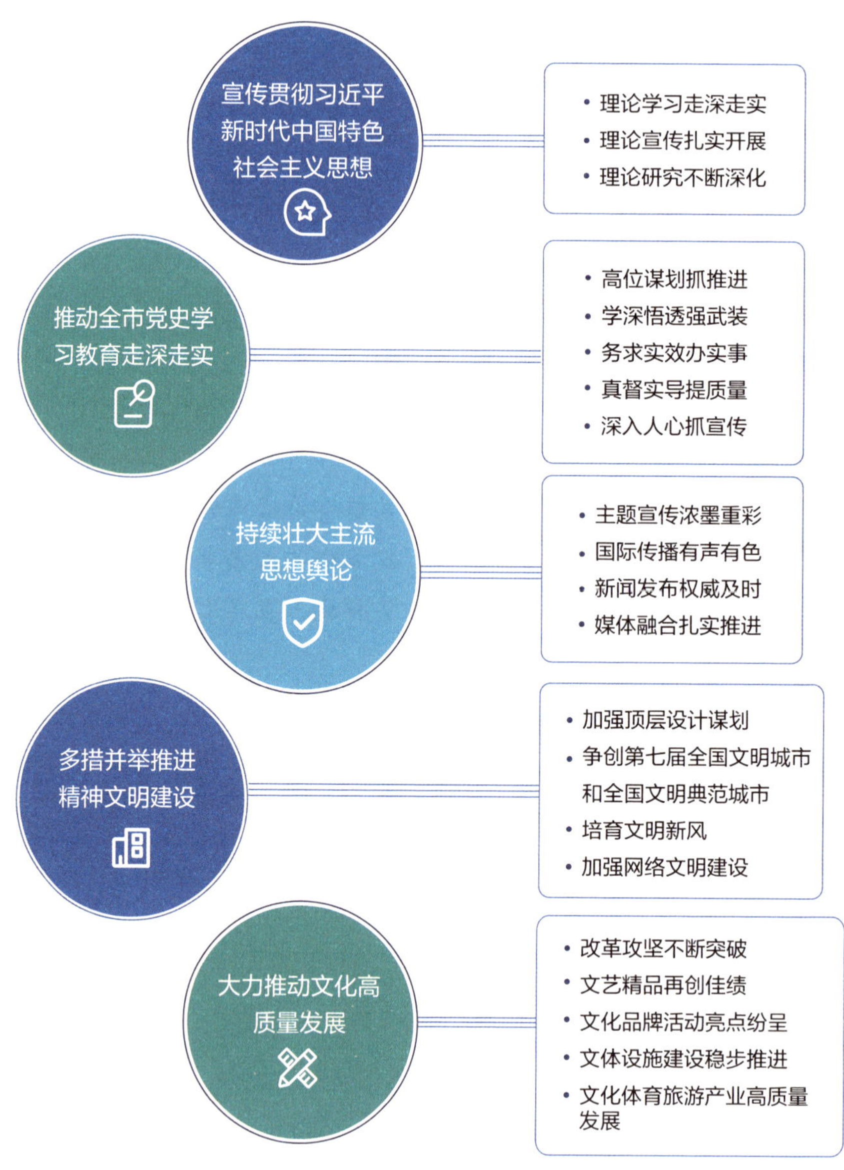

2021 年深圳建设城市文明典范总体情况

一、总体情况

2021 年，深圳宣传思想战线坚持以习近平新时代中国特色社会主义思想为指导，紧扣庆祝中国共产党成立 100 周年这一主线，自觉担当起举旗帜、聚民心、育新人、兴文化、展形象的使命任务，推动全市宣传思想文化工作再上新水平、呈现新气象。

（一）高举思想旗帜，推动习近平新时代中国特色社会主义思想在深圳落地生根、结出丰硕成果

深刻把握“两个确立”的决定性意义，始终把学习宣传贯彻习近平新时代中国特色社会主义思想作为首要政治任务，持续在学懂弄通做实上下功夫，推动党的创新理论入脑入心。

1. 理论学习走深走实。围绕习近平总书记“七一”重要讲话精神、党的十九届六中全会精神、习近平法治思想等重大专题，组织市委理论学习中心组学习会 10 次。抓好“学习强国”建设推广工作，举办深圳学习平台上线两周年总结表彰会，“学习强国”在深圳注册人数、激活人数均位居全省第一，累计签发稿件 4.6 万余篇，被全国学习平台采用 5196 篇，位居全省前列，平台浏览量在全国市级平台中排名第二。

2. 理论宣传扎实开展。深入实施“首页首屏头版头条工程”，组织深圳市媒体开设“奋斗百年路　启航新征程”等专版专栏，围绕新思想共刊发相关报道 5900 多篇（条）。在全省率先完成区级党委讲师团组建，推动成立全国首个互联网行业党委讲师团，组建各级各类宣讲团 130 余个，共开展宣讲 5500 余场，西乡街道成为全省唯一获评的全国“基层理论宣讲先进集体”。

3. 理论研究不断深化。围绕学习宣传贯彻习近平新时代中国特色社会主义思想，实施 119 项哲学社会科学年度专项课题，新增 8 个深圳市人文社会科学重点研究基地。继续与联合国人居署合作开展“深圳故事”课题研究，启动“中国特色社会主义政治经济学原理构建”“中国共产党的执政话语叙事”“城市文明典范”等课题研究，出版图书《深圳故事：经济、社会、环境转型》。

（二）筑牢信仰之基，推动全市党史学习教育走深走实

全市宣传部门会同组织部门牵头组织开展党史学习教育，学党史、悟思想、办实事、开新局，广大党员干部受到了一次全面深刻的政治教育、思想淬

炼、精神洗礼，增加了历史自信、增进了团结统一、增强了斗争精神。

1. 高位谋划抓推进。推动成立由市委主要领导任组长的市委党史学习教育领导小组，第一时间召开市委常委会会议、全市动员大会、干部大会，召开领导小组会议 5 次、领导小组办公室会议 28 次，制定印发实施方案、工作安排等文件 60 余份，形成“1+11+N”总体思路，推动党史学习教育在全市迅速铺开。

2. 学深悟透强武装。用好习近平总书记《论中国共产党历史》等学习材料，市委常委通过讲专题党课、讲思政课等多种方式带头参加党史学习教育活动 50 余场（次），全市县处级以上党员领导干部讲专题党课 1.43 万次。全市召开专题学习会、研讨会等近 2 万场次。充分发挥莲花山公园、东江纵队纪念馆等 33 个党史教育基地作用，新命名 16 家深圳市爱国主义教育基地。

3. 务求实效办实事。协调全市扎实开展“我为群众办实事”实践活动，全面落实省委督导重点民生项目 10 项、市委市政府领导班子牵头重点民生项目 70 项、各区各部门重点民生项目 125 项，超额完成“万件民生微实事”目标。开展“公益电影惠百姓”电影放映活动，全年放映 5000 场，受益观众约 100 万人次。完成本年度支持实体书店发展资助评审工作，共有 47 个书店获得资助，资助总额 2202.13 万元，让群众获得了看得见、摸得着的实惠。

4. 真督实导提质量。组建 27 个市委巡回指导组，对 159 家单位开展全覆盖巡回指导。各组累计列席被指导单位党史学习教育相关会议活动 1370 场次，走访全市 1959 个基层党组织，访谈 7241 名党员群众，发现 138 个不严不实倾向性问题，提出 2301 条意见建议，确保党史学习教育不偏航、不漏项。

5. 深入人心抓宣传。围绕庆祝中国共产党成立 100 周年，圆满举办中国共产党与世界政党领导人峰会深圳分会场活动，广泛开展“永远跟党走”群众性主题宣传教育活动，举办“风雨百年”大型党史主题展览，创作推出大型交响乐《英雄颂》等精品力作，“学习强国”首页刊发长文《党领导深圳经济特区建设的历史经验与启示》，一天内阅读量突破 1370 万。中央和省主要媒体报道 1020 多篇，市、区媒体报道 6.8 万多篇，总推荐阅读量逾 24.2 亿人次。深圳党史学习教育案例《上好改革开放课　建强先行示范区》成功入选中央《百年初心成大道——党史学习教育案例选编》，是广东省各地市唯一入选案例。累计编发党史学习教育简报 224 期，中央简报采用 22 条，省简报采用 136 条，位居全省前列。刊发主题户外广告 2.8 万余处，营造了浓厚社会氛围。

（三）弘扬时代强音，持续壮大主流思想舆论

围绕市委市政府中心工作，持续发起充沛强劲的正面宣传攻势、高昂响亮的重大主题宣传，让正能量成为大流量，掀起舆论场的“深圳热潮”，充分展现深圳城市形象。

1. 主题宣传浓墨重彩。精心谋划党代会、建党百年等重大主题宣传，《人民日报》2021 年 9 月 13 日在第 1 版刊发文章专题报道深圳先行示范区建设两周年成果，10 月 14 日又刊发市领导署名文章《建设好中国特色社会主义先行示范区》，引发热烈反响；央视《新闻联播》播出 4 分钟深圳专题报道气势磅礴打造“黄金八月”；新华社重磅通讯记录深圳抗疫经验，凝聚强大正能量；《经济日报》第 1 版“深圳领跑”系列报道阅读量近 10 亿。深圳市媒体佳作频出，《是什么让网友喊出了“中国共产党万岁”》等新媒体精品获得广泛好评。

2. 国际传播有声有色。构建国际传播矩阵，深圳入选“中国国际传播综合影响力先锋城市”。与新华社合作推出《为了人民的美好生活》全媒体大直播，全网总播放量近 1 亿。参与外交部牵头组织的“100 天讲述中国共产党对外交往 100 个故事”主题宣介活动。与央视合作推出外宣纪录片《毛南之歌》，获评第 27 届中国纪录片学术盛典十优作品。《直播港澳台》荣获中国新闻奖一等奖“新闻名专栏”。

3. 新闻发布权威及时。市第七次党代会期间，首次以市委名义举办新闻发布会。围绕前海改革开放方案，首次实现国家、省、市三级新闻发布。及时公开透明做好疫情防控和重大突发事件的信息发布，举办 16 场新闻发布会，品质和效果不断提升，围绕中心工作、重要政策、重大活动发布进展成效，回应社会关切。认真开展新闻发布培训和新闻应急演练，深圳新闻发布工作获评全省优秀。

4. 媒体融合扎实推进。以“深圳发布”为龙头的政务新媒体矩阵聚声聚能、

出圈出彩。报业集团全媒体综合用户超1.62亿，同比增长12%，读特客户端下载量突破4000万，比上一年同期增长翻番，全网阅读量上亿作品达29件（组）。广电集团融媒体宣传矩阵全网用户及粉丝量超过1.08亿，其中“壹深圳”客户端用户量突破1350万。深圳高质量推进区级融媒体中心建设，获得中宣部工作专报表扬。

（四）争创文明典范，多措并举推进精神文明建设

坚持“两手抓、两手都要硬”，大力培育和践行社会主义核心价值观，统筹文明培育、文明实践、文明创建，持续提升市民文明素养和城市文明程度。

1. 加强顶层设计谋划。制定实施《深圳市城市文明建设规划（2021—2035年）》《深圳市民文明素养提升行动纲要（2021—2025年）》《深圳市公共文明提升三年行动计划（2021—2023年）》等指导性文件，对城市文明建设进行全面部署。

2. 全力争创第七届全国文明城市和全国文明典范城市。协助中央文明办在深圳成功举办全国文明城市创建工作培训班，得到中央、省文明办各级领导高度评价。举行全市精神文明建设表彰暨第七届全国文明城市创建动员大会，隆重表彰第十三届精神文明建设先进集体和先进个人。圆满完成全国文明城市测评和全国文明典范城市测评体系综合测试相关工作。坚持榜样引领，大力选树宣传各类先进典型。

3. 培育文明新风。创新发布“文明行为规范实施主题”和“不文明行为重点治理清单”，实施市民文明素养提升“六大行动”，在全市22个街道、156个社区建立新时代文明实践示范所（站），积极打造新时代文明实践“第一方阵”。

4. 加强网络文明建设。印发《关于加强深圳网络文明建设的实施方案》，开展“2021深圳好网民正能量故事”征集活动，做好《深圳网民网络文明行为课题研究》，提炼总结“深圳网民十大文明行为”，成功举办2021深圳网络文明大会。

（五）深化改革创新，大力推动文化高质量发展

加快推进文化强市建设，持续深化文化体制改革，不断激发文化创新创造活力，加快构建高水平的公共文化服务体系和现代文化产业体系。

1. 改革攻坚不断突破。扎实推进文化领域综合改革四项试点任务，其中开展体育消费城市试点、承接省级电视剧审查管理权限等两项任务已经落地，深化文艺院团改革、建设适用国际通用规则的文化艺术品（非文物）拍卖中心改革试点工作加快推进。启动新一轮国有文化集团改革，初步形成国有文化集团新一轮全面深化改革“1+3”整体方案。

2. 文艺精品再创佳绩。电影《奇迹》《邓小平小道》、电视剧《太阳出来了》创作拍摄完成；歌曲《灯火里的中国》登上2021年央视春晚，被中宣部列入第九批“中国梦”歌曲在全国展播；电影《少年的你》提名第93届奥斯卡最佳国际影片；电视剧《扫黑风暴》成为现象级影视作品；舞蹈《肖像》《等》《烈火中永生》获中国舞蹈最高奖“荷花奖”，魔术《秘境》获中国杂技最高奖“金菊奖”。

3. 文化品牌活动亮点纷呈。以线上线下相结合模式创新举办第十七届文博会。成功举办“湾区升明月”——2021大湾区中秋电影音乐晚会，全网直播观看总量4.34亿次。成功举办2021深圳设计周，创新举办深圳读书月等活动。

4. 文体设施建设稳步推进。“新时代十大文化设施”项目规划建设步伐加快，深圳美术馆新馆、深圳科技馆新馆、深圳创意设计馆、国深博物馆、湾区书城5个项目开工。完成“十大特色文化街区”首期改造提升，均通过验收授牌。“一区一书城、一街道一书吧”建设取得新进展，新增公共服务型书吧4家。

5. 文化体育旅游产业高质量发展。文化产业方面，编制《深圳市文化产业高质量发展规划》，新认定市级以上文化产业园区15家，全市市级文化产业园区达71家。开展“文化企业30强”推荐工作，华侨城、华强方特再次获评全国“文化企业30强”，文化领军企业的带动示范效应凸显。体育产业方面，汤慕涵、王芊懿、刘虹等8名深圳健儿参加东京奥运会获得1金1银1铜；178名深圳籍运动员代表广东参加第十四届全运会比赛获15金13银21铜，入选

人数和金牌、奖牌数均创历史新高。旅游业方面，加快全域旅游示范区建设，推进华侨城集团在深文旅项目品质提升，乐高乐园深圳度假区开工建设，金沙湾国际乐园开园运营，融创华发深圳冰雪文旅城等项目建设加快推进。优化升级“海上看湾区”旅游项目，“招商伊敦号”成功首航并开通深圳—海南航线，欢乐港湾“湾区之光”摩天轮正式开放。

二、重点工作

（一）全力争创第七届全国文明城市

坚持以习近平新时代中国特色社会主义思想为引领，立足打造信仰之城、首善之城、幸福之城、魅力之城、善治之城、共享之城，凝聚共识、奋发有为，不断推动文明城市建设高质量发展。

1. 文明创建稳扎稳打，城市公共治理能力全面加强。协助中央文明办在深圳成功举办全国文明城市创建工作培训班，圆满完成了全国文明城市测评迎检以及全国文明典范城市测评体系综合测试。编制《深圳城市文明建设规划（2021—2035 年）》《深圳市公共文明提升三年行动计划（2021—2023 年）》等指导性文件，对城市文明建设进行全面规划、部署。深化开展“文明单位”“文明家庭”“文明校园”等创建活动，创建成果进一步巩固。深入推进“广东省文明创建九大行动”，加快推进诚信缺失突出问题专项治理，着力整治一批不文明行为。持续开展公共文明指数测评、交通文明指数调查以及环卫指数测评，常态化开展日常巡查督查，扎实开展“城中村综合治理”“集贸市场及周边整治”等专项行动，解决了一大批老百姓烦心事和城市治理难题，市民群众幸福感、获得感、安全感明显增强。

2. 文明培育成效显著，社会主义核心价值观深耕厚植。制定实施《深圳市民文明素养提升行动纲要（2021—2025 年）》，持续开展“修心”“养德”“守法”“尚智”“崇文”“健体”六大行动，不断提升市民文明素养。大力开展各类先进典型选树宣传活动，张莹莹同志获得第八届全国道德模范荣誉称号，19 人获“中国好人”“广东好人”称号，崇德向善蔚然成风。持续深化“我们的节日”传统文化活动，积极推动中国传统节日振兴，让人们在参与中感悟中国精神，增强文化自信。

3. 文明实践深化拓展，社会文明程度显著提升。持续深化新时代文明实践试点工作，高标准建成22个新时代文明实践示范所以及156个新时代文明实践示范站。广泛开展文明餐桌、文明旅游、文明交通等文明风尚行动，文明健康、绿色环保等生活理念深入人心。扎实推进志愿服务工作，持续深化深圳关爱行动，全年开展关爱活动1800余项，“送人玫瑰、手有余香”等观念深入人心。

（二）成功举办“湾区升明月”——2021大湾区中秋电影音乐晚会

2021年9月21日，“湾区升明月”——2021大湾区中秋电影音乐晚会在深圳湾体育中心成功举办，晚会群星闪耀、歌唱祖国，让观众共享电影之美，和合之美，晚会得到了各方的高度评价。强化筹备谋划，完善晚会组织架构，成立了晚会工作领导小组（指挥部），下设办公室、疫情防控及医疗保障组、安保组等13个专项工作小组，制定了晚会工作方案、疫情防控方案、应急预案、观众组织方案等，确保晚会顺利推进。与导演团队紧密对接，认真做好节目策划和演艺人员对接，邀请来自内地、香港、澳门、台湾的100多名知名电影人、音乐人，演绎近30首影视金曲。积极协调中央省市各级媒体加强晚会的宣传和传播，CCTV-6电影频道、凤凰卫视、广东卫视、深圳卫视、香港TVB翡翠台、澳亚卫视中文台等进行直播，在人民日报、新华社、腾讯、抖音、壹深圳、直新闻等近40个网络平台播出。晚会形成现象级传播，全网直播观看总量4.34亿次，微博相关话题阅读量75亿次，全网热搜话题超过114个，全网发稿量超过3210万篇。

（三）2021深圳设计周——“设计解决问题”

2021年12月25日至2022年1月3日，2021深圳设计周暨环球设计大奖成功举办，打造成为城市形象推广平台、创新产业发展平台、创意人才孵化平台、美好生活体验平台，得到各级各类媒体广泛关注和宣传，中央和省、市媒体刊播报道1700余篇，推出新媒体产品2000余条，全网阅读量超7000万人次，11场网上直播活动总时长28小时，总观看量超120万人次。对标国际提升活动品牌形象，汇集百余位不同领域设计师“跨圈”创作300余件作品，组织40余位各行业设计师开展8场主题论坛。推出全新主视觉形象——超级符号“S”，对深圳设计周和深圳城市形象进行品牌化塑造。对标专业前沿策划主题内容，以“设计解决问题”为主题，策划五大核心板块，包括“设计·韧性”“设计·融合”“设计·国潮”“设计·视界”“设计·器用”，彰显专业的前瞻性、引领性。对标全球标杆呈现立体化图景，全域全景全程全媒立体化进行展现，采取一个“主展场”加全域“星展场”的方式，以深业上城主展场为总牵引，会聚分布在全城全域的10个星展场。对标国际惯例创新运营机制，参照国际权威设计活动和奖项的运营方式，实行组委会领导下，学术委员会专业指导的联合策展人制度，打造成为一个可持续、可生长、常态化的设计品牌全新平台。

（四）第十七届文博会——首次以线下线上形式举办

在疫情防控常态化新形势下，深圳向中宣部等主办部委积极争取，于2021年9月23—27日成功举办第十七届文博会。办展形式和展会规模实现新突破。本届文博会首次移师深圳国际会展中心，创新线上线下结合办展模式，线下设置6个展馆，共12万平方米，云上文博会增设互联网馆和“一带一路”国际馆；主会场共有2468家政府组团、文化机构和企业参展，另有868家机构和企业线上参展；共展出文化产品近10万件，近4000个文化产业投融资项目在现场进行展示与交易；设置分会场67个，共策划各类活动500多项，主会场、分会场、各相关活动点总参与人数205.04万人次，来自英国、法国、意大利等108个国家和地区10865名境外采购商注册线上观展采购。实现社会效益和经济效益双丰收。设置“中国文化精品走廊”，集中展示社会主义文化强国建设最新成就；庆祝中国共产党成立100周年主题展览展示活动隆重热烈，激发广大群众爱党爱国热情；突出展示文化新业态、新成果和电影工业新成就，以创新驱动助力文化产业高质量发展；深入挖掘和阐发中华优秀传统文化时代价值，创新呈现形态和传播形式，促进中华优秀传统文化创造性转化创新性发展。

精心策划举办重磅信息发布、论坛、拍卖等重大配套活动，探讨时代前沿课题，探索行业发展方向，促成项目交易合作，充分彰显文博会作为产业发展“领航器”和“风向标”的高端引领作用；第十三届“全国文化企业30强”继续在文博会期间发布，为文化企业高质量发展树立标杆；北京保利拍卖举办“2021（深圳）精品拍卖会”，汇集近800件重量级拍品，总成交达4.02亿元。安全保障措施扎实有效。作为疫情防控常态化条件下首次线下举办的文博会，根据国内疫情防控形势，制定有关疫情防控方案和应急预案，决定实行提级管控，实行全部预约参观、参展，设置34个专门核酸检测点，共提供4万多人次免费核酸检测服务，确保万无一失；严把政治安全和文化安全防线，确保文博会的政治安全、意识形态安全和文化安全。

（五）稳步推进“新时代十大文化设施”规划建设和“十大特色文化街区”验收授牌

加快推动“新时代十大文化设施”规划中5个已开工项目的建设，深圳歌剧院、深圳改革开放展览馆、深圳自然博物馆、深圳海洋博物馆、深圳创新创意设计学院、深圳音乐学院、深圳博物馆新馆等7个项目前期工作稳步推进。完成“十大特色文化街区”首期改造提升，大鹏所城、南头古城、大芬油画村、观澜版画基地、甘坑客家小镇、大浪时尚创意小镇、大万世居、蛇口海上世界、华侨城创意文化街区、华强北科技时尚文化街区等首批10个项目均通过验收授牌。制定《深圳特色文化街区管理办法》，持续推进改造提升“十大特色文化街区”，启动并积极推进第二批特色文化街区创建。

三、改革亮点

根据《综合改革试点实施方案》，涉及宣传文化领域改革事项共4项，承接省级电视剧审查管理权限和开展体育消费城市试点两项任务已落地实施，深化文艺院团改革和建设适用国际通用规则的文化艺术品（非文物）拍卖中心两项改革任务均制定相应实施方案及配套政策，稳步推进、成效初显。

（一）支持深化文艺院团改革、完善院团管理体制、运行机制和利益分配制度

制定《深圳市进一步深化国有文艺院团改革实施意见》及相关配套政策，包括《深圳市支持民营文艺院团改革发展的实施办法》，形成了“1+6”系列系列改革方案。建立健全院团管理体制、运行机制和利益分配制度，大幅提升深圳交响乐团、深圳歌剧舞剧院和深圳市粤剧团创演质量、管理水平、服务效能。做强“老三团”的同时，探索由市财政出资注册成立国有公益类企业性质的深圳话剧院、深圳管弦乐团，打造门类较为完备的国有文艺院团体系。加强政策和经费保障，加大对重点文艺项目和文艺创作人才的支持力度。制定深圳市支持民营文艺院团改革发展实施办法，进一步调动社会力量和民间文艺工作者参与文化建设的积极性。

（二）按程序赋予省级电视剧审查等管理权限

2021 年 1 月 11 日，经广东省广播电视局上报国家广电总局同意，赋予深圳市共 20 项省级电视剧审查等管理权限。2021 年 4 月，向社会发布《深圳市文化广电旅游体育局关于承接省级电视剧审查等管理权限工作的公告》，深圳市成为首个承担省级电视剧审查管理权限的副省级城市。2021 年共办理合拍电视动画片立项审核 1 部、电视剧立项备案审核上报国家广播电视总局 18 部、上星电视剧内容审查 2 部、电视剧完成片内容审查 1 部（40 集）、电视剧完成片送军委协审 2 部（共 74 集），电视剧剧本评审 3 部（共 98 集）、上星调控播出计划 9 部（共 363 集）、出具剧本协审函 1 份、协助拍摄函 2 份。

（三）支持建设适用国际通用规则的文化艺术品（非文物）拍卖中心

研究制定《建设适用国际通用规则的艺术品（非文物）拍卖中心改革实施方案》。吸引国际国内知名拍卖机构落户深圳或在深圳设立分支机构，加快引

进知名画廊，支持港澳和内地知名画廊来深开展业务。培育和打造高端艺术博览会，引进全球顶级艺术博览会落户深圳办展，办好中国（深圳）国际文化产业博览交易会、“艺术深圳”等现有展会，策划举办艺术品拍卖季、拍卖月等活动。建设艺术品保税仓，建成集艺术品仓储物流、展览展示、拍卖洽购、评估鉴定、版权服务、金融服务等功能于一体的仓储、展示和交易平台。借鉴国际艺术品交易市场制度建设经验，通过规范艺术品鉴定评估、建立健全与国际接轨的艺术品交易规则体系等措施，建立健全有利于艺术品交易市场健康有序发展的规则体系。

（四）支持开展体育消费城市试点，推进体育产业创新试验，创新促进体育赛事发展的服务管理机制和安保制度

2020 年 8 月，深圳成功获批国家体育消费试点城市，是广东省唯一的试点城市。市政府已正式印发实施《深圳建设国家体育消费试点城市实施方案》，提出了 6 类共 20 条具体工作措施。提出积极探索建立大型赛事活动根据观众数量和赛事对抗激烈程度确定安保等级的分类标准，推动社会公共体育场馆和学校体育场地设施双向开放，鼓励体育消费业态融合创新。在引导体育消费方面，成功举办第二届深圳体育消费节、首届棋茶文化消费节、深圳国家户外运动博览会和各区体育消费节等活动。在推动公共体育场馆和学校体育场地设施双向开放方面，搭建 i 深圳“一键预约”平台，自 2021 年 9 月 1 日上线以来，共汇集了近 500 个学校、社会及公益场馆的运动场地资源，惠及市民近 300 万人次，被中央改革办作为改革经验推广。

四、未来展望

深圳市宣传思想战线将继续突出学习宣传贯彻党的二十大这条主线，贯穿用习近平新时代中国特色社会主义思想武装头脑这条红线，把握好坚持稳字当头、稳中求进这个原则，扎实推进宣传思想文化各项工作。

（一）立足打造新时代研究阐释和学习宣传习近平新时代中国特色社会主义思想的典范，抓细抓实理论武装工作

深入实施习近平新时代中国特色社会主义思想传播工程，建立健全更有时代感、吸引力的理论武装工作体系，推动习近平新时代中国特色社会主义思想在深圳落地生根、结出丰硕成果，为党的二十大胜利召开营造浓厚的思想理论氛围。深挖深圳实践“富矿”，深耕新型高端智库建设，开展重大课题研究。进一步发挥习近平新时代中国特色社会主义思想研究中心深圳调研基地和宣传基地、深圳市建设中国特色社会主义先行示范区研究中心、人文社科重点研究基地、高校马克思主义学院和报刊网络理论宣传阵地五大理论平台作用，不断推出研究成果。常态化长效化开展党史学习教育，坚持和完善“第一议题”、理论学习中心组等各层级学习制度，加强“学习强国”宣传推广，打造百姓宣讲品牌，引导广大干部群众自觉做习近平总书记思想的坚定信仰者、积极传播者、忠实实践者。

（二）立足打造新时代国际传播典范，做强做亮主题宣传、对外宣传和涉港宣传

发挥深圳作为“两个重要窗口”的内容优势、平台优势和渠道优势，做好新闻舆论和国际传播工作。围绕迎接和宣传党的二十大，大力营造团结奋进、自强自信、国泰民安的浓厚氛围。浓墨重彩做好主题宣传，及时准确做好信息发布，生动活泼开展基层宣传。持续加强国际传播能力建设，让世界从深圳故事、深圳声音、深圳名片中读懂中国、读懂中国共产党、读懂中国特色社会主义。突出服务港澳定位，围绕香港回归25周年，策划系列活动，推动人心回归。推动媒体融合向纵深发展，加快构建与深圳中国特色社会主义先行示范区相匹配、具有全球影响力的现代传媒集团。

（三）立足打造新时代“两个文明”全面协调发展的典范，奋力争创首届全国文明典范城市和第七届全国文明城市

着力提升市民文明素养和城市文明程度，努力将深圳这片改革开放的热土

深耕为精神文明的沃土。大力弘扬共产党人精神谱系，弘扬改革开放精神，继续发扬敢闯敢试、敢为人先、埋头苦干的特区精神，践行敢闯敢试、开放包容、务实尚法、追求卓越的新时代深圳精神，不断加强红色遗址、纪念设施、爱国主义教育基地、党史教育基地的规范管理，依托莲花山、前海石等红色地标，引导人们在感悟体验中传承光荣传统、增强精神力量。健全文明创建协调联动机制，强化文明城市创建全市“一盘棋”思维，争创首届全国文明典范城市和第七届全国文明城市。培养担当民族复兴大任的时代新人，深入实施市民文明素养提升六大行动，选树培育先进典型，做大做强“圳少年”品牌。广泛深入开展爱国主义教育、全民国防教育、中华民族共同体意识教育。推进新时代文明实践中心（所、站）全市全面覆盖，全面升级打造“关爱之城”“志愿者之城”，大力弘扬诚实守信、文明餐桌、文明旅游、文明交通、垃圾分类等时代新风。

（四）立足打造新时代文化高质量发展典范，奋力塑造与深圳经济地位相匹配的文化优势和文化形象

针对市民群众精神文化生活新期待，努力构建更高水平的公共文化服务体系和现代文化产业体系，以高质量文化供给增强人们的文化获得感、幸福感。大力推进“新时代文艺攀峰工程”，全方位构建文艺精品创作生态链，聚焦深圳先行示范精彩故事、深港合作大湾区故事等题材，创作系列都市剧，持续发力创作主旋律歌曲，精心打造一批精品力作。优化完善公共文化服务体系，创新开展文化惠民活动，不断提升市民群众精神文化需求。实施“文化+”系列计划，推动文化同数字、金融、旅游、体育等事业产业融合发展。实施文化产业数字化战略，打造数字创意产业集群，探索元宇宙等新技术新业态在文化产业领域的发展应用，抢占文化产业发展新高点。加快建设国家文化与金融合作示范区，建设文化金融主题产业园区。加快推进文旅融合发展，打造环深滨海黄金旅游带，创建国家全域旅游示范区。推进体育消费试点城市建设，以冬奥会、亚运会为契机，掀起全民健身热潮，打造国际著名体育城市。保护好各类文物、古建筑、古遗存、古街区、古树以及非物质文

化遗产，筑牢文物安全底线，赓续传承好城市文脉。加快建设以“新时代十大文化设施”为代表的一批重大文体设施、以特色文化街区和书吧为代表的城市文化空间，谋划建设新的文化设施，启动第二批特色文化街区创建。策划举办一批国家级、国际化的展会、节庆、论坛等重大文化品牌活动，打造更多城市文化名片。

坚持人民至上理念，
打造先行示范民生幸福标杆

坚持以人民为中心。在发展中保障和改善民生，保护和促进人权，做到发展为了人民、发展依靠人民、发展成果由人民共享，不断增强民众的幸福感、获得感、安全感，实现人的全面发展。

——习近平：《坚定信心　共克时艰　共建更加美好的世界——在第七十六届联合国大会一般性辩论上的讲话》（2021 年 9 月 21 日）

2021 年，在以习近平同志为核心的党中央坚强领导下，深圳按照中国特色社会主义先行示范区建设战略部署，坚持民生是人民幸福之基、社会和谐之本，统筹疫情防控和经济社会发展，坚持在发展中保障和改善民生，做好就业、收入分配、教育、社保、医疗、住房、养老、托育等各方面工作，让发展成果更多更公平惠及全体人民，不断满足人民日益增长的美好生活需要，民生得到有效保障，人民群众的幸福感、获得感、安全感不断增强。

一、总体情况

深圳准确把握发展环境新变化新挑战，坚持稳中求进工作总基调，完整、准确、全面贯彻新发展理念，将民生作为经济社会发展工作的指南针，紧紧围绕习近平总书记关于民生工作的系列重要论述和党中央国务院有关决策部署，始终把人民安居乐业、安危冷暖放在心上，用心用情用力解决群众关心的实际问题，巩固统筹疫情防控和经济社会发展工作的成果，不断提高保障和改善民生水平。

（一）坚持党建引领，新冠肺炎疫情防控成果持续巩固

1. 凝聚党员干部抗疫合力。开发“深圳先锋”小程序，抽调党员干部进驻街道社区和集中隔离点，将党群服务中心打造成“抗疫服务中心”，推进大规模人群疫苗接种，日最大接种能力 60 万剂，成为省内首个第一剂、第二剂接种超千万城市。用 16 天稳控“5・21”疫情，用 7 天控制“6・14”疫情蔓延，用 2 天完成全市全员核酸检测，实现应急响应“零迟滞”、医疗救治“零死亡”、院感事件“零发生”、重点场所“零感染”、宣传引导“零舆情”，疫情防控成效显著。

2. 完善重大疫情防控体制机制。创新应用“五个风险圈层”分类管控举措，构建“2+4+24+16”疫情防控机制，落实属地管理、行业管理、用人单位和企业管理、个人和家庭自我管理“四方责任”，健全及时发现、快速处置、精准管控、有效救治的常态化疫情防控体制机制。推进深港澳疫情联防联控，圆满完成支援香港建设临时医院和方舱医院任务，每天为 8000 名跨境货车司机提

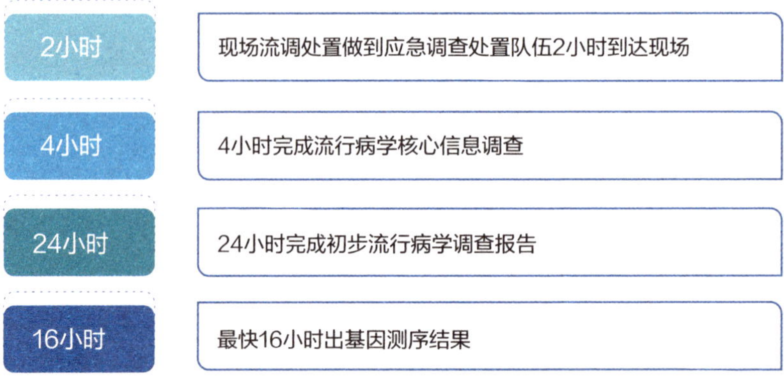

“2+4+24+16”疫情防控机制

供免费核酸检测、健康监测和驿站休息服务，累计为在深香港人士接种疫苗超过 16 万剂次。

3. 补齐疫情防控救治短板。完成全市二、三级医院传染病防控救治设施升级改造，建成 2 个平急结合大型健康驿站，获批上市首款国产新冠特效药，产能达 1 亿剂，核酸日最大检测能力达 1019.8 万份，具备 2 日内完成全市全员筛查能力。全年向省上解新冠疫苗费用 21.3 亿元，真正做到“钱等苗”。开展“校园心灵驿站”“流动安心驿站”关怀行动，12 岁以上人群疫苗接种全覆盖。

4. 夯实“科技抗疫”成效。建设疫情防控多维大数据平台，“深 i 您”用户达 3371.84 万人，累计亮码 19.62 亿次；提供“深 i 企”企业人员疫苗接种情况接口、2287 万条数据。建立省、市、区三级疫情数据共享应用机制，日均交换量 1300 万条。首创“互联网 + 卡口防疫”智慧防疫模式，有效破解卡口难以实时监测、漏测漏检、通行慢以及对物业约束监督乏力、基层防疫力量不足等难题。发布疫情数据开放专题 14 个权威数据集（接口）、数据 4064 条，下载量 1.73 万次。编制国际酒店一体化平台总体架构建设工作方案，开发集中隔离风险管理模块，覆盖 120 个隔离点、15221 个隔离房间，实现对隔离人员从入住登记到解除隔离全过程全流程管理，获国务院联防联控机制检查组高度肯定。

（二）立足需求变化，公共服务供给体系不断完善

1. 文体公共服务效能不断提升。完成大鹏所城、南头古城等首批 10 个特色文化街区提升改造，中国国家田径队深圳龙岗训练基地、深圳龙岗国家冰球项目训练基地正式启用。新建 80 个便民利民体育场地设施，福田区建成全国首个水质净化厂屋顶上的“足球主题生态体育公园”。携手港澳开展“共读半小时”，首创“深圳踏青日”，“文化名人大营救——深圳美术馆馆藏丁聪《东江百日杂忆》组画暨专题美术作品展”等 3 个展览项目入选文化和旅游部全国美术馆馆藏精品展出季。

2. 医疗保障工作创新推进。出台 52 个门诊特定病种政策，为 3863 名困难群众购买重特大疾病补充医疗保险，基本医保参保 1659 万人，定点医药机构

DRG支付

按疾病诊断相关分组（Diagnosis Related Group，DRG），即根据国际疾病分类标准，按照年龄、疾病诊断、合并症、并发症、治疗方式、病症严重程度及转归等因素，将患者分入若干诊断组。侧重以病例组合为单位，体现对医疗机构规范“同病同操作”病例诊疗路径的导向作用，发挥医保支付的激励约束作用。

DIP支付

按病种分值付费（Big Data Diagnosis-Intervention Packet，DIP），利用大数据优势所建立的完整管理体系，发掘“疾病诊断＋治疗方式”的共性特征对病案数据进行客观分类，在一定区域范围的全样本病例数据中形成每个疾病与治疗方式组合的标化定位。侧重以病种组合为单位，根据各级医疗机构的功能定位，通过不同病种赋予分值的大小差异，体现对治疗方式和合理成本的导向作用。

DRG 和 DIP

7171 家，专属医疗险累计投保超 21 亿元。开展 DRG 付费改革，出台全国首个系统集成康复医疗政策，推进 DIP 试点扩大中医优势病种。建立医保支付制度评议组织，医保协议网签率 85%。安装 1386 台自助服务终端，39 项医保政务服务 100%网上办理，18 项实现“秒批”。

3. 住房保障和供应体系建设加快推进。编制《深圳市住房发展“十四五”规划》，修订《深圳市公共租赁住房建设和管理暂行办法》《深圳市保障性租赁住房建设和管理暂行办法》《深圳市共有产权住房建设和管理暂行办法》《深圳市发展住房租赁市场中央财政专项资金管理办法》等，建立完善二手住房成交参考价格发布机制，构建以公租房、保障性租赁住房和共有产权住房为主体的住房保障体系。2021 年建设筹集公共住房 9.65 万套，实际供应 4 万套，投资 2711 亿元建设新开工住房 1527.6 万平方米，超额完成任务目标。

（三）优化发展环境、民生要素保障能力全面提升

1. 人才发展体制机制不断完善。发布《深圳市高端紧缺人才目录（2021年）》，率先在锂电池、人工智能等新兴领域开展职称评审，支持腾讯聚焦数字技术领域开展“工评合一”直接认定，实现华为ICT认证与职业技能等级认定“一试双证”并向全国推广，核发职业技能等级证书7.06万本。中央赋予深圳企业博士后工作站分站事权在5家单位率先落地，华为、鹏城实验室等重点单位获得博士后独立招收权限，在站博士后首次突破5000人。健全终身职业技能培训制度，补贴24亿元培训274万人，居全国前列。出台《深圳市外籍“高精尖缺”人才认定标准》，全年新增全职院士20人，高层次人才2万余人，留学回国人员超17万人，人才总量超600万人。发布首批境外职业资格认可清单，36759名在深就业或居住的港澳居民纳入社保制度覆盖范围。

2. 财政保障更可持续。制订《深圳市普通高校学生资助资金管理办法》，健全基丁医疗机构功能定位的分级财政补助机制，公立医院平均财政投入居全国首位。提取42.62亿元职业技能提升行动专账资金，惠及企业15.5万家、劳动者308.1万人次，补贴规模、补贴对象均居全省之最、全国前列。扩大就业政策对象范围，创业担保贷款基金池扩容至17亿元，申请范围扩至全市创业者，理论放贷额度达170亿元。九大类民生支出3197.3亿元、增长12.6%，占财政支出比重达70%。新增地方债限额529亿元，重点投向轨道交通、城镇污水垃圾处理、卫生健康等民生领域。完善捐赠收入财政配比、冠名学校场馆建筑物等多元投入政策，鼓励各类教育基金等社会力量助学兴学。支出211.3亿元积极解决新市民、青年人才、公共服务人员公共住房需求。

3. 土地要素保障更加充分。出台《深圳市国有建设用地短期租赁管理办法》，印发《深圳市工业用地使用权转让工作规则（试行）》，供应居住用地369公顷，完成居住潜力用地整备200公顷，集中挂牌出让住宅用地38宗，总用地面积155公顷，规划筹集公共住房和配套宿舍40134套。完成民生设施用地整备250公顷，供应民生设施用地681公顷，保障坪山高中园中科院深圳理工大学等项目落地。统筹实施基础教育设施用地面积92公顷。推进工业区

连片改造、工业区土地整备区和较大面积产业空间土地整备，供应产业用地307公顷、商服用地101公顷，完成华为九龙山精密制造园、比亚迪汽车工业园（深汕）等一批重大产业和总部项目用地供应。新开工建设制造业产业空间逾1006万平方米，竣工逾462万平方米。

二、重点工作

（一）努力践行初心使命，办好民生实事推动共同富裕

1.努力办好民生微实事。建立市级民生服务平台，新增“我要办毕业生落户”“我要办理退休一件事”等高频主题服务300余个，实现24小时快速分拨处理。建立1686个2000年前建成的小区基础信息台账，改造老旧小区34个，惠及1.7万户居民，启动852个单元加装电梯试点。举办11期家庭教育大讲堂，推出“爱心暑托班”、红色研学活动等10项暑期民生实事。“民生微实事”项目被国家发展改革委列入深圳经济特区5方面47条创新举措和经验做法，向全国推广。

2.稳步推进职工服务体系建设。在全国率先发布《深圳市工会联合会综合改革工作方案》，有机整合职工技术创新运动会和深圳技能大赛，树立“深圳工匠”“鹏城工匠”品牌。建成70家规范化暖蜂驿站和91个暖蜂窗口，15家驿站成功获评广东省“户外劳动者爱心驿站”。投入3000万元为新就业形态劳动者提供精准帮扶保障。设计推出新产业、新业态、新商业“三新”领域专属商业险，人均保障额度高达150万元。新建“爱心妈妈小屋”53家，开展免费“两癌”筛查活动，惠及女职工11.8万人。

3.创建先行示范品质交通环境。建立11项养护管理制度，打造道路设施养护一张图，完成5343公里道路的三维数字建模，智慧巡检道路25.8万公里，打造交通设施养护作业智慧大脑。优化调整公交线路108条，新改建非机动车道353.2公里，恢复拓展国际航线6条。实施19项轨道交通专项整治工作，完成303条道路无障碍设施整治工作。完成50项拥堵节点和74项拥堵路段整治工作。

4.深入落实暖心帮扶工作。印发《我为群众办实事 “解忧暖心传党恩”走访慰问工作方案》，聚焦特殊困难群众，动员全市民政系统党员、干部、职

工以及“广东省兜底民政服务社会工作双百工程”社工，对低保对象、特困人员等困难群众开展走访慰问活动。2021年全市累计走访慰问低保、低保边缘家庭、特困人员等特殊困难群众1040人次，支出慰问资金及物资约51.57万元。

（二）着力完善服务体系，坚持民生为本优化幸福指数

1. 不断提升教育服务质量。提升基础教育质量，修订《深圳市深化中小学教师职称制度改革实施方案》，覆盖面扩大到民办学校；建成10所市区级教师发展中心，评选首批特级正校长、一级校长。组建深圳市学校规划与建设专家咨询委员会，努力打造精品校园。建立“名园（长）+”学前教育集团发展模式，推动基础教育实现高位均衡。在全省率先设立校外教育培训监管处，建立社区四人小组联合执法新模式，依法关停学科类校外培训机构819家，压减比例95%，全市证照不齐学科类培训机构实现动态清零；印发《深圳市校外培训机构规范治理工作方案》等“1+N”系列文件，深圳经验做法作为典型案例在教育部官网报道，《深圳市发挥先行示范引领作用，推进校外培训治理落地见效》被评为全国“双减”工作优秀案例；研究出台了《深圳市关于进一步减轻义务教育阶段学生作业负担和校外培训负担的实施意见》，对学生作业减负工作进行全面部署；建立学校作业管理日常检查制度，研究发布了《深圳市义务教育学校学科书面作业设计指引（试用）》，对义务教育学校学科作业设计的目的、原则、类型、要求进行了细致、全面的指导和规范；为中小学教师开发7866个在线教学资源包和4543个义务教育阶段作业设计样例，减轻教师备课负担。推进深圳市普通高中新课程新教材实施国家级示范区建设，遴选建设了10所示范校和28个学科示范基地，研制印发了《深圳市普通高中新课程新教材实施国家级示范区建设工作三年规划（2020—2023年）》《深圳市普通高中新课程新教材实施国家级示范区示范校及学科示范基地管理办法（试行）》。推动高等教育跨越式发展，推动教育部、广东省政府联合发布《关于推进深圳职业教育高端发展 争创世界一流的实施意见》；推进深圳职业技术学院、深圳信息职业技术学院建设中—高职教育集团。

2. 持续优化整合型医疗服务体系。以推进高水平医院建设为重点，着力打

造一批在疑难危重症诊断与治疗、医学人才培养、临床研究、疾病防控、医院管理等方面代表区域顶尖水平的市级医疗中心。加强学科发展战略规划部署，统筹医院重点学科和“三名工程”建设，推动形成“院有品牌、科有特色、技有专长”的新发展格局。夯实基层医疗集团根基，制定《关于推进基层医疗集团高质量发展的若干措施》《深圳市基层医疗集团建设规范》，明确基层医疗集团的建设目标、组建方式、评价标准。根据社康机构设置标准，分类设置社区医院、社康中心、社康站。推动在全市社康机构加挂“社区疾控中心”牌子，配足配齐社康机构工作人员。医疗资源布局更加优质均衡，实现每个行政区都有市级医疗中心，每个社区都有社康服务机构。

3. 推动劳动就业保障可持续发展。持续提高就业质量，为 7.6 万家企业发放稳岗补贴 5.13 亿元；引入市场化融资担保机构发放贷款 27.54 亿元，同比增加 24.52 亿元，创业担保贷款范围及条件全省最优；打造以前海梦工场为龙头的创新创业基地空间布局，孵化港澳项目 535 个、带动港澳居民就业 925 人；优化健全社会保障体系，修订《深圳经济特区社会养老保险条例》，取消灵活就业人员参保户籍门槛；启动“深港跨境社保服务通”工程，港澳居民在“家门口”即可办理深圳社保业务；实现养老金 17 年连涨，社保基金滚存结余 5976.08 亿元。劳动关系和谐稳定，率先出台劳动争议调解工作地方标准，编制企业和谐劳动关系构建指南地方标准；推进特殊工时管理改革试点，提高最低工资标准至 2360 元 / 月；放开新就业形态劳动者参保户籍限制，特定人员参加工伤保险 16.08 万人，居全省第一。

4. 不断完善养老服务体系。建立健全法规政策体系，形成以《深圳经济特区养老服务条例》为纲领、中长期规划为核心、30 余项政策为基础的多层次养老服务政策体系。加大优质服务供给，开展全市老年人口现状和养老服务需求基线调查，形成养老服务需求数据库，加强人才队伍建设，在全省率先开展 5 个养老护理类项目专项能力考核，启动养老护理员职业技能等级社会评价，开展“老有颐养、爱在鹏城”最美养老护理员评选活动。

5. 逐步织密救助服务网络。持续健全保障机制，修订《深圳市最低生活保障办法》，出台《深圳市居民经济状况核对办法》，出台全国首个无障碍城市建设条例；最低生活保障标准提高至1300元/人/月，低保边缘人员认定标准提升至1950元/人/月，特困人员基本生活供养金标准提高至2080元/人/月，重度残疾人护理补贴标准提高至452元/人/月，困难残疾人生活补贴提高至226元/人/月，居全国大中城市前列。精准帮扶未成年人，设立市未成年人救助保护中心，印发《困境儿童分类保障工作指引》；孤儿养育标准提高至2432元/人/月；开通运行24小时未成年人保护热线，启动首趟“护童号”地铁专列，组织《未成年人保护法》知识竞赛，上线“益起护童”儿童关爱服务资源平台，在龙华区试点发布未成年人保护十项服务清单。持续提升服务质量，推进“产业扶残”“商业惠残”“科技助残”残疾人就业创业，安排残疾人就业9179名，就业率55.24%，龙华区残疾人创业就业基地被认定为广东省首家“省级残疾人创业孵化示范基地”，获央视新闻专题报道；筹集65万平方米产业空间，建设坪山区高端康复辅具产业园，深圳市残障者无障碍服务中心开工建设。

（三）强化主体责任落实，彰显为民情怀书写国企担当

1. 推进重大民生工程建设。全面推进深汕高铁、深大、深惠等6条高铁和城际铁路建设，稳步推进17条地铁线路、综合交通枢纽、配套综合管廊及市政工程，国铁、城际、城市轨道交通“三铁”在建里程567公里，与广州地铁实现乘车码“互联互通”，深圳地铁10个站点全国率先启用“航空+地铁”行李联运。开展“907”惠民养老工程、“0580”居家适老化工程等，创新“老幼共托”“医养融合”模式。优化《社区居家养老服务标准》，形成托幼运营管理七大标准化体系。全国率先开创“跨关区、跨省、跨内陆与沿海”赣深组合港模式，助力赣南老区出口企业节约物流成本30%，节约时间成本40%。

2. 保障重点民生事业发展。大力推进全市教育领域食堂管理，开展施工工地食品安全问题专项整治工作。加快推进自来水直饮工作，推出优化水务营商环境“五心”服务和“四零”举措，首创“厂网河”全要素治水模式，打造水污染治理“深圳经验”。落实支持民营经济发展“四个千亿”计划，持续优化碳排放权交易市场，建设高质量深圳医用耗材阳光交易平台。

3. 打造深圳国资服务样本。全面实施国资国企改革三年行动方案，实施国

资重组中和“1+N”方案。开展深圳机场数字化转型，开展国内机场出港航班RFID（非接触式自动识别）技术运用，实现行李定位跟踪服务，“易安检”应用于全国40家千万级机场。开展高峰客流拥挤的地铁压缩车次间隔，实现国内首条“以列车为核心”设计理念建设的全自动运行线路，全国率先开通专属“爱心预约”服务热线，实现“家—地铁站点—目的地”全程精准助残服务。开发能源运营管理WIS（垃圾焚烧厂生产管理信息化系统），引入“1+2+N”全屋智能家居系统，实现燃气5G“深燃芯”安全接入芯片、智能表具等管网哨兵等智能终端，打造粮食物流信息系统（深粮GLS），实现对粮食收购、仓储、物流、加工、交易、配送等关键环节的精细化控制。

教育

- 基础教育。普惠园（含公办）在园幼儿占比达87.5%，“百万基础教育学位建设计划”开局顺利，新开工建设学校150所，建成学校151所，新增13万个基础教育学位，新增数量居历年之最。全国首所12年制深港教育融合学校——香港培侨书院深圳龙华信义学校开学。
- 高等教育。 南方科技大学、深圳大学在2022年泰晤士高等教育世界大学排名中分别位居内地高校第9位和第17位；7所高校纳入广东省第三轮高水平大学建设计划，深圳技术大学入选省特色高校提升计划；高校新增10个博士点，居各城市市属高校第一。全国职业院校技能大赛获奖11项，居全省前列。深职院“双元制”产教融合育人模式获教育部高度评价。深圳职业教育“双元制”产教融合育人模式获教育部高度评价，被国家发展改革委作为“深圳经验”向全国推广。

医疗

- 实施社区健康服务扩容提质行动，新增社康机构97家、总数833家，新增全科医生2112人、总数7518人，每万人拥有全科医生数达4.28名，90.33%以上居民10分钟内能到达最近医疗点，70%慢性病老年人等重点人群拥有家庭医生。
- 新增健康场所近200家、总数达1400家。
- 建成17家市级医疗中心、17家基层医疗集团和833家社区健康服务机构，基本实现每个行政区至少有1家市级医疗中心、1家基层医疗集团，每个社区有1家社康机构。
- 新增市中医院、市儿童医院2家广东省高水平医院，总数达7家；新增三甲医院7家，总数达25家；新增国家临床重点专科2个，总数达16个，3个专科进入全国前十，市第三人民医院进入复旦排行榜全国百强。

就业

- 开展全国民营企业招聘月、百日千万网络招聘专项行动，服务企业8400家次，发布岗位41万个，接收应届毕业生9.07万人，组织99.8万人次春节留深人员参加免费线上技能培训，获央视新闻专题报道。
- 实施失业、工伤保险阶段性降费率政策，累计减负25.01亿元。向65.79万人发放失业补助金26.17亿元，向3.81万人发放价格临时补贴0.22亿元，更好保障失业人员基本生活。
- 组织开展根治欠薪冬季专项行动，为3819名农民工追发工资及赔偿金4530万元，运用欠薪保障基金为2487名员工垫付欠薪3109.18万元。

养老

- 做强市、区、街道、社区、小区、家庭6个层级，养老机构增加8家、养老床位增加220张、照护型床位新增765张。
- 开展长者助餐服务，1.3万名老年人可享受5—15元助餐补贴，实现社区长者助餐服务全覆盖；
- 超额完成500户年满60周岁中度及以上失能老年人、年满80周岁高龄老年人家庭适老化改造，每户资助最高1万元。
- 发放77.8万张智慧养老颐年卡，70周岁以上户籍老人每月可领取200—1000元高龄老人津贴，率先实现高龄老人津贴全领域无感申办、年龄跨挡自动提标。
- 完成养老护理员培训5000人次、“家庭护老者”培训1万名。

救助

- 累计发放救助资金5158万元，679人享受困难残疾人生活补贴，31140人享受重度残疾人护理补贴，588人获临时救助，7920名流浪乞讨人员获救助。
- “明天计划”项目投入市级公益金155万元，医疗资助儿童360名，成功社会化安置35名年满18周岁孤儿。
- 为12583名残疾人适配辅助器具，提供2727件次免费借用服务。

坚持民生为本优化幸福指数 2021 年重点成效

三、改革亮点

（一）首创集中采购、探索跨境衔接，深化医改走深走实

1. 以公立医院高质量发展为抓手优化医疗服务体系。印发《公立医院党政主要负责人目标年薪制试点方案》，现代医院管理制度建设获中央有关部门肯定，全面实施公立医院绩效考核，8 家医院进入全国同类医院百强，2 家医院进入全国同类医院十强。新增国家现代医院管理制度试点医院 1 家、广东省现代医院管理制度试点医院 2 家，总数分别达到 2 家和 9 家。香港大学深圳医院入选国家公立医院高质量发展 14 家试点医院。“创新构建‘两融合、一协同’的整合型医疗卫生服务体系”被国家发展改革委列入深圳经济特区 5 方面 47 条创新举措和经验做法清单向全国推广。

2. 医疗服务跨境衔接机制综合改革任务落地见效。编制《医院质量国际认证标准（2021 年版）》获国际医疗质量协会（ISQua）认证，在 3 家医院试点开展国际版三甲医院试评审。积极开展“港澳药械通”试点，获批使用 13 种临床急需进口药品和 4 种进口医疗器械，“港澳药械通”试点经验推广至全省 5 家医疗机构。简化港澳服务提供主体准入审批流程，港籍医生在人才认定、岗位聘用等与内地医生享受同等政策待遇，37 名港籍知名医生获评正高职称，348 名港澳医生获内地医师执业资格。

3. 多层次的医疗保障制度更加成熟稳定。出台《深圳市医疗保障信用评价管理办法（试行）》，实现 7000 余家定点医药机构、7 万名医保医师、1 万名医保药师、96 万家用人单位、1659 万名参保人医保信用管理全覆盖，节约医保基金支出 1000 万元。52 种门诊特定病种不设起付线，最高支付比例 90%，保障水平处于全省前列。创新高血压、糖尿病门诊用药保障机制，设置与社康中心家庭医生签约挂钩的差异化报销比例，降低药费负担。上线大数据风控系统分析医保记账数据，创新运用人脸识别智能核卡监管模式强化源头管控。推出药价监测系统，率先上线“医保药价通”，实现全市 4491 家医保定点零售药店、18 万余个医保药品全覆盖。实现 135 家定点医疗机构省内异地、跨省异地普通门诊直接结算。首次以地区（市）牵头组织跨省联盟带量采购，对 221 种国

家谈判药品实施限价挂网采购，累计节省采购金额9.79亿元。

4.行业综合监管制度持续规范。推动修订《深圳经济特区医疗条例》和《深圳经济特区中医药条例》，发布卫生健康地方标准2项、修订4项。卫生监督AI智能人脸识别监管系统项目入选国家卫生健康委规划司“人工智能社会实验”项目，“智慧卫监”新型“互联网+监管”模式获国务院医改领导小组秘书处推广。持续推进扫黑除恶斗争常态化，大力整顿医疗机构违规执业行为，立案处罚案件614宗，罚没款1128.11万元，责令停业整顿16间。

（二）优化建设标准、规范课后服务，教育事业高质量发展

1.教育先行示范顶层设计取得新进展。基础教育先行示范行动方案上升为国家基础教育综合改革示范区方案。推进深圳市普通高中新课程新教材实施国家级示范区建设。深度融合推进教育部“智慧教育示范区”和“基于教学改革、融合信息技术的新型教与学模式”国家级信息化教学实验区建设。推进“基于教学改革、融合信息技术的新型教与学模式”国家级信息化教学实验区建设，深圳市云端学校开学，形成“总部实体学校+入驻学校”的“1+N”学校共同体。建立健全政府主导，学校、科研院所、行业企业多方参与的“一流中学+一流企业+一流高校”创新人才培养机制。

2.优化学校建设标准。印发《深圳市中小学校建设试点项目关键技术指引》，适应不同条件和需求的中小学校建设，建立健全深圳市工程建设标准体系，破解中小学校用地紧张、学位供给能力与城市发展不匹配的突出矛盾。探索创新中学、小学建筑楼层设置标准，在国家教学用房规定楼层以上设置教学辅助用房。

3.全面规范课后服务。出台《深圳市义务教育阶段学校课后服务实施意见》，按每年生均1000元标准纳入政府经费保障，工作经验获教育部全国推广。在全国率先实现义务教育阶段学校午餐午休全覆盖，获评第六届南都街坊口碑榜民生实事十大金奖。创新开展小学生暑期托管服务试点工作，确定25所首批暑期托管服务试点学校，“官方带娃”模式广受社会好评。

（三）注重顶层设计、加强创新引领，儿童友好城市建设走在全国前列

1. 率先构筑政策支持体系。全国率先成立深圳市儿童友好专家委员会，将儿童友好城市建设纳入国民经济和社会发展体系统一部署，出台全国首个《关于先行示范打造儿童友好型城市的意见（2021—2025 年）》，印发 2021—2025 年行动计划，由市委深改委审议并通过全国首个建设儿童友好城市地方指导性意见。率先提出“从一米高度看城市”儿童视角，出台《深圳市儿童参与工作指引（试行）》《深圳市儿童议事会工作指引（试行）》，培育以儿童为主体的 381 个议事组织，打造深圳市妇女儿童智慧维权系统，实现妇女儿童维权全流程管理。

2. 全域推进儿童友好空间建设。开展“儿童友好公共服务体系建设指南”地方性标准研究，填补国内空白。创新提出儿童友好空间建设原则，出台儿童

儿童友好系列活动

友好社区、图书馆、医院、学校等 9 大领域中英文版儿童友好建设指引，制定“儿童友好学前教育设施建设标准”，形成全国可复制、可推广成果。率先开发母婴室地图系统，建成 1100 多间母婴室、推广移动母婴室，基本实现公共场所全覆盖。

（四）完善工作机制、强化改革探索，文体旅游事业迸发新活力

1. 体育城市建设有序开展。入选首批 10 个全国足球发展重点城市的实地考察城市，成功举办第二届深圳体育消费节、首届棋茶文化消费节等系列活动，2021 年向市民累计派发体育消费券近 8 亿元。拨付专项资金 1.38 亿元，扶持高端体育赛事、高水平职业体育俱乐部、园区基地和体育企业，职业体育俱乐部达 16 家。印发《深圳建设国家体育消费试点城市实施方案》，一体推进体育消费试点、体育产业创新试验和创新优化以安保制度为重点的赛事服务管理机制等体育领域改革。

2. 文化产品创作实现新突破。深圳卫视获批升级为超高清频道，顺利承接省级电视剧审查权限 6 项行政许可项目，成为首个承担省级电视剧审查管理权限的副省级城市，受理并开展了 10 余部电视剧的立项审核、备案审核、内容审查等工作。打造重磅活动“这就出发”第三季“深圳十二时辰”，原创大型交响套曲《我的祖国》、大型现代粤剧《驼哥的旗》入选文化和旅游部“庆祝中国共产党成立 100 周年优秀舞台艺术作品展演”及省文化和旅游厅“百年百戏”舞台精品展演，大型主题交响曲《灯塔》入选文化和旅游部 2020—2021“时代交响”创作扶持计划。

3. 率先探索都市型共享文体设施运营管理“深圳实践”。创新构建“一网统管、一体统筹、一键预约”工作机制，依托“i 深圳”打造“一键预约”平台，推动文体设施共享运营、学校和社会资源双向开放，惠及市民超 180 万人次。推进“图书馆之城”建设入选国家发展改革委推广的深圳经济特区 5 方面 47 条创新举措和经验做法清单，盐田区“智慧图书馆”成功创建第四批国家公共文化服务体系示范项目，坪山图书馆获国际图联 2021 年“绿色图书馆奖”。

四、未来展望

（一）深入推进综合改革，构建现代教育服务体系

深入推进教育综合改革，加快构建教育经费保障体系、校长教师发展体系、教育教学研究体系、教育监测评价督导体系“四个体系”，推动职业教育、外籍人员子女学校管理等条例的立法工作。大力推进基础教育优质发展，深入推动学前教育学区化治理，出台中小学学区化、集团化办学指导意见，全面推进深圳市普通高中新课程新教材实施国家级示范区建设，优化高中自主招生管理办法、“指标到校”政策，开展民办学校分类登记改革。推动高等教育高水平特色化发展，推动“四链协同”重点工作，实施学科专业强链补链计划，推动深圳大学建设高水平综合性大学、南方科技大学建设世界一流研究型大学，推进香港大学（深圳）等新高校建设，创新人才培养模式。

（二）强化多元供给，构建普惠多元“一老一小”照护服务体系

建立健全养老托育服务体系，制定深圳市“一老一小”整体解决方案，推动放宽养老托育市场准入若干特别措施清单落地，增加养老托育服务供给，探索“社区＋物业＋养老服务”模式，积极发展公办民营、公建民营、民办公助等多种模式，鼓励国有企业、民营企业和社会组织参与普惠养老托育服务。支持优质养老托育服务机构智慧化发展，实施“养老＋行业”“托育＋行业”多元融合，拓展旅居养老、文化养老、健康养老、养生养老等新型消费领域。推动养老托育服务队伍建设，高水平建设深圳健康养老学院，推动市属院校养老相关专业职业教育一体化发展，制定养老托育服务从业人员补贴资助政策，开展养老托育服务从业人员在职培训，为实现“老有颐养”提供人才保障。

（三）深入推进健康深圳行动，强化提高人民健康水平的制度保障

深入实施健康中国战略，积极应对人口老龄化战略，优化生育政策等国

家重大战略，坚持以人民健康为中心，统筹推进疫情防控和卫生健康事业高质量发展为工作，打造一流健康城市。增加优质医疗资源供给，提升市级医疗中心水平，加强基层医疗集团规范化建设，推进社康服务扩容提质，支持香港大学深圳医院开展国家公立医院高质量发展试点，推进国家级、省级现代医院管理制度建设试点医院建设，持续完善优质高效医疗服务体系。承接港澳服务提供者来深办医审批权限，打造前海国际医疗服务集聚区，完善医疗服务跨境衔接机制。完善高效率多元复合支付制度，加快推进 DRG 和 DIP 支付方式改革。建立医保医师协议管理制度，探索将医保协议管理延伸到医务人员医疗服务行为管理。完善“双通道”定点零售药店遴选标准和程序，拓展参保患者用药购药渠道，更好满足市民群众用药需求。持续优化药价监测系统，推进医保数据开放共享工作，继续推进“带全省量”和“跨省联盟”医用耗材集中采购。

（四）健全城市公共服务体系，推进文体事业高质量发展

推动深圳综合改革试点任务落实落细，深化国有文艺院团改革，加大艺术品产业市场主体培育引进，建立激发体育消费潜力的长效机制。深入推进“图书馆之城”建设，进一步完善图书馆文化馆总分馆制服务架构。推动文体设施网络建好建优，谋划一批重大文体设施建设和深圳特色文化街区改造提升，实施基层公共文化设施提质增效工程和城市社区运动场地设施建设试点三年攻坚计划，补齐补强基层文体设施和服务短板。推动产业高质量发展做大做强，积极创建国家文化与金融合作示范区，推进文化和旅游消费试点城市建设工作，加快建设国际国内旅游购物消费重要目的地，大力发展体育旅游、体育康养等“体育 +”新业态，促进文体产业多元发展。

（五）加强兜底民生保障，建设更有温度的社会保障服务体系

构建牢固紧密的基本民生保障体系，修订社会救助制度文件，出台临时救助办法，探索支出型困难家庭救助措施，推动政策导向由“兜底型”救助向“发展型”帮扶转变。探索与大湾区城市开展社会救助联办通办工作，推动居住地

办理社会救助，实现就近办、门口办。理顺救助管理机构管理体制、残疾人两项补贴与救助等政策衔接问题，提升整体管理服务水平。维护青年群体基本权益，通过构建青年创新创业服务链条，打造“一社区一社工”社区青少年维权闭环，构建“星级认证 + 百优遴选 + 勋章荣耀”相结合的志愿者褒奖体系，建设青年发展公园等多种方式，为青年群体提供良好的成长环境。加大未成年人保护工作力度，申报全国未成年人保护示范区，发布未成年人保护工作清单和服务标准。稳步提高孤儿、事实无人抚养儿童基本生活养育标准。推进儿童福利机构优化提质，提高儿童福利领域风险防控和应急处置能力，不断健全安全工作体系。

全面开启美丽中国典范建设新征程，推动生态环境保护工作迈向新台阶

坚持绿色发展。绿水青山就是金山银山。保护生态环境就是保护生产力，改善生态环境就是发展生产力，这是朴素的真理。

——习近平：《共同构建人与自然生命共同体——在“领导人气候峰会”上的讲话》（2021 年 4 月 22 日）

“十四五”时期，我国生态文明建设进入了以降碳为重点战略方向、推动减污降碳协同增效、促进经济社会发展全面绿色转型、实现生态环境质量改善由量变到质变的关键时期。深圳始终高度重视生态文明建设和生态环境保护，坚持高质量增长和可持续发展，以更高标准、更严要求、更实举措率先打造人与自然和谐共生的美丽中国典范。

一、总体情况

2021 年，深圳深入贯彻习近平生态文明思想，抢抓“双区”驱动、“双区”叠加、“双改”示范重大历史机遇，全面贯彻落实中央、省、市各项决策部署，扎实推进各项工作，生态环境保护实现“十四五”良好开局。

（一）提高政治站位、把握大局大势，开启美丽深圳建设新征程

印发《深圳率先打造美丽中国典范规划纲要（2020—2035年）》并配套第一个五年行动方案，提出美丽中国典范建设“三个台阶”目标愿景，在实施路径上重点布局七大领域，谋划实施“六个城市标杆”和“一个国际交流合作窗口”的重点任务。聚焦减污降碳，科学编制并出台《深圳市生态环境保护“十四五”规划》，谋划重点工程95项、重大政策和重大改革举措33项，积极配套制定实施方案，并按年度分解落实，明确任务分工，确保规划目标任务有计划、按步骤得以落实。

（二）强化系统布局、坚持精准管控，生态环境质量取得新成效

2021年，全市空气质量指数（AQI）达标率为96.2%，细颗粒物（$PM_{2.5}$）年均浓度降至18微克/立方米，创有监测数据以来最好水平，灰霾天数降至2天，创1988年以来新低。深圳所有河流国考断面、省考断面全面达到地表水Ⅳ类及以上，310条河流按水体长度计算优良率从22.9%增至50.0%。加强常态化环境信访攻坚，环境信访投诉量同比下降23.9%。西部海域水质持续改善，无机氮浓度同比下降9.2%。在全国率先通过立法明确应对气候变化具体工作制度，推动双碳工作走在全国前列。率先发布国内首个城市生物多样性白皮书，全面展示深圳生物多样性状况和保护成效。大鹏新区获评“绿水青山就是金山银山”实践创新基地。

（三）深化改革试点、激发创新活力，生态领域改革试点取得新突破

1. 深圳综合改革试点稳步实施。制定应对气候变化项目库建设方案，第一批入库项目获得融资。发布实施区域空间生态环评改革文件，遴选盐田区等6个区率先开展试点。率先建立GEP核算制度，上线全球首个GEP自动核算平

台。启动全国首个地市级海洋污染基线调查和海洋生态本底调查。推动环境污染强制责任保险在全国率先成为法定强制责任险种。发布《深圳市入河（海）排放口管理暂行办法》《深圳市产品环保强制性地方标准改革实施方案》，编制绿色产业认定管理办法和相关技术规范。

2. 体制机制改革持续深化。召开全市生态环境保护委员会第一次全体会议，印发市生态环境保护委员会及其办公室工作规则，实现市环委会及其办公室的规模化、常态化运作。顺利承接省级下放事权 47 项，占全市承接事权近一半。完成生态环境行政复议体制改革。深化生态环境案件审判、损害赔偿改革，推动成立环境资源法庭，签订全市首份生态环境损害赔偿替代性修复协议。

（四）聚焦减污降碳、突出示范引领，为绿色低碳可持续发展增添新动力

1. 顶层设计提速起步。《深圳经济特区生态环境保护条例》正式实施，并设置“应对气候变化”专章，明确将碳达峰碳中和纳入生态文明建设整体布局。组织开展碳达峰研究，科学编制《应对气候变化“十四五”规划》，协同制定碳达峰碳中和行动方案，大力推进双碳“1+N”首批政策体系构建。

2. 市场机制逐步完善。积极开展绿色金融业务创新，与人民银行深圳支行签署战略合作框架协议，组织 12 家商业银行和 25 家绿色企业（项目）开展对接服务，新增授信额度 225 亿元。加快推动气候投融资改革，拓日新能光伏发电、创维分布式光伏发电等首批入库项目签约落地。着力完善碳排放权交易体制机制，修订《深圳市碳排放权交易管理暂行办法》，出台《公交、出租车企业温室气体排放量化和报告指南》。

3. 试点示范有序推进。启动第一批 28 个近零碳排放区试点项目建设，前海合作区、龙岗区纳入广东省首批碳中和试点示范区。承接国家试点任务，开展城市温室气体及海洋碳汇监测。南山区印发全国首个《政府投资类建设项目落实碳排放全过程管理实施指引》，龙岗区打造全国首个零耗能场馆，开通全市首条氢能大巴示范线路。

4. 服务绿色发展坚定有力。建立深圳市“三线一单”生态环境分区管控体系，划定220个陆域和37个海域环境管控单元，明确生态环境准入清单。加强企业绿色转型资金引导，运用专项资金资助企业五批113家共8000万元，补贴奖励强制性清洁生产优秀企业45家。优化行政服务，行政许可办理时限压缩89.1%，环评报告书、报告表承诺办理时限分别缩短为3个工作日、1个工作日。光明区“环保顾问”服务品牌获“新时代全国机关基层党建新成就”百优作品奖。

5. 绿色低碳理念深入人心。制定《“美丽中国　我是行动者” 深圳市提升公民生态文明意识行动计划（2021—2025年）》，累计建成自然学校20所、环境教育基地36个，创建绿色单位1241家。印发《深圳碳普惠体系建设工作方案》，制定碳普惠管理办法及系列方法学，上线“低碳星球”小程序，注册用户近85万。《深圳应对气候变化实践》在第26届联合国气候大会上面向世界展示。盐田区碳币服务平台参与人次突破百万，累计发放碳币3.12亿。

（五）筑牢基础支撑、强化科技赋能，现代环境治理体系和治理能力迈出新步伐

1. 法治制度基础全面夯实。《深圳经济特区生态环境保护条例》成为全国首个生态环境保护全链条立法。编制《深圳经济特区成品油监督管理条例（草案送审稿）》，完成区域空间生态环境评价管理、环境噪声污染防治条例等立法调研。推动设立生态环境公益基金及管理委员会，提起深圳首宗由生态环境部门作为原告的生态环境民事公益诉讼。

2. 执法监管强力开展。深入开展“利剑五号”专项执法行动，立案查处环境违法行为2748宗，处罚金额1.13亿元。将365家企业纳入监督执法正面清单，麦捷微案入选全国优化执法方式第六批典型案例。先后荣获2021年广东省生态环境行政执法案卷评查第一名、广东省生态环境保护执法大练兵实战比武团体一等奖。

3. 信息化建设加快推进。以“一中心、四平台”为主体，搭建58个软件系统模块，基本构建智慧环保的“四梁八柱”。建成智慧环保大数据中心，获

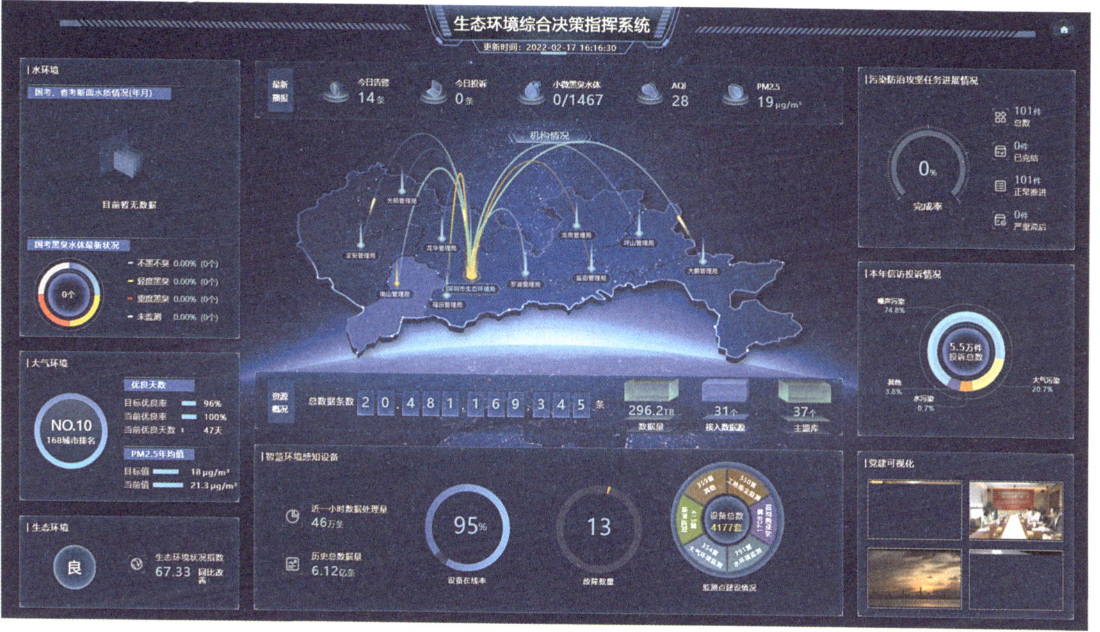

深圳市生态环境综合决策指挥系统

得第四届数字中国峰会“优秀应用案例奖”，成功入选国家智能社会治理实验基地（环境治理特色基地）。

4. 监测科研支撑能力有效强化。探索开展主要水库、河流水生态监测和珠江口遥感监测，监测范围覆盖至 5 个领域 13 个类别 1629 个参数。环境质量报告书连续六届蝉联全国优秀奖。国家野外科学观测研究站正式获科技部批准建设，大气观测超级站优化升级成为全球顶级超级站，大气光化学污染观测网初步建立。

5. 区域和国际交流合作积极开展。开展深莞惠经济圈（“3+2”）环保合作现状调研和推进机制研究，组织召开第三十一、三十二次深港环保合作交流会议，推动成立深港环保合作专班，拓宽碳中和、水污染治理以及红树林保护等领域合作。与巴塞尔公约亚太中心签订塑料污染治理项目合作备忘录。一带一路环境技术交流与转移中心（深圳）建设纳入国家“一带一路”建设发展规划，高规格举办“一带一路”绿色创新大会，设立海外首个分中心，推动参与孟加拉国达舍尔甘地 50 万吨污水处理厂等标志性项目成功“走出去”。

（六）巩固生态防线、筑牢安全底线，在更高要求上防范化解生态环境各类风险取得新进展

1. 自然生态保护成效显著。实施“绿盾 2021”自然保护地强化监督工作，持续开展自然保护地全覆盖遥感监测，初步实现问题点位“发现—分办—整改—复核”闭环管理。率先在全国完成城市生态保护红线基础信息调查，发布全国首个城市生物多样性白皮书。生物多样性保护相关成果在《生物多样性公约》第十五次缔约方大会（COP15）上展出。盐田区获评首个且唯一一个广东省“城市生态氧吧”。

2. 信访维稳工作扎实有效。建立“1+8”环境信访全流程管理制度体系，2021 年累计受理环境信访投诉 6.3 万宗，同比下降 23.9%。落实重点信访案件领导包案，包案化解率达 92.7%。开展重复信访专项攻坚，重复投诉案件化解率达 95.2%。罗湖区成立全市第一个生态环境保护纠纷人民调解委员会。

3. 环境安全平稳可控。成功举办深圳市第二届环境应急大比武，并在广东省第三届突发环境事件应急演练大比武中获评团体赛一等奖。强化监督检查和风险应对，巡查企业 2 万余家次，完成 3000 余家单位应急预案备案，妥善处置 5 起一般突发环境事件。

二、重点工作

（一）印发《深圳市生态环境保护“十四五”规划》

编制印发实施《深圳市生态环境保护“十四五”规划》，成为深圳开启美丽中国典范建设新征程的第一个五年规划。规划围绕 2025 年深圳生态环境质量达到国际先进水平总目标，按照科学可达、适度加严的原则，构建了一套具有深圳特色的指标体系，涵盖绿色低碳发展、环境质量改善、环境风险防控、生态保护修复 4 大方面共 19 项指标。对标美丽中国典范和美丽湾区建设，针对性地设置 5 大板块内容、48 类任务措施，配套提出 24 大领域共 95 项重大工程项目。

（二）出台国内首个生态环保全链条立法

2021年，深圳出台了全国首个生态环境保护全链条立法《深圳经济特区生态环境保护条例》，结合“双区”建设需要和“可持续发展先锋”战略定位，开展一系列制度创新，为打造人与自然和谐共生的美丽中国典范提供制度样本。条例是对《深圳经济特区环境保护条例》的进一步完善和升级，坚持“保护优先”原则，条例从生态空间、生物多样性保护、生态系统监测、生态保护与修复等层面，构建全方位的生态安全保障制度体系，包括划定并严守生态保护红线，定期开展监测、评估和考核等监管工作。全面落实节能减排，条例增设“应对气候变化”专章，对应对气候变化和温室气体减排作出制度安排。紧扣深圳综合授权改革，条例创设区域空间生态评价分类管理制度，实行“重点项目审批管理＋一般项目清单管理”的环评分类管理体系。强化考核监督，构建以绿色发展为导向的生态文明建设目标考核体系，增设政府、企事业单位、专业机构等主体环境信息披露内容，健全环境治理体系。

（三）深入打好污染防治攻坚战

1.“深圳蓝”招牌持续擦亮。统筹推进臭氧和$PM_{2.5}$协同治理。完成重点VOCs企业整治和全部已销号企业“回头看”，累计建成12间汽修喷涂“共性车间”，完成1091家重点企业核查，梳理532家年排放量3吨以上的重点企业清单。持续强化氮氧化物减排，天然气锅炉低氮燃烧改造率累计达80%。全面实施机动车国六a标准。强化成品油监管，组织快检非道路移动机械和用车大户车辆油品，移交超标油品线索156辆次。全面落实“7个100%”扬尘治理措施，积极应对不利天气，出台应对不利天气强化减排措施指导意见，全年启动13次大气污染强化减排。

2. 全面提质水生态环境。以“双转变、双提升”倒逼全市污水管网系统更加完善，污水集中收集率从76%提高到84.5%。开展流域下沉督办及“绿水行动”，对全市310条河流408个断面实施“一周一测”，完善河流水质“科技管控＋人工巡查”机制，完成问题整改2189个。全面开展涉水面源整治，完成 13 类 31 万个面源排查和 4.9 万个面源整治。创新实施内湖水生态管控，将莲花湖等 181 个公园内湖和 244 个风水塘纳入巡查管控。探索建立工业废水委托水质净化厂处理模式，推动青岛啤酒、晨光乳业等 6 家企业签订委托处理协议，实现"企业降成本""污水低碳处理"双赢。加强饮用水源保护，发布全国首个饮用水水源保护区标志设置地方标准，排查全市 51 条穿越饮用水源保护区道路的应急防护设施建设维护情况，建立风险档案。统筹推进海洋生态环境保护，实施入海排放口分类管理和海洋垃圾清理长效管控，开展"碧海 2021"近岸海域污染防治联合执法行动和全市首次陆海联合环境应急演练；陆海统筹海洋生态环境保护修复"1+N"体系框架基本建立；开展西部海域污染源解析，实施陆源总氮削减，西部海域入海河流总氮浓度同比下降 3.2%。

3. 稳步推进"无废城市"建设。全面完成"无废城市"建设试点 100 项硬任务，固体废物本地处置和利用能力提升至 24.3 万吨 / 日，同比提升 3.8 万

治理后的茅洲河

吨 / 日。完成危废规范化、环境安全标准化“双百”示范企业创建，推进危险废物“一证式”收集改革，核发星河环境等首批 3 家危险废物综合收集许可证。印发实施 18 项塑料污染治理政策文件及技术指引，一次性发泡塑料餐具等产品全面停止生产，可降解购物袋在大型商超全面推广。

4. 土壤环境安全有效管控。全市受污染耕地安全利用率 100%，重点建设用地安全利用得到有效保障。规范土壤污染风险监管，发布全省首个土壤环境监管执法检查工作指引，建立污染地块现场巡查检查机制，完成 457 个地块土壤污染状况调查报告评审。强化源头管控，推动监督管理向服务指导转变，为全市 132 家在产土壤污染重点监管单位免费提供“一对一”技术帮扶，实现重点监管单位土壤污染防治义务“一站式”申报。

5. 噪声污染防治成效显著。健全噪声防治体系，精细化治理噪声，评估细化《深圳市声环境功能区划分》，推进声环境质量自动监测网络建设。强化部门协同治理，建立联动机制，对施工噪声实施全链条管理。统筹开展宁静行动，规范建设工程中午或夜间施工作业证明核发，督促工地落实“八个必须”，建筑施工噪声投诉同比下降 32.9%。

（四）实施“三线一单”生态环境分区管控

落实“三线一单”是贯彻习近平生态文明思想，推动形成绿色发展方式和生活方式的重要举措，对于统筹推进经济社会高质量发展和生态环境高水平保护具有重大战略意义。自 2019 年启动“三线一单”方案编制工作以来，深圳建立联席会议制度、组成技术团队、广泛征求意见，编制形成《深圳市“三线一单”生态环境分区管控方案》，2021 年 6 月方案通过了广东省生态环境厅审核，2021 年 7 月 29 日方案以深圳市政府名义印发实施。方案围绕“双区”驱动战略定位、“双区”叠加黄金发展期和实施综合改革试点新发展目标，衔接深圳市生态保护红线最新划定成果、污染防治行动计划实施后的关键成果，坚持省市联动，合理确定管控单元的空间尺度，在梳理各区及街道（镇）的主体功能定位、发展重点及主要环境问题的基础上，因地制宜地制定出符合深圳实际的“三线一单”方案。

方案建立了全市（包含深汕特别合作区）“1（陆域）+1（海域）+11（区）+78（街道 / 镇）+257”的市—区—街道—单元四级生态环境空间管控体系。全市陆域共划定 220 个陆域环境管控单元，包括 91 个优先保护单元，面积占比 26.04%；28 个重点管控单元，面积占比 8.11%；101 个一般管控单元，面积占比 65.85%。全市海域共划定 37 个海域环境管控单元，优先保护单元 20 个，重点管控单元 9 个，一般管控单元 8 个。在科学划定管控单元的基础上，精准编制形成了生态环境准入清单。从区域布局管控、能源资源利用、污染物排放管控、环境风险防控四个维度，提出了全市总体管控要求、区级共性管控要求及单元差异性管控要求。

（五）高水平做好第二轮中央生态环境保护督察协调保障工作

2021 年 8 月 27 日至 9 月 27 日，中央第四生态环境保护督察组入驻广东省，期间两次下沉深圳督察。深圳市成立了市委、市政府主要领导担任组长的市协调联络组，设置了综合协调组、资料文件组、交办案件落实组、宣传舆情组、后勤保障组、安保维稳组等 6 个专项工作组，建立了“省—市—区—部门”高效运作机制。整备第一轮中央环境保护督察档案资料近 900 份，组织汇编参阅材料 15 本，上报调阅资料 19 批 51 项，交办转办案件 366 宗，周密配合两次下沉督察，每日编制当日要情，以硬作风硬措施圆满完成协调保障硬任务。2021 年 12 月 13 日，中央第四生态环境保护督察组向广东省反馈意见，深圳成为全省 21 个地市中唯一没有被点名负面问题的地市，协调保障工作获得中央督察组、省协调联络组充分肯定。

三、改革亮点

（一）环境污染强制责任保险制度改革落地实施

为贯彻落实《综合改革试点实施方案》关于“实行环境污染强制责任保险制度”改革部署，深圳在全国率先建立环境污染强制责任保险制度，运用市场手段构建环境风险防控体系，提升企业环境风险保障水平，为绿水青山加上“保险杠”，推进环境治理能力现代化。2021 年，环境污染强制责任保险制度写入《深圳经济特区绿色金融条例》，成为全国首个通过立法确立环境污染强制责任保险为强制险种的城市，并出台《深圳市环境污染强制责任保险实施办法》，明确投保范围、保费标准、保险责任、赔偿标准、免责条款等内容。

深圳环境污染强制责任保险综合改革体现三方面特点：突出全面性，扩大风险保障范围。在全国率先将生态环境损害纳入保险责任范围，为投保企业减轻巨额赔偿压力，进一步降低经营风险；创新列支“风控服务费”，规定保险公司需提前提取不低于保费金额的 25%用于风险防控服务。突出公益性，大幅降低保险费率。坚持“小成本、大保障”“不盈不亏”的公益性险种设计思路，科学设置环境污染强制责任保险产品，实行统一的保险条款、基础保险费率和浮动费率，平均保险费率较过往产品下降超过 30%，帮助投保企业以最小的成本获得最大的保障。突出科学性，打破传统定价模式。首创“根据污染因子数据测算保额”方式，打破传统环境责任险“一刀切”的定价模式；建立“一体化”环境污染强制责任保险信息平台，规范保险公司科学评估投保企业风险，动态调整保险费率以及计算赔偿限额。

截至 2021 年 12 月，深圳已有 700 余家企业完成投保，保险公司风险防控服务基本实现投保企业全覆盖。深圳环境污染强制责任保险制度改革得到新华社、光明日报、中国保险报等全国权威媒体以及特区主流媒体广泛的宣传报导。从改革方案—立法—实施办法—技术规范等方面形成可了复制、可推广、可落地的改革成果。改革成效为全国《危险废物环境污染责任保险管理办法》的制定及各地环境污染强制责任保险的推行提供了有力支撑和借鉴。

（二）气候投融资改革蹚新路育新机

实现“双碳”目标，中国的减排行动是一场深刻的经济社会变革，将带动规模庞大的投资，需要大量资金。气候项目周期长、投资大、融资难，金融机构开展绿色低碳投资缺乏技术储备，低碳投资标的难寻，缺乏有效对接平台和政策鼓励。同时境内气候企业缺乏与境外金融机构畅通的对接渠道，气候投融资机制亟待完善。

深圳从气候项目的筛选和管理、境外资金进出便利制度、境内绿色金融及产业财税优惠政策等三方面进行制度创新。一是创新气候项目的筛选和管理，开拓气候项目的征集途径，发挥行业管理部门的优势，破解绿色资产标的难找的问题，规范气候项目的筛选标准，强化气候项目的动态管理。二是创新境外资金投资入库项目的制度安排。支持入库项目境外融资，鼓励银行跨境融资资金投向入库项目，尝试将入库项目向联合国全球环境基金（GEF）、绿色气候基金（GCF）等国际气候金融机构，世界银行（WB）、法国开发署（AFD）等多边开发银行以及商业投资机构推荐，帮助库内项目及其实施主体取得资金支持。三是创新境内金融产业财税优惠政策，对接人民银行最新的碳减排支持工具，向符合条件的金融机构提供低成本资金，激励金融机构支持入库项目，将绿色金融评价情况纳入财政资金竞争性存放评分体系，实施碳市场和项目库协同政策，运用市场机制增加入库项目的收益。

目前，气候投融资改革改革已取得良好的成效，解决了市场需求，提升了社会气候投融资能力建设。通过建设项目库，解决金融机构低碳投资标的缺乏、低碳属性界定不清、碳减排量难统计等问题。通过推出优惠政策，破解气候项目“融资难融资贵”问题。会同人民银行深圳市中心支行、深圳证监局、深圳银保监局等部门，共同为项目库提供优惠政策，包括对接人民银行碳减排支持工具，创新境外资金投资入库项目的便利制度。通过落地具体案例，开展具有深圳特色的气候投融资实践。试点支持华夏银行向法开署借入商业性外债支持境内的气候项目。2021 年 11 月，华夏银行与 2 家企业举办战略合作签约仪式，向其提供利息低、周期长的境外资金，率先对项目库内项目进行投资。为完善我国气候投融资机制先行先试。

（三）区域空间生态环境评价制度改革初现成效

深圳市区域空间生态环境评价制度改革以改善区域生态环境质量和保障区域生态安全为核心，以深圳市“三线一单”生态环境分区管控体系为基础，衔接经济社会发展战略、国土空间规划、产业规划等内容，划定生态环境管控区域评价单元，提出区域空间生态环境管理要求。深圳市区域空间生态环境评价制度改革突出了以下四个方面创新。

一是坚持放管结合，实施分级分类精细精准的环评管理。将较复杂、环境影响较大的建设项目纳入审批管理，依法开展建设项目环境影响评价工作；将较简单、环境影响可控的建设项目纳入清单管理，落实清单管理要求，无需开展建设项目环境影响评价。二是优化营商环境，强化政府服务职能。区人民政府组织开展区域环评，制定管理清单，统筹环境保护和区域发展工作；实施清单管理的建设项目，享受政府区域环评成果，降低开办成本。三是督促责任落实，加强多部门联动。市人民政府统筹全市区域评价工作，市生态环境部门对区域环评实施技术指导和监督管理，市人民政府相关部门参与区域环评成果审查。区人民政府组织辖区国土、产业、环保等相关部门及街道组成工作组，编制并动态更新调整区域环评成果，推进政府机构职能优化协同高效，形成各方面协调一致的管理清单。四是衔接多项规划，探索“多评合一”。产业、规划等相关部门充分参与，从开展评价、制定清单、衔接规划环评（包括产业园区规划环评）等方面，落实产业准入和生态环境管控要求，强化与产业发展、国土空间等相关规划的协调统一。将区域环评相关环境管理要求融入规划部门法定图则、产业部门产业准入中，为“一图统管”经济社会与生态环境保护奠定管理基础。同时，探索区域环评、规划环评、项目环评的衔接机制，推动“多评合一”。

区域空间生态环境评价制度改革全方位多层次承接了“三线一单”生态环境分区管控体系，落地推广后将作为“三线一单”成果应用的重要案例。企业开办更省事，清单类项目通过环境管理清单可免于办理环评审批手续，预计将覆盖全市超过90%以上的建设项目，显著提高企业落地效率。行政效能提升，从源头上大幅减少建设项目环评审批和备案的数量，单次区域评价成果时效性长，整体评价成本大大降低，可以有效遏制环评市场的“马甲公司”现象。形成良好示范效应，区域空间生态环境评价制度改革属于环评体系的开创性举措，也是深圳先行示范区综合授权改革亮点工作之一，对于未来全国环评管理制度有良好的示范效应。

（四）重要生态空间自然资源确权登记改革取得突破

为贯彻落实党中央、国务院关于生态文明建设决策部署，推进自然资源确权登记法治化、规范化、标准化、信息化，深圳结合试点工作经验，从制度建设、规则建设、项目推进等方面全方位推进自然资源统一确权登记各项工作。

2021年12月，《深圳市自然资源统一确权登记实施办法》报市政府审议，实施办法明确了日常管理主体登记为依法设立的管理机构，不动产登记机构可以向日常管理主体颁发自然资源所有权证书。深化细化了自然资源地籍调查要求，包括：明确指界要求，规定不涉及其他所有权主体、日常管理主体的界址点可以单方指界。创新三维技术应用，明确主管部门可以探索利用三维技术开展自然资源确权登记工作，提升自然资源确权登记信息化和立体化管理水平。2021年12月，印发实施《深圳市自然资源确权登记操作指南（试行）》，结合工作实践对规则方法进行了创新和细化，探索构建了适用于高密度特大城市的自然资源确权登记实操技术指引，将有效指导下一步市区两级自然资源确权登记，并能够为其他城市自然资源确权登记工作提供借鉴参考。

截至2021年12月，已形成大鹏半岛国家地质自然公园、阳台山森林公园两个登记单元共计72平方公里的自然资源地籍调查成果，初步明确了登记单元界址范围、自然状况、公共管制状况，工作过程中形成的全流程工作经验为全市自然资源确权登记工作提供了案例示范。

四、未来展望

2022年，深圳将深入贯彻习近平生态文明思想，落实2022年全国生态环境保护工作会议精神，按照市第七次党代会、市委七届二次、三次全会以及市委市政府有关决策部署，坚持稳中求进的工作总基调，落实生态环境部“统筹发展与保护、把握好工作节奏、突出工作重点”的工作部署，坚持问题导向、依法监管、改革创新，稳步朝着“打造人与自然和谐共生的美丽中国典范”奋进。

（一）勇担使命实施“双区”“双改”“双碳”重大任务

做好《深圳率先打造美丽中国典范规划纲要（2020—2035年）》和《深圳市生态环境保护“十四五”规划》的实施，编制贯彻落实《粤港澳大湾区生态环境保护规划》实施方案。做好深圳综合改革试点首批任务的成果应用和推广，谋划实施下一批综合改革项目；做好前海合作区扩区扩容后的生态环境服务保障。全面推进减污降碳协同增效工作，推动单位GDP能耗、水耗、碳排放强度持续下降；出台碳达峰碳中和“1+N”政策体系首批33项政策，编制《深圳市应对气候变化“十四五”规划》；建设和利用好市场机制，加强碳交易市场建设，加快气候投融资改革全面实施，持续跟进绿色金融创新发展情况。开展碳监测试点，推进前海合作区、龙岗区省级碳中和试点示范区及华为数字能源技术有限公司安托山总部园区近零碳排放区改造等试点项目建设。深化绿色产业和技术国际交流与合作，筹办绿色技术博览会，举办绿色产业创新创业大赛。

（二）持续深入打好污染防治攻坚战

不折不扣落实第二轮中央生态环境保护督察整改14项任务，推动全面整改、彻底整改。发挥市生态环境保护委员会高位统筹作用，持续优化生态文明建设考核体系，增强全市“环保一盘棋”工作合力。巩固提升大气环境质量，聚焦$PM_{2.5}$和臭氧污染协同治理、精准治理，推动大气质量迈向国际一流。深入推进水环境治理，以“六水”统筹为中心，推动水环境从“全面消劣”向“全面达优”迈进，确保国控断面无劣Ⅴ类且优良比例达到83.3%以上，水源水质达到Ⅲ类及以上。深化“无废城市”建设，强化源头减排、过程严控、末端处置全链条闭环智慧化管理，推动固体废物全过程减量。扎实推进土壤、噪声等污染防治，探索建立污染土壤“环境修复+”和“水土异位协同治理”修复模式，抓好宁静城市建设，逐步提高市民宁静素养，推动噪声污染不断降低。

（三）稳步夯实生态环境保障支撑基础

推动出台《深圳经济特区成品油监督管理条例》，修定《深圳经济特区噪声污染防治条例》，开展应对气候变化、海域污染防治等重点立法项目。落实“三线一单”分区管控，服务经济高质量发展。摸清抓实生态环境基础数据和排污状况，建立管控清单和问题销号台账并动态更新。深化执法能力建设，强力开展“利剑六号”专项执法行动，对违法行为“零容忍”。提升监测和科研能力建设，加强生态环境专家库和项目库建设。全力推动智慧环保项目终验，谋划智慧环保平台二期项目，完成空天地一体化大气观测网、城市生态与生态红线监测监管能力等项目建设，实现各系统间信息互通、数据共享和应用。提升自然生态保护能力，统筹推动深圳市生物多样性保护工作。加强宣传资源统筹，开展提升公民生态文明意识行动，形成全民参与绿色行动的浓厚氛围。

（四）全力守好生态环境安全底线

持续做好常态化疫情防控工作，全面加强全市医疗废物废水监督管理，确保医疗废物 100%安全处置、废水达标排放。开展环境安全专项整治和风险防控行动，推进“四基地一中心”应急支撑体系建设，完善环境应急救援设备和物资储备。做好斯德哥尔摩公约城市评估，建立化学品等新污染物管理体系和完善标准规范。强化核与辐射安全监管，建立健全统筹决策机制和监测监管系统，确保核与辐射安全稳定。强化信访问题化解，以点带面切实解决群众反映的废气排放、噪声扰民等生态环境问题，实现信访总量持续下降，加强生态环境信访形势研判，全力守好生态环境安全底线。

MAERSK LINE

MSC
CMA CGM
MAERSK LINE

先行示范篇

以深化全过程创新生态链为支撑推动科技自立自强

2021年是“十四五”开局之年，深圳坚持在实施创新驱动发展战略上走在前列、勇当尖兵，提出实施创新发展“五大行动”，着力提升“五力”打造“五地”，持续发挥“基础研究＋技术攻关＋成果产业化＋科技金融＋人才支撑”全过程创新生态链紧密相连、相互促进的整体效应。

一、背景意义

近年来，深圳逐渐建立了以企业为主体、市场为导向、产学研深度融合的技术创新体系，为推动在创新上有更大突破，更好地发挥示范带动作用，深圳着力构建了“基础研究＋技术攻关＋成果产业化＋科技金融＋人才支撑”的全过程创新生态链，以基础研究突破引领技术创新，以产业需求牵引科技创新，以金融创新助推科技产业，充分发挥人才支撑作用，推动创新体系实现历史性变革、系统性重构，创新能力居国家创新型城市首位，全社会研发投入占地区生产总值比重达5.49%。2021年7月，国家发展改革委发布《深圳经济特区5方面47条创新举措和经验做法》，其中摆在首位的即建立全过程创新生态链。

二、主要做法

（一）实施基础研究夯基行动，打造重要的原始创新策源地

持续加大资金支持力度，2021年全市科技研发资金投入基础研究和应用

鹏城实验室实景图

基础研究 64.2 亿元。实施高等院校稳定支持计划，全市 11 所高等院校获超 2 亿元科研资金稳定支持，统筹高等院校制定项目管理办法、过程管理与验收管理办法等配套文件。稳步推进已筹建基础研究机构建设，支持基础研究机构加强内部管理、承担或参与重大科技项目，汇聚各类科研人员近 4000 人，新获国家、省部级科研项目 122 项。加强基础研究上下联动，参与实施 2021 年度国家自然科学基金区域创新发展联合基金（广东）和广东省基础与应用基础研究基金深圳市联合基金，汇聚全国优势科研力量。围绕国家战略需求及产业发展需要推进重大创新载体和平台建设，鹏城实验室积极探索“重点项目 + 基础研究”双轮驱动特色科研模式，深圳湾实验室规划建设多组学质谱平台等十大平台。

（二）实施关键核心技术攻坚行动，打造关键核心技术发源地

聚焦深圳产业关键核心技术缺失、严重依赖进口等产业发展瓶颈问题，主动布局技术攻关项目、承接国家重大科技项目，加大靶向引才和开放式协同攻

关力度。采取企业需求驱动和政府主动布局相结合方式，将应用基础研究、技术研发与产业需求有机对接，鼓励产业链上下游企业联合攻关，实施技术攻关重点项目，实行“揭榜挂帅”“赛马”等制度。加强重点项目“回头看”，调研分析已立项支持的重点项目推进情况与工作成效，开展过程管理成效分析。探索央地协同可行路径，率先实施承接国家重大科技项目，引进国家科技支撑计划、国家科技重大专项和国家自然科学基金重点项目等18个优质项目在深开展接续研究和产业化。

（三）实施成果产业化加速行动，打造科技成果产业化最佳地

出台《深圳市关于进一步促进科技成果产业化的若干措施》，提出38条创新举措，构建“4大工程、15项计划”完备体系，全方位、全过程、全领域促进成果产业化。开展科技成果权属改革，出台《赋予科研人员职务科技成果所有权或长期使用权的实施方案（试行）》，对赋权流程、收益分配、信息披露等提出指导意见，选取37家高校、科研机构和国有企业作为权属改革试点单位。优化创新创业环境，成功举办第七届深圳国际创客周、中国深圳

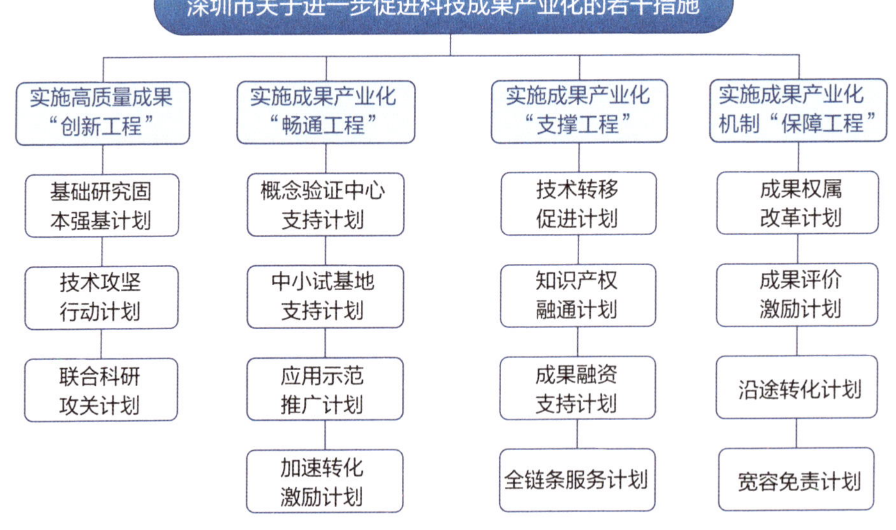

《深圳市关于进一步促进科技成果产业化的若干措施》主要内容

创新创业大赛等品牌活动，完善“众创空间—孵化器—加速器”全链条孵化育成体系，新增市级以上科技企业孵化器 10 个、众创空间 28 个。高质量推进深圳国家高新区建设，高标准编制《深圳国家高新区“十四五”发展规划》，深化高新区管理体制机制改革，强化市区联动，推动高新区“一区两核五园”协同发展。

（四）实施科技金融深度融合行动、打造科技金融深度融合地

完善科技型中小微企业融资支持机制，实施贷款贴息贴保计划，综合运用贷款贴息、风险补偿等方式解决企业融资难、融资贵问题。拓宽初创企业直接融资渠道，加强与天使投资引导基金协同联动，在联合组织路演、项目孵化培育、创新资源导入、科技成果转化落地、项目投资等方面开展深入合作，推动科技型初创项目与资本对接。构建完善科技金融服务平台，依托创业投资广场引进风险投资基金、证券公司、产权交易所及会计、法律、信用、担保、专利等专业服务机构，为高新技术企业提供办公场地、优惠政策及专业化服务；依托南方创投网建设运营高科技投融资服务平台，提供高科技项目信息、金融产品信息、定期项目路演、年度投融资峰会等线上线下服务，为高科技项目及投资人提供开放透明的投融资渠道。

（五）实施创新人才汇聚行动，打造全球一流科技创新人才向往集聚地

推进引才育才并举，聚焦产业链创新链关键环节，实施“靶向”引才，大力引进战略科学家、科技领军人才和创新团队；支持青年人才挑大梁、当主角，组织实施首批深圳市优秀科技创新人才培养项目，资助项目 153 个。做好外国人来华服务管理，开展外国高端人才确认函审发工作，印发《深圳市外籍“高精尖缺”人才认定标准（试行）》，将七类人才认定为深圳市外籍“高精尖缺”人才，为其办理 R 字人才签证提供便利。采用线下线上“双引擎”模式举办第十九届中国国际人才交流大会，与科技部续签为期 5 年的合作办会协议，继续在国际人才交流方面深化合作。

三、工作成效

（一）创新引领力持续提升

基础研究取得高质量成果，2021 年共获国家科学技术奖 13 项，其中技术发明奖 5 项和科技进步奖 8 项；获广东省科技奖 52 项，其中自然科学奖 4 项、技术发明奖 5 项、科技进步奖 43 项，特等奖 1 项、一等奖 14 项。高校科研实力和影响力稳步提升，“2021 自然指数”最新榜单中，南方科技大学、深圳大学分别位列中国科研机构第 12 名、第 39 名。重大科研平台和创新载体量质齐升，2021 年新增创新载体 390 家，累计建成创新载体 3070 家；“鹏城云脑Ⅱ”AI 集群系统性能持续提升，蝉联 AIPerf IO500 等多项世界冠军，显示了世界顶尖的 AI 算力和数据吞吐能力；中国农业科学院深圳农业基因组研究所（岭南现代农业科学与技术广东省实验室深圳分中心）黄三文团队题为“杂交马铃薯的基因组设计”（Genome design of hybrid potato）的研究成果在《细胞》（*Cell*）杂志发表，是“优薯计划”实施以来取得的里程碑式突破。

（二）创新硬实力逐步凸显

知识产权创造能力稳居全国前列，每万人口发明专利拥有量超 110 件，约为全国平均水平的 6 倍，全市有效发明专利 5 年以上维持率、PCT 国际专利申请量稳居全国大中城市首位。产业链供应链自主可控能力不断增强，在集成电路、5G 通信、高端装备、医疗器械等重点领域取得一批重大科技成果和自主知识产权。科技硬核支撑新冠疫情防控，自主研发疫苗取得突破性进展，层析介质等新冠疫苗生产关键原材料基本实现国产物料可备可用，康泰生物研发生产的新冠灭活疫苗获批上市。

（三）创新驱动力更加澎湃

2021 年高新技术产业产值约 3.03 万亿元，同比增长 8.7%；增加值约 1.06 万亿元，同比增长 9%；国家高新技术企业突破 2.1 万家，居全国大中城市第二位。权属改革加速科技成果转化落地，37 家实施单位完成职务科技成果分割确权160余件，南方科技大学对43件科技成果实施赋权，其中26件完成产业落地；深圳大学实施赋权改革后，成果转化指标实现了跨越式增长，成果转化114项，是2020年的1.83倍。技术转移转化交易市场高度活跃，经认定登记技术合同15284项，同比增长30.44%；技术成交总额1627.08亿元，同比增长57.01%，核定技术交易额1553.46亿元，同比增长51.83%，均创历史新高。

（四）创新支撑力明显增强

科技金融平台和服务体系不断完善，深圳国家高新区获批成为全国首批科技金融创新服务实施单位，深圳国家高新区与工行深圳高新园支行获批共建首批科技金融创新服务中心；深圳湾创业投资广场已构建“一横”“一纵”的科技金融服务平台，入驻孵化器及创业服务机构30家、银行10家、证券公司5家；南方创投网聚集了投资机构1000多家。银行等金融机构对科技企业资金融通功能不断增强，截至2021年底，市科技主管部门与12家银行开展深度合作，贷款贴息贴保项目入库企业近8000家，合作银行为入库企业提供贷款余额近150亿元、授信总额超220亿元。天使投资生态不断优化，深圳天使母基金累计投资子基金60个，出资43.59亿元，撬动社会资本102.02亿元，投资科技型初创企业512家，其中估值超1亿美元的潜在独角兽企业有56家，估值超10亿美元的独角兽企业2家。

（五）创新源动力更为强劲

人才聚集进入新的高峰期，截至2021年底，全职在深院士达74人，高被引科学家数31人，持有效外国人工作证件超1.5万人，全市拥有各类高层次人才超2万名，留学回国人员超18万名，各类人才总量超600万人。外籍人才管理服务更加便利化，深圳市外国人综合服务管理平台正式上线运行，用人单位可通过该平台办理外籍人员工作许可和居留许可业务，办理时限从以往14个工作日缩短到7个工作日。人才交流平台集聚效应凸显，来自30多个国家和地区2200多家专业机构、组织和企业的10000余名代表参加中国国际人才交流大会，两天入场参观洽谈达 3.5 万人次。

四、经验启示

（一）加强科技创新系统布局

创新是一个系统工程，产业链、创新链、人才链、教育链相互交织、相互支撑，需要不断深化科技供给侧结构性改革，以基础研究突破引领技术创新，以产业需求牵引科技创新，以金融创新助推科技产业，推动重点领域项目、基地、人才、资金一体化配置，推动基础研究、应用研究与技术创新、产业化应用对接融通，打通从科技强到企业强、产业强、经济强的通道。

（二）加强市区联动和部门协同

注重发挥各区、各部门在创新发展中的积极性和主动性，统筹协调全市基础研究、技术攻关、成果产业化、科技金融、人才支撑的布局和衔接，汇聚发改、教育、科技、人才等部门及各区的资源和力量，高质量建设重大科技创新平台，强化实验室、科研机构、高水平研究大学、科技领军企业等“四大支撑”，推动产业链、创新链、人才链、教育链“四链衔接”。

（三）调动全社会力量广泛参与

大力支持社会力量投身科技创新更高水平发展，鼓励高等院校、科研机构、企业和社会力量多渠道加大对基础研究的投入，支持一流科研主体参与国家实验室、省实验室等重点平台建设，探索科技企业、高校及科研机构开展产学研用协同、产业链上下游联动攻关机制。

未来，深圳将立足新发展阶段、贯彻新发展理念、构建新发展格局、推动高质量发展，不断增强自主创新“硬核”能力，不断深化完善全过程创新生态链，切实担负起推进高水平科技自立自强的深圳责任，努力为建设世界科技强国作出新的更大贡献。

打造全球智汇人才政策的“深圳样本”

建设粤港澳大湾区高水平人才高地，是习近平总书记在中央人才工作会议上，着眼加快建设世界重要人才中心和创新高地作出的重大战略部署。深圳作为粤港澳大湾区的核心引擎，坚持人才引领发展的战略地位，不断深化人才发展体制机制改革，加快确立具有国际竞争力的人才制度优势，打造全球智汇人才政策的“深圳样本”。

一、背景意义

从改革开放初期的“孔雀东南飞”时代盛景，到“孔雀计划”在全国树立起“政策引才”风向标，深圳人才事业一直以先行者的姿态走在全国前列。2021 年 9 月，优化整合后的“鹏城孔雀计划”主文件，以及特聘岗位评聘、特聘岗位资金管理、特聘岗位绩效评估、引进顶尖人才一事一议、鹏城优才卡等 5 个配套实施办法正式实施，人才政策由单项比较优势向综合环境优势转变，人才聚集态势由“孔雀东南飞”向“全球英才聚鹏城”转变，深圳迎来新一轮人才聚集高峰期。

二、主要做法

（一）坚持市场主导，构建“能力 + 业绩”人才评价机制

严格落实中央“破四唯”要求，不再向人才发放“帽子”，并在“破旧”的同时，处理好政府和市场的关系，分类“立新”，分领域分赛道评价高精尖

缺人才。按照中组部、省委组织部的要求，对全市人才计划进行了优化整合，并在全国率先得到批复同意。新政实施后，形成了“鹏城孔雀计划”“鹏城英才计划”引育并重的人才政策体系，区分竞争领域和非竞争领域，为人才评价“破四唯”探索新路径。对于竞争性领域，注重宏观调节和市场化持久激励，优化粤港澳大湾区境外高端紧缺人才个人所得税优惠政策，优化产业发展创新人才奖等政策；对于市场发挥作用弱、政府主导投入的非竞争性领域，注重发挥用人单位主体作用，通过支持设立特聘岗位，授权自主评价聘用高精尖缺人才，实现由以“帽”取人向以岗择人转变。

（二）坚持全球视野，旗帜鲜明树立国际引才导向

1. 构建“一把手抓第一资源”机制。市委主要领导带头开展调研，研究落实粤港澳大湾区高水平人才高地建设创新举措，试点实施清单式引才、构建深港人才共同体等新的海外引才方式。面对外部形势的快速深刻变化，一把手亲自上手做人才工作，聚焦关键核心领域，坚定不移面向国内外先进地区招才引智，开辟“一事一议”引才绿色通道，面向全球寻聘寻访战略科技人才，成功引进沈向洋、薛其坤等数位全球顶尖人才，为国家引进海外战略科学家探索了新路径。

2. 深化国际人才管理改革。推动人才 R 字签证、出入境和停居留便利等措施落地实施。争取外国高端人才确认函审发权限下放深圳，制定外籍高精尖缺人才认定标准和紧缺人才职业清单。允许取得永久居留资格的国际人才在深圳创办科技型企业、担任科研机构法定代表人。争取外籍高端人才外汇便利政策，探索港澳专业人士执业便利化，让人才在深圳、在大湾区工作更便利、来去更自由。

3. 发挥深港协同优势。积极联手香港，充分发挥“一国两制三法域”的独特优势，加强深港合作，发布联合引才政策包，大力推动国际科技组织、世界知名大学、顶尖研发机构等聚集发展。引进香港中文大学等高校来深办学，虚拟大学园为 6 所港校科技人才提供科研转化平台。部署开展全市人才工作“深调研”，与各领域战略科学家开展座谈，围绕科研合作、产业转化、人才引育

等话题进行了深入细致探讨。

（三）坚持服务至上，构建近悦远来人才生态体系

1. 搭好“大舞台”，持续提升“硬环境”。建设重大载体聚才，大湾区综合性国家科学中心、鹏城实验室等战略科技力量加速布局，全市创新载体建设已超 3000 家。举办中国国际人才交流大会、中国（深圳）海归创业大会、创新创业大赛国际赛，吸引一大批优秀人才来深创新创业，形成“活动揽才、赛事聚才”的良好局面。同时，实行“鹏城优才卡”，进一步提升服务保障力度和广度，增强人才获得感、幸福感、安全感。

2. 营造“好氛围”，着力增强“获得感”。持续办好“人才日”活动，连续两年高规格创办“深圳全球创新人才论坛”，邀请薛其坤、毛军发、张翔、邓兴旺等各领域顶尖人才作主旨演讲。举办首届“微光”讲习营，聚焦深圳青创人才，讲述奋斗故事，传递奋斗精神。启用“院士楼”，为人才开展国际合作、学术研修提供一流平台。打造全社会共同参与的“人才成长服务”生态圈，完善高层次人才线上综合服务平台，建立国际人才“一站式”服务中心。推出人才访谈节目《Y 深圳》系列报道，通过海内外媒体全方位推介深圳人才生态。

3. 打造“连心桥”，有效强化“向心力”。专门召开院士及战略科学家座谈会，贯彻落实习近平总书记在两院院士大会上的重要讲话精神。举办“向党学创业、向党学管理”示范研修班，引导人才深入学习“七一”重要讲话精神。开展“建党百周年　健行百万步”活动，让人才在健步中学习“四史”。举办“百年风华，诗歌向党——深圳人才献礼建党 100 周年活动”，邀请薛其坤、陆建新等 100 位人才诵读红色经典诗歌，献礼建党 100 周年。开展“归·家”主题的深圳市归国留学人员服务计划，激发留学报国、归家筑梦精神。

三、工作成效

（一）人才队伍不断壮大

1. 依托重大平台联合引才。鼓励高校、科研机构加大海外引才力度，院校

负责人可在海外引才当场拍板。如南方科技大学用10年左右时间快速集聚了一批海外高水平人才，60%以上具有世界排名前100大学的工作或学习经历。支持头部企业设立395个海外研发机构，其海外人才本地化比例超过72%。有的企业将海外研究所转成“人才招聘所”，充分发挥就地引才用才作用。

2. 支持青年人才挑大梁、当主角。优化拓展“引才伯乐奖”，鼓励用人单位、各类组织和个人引进高精尖缺人才，支持科技型中小微企业引进全球知名高校博士、硕士等优秀青年人才，并给予引才奖励。高标准建设前海深港青年梦工场，引进港澳及国际创新创业团队176个，全力支持港澳青年融入国家发展大局。强化优秀青年人才生活保障，对新引进入户并在我市全职工作的35岁以下博士给予生活补贴。

（二）人才效能稳步增强

1. 人才梯队建设不断强化。坚持“人无我有”“人有我优”的原则，优化升级市级人才计划，构建“鹏城孔雀计划”“鹏城英才计划”一引一育、双轮驱动的人才政策体系，加速汇聚国家战略人才力量。截至2021年底，深圳已集聚全职院士74名，高层次人才2万余名，留学回国人员超18万名，全市各类人才超630万，逐渐形成一支规模宏大、素质优良、结构不断优化、作用日益突出的人才队伍。

2. 重大载体承载力不断增强。通过建设重大载体聚才，进一步发挥筑巢引凤效应，全市已挂牌成立11家诺奖（图灵奖）实验室。大湾区综合性国家科学中心、鹏城实验室等战略科技力量布局深圳，光明科学城、河套深港科技创新合作区、西丽湖国际科教城建设加速推进，前海国际人才自由港的“试验田”优势进一步发挥，全面放宽港澳专业人士执业门槛，促进粤港澳大湾区人才自由流动。

3. 人才创新活力不断激发。创新高校、科研机构编制管理，取消、转移、下放与人才相关的129项市级行政职权，初步构建了“企业认可、市场评价、政府支持”的人才评价模式。2021年全社会研发投入占GDP的5.46%，市级科技资金投入基础研究超45%，充分激发人才创新创业活力。设立100亿规模的天使母基金，以“风险劣后”机制激发社会资本投早、投小、投硬科技，成立3年多投出潜在独角兽企业32家。

（三）人才比较优势持续放大

1. 延续“孔雀计划”政策品牌效应。本着“实事求是、注重实效”的原则，与我市原“孔雀计划”做好衔接，优化整合市级人才计划。新政策以“鹏城孔雀计划”命名，进一步延续打造我市“孔雀计划”政策品牌。

2. 构建拔尖创新人才培养新范式。探索建立全新机制的深圳创新创业学院，充分借助国内外一流高校、科研机构和包括诺贝尔奖得主、院士等在内的战略科学家优势，以开放创新机制体制为突破，构建与我国现有教育体系相容的拔尖创新人才培养体系，发掘、保护、培养拔尖创新创业人才，推动实现更多从零到一的突破。

3. 提升国际人才服务水平。组建掌握多种国际语言的人才服务专员队伍，精准服务海内外人才。打造前海国际人才港，一站式创新提供451项国际人才服务。发布全国首个《国际人才街区评价指南》，设立4类13个国际人才街区创建点，开展服务21万余人次。建成外国人就业居留事务服务中心，启用线上一站式办理的“人才一体化综合服务平台”，率先在全国实现外国人工作居留一站式办理。

四、经验启示

（一）必须坚持党对人才工作的全面领导

习近平总书记强调，“坚持党对人才工作的全面领导。这是做好人才工作的根本保证”。我们始终坚持党管人才原则，加快实施人才强市战略，旗帜鲜明加强党对人才工作的全面领导。一是落实党管人才主体责任。不断完善党委统一领导、组织部门牵头抓总、职能部门密切配合、社会力量广泛参与的人才工作格局。完善党委联系服务专家制度，各级党政领导干部加强与高层次人才的日常沟通联系，真诚与他们交朋友、结对子。二是建立“一把手抓第一资源”

机制。市、区各级党委主要负责同志主动当好“带头人”，把人才工作摆在更加突出位置抓紧抓实抓好，加强对人才的政治引领和政治吸纳，引导人才增强“四个意识”、坚定“四个自信”、做到“两个维护”，自觉践行爱国奋斗精神。三是加强对人才工作的政治引领。专门召开院士及战略科学家座谈会，学习贯彻习近平总书记在两院院士大会上的重要讲话精神。开展“建党百周年 健行百万步”活动，举办“百年风华，诗歌向党”，举办“向党学创业、向党学管理”示范研修班，开创人才工作的新局面。实践证明，只有坚持党对人才工作的全面领导，才能确保人才工作始终沿着正确方向前进，不断增强人才队伍向心力，源源不断培养造就爱国奉献、勇于创新的优秀人才。

（二）必须坚持“破四唯”与“立新标”并举

习近平总书记强调，“在人才评价上，要‘破四唯’和‘立新标’并举，加快建立以创新价值、能力、贡献为导向的科技人才评价体系”。我们严格落实中央“破四唯”要求，不断深化人才发展体制机制改革，积极构建“能力+业绩”的高层次人才评价体系。一是由“以帽取人”转为“以岗择人”。优化整合各类人才计划，完善人才评价激励机制，充分发挥用人单位主体作用。对于高校、科研院所等非竞争性领域高层次人才评价，改变传统以人才“帽子”作为认定主要标准的评价模式，突出以事择人、人岗相适，支持重点用人单位设置特聘岗位，自主评价聘用高精尖缺人才，实现“谁用谁评价、谁用谁管理”，最大限度地调动单位积极性和激发人才的能动性。二是由“支持帽子”转为“支持岗位”。聚焦全市重点支持的产业和技术领域，优化升级产业发展与创新人才奖，及时调整高端紧缺人才个人所得税优惠政策，扩大优质实体科技企业高精尖缺人才的覆盖范围，进一步强化对重点产业链、重点领域企业的支持。三是由“物质激励”转为“精神激励”。持续办好“人才日”活动和“深圳全球创新人才论坛”，用好人才公园、院士楼、人才史馆等平台，打响“下一站·深圳”品牌，打造全社会共同尊才、爱才、重才的浓厚氛围，让人才在深圳工作更便利舒心。实践证明，只有坚决破除人才培养、使用、评价、服务、支持、激励等方面的体制机制障碍，破除“四唯”现象，才能形成具有吸引力和国际竞争力的人才制度体系。

（三）必须立足“两个大局”，心怀“国之大者”

习近平总书记强调，“坚持面向世界科技前沿、面向经济主战场、面向国家重大需求、面向人民生命健康。这是做好人才工作的目标方向”。我们坚持聚焦“卡脖子”关键核心技术，构建起“基础研究＋技术攻关＋成果产业化＋科技金融＋人才支撑”全过程创新生态链，将人才作为全过程创新生态链的最重要支撑。一是聚焦“卡脖子”技术，实现科技自立自强。建立健全关键技术悬赏制，围绕产业链部署创新链、打造人才链，定向寻聘专业学科顶尖人才担任项目牵头人，带动集聚一批高水平科技人才。二是聚焦“产学研用”链条，打造人才协同创新生态。实施“技能菁英”培养计划，在全国首届职业技能大赛中，深圳选手获得5金2银1铜的优异成绩。举办3场“深爱人才·圳品 SHOW”深圳市高层次人才产品对接系列活动。三是聚焦“宽容失败”氛围，让人才静下心潜心研究。加快重点领域人才自主培养，深入实施“鹏城英才计划”，开展杰出人才、关键核心技术人才、基础研究人才等15个培养专项，对潜心从事原始创新、基础研究或核心技术攻关的科研人员，给予长期稳定支持，让科研人员有一张长期安坐的“暖沙发”。实践证明，只有坚持面向世界科技前沿、面向经济主战场、面向国家重大需求、面向人民生命健康，根据国家发展急迫需要和长远需求，不断攻克“卡脖子”关键核心技术，才能更好实施人才强市战略，在建设粤港澳大湾区高水平人才高地雁阵中当好“头雁”，加快建成高水平人才高地。

推动首批基础设施公募 REITs 平稳落地

推进基础设施领域不动产投资信托基金（以下简称“基础设施公募 REITs”）试点工作，是资本市场贯彻落实党中央国务院决策部署、深化金融供给侧结构性改革、进一步提升金融服务实体经济能力的重要举措，是深圳推进落实中国特色社会主义先行示范区综合改革试点首批清单、积极服务“双区”建设等国家战略的重要成果。深圳坚持“稳字当头、稳中求进”，成立专项工作小组，完善配套制度安排，建立健全工作机制，做好市场培育和投资者教育，扎实推进各项试点工作，实现深市首批 4 只基础设施公募 REITs 于 2021 年 6 月 21 日顺利上市。

一、背景意义

REITs 起源于 20 世纪 60 年代，是全球金融市场中与股票、债券并列的大类配置资产。目前，包括美国、日本、新加坡、中国香港等超过 40 个国家或地区已制定 REITs 相关法规，全球上市 REITs 总市值已超过 2 万亿美元。推出公募 REITs，需要结合各自法律体系和实际情况，探索适合自身发展需求的路径。深圳自 2003 年着手研究 REITs，2006 年以来与相关市场主体共同合作设计产品、储备项目，积极参与中国证监会有关 REITs 产品的制度设计与项目论证工作，为 REITs 产品推出作出重要探索准备：2014 年创新推出国内首单依托资产证券化业务发行的私募 REITs“中信启航”，2015 年创新推出首单以公募基金为载体的“鹏华前海万科 REITs”，逐步建成境内规模最大、不动产类型覆盖全、市场引领效应强和多元化投资者聚集的类 REITs 市场，为公募 REITs

试点积累了经验。

2020 年 4 月，中国证监会与国家发展改革委联合发布《关于推进基础设施领域不动产投资信托基金（REITs）试点相关工作的通知》，基础设施公募 REITs 试点正式启动。2020 年 10 月，《综合改革试点实施方案》支持深圳在资本市场先行先试、依法依规开展基础设施领域不动产投资信托基金试点被纳入首批授权事项清单任务，为开展基础设施公募 REITs 试点进一步夯实政策基础。2021 年，国家“十四五”规划纲要中再次明确提出，要推动基础设施领域不动产投资信托基金（REITs）健康发展，有效盘活存量资产，形成存量资产和新增投资的良性循环。

推进基础设施公募 REITs 试点对于创新基础设施领域投融资机制、拓宽社会资本投融资渠道、构建市场主导的投资内生增长机制、降低实体经济杠杆水平、推动基础设施高质量发展和促进国内大循环具有积极意义。

二、主要做法

2021 年，深圳以深圳证券交易所（以下简称“深交所”）为主体，积极动员，凝聚合力，落实“建制度、不干预、零容忍”方针和“四个敬畏、一个合力”要求，坚持以市场为中心，开门建制度、搞试点，扎实有序推进基础设施公募 REITs 试点工作。

（一）全所动员周密部署、协同推进稳步实施

试点启动以来，深交所多次召开专题会议，引领带动全所干部员工以高度的责任感和使命感投入试点工作，抽调政治过硬、作风优良的业务骨干成立跨部门 REITs 工作小组，制定时间表、路线图，对相关工作进行梳理、细化、分解，按照“部门牵头、责任到人、协同推进”原则，对号销账，全力以赴打造精品工程。

（二）搭建产品规则体系，夯实试点制度基础

经过多轮专题研讨和公开征求意见，在借鉴国际实践经验、尊重市场发展规律、充分考虑市场意见建议基础上，2021 年 1 月 29 日深交所正式发布包括业务办法、审核关注事项指引和发售指引在内的 3 项配套规则，4 月至 7 月陆续发布 4 个指南，逐步构建“1 个办法 +2 个指引 +4 个指南”配套规则体系，全面覆盖试点各业务环节。

（三）深入开展市场培育，加速试点推进步伐

加大优质项目培育力度，持续对接地方相关部门、原始权益人和市场机构，专题授课 20 余场，走访各类参与主体 200 余家次。同时，深圳各相关部门统一认识，加快构建深圳市基础设施 REITs 高质量发展协同工作机制。2021 年 2 月 25 日，“REITs 聚势　产业乘风”大湾区基础设施公募 REITs 发展论坛

“REITs 聚势　产业乘风”大湾区基础设施 REITs 发展论坛

顺利召开，进一步推动大湾区市场形成合力。

（四）平稳实施技术改造、保障系统顺利上线

高标准完成深交所 9 个主要技术系统改造，与市场各方紧密对接，会同中国证券登记结算有限责任公司（以下简称“中国结算”）及各市场主体完成相关系统改造。2021 年 1 月 11 日，完成交易系统改造并正式上线；3 月 1 日，正式启用审核业务系统、信息公开网站和网下发售系统。开展 3 轮全网测试，组织超过 100 家证券、基金公司参与测试，实现业务功能等全覆盖。

（五）扎实推进审核工作、严把项目准入质量

充分借鉴创业板改革并试点注册制的审核理念和工作经验，坚持以信息披露为核心，坚持审核阳光化、电子化，与证监会协同完成首批 4 只基础设施公募 REITs 的审核工作。在审核过程中，同时推进审核标准、审核进程、审核结果、监管措施“四公开”，将科技监管贯穿审核过程始终，全面提高审核质效。

（六）强化市场组织、护航项目平稳发行

组织召开主要机构投资者座谈会，了解投资者需求和建议，协调解决投资者关心问题。建立与中国证券业协会联合工作机制，加快推进网下投资者注册工作。组织多轮面向基金管理人和网下投资者的网下询价平台测试，严防操作风险。引导基金管理人和原始权益人合理确定发行价格，为二级市场预留空间。引导流动性服务商认购份额，发挥价格稳定作用。

（七）持续开展新闻宣传、广泛开展投教服务

围绕重要节点主动发声，协调媒体做好宣传报道工作，加强制度规则解读，把试点工作背景、意义向市场说清楚、讲透彻。分阶段、有针对性地开展投资者教育服务，先后发布 20 余篇投教系列文章，发布投资者入市手册，联合市场机构在深圳、上海、北京等多地举办 5 场线上线下投教活动，引导投资者理性投资。

（八）加强风险预研预判，保障项目顺利落地

首批公募 REITs 上市前，对试点全流程进行再梳理、再对照、再查漏，强化市场风险预研预判，就上市初期极端情形针对性制定应对方案，强化跨部门协调联动，实现业务无缝对接。

（九）首批产品成功上市，试点工作平稳起步

2021 年 6 月 21 日，深市首批 4 单基础设施公募 REITs 产品成功上市。国务院国资委等有关部委和北京市、广东省、深圳市等地方政府有关负责人，首批项目原始权益人和中介机构负责人，以及投资者、新闻媒体代表通过“线上 + 线下”方式同步参加首批项目上市仪式，活动严格落实疫情防控要求，气氛庄重热烈，市场运行平稳。

（十）加强市场运行监控，全面落实风控要求

首批项目上市后，密切关注市场运行情况，持续强化风险分析研判，坚决落实各项风险防控要求。加强交易监控和市场运行分析，紧盯盘中拉抬打压、对倒对敲等异常交易行为，及时采取监管措施，维护市场平稳运行。持续督促流动性服务商做好双边报价服务，提高二级市场流动性。

三、工作成效

首批基础设施公募 REITs 顺利上市，标志着资本市场产品体系进一步完善，基础设施投融资机制迎来新模式，深化金融供给侧结构性改革取得新突破。上市以来，首批项目总体运行平稳，试点工作取得积极成效。

（一）首批项目示范效果良好，去杠杆、稳投资、补短板效果初显

深市首批 4 单公募 REITs 项目基础设施主要位于京津冀、粤港澳两大重点

区域，项目类型涉及垃圾处理和生物质发电、产业园区、收费公路、仓储物流等基础设施类型，募集规模合计 143.71 亿元。其中，博时蛇口产园 REIT、红土盐田港 REIT 项目所在地位于深圳，原始权益人均为央企或地方国企，为国有企业参与公募 REITs 试点提供了创新案例，有助于发挥特区先行先试优势，增强引领示范效应，打造中国公募 REITs 聚集地。

深市首批 4 单基础设施公募 REITs 基本情况

基金简称	基础设施项目类型	基础设施项目名称	项目所在地	基金份额（亿份）	发售价格（元/份）	募集资金总额（亿元）
中航首钢绿能REIT	垃圾处理及生物质发电	生物质能源项目、残渣暂存场项目、餐厨项目	北京市	1	13.380	13.38
博时蛇口产园REIT	产业园区	万海大厦、万融大厦	深圳市	9	2.310	20.79
平安广州广河REIT	收费公路	广河高速（广州段）	广州市	7	13.020	91.14
红土盐田港REIT	港口仓储物流	现代物流中心项目	深圳市	8	2.300	18.40

（二）填补境内金融市场产品空白，受到各类投资者关注和认可

基础设施公募 REITs 是国际通行的配置资产，是境内资本市场全新的金融品种，具有流动性较高、收益相对稳定、安全性较强等特点。从深圳首批项目发售情况来看，投资者认购积极踊跃，以博时蛇口产园 REIT 为例，公众投资者有效认购申请实际确认比例为 2.39%，备受市场各方关注。从深市首批项目投资者结构来看，主要以机构投资者（含原始权益人）为主，其认购金额占总发行规模的比例超过九成，涵盖证券公司、保险公司、银行理财、产业企业、QFII、私募基金等多种类型。

（三）上市以来市场运行平稳，配套支持政策逐步完善

首批项目上市以来，总体运行符合市场预期。截至 2021 年底，首批项目收盘价较发行价平均上涨 21%，日均换手率为 1.74%。在首批项目顺利落地的基础上，2021 年 7 月 2 日国家发展改革委发布《关于进一步做好基础设施领域不动产投资信托基金（REITs）试点工作的通知》，明确试点区域扩大至全国各地区，试点行业新增能源、停车场、保障性租赁住房、水利、旅游等基础设施类型。同时，各地政府先后出台专项支持措施，为推动 REITs 发展起到示范作用。

深市首批 4 单基础设施公募 REITs 运行情况（截至 2021 年 12 月 31 日）

基金代码	基金简称	发行价（元/份）	收盘价（元/份）	累计涨跌幅（%）	日均成交金额（万元）	日均换手率（%）
180801	中航首钢绿能REIT	13.380	17.451	30.43	1242	1.94
180101	博时蛇口产园REIT	2.310	2.771	19.96	1685	2.15
180201	平安广州广河REIT	13.020	13.114	0.72	2906	1.54
180301	红土盐田港REIT	2.300	3.060	33.04	1105	1.32
平均				21.04	1735	1.74

四、经验启示

首批基础设施公募 REITs 试点平稳落地，为公募 REITs 市场稳起步、开好局奠定了坚实的基础。同时，总结试点工作在政策规则制定、项目遴选推荐、审核注册、发行上市、市场运行等方面的制度安排和实践经验，有利于下一步夯实制度基础、优化工作机制，更好激发市场活力。

（一）坚持把党的建设摆在首位

推动基础设施公募 REITs 试点平稳落地，一方面是服务党和国家战略全局的重要举措，引导资源配置到国家政策支持的领域；另一方面是站稳人民立

场的实际体现，更好满足人民群众多样化的投融资需求。深圳坚持将党建和中心工作同谋划、同部署、同推进，把党的领导贯穿改革全过程，推动党建与业务深度融合，将党建成果转化为推动重大创新任务平稳落地的工作成果。2021年深交所以百年党史教育为契机加强作风建设，进一步增强服务意识，强化担当作为，提升监管质效，在队伍、业务、市场和技术系统等各个方面做深做细做实试点工作。

（二）坚持完善基础法律规则制度

目前，已初步搭建了覆盖 REITs 产品全生命周期的制度框架，形成了一整套以中国证监会、国家发展改革委相关行政监管政策为核心，以深沪交易所、中国结算、中国证券业协会、中国基金业协会等单位自律监管措施为主干的规则体系。从首批项目实践来看，该规则体系遵循了保护投资者利益、夯实基金管理人责任、发挥专业优势的原则，为实现国内公募 REITs 平稳起步进行了有益探索。后续，将进一步研究建立相关长效机制，明确扩募制度安排，完善公募 REITs 配套规则体系，推动夯实法律基础，优化公募 REITs 交易结构。

（三）坚持推动市场各方凝聚发展共识

在首批项目落地过程中，原始权益人、中介机构积极筛选优质项目参与试点，相关部委、地方政府在取得各项合规性证明文件、批准或许可发行 REITs、简化国资转让程序、明确税收支持政策、允许保险机构投资 REITs 等方面给予大力支持，形成了良好示范作用。在产品存续阶段，参考境外成熟 REITs 市场经验，持续优化的运作要求、丰富的不动产类型、活跃的并购活动、专业的投资运营管理机构、开放的市场环境是市场健康发展的共同特征。推动公募 REITs 试点行稳致远，需要市场各方发挥合力，共同构建 REITs 产业良性发展的生态体系。

站在新的起点，深圳将继续坚持以习近平新时代中国特色社会主义思想为指导，及时总结试点经验，持续完善配套规则体系，不断提升市场质效，主

深市首批 4 单基础设施公募 REITs 项目实景图（一）

深市首批 4 单基础设施公募 REITs 项目实景图（二）

动做好项目对接服务，积极培育多元化投资者群体，切实维护基础设施公募REITs市场长远健康发展，努力将公募REITs打造成为国内资本市场主流金融产品，努力谱写资本市场高质量发展新篇章。

全国首发离岸人民币地方政府债券

按照党中央、国务院决策部署，深圳根据综合改革授权开展试点试验示范，以畅通国内大循环和联通国内国际双循环为重点争当构建新发展格局的先行示范者，在创新地方政府债券发行机制方面先行探路，成功全国首发离岸人民币地方政府债券，创新发行地方政府绿色债券，率先为我国地方政府举债机制改革创新提供积极示范。

一、政策背景

2020 年 10 月，中共中央办公厅、国务院办公厅印发《综合改革试点实施方案》和首批授权事项清单。“先行先试地方政府债券发行机制”事项纳入深圳综合改革试点首批授权事项清单，具体内容是：“授权深圳在国家核定地方债额度内自主发行。创新地方政府举债机制，允许深圳到境外发行离岸人民币地方政府债券”。

2021 年 10 月 11 日，深圳市政府在香港通过簿记建档成功发行 50 亿元离岸人民币地方政府债券；10 月 12 日，深圳在港发行离岸人民币地方政府债券发布会在深港两地双会场连线举行；10 月 20 日，深圳市离岸人民币地方政府债券在香港联合交易所挂牌上市。在此之前，我国地方政府债券仅在我国境内发行。深圳作为改革开放的前沿阵地，积极推动地方政府债券改革工作，通过用好深圳综合改革试点这关键一招，首次将地方政府举债融资渠道拓展至境外市场，填补了离岸地方债的发行空白，是我国地方政府举债机制的创新，充分发挥深圳先行先试的示范引领作用。

二、主要做法

深圳坚持贯彻新发展理念，积极落实国家碳达峰碳中和重大战略，在国家“十四五”规划开局之年，通过用好五种机制、破解五大难题，全力以赴推动完成在香港发行离岸人民币地方政府债券工作，进一步推动政府债券市场有序对外开放，逐步与国际债券市场接轨。

（一）用好央地协同机制，破解国家部委协调难题

深圳赴香港发行离岸人民币地方政府债券，需重新建立一套适应国际债券市场规则的发行机制，涉及地方债管理、跨境资金管理、与香港合作等多方面事项，需财政部、国家发展改革委、中国人民银行、国务院港澳办等多个部委在具体落地政策方面给予批准支持，统筹事项多、涉及面广、协调难度大。

深圳通过用好央地协同机制，破解国家部委协调难题，全力争取国家相关部委支持，积极推动改革事项落地实施。《意见》出台后，深圳便开始了地方政府赴境外发债的深调研工作，建立了常态化的沟通汇报机制，高频率向国家相关部委请示沟通，汇报境外债券市场情况和具体发债方案。经过不懈努力，深圳赴境外发债落地政策和发债方案获得批准。

（二）用好揭榜挂帅机制，破解境外举债首创难题

离岸人民币债券市场的发行主体较多，包括财政部、各类金融机构、非金融企业等，此前我国内地尚无地方政府赴境外发债。深圳作为地方政府，在国际债券市场上是全新的发行主体，无先例可循，赴境外发债工作需提前谋划、深入研究。

深圳通过用好揭榜挂帅机制，破解境外举债首创难题，鼓励干部勇挑重担，开展系列调研论证，为债券顺利发行打下坚实基础。《综合改革试点实施方案》出台前，便深入研究赴境外发债的可行性，积极探索赴境外发行地方政府绿色债券的实施路径，深入分析境外发债的政策风险及防范措施，确保境外发债可落地执行。《综合改革试点实施方案》出台后，系统研究发债各环节，

参考财政部和政策性银行境外发行经验，了解离岸人民币债券市场需求及境内外信息披露政策，研究境外债券发行方式，精心编制发行披露材料，创新谋划发行境外绿色债券品种。

（三）用好工作专班机制，破解全市资源统筹难题

本次赴境外发债是深圳市政府首次在国际资本市场亮相，改革系统性、整体性、协同性强，涉及深港合作、资金出入境、舆论宣传等多方面工作，各方资源的统筹协调难度较大。

深圳充分运用工作专班机制，破解全市资源统筹难题，有效调动全市相关资源，协同推进境外发债工作。深圳成立全市跨部门工作专班，由分管副市长担任组长，市财政局牵头、九部门协调联动，通过专项工作会议等运作机制，合力攻坚、统筹解决发债过程中的舆论宣传、资金出入境等问题。同时，成立市财政局跨处室工作专班，局主要领导亲自抓，层层压实责任，制定详细分工和时间表，研究工作细节、敲定工作流程。工作专班挂图作战、闯关守隘，节点式推进路演推介、簿记定价、举办债券发布会、债券挂牌上市等一系列发债工作。

（四）用好深港合作机制，破解境外政策适用难题

香港与内地在财税金融体制和法律政策方面不尽相同，本次境外发债政策适用存在不确定性。在深港金融合作方面，需与港方相关政府部门深入沟通协调，在政策上有所突破、在合作上有所创新。

深圳通过用好深港合作机制，积极与香港有关政府部门和机构对接，探索深港合作具体细节，明确政策适用条件，最终在多个方面获得港方突破性政策支持。在税务合作上，此次债券免征内地个人所得税、企业所得税、印花税和任何香港印花税税项，预期债券的利息及处置债券取得的收入将免征香港利得税。在资金流动性支持上，此次债券由香港金融管理局纳入人民币流动资金安排的合资格抵押品名单，证券功能及交易场景的拓宽极大提升了本次债券的流动性水平。上述突破性政策支持，是深港金融深度合作的有力实践和重大创新。

（五）用好市场竞争机制、破解债券发行实操难题

本次境外发债投资人群体来自全球，市场导向性较强，在发行规则等方面与境内发债差异大，债券定价缺乏同级别发行人作参照，需在具体实操上深入论证、反复研究。

深圳坚持市场化、法治化原则，充分遵循国际市场规则，通过用好市场竞争机制，破解境外发债实操难题。在路演方面，编制形成上万字、高质量的中英文路演推介材料，举行中英文双场线上路演推介会，分别向亚洲和欧洲投资人讲好“深圳故事”，供投资人了解深圳发展历程、发展现状与信用实力等情况，路演取得预期宣传效果，对债券后续成功定价起到关键性作用。在债券定价方面，参考离岸人民币国债和政策性银行境外债券二级市场收益率水平，以及境内地方债利率，统筹考虑国际投资人订单和意向利率等情况，通过簿记建档的方式综合确定债券发行利率。

三、工作成效

深圳在香港成功发行离岸人民币地方政府债券，高质量完成了深圳综合改革试点任务，是推动深圳先行示范区建设的示范性成果。

（一）认购踊跃、成功发行

2021 年 10 月，深圳在香港共发行 50 亿元离岸人民币地方政府债券，分为 2 年期、3 年期、5 年期三个期限。2 年期债券发行规模 11 亿元，定价利率为 2.6%；3 年期债券发行规模 15 亿元，定价利率为 2.7%；5 年期债券发行规模 24 亿元，定价利率为 2.9%。2 年期债券募集资金用于普通公办高中建设项目；3 年期、5 年期为绿色债券，募集资金用于城市轨道交通和水污染治理等项目。

本次发行，深圳充分遵循国际市场规则，受到国际知名投资机构的广泛关注，获得投资人踊跃认购，共吸引来自 8 个不同国家和地区的共计 89 个账户

下单认购，其中包括欧美和中东地区投资者，以及部分知名国际投资机构，认购倍数3.48倍，反映国际投资者对中国经济、粤港澳大湾区建设和深圳发展充满信心。

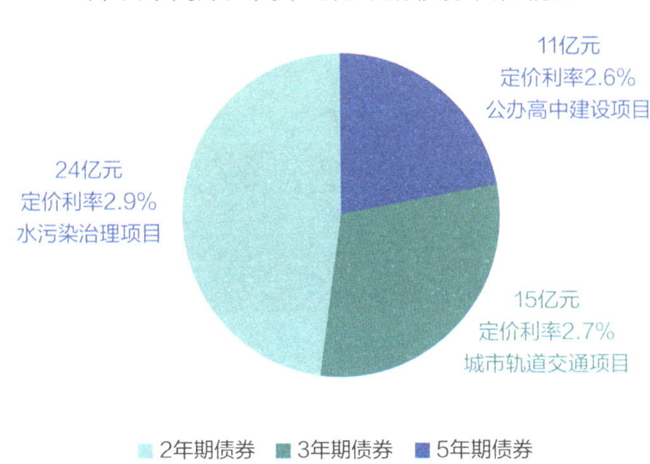

（二）舆论关注，高度肯定

央视《新闻联播》报道了深圳在香港发行离岸人民币地方政府债券有关情况，人民日报、新华社等中央媒体报道15篇次，全网相关信息和转发超过1.8万篇（条），微博话题阅读量逾70万次，专家学者热议深圳成功在港发债的重要意义，网民积极留言，各界给予了高度肯定。

（三）改革破冰，意义深远

1.深圳在“先行先试地方政府债券发行机制”上改革破冰，深圳市政府成为全国首个赴境外发行离岸债券的地方政府，丰富了地方政府举债融资渠道，是我国地方债改革发展历史上里程碑式的事件。

2.深圳在国际资本市场上首次亮相，国际化、市场化的债券发行方式获得成功，彰显了国际资本市场对中国以及深圳经济和信用的高度认可，有利于进一步提升深圳的国际关注度和全球影响力。

发行绿色债券，用于水污染治理项目

3. 深化深港两地金融合作，助力粤港澳大湾区建设，加快深港金融市场的互联互通，对支持香港强化全球离岸人民币业务枢纽、推动香港债券市场发展具有非常重要的意义。

4. 本次发行有利于丰富离岸人民币债券市场的品种，推动人民币计价金融产品多元化，为国际投资者提供更多样化的资产配置选择，提升以人民币计价的金融产品在国际上的普及程度，进一步推动人民币国际化进程。

5. 本次在香港发行 39 亿元绿色债券，是我国内地政府首次在境外发行绿色债券为绿色项目融资，是深圳在绿色金融领域的一次重大突破，助力深圳推动绿色金融改革创新试验区建设，推进绿色发展、循环发展、低碳发展，进一步落实碳达峰碳中和国家重大战略。

四、未来展望

本次深圳首次在境外债券市场发债，直接面向全球投资者，试行了国际化、专业化、更成熟的市场机制，不仅充分发挥了深圳在市场化方面的优势，更是我国地方债管理上的重大突破。从路演的情况来看，国际投资人普遍比较认可深圳的经济财政实力，首次境外债"试水"结果说明深圳市具备进一步在国际资本市场融资的财力基础，良好的城市形象有利于扩大深圳在国际债券市场上的影响力。国际投资人在认可深圳经济实力同时，更关注深圳后续发债计划和债券的收益率，这些是影响深圳境外债发行后市场表现的重要因素。下阶段深圳发行离岸人民币债券需重点考虑以下几方面：

（一）争取继续赴境外发行离岸债

为巩固深圳综合改革试点成果、深化改革成效，通过国际资本市场提升深圳在全球城市体系中的综合竞争力，提升人民币在国际资本市场的重要性和影响力，深圳将多渠道积极争取继续赴境外发行离岸人民币地方政府债券，加强深圳境外发债管理，进一步推动改革成果制度化、长效化，吸引更多国际资本关注深圳离岸债。

（二）建立科学的离岸地方债定价机制

要提高深圳境外债二级市场流动性和交易活跃度，首要是建立起深圳离岸地方债的价格体系和收益率曲线，推动形成科学、全面的离岸人民币债券定价机制，进一步优化完善深圳离岸债合适的利率水平，提高债券流动性，让投资者稳定预期、提高决策效率，吸引更多投资者关注深圳离岸债。深圳继续发行境外债券，也将丰富市场多层次信用梯度，为中资包括深圳企业在境外融资提供更多价格参照，从长远来看将有助于降低未来中资企业的融资成本。

（三）创新境外债券多元化发行机制

在总结本次境外债发行经验基础上，探索创新离岸人民币地方政府债券多元化发行机制，在发行方式、债券品种、期限结构等方面挖掘亮点。在发行方式上，研究通过香港金融管理局 CMU（债务工具中央结算系统）招标发行，进一步深化深港两地金融合作；在债券品种上，探索发行可持续债券等市场上较为受欢迎品种，提高深圳离岸债吸引力；在期限结构上，探索发行长、短年期相结合债券，以短年期债券为主、搭配部分长年期债券发行，进一步丰富国际投资者群体。

（四）拓展深港金融合作空间

本次在香港发行离岸人民币地方政府债券，与香港的合作主要集中在税务政策和债券流动性等方面。接下来，深圳将加强与香港有关部门的对接沟通，探索更多深港金融合作空间，争取继续发行境外债券，丰富香港债券市场人民币投资产品系列，助力扩大香港债券市场规模，助推香港债券市场的长足发展，促进深港金融市场互联互通。

未来，深圳将争取继续发行境外债券，为国际投资者提供高质量的人民币投资产品，拓宽人民币资产配置渠道，进一步提升深圳金融国际化程度和全球影响力，助力深圳加快建设有影响力的全球金融创新中心，携手香港共同打造国际一流湾区和世界级城市群。

以“四大四好”举措争创国家消费帮扶示范城市

深圳认真贯彻落实习近平总书记关于继续大力实施消费帮扶工作的重要指示精神，以强化大协作、完善好机制，优化大政策、扶持好产业，提供大服务、打造好品牌，依托大市场、拓展好渠道“四大四好”的有力举措，助力消费帮扶工作全面提档升级，以先行示范标准打造全国消费帮扶“深圳样板”。

一、背景意义

2020 年 12 月 16 日，中共中央、国务院印发《关于实现巩固拓展脱贫攻坚成果同乡村振兴有效衔接的意见》，要求“继续大力实施消费帮扶”。2021 年 5 月 7 日，国家发展改革委等 30 部委印发《关于继续大力实施消费帮扶巩固拓展脱贫攻坚成果的指导意见》，对“十四五”期间继续大力实施消费帮扶、巩固拓展脱贫攻坚成果作出安排部署。12 月 2 日，国家发展改革委在京组织召开 2021 年消费帮扶助力乡村振兴典型案例视频推介会，交流消费帮扶经验做法，助力脱贫成果巩固和乡村全面振兴，会议提出，国家发展改革委将组织创建国家消费帮扶示范城市和产地示范区，推动消费帮扶工作模式不断创新升级。

深圳坚持贯彻落实国家、省、市有关部署，积极开展创建国家消费帮扶示范城市行动，对带动脱贫人口增收致富，促进脱贫地区特色产业提质增效，促进要素流通、产销对接，助力巩固拓展脱贫攻坚成果、促进乡村全面振兴，推动形成强大国内市场具有重要意义。

二、主要做法

深圳以先行示范区的标准，高质量推进消费帮扶工作，深入开展全国消费帮扶示范城市创建工作。

（一）强化大协作，完善好机制

1. 建立健全协调沟通机制，增强工作合力。实行“台账化、项目化、数字化、责任化”管理，分管市领导每季度一督办，市乡村振兴部门每周一调度、每周一通报。健全对口帮扶地区协作机制，加强领导互访、问题互商、经验互学。搭建市、区与对口帮扶地区职能部门和前方派驻机构之间的视频调度协调平台，分层建立协作会商台账，形成有效工作闭环。

2. 搭建产销对接和招商平台。协调对口帮扶地区有关部门和两地企业动态更新维护，上传实时需求和相关政策等资料，产销和招商投资对接平台将于2022年3月底正式上线，打造永不落幕的产业招商和产销对接会。用好“圳帮扶”数据统计监测平台、重点农产品市场信息平台等现有载体，建立完善农产品滞销监测预警机制，多渠道消纳滞销农副产品。

（二）优化大政策，扶持好产业

1. 优化帮扶政策，大力支持“延链补链壮链优链”。5年过渡期内，在保持主要帮扶政策总体稳定的同时，逐项分类优化调整。例如，宝安区坚持对采购对口地区帮扶产品给予物流费用补贴，南山区新投入750万财政资金专项拨付给对口地区用于消费帮扶提档升级。加强帮扶地区产业配套设施建设，提高产业市场竞争力和抗风险能力。创新消费帮扶活动形式，继续结合节假日发放消费帮扶券。

2. 整合涉农资金，有效帮扶农业基地扩容提质。按照《深圳市农业发展专项资金资助操作规程》，对受援地符合申请条件的“菜篮子”基地认定项目以及对口帮扶合作项目给予资助，单个项目资助金额不超过项目实际投资金额的50%，最高不超过300万元。

（三）提供大服务，打造好品牌

1. 出台《关于加大深圳市消费帮扶产品“圳品”培育销售力度的工作方案》，帮助对口帮扶地区加快从生产初级农产品向生产优质品牌农产品的转变步伐。用好“海推海选，联展联销”消费帮扶好产品评选推介活动平台，并将优质产品纳入保障对港物资供应的选择范围。做好做实美食文化节、消费帮扶和特色农副产品订货会、展销会和产业招商会等大型活动，对采购深圳对口帮扶地区农特产品的电子商务平台企业给予奖励。

2. 发挥深圳农业创新和培训资源优势，开展乡村振兴农业科技支撑行动。实施对口帮扶地区干部人才年度培训计划、腾讯“耕耘者”振兴计划、平安集团“三村工程”等项目，帮助培育一批乡村治理和产业发展的“能人”。目前，“耕耘者”振兴计划已经国家农业农村部有关司局同意，将深圳对口帮扶的8省60县纳入培训范围。

3. 制定相关管理办法，组建专家顾问团队，为构建和完善全产业链发挥智囊作用。结合科技特派员和“三品一标”专家顾问团制度，组建消费帮扶专家顾问团和专家库，目前已征集到专家顾问65人，分设产业规划、农业科技创新、品牌创建等8个小组，菜单式、组团式地为全产业链提供培训、咨询、策划等服务。

（四）依托大市场，拓展好渠道

1. 拓宽市场渠道，多措并举促进产销精准对接。推进现有线上线下平台的市场化，扩大直销规模，使渠道供应体系触角延伸到脱贫地区和脱贫户。支持脱贫户、生产商在“圳帮扶”直接开店79个，上架产品近4000个，同类产品的价格均低于其他平台的，营业额近4500万元；与对口地区一起组建消费帮扶直播带货联盟，2021年以来，已联合开展3场直播带货活动。推动“圳帮扶”与淘宝、京东、美团、大众点评等平台链接，优化供销统计分析，为以销定产、订单农业提供基础数据支撑。

2. 保持政府采购支持力度，探索拓展帮扶新载体新方式。保持各级预算单

2021 年中国（深圳）消费帮扶直播节暨百万职工年货采购节直播现场

位消费帮扶产品采购份额高于单位年度农副产品采购总额的 30%。结合预算单位食堂食材需求特点，设置需求订制、电子反拍、统采分送等交易模式。坚持工会福利向采购脱贫地区消费帮扶产品倾斜，联合市总工会印发《关于开展 2022 年工会消费帮扶行动的通知》。梳理对口帮扶地区红色教育基地、美丽乡村等文旅特色资源，鼓励到对口帮扶地区合作建设各类康养基地。目前，已推出省内深圳对口帮扶协作地区和深汕特别合作区周末精品旅游线路 10 条，正在策划开展美丽乡村手机摄影大赛。

3. 加强和改进宣传方式。更好发挥带货效应，在宣传的对象上、受众上进行分类，开展精准宣传。深入挖掘帮扶典型和受援地创业故事，增强宣传的吸引力和感染力。

三、工作成效

2020 年深圳采购消费帮扶产品总额为 107 亿元，位列全省第一，深圳海

深圳海吉星消费帮扶中心鸟瞰图

吉星消费帮扶中心获评首批“全国消费扶贫示范单位”。2021 年深圳直接采购消费帮扶产品 115 亿元，超过 2020 年消费帮扶产品采购额。2021 年 12 月，国家发展改革委发布 103 个全国消费帮扶助力乡村振兴典型案例，包括广东省 4 家单位，其中深圳占 2 席，深圳市政府作为广东省唯一的政府单位获评全国消费帮扶助力乡村振兴“优秀典型案例单位”。12 月 2 日，国家发展改革委召开全国消费帮扶助力乡村振兴典型案例视频推介会，深圳市政府作为全国 10 家会议发言单位之一作工作汇报。

（一）产业链条完善，利益联结性实

消费帮扶上下游产业链健全，打造生产、加工、分拣、包装和冷链运输全产业链业态，帮扶广西百色、河池等地建设 53 个加工仓储配套项目，引导顺丰、龙光集团、安琪月饼集团等知名企业在帮扶地投产建设。进一步完善利益联结链条，使脱贫户直接享受到政策红利，促进帮扶对象稳定增收致富，实现生产端消费端互利共赢。

（二）市场要素多元、科技作用力大

实现投资、销售、品牌打造、科技创新等主体市场化，形成比较健全的消费帮扶产品市场体系，现代交易方式和流通模式得到广泛运用。支持深圳农业基因组研究所等机构、企业，打造一批如牦牛改良、喀什海水稻、巴马香猪等科技品牌项目。

（三）销售渠道畅通、平台带货力强

农特产品产销对接完善，直采规模持续扩大，各类平台销售能力不断增强。例如，打造"圳帮扶 APP"线上商城、"圳帮扶集市"、"圳帮扶数据平台"集群，在全国消费帮扶平台中首个使用数字货币，并推出拼团、直播、线上开店、大客户采购等功能，累计注册用户近 30 万，销售订单超 32 万单。

（四）产品质量优良、品牌知晓度高

增强了对口帮扶地区基地标准化生产能力，打造出喀什香馕、察隅猕猴桃、百色芒果、大化七百弄鸡等一批价格优、质量好、市民群众认可度高的知名产品。增强了消费帮扶产品"圳品"的认定力度，提高了消费帮扶产品品牌化、标准化水平，2021 年认定对口帮扶地区"圳品"累计达到 110 个。国家乡村振兴局《乡村振兴简报》第 103 期刊发"打造'圳品'农产品品牌探索粤桂协作新机制"，专题推广"圳品"经验。

（五）帮扶氛围浓厚、社会参与面广

社会参与消费帮扶氛围浓厚，初步形成"人人皆愿为、人人皆可为、人人皆能为"的社会风气，参与消费帮扶的理念深入人心。2021 年全市各级预算单位完成"832 平台"扶贫产品采购额 3.2 亿元，通过以买代捐活动采购 5.13 亿元。2021 年，深圳市积极组织开展"广东扶贫济困日"系列活动，参与省市认捐金额超 10.75 亿元，消费帮扶认购金额超 13.42 亿元，为助力对口地区巩固拓展脱贫成果、全面推进乡村振兴作出应有奉献。

海吉星消费帮扶中心·市民中心旗舰店“圳品”专区

四、经验启示

（一）要强化部门协作、完善机制

消费帮扶需要动员全社会力量广泛参与，才能形成工作合力。深圳建立以市委书记、市长负总责的市领导挂点指导机制，市四套班子成员每人挂点指导1至2个对口帮扶地区，做到“市级领导干部齐上阵、对口市县挂点全覆盖”。成立市、区消费帮扶工作专班，实行“台账化、项目化、数字化、责任化”任务管理。分管市领导定期督办，市乡村振兴部门定期协调。

（二）要持续优化政策、扶持产业

5年过渡期内主要帮扶政策将保持总体稳定，并逐项分类优化调整。深圳大力支持“延链补链壮链优链”，加强对口地区产业配套设施建设，提高产业市场竞争力和抗风险能力。对市消费帮扶中心给予免租，对展销展览活动予以补贴资金支持，加大对积极参与消费帮扶的优质企业培育支持力度。鼓励各区发放帮扶产品优惠券，加大市场推广力度。整合涉农资金，有效帮扶农业基地扩容提质。

（三）要提供优质服务，打造品牌

科技人才在现代产业发展中发挥着重要的作用，帮扶产品品牌化是促进脱贫地区产业发展方式转变的有效途径。深圳发挥农业创新和培训资源优势，提供科技和人才支持，为构建和完善全产业链发挥智囊作用。加强“圳品”认定和好产品培育，加大“百强”优质品牌打造和推广力度，走出“差异化”路子，落实“一县一品”特色品牌计划。

（四）要以市场为主导，拓展渠道

市场、渠道决定了消费帮扶产品的生命力。深圳坚持拓宽“五进一巡”等市场渠道，促进生产的规模化、市场化，提高消费帮扶产品商品化水平。保持政府采购和工会福利支持力度，探索拓展帮扶新载体新方式，积极改进宣传方式，更好发挥引流作用和带货效应。

下一步，深圳将深入学习贯彻习近平总书记关于消费帮扶工作的重要指示精神，巩固提升“四大四好”消费帮扶机制，以先行示范区的标准，高质量推进消费帮扶工作，深入开展全国消费帮扶示范城市和产地示范区创建工作，全力推动深圳消费帮扶工作持续走在全国前列，贡献出更多可复制、可推广的先进经验和做法，为巩固拓展脱贫攻坚成果、全面推进乡村振兴作出新的更大贡献。

主动争取参与主场外交
向世界展现深圳先行示范区风采

深圳以先行示范区的担当作为主动争取承办重大主场外交活动——中国共产党与世界政党领导人峰会地方会场，在党的百年华诞之际，向世界展现深圳改革开放的伟大成就和先行示范区的风采。

一、背景意义

2021 年 7 月 6 日，中国共产党与世界政党领导人峰会（以下简称“峰会”）以视频连线方式成功举行。习近平总书记出席峰会并发表主旨讲话，21 位担任国家元首或政府首脑的世界政党领导人以及其他有重要影响力的政党领袖和政党国际组织负责人围绕“为人民谋幸福：政党的责任”作主题发言。来自 160 多个国家的 500 多位政党和政治组织领导人，逾万名政党代表线上参会。深圳和上海、延安、宁德、安吉等 5 个在中国共产党百年征程上都具有特殊历史意义的地点有幸成为峰会地方会场。峰会层级之高、规模之大、代表性之广、参会形式之丰富，在世界政坛引发强烈关注，产生了积极而持久的反响。

深圳会场以生动的地方实践突出其在党史发展进程中的特殊地位，充分体现出是习近平总书记亲自擘画推动建设的中国特色社会主义先行示范区、改革开放后中国共产党和人民一手缔造的崭新城市、中国特色社会主义在一张白纸上的精彩演绎。广东省、深圳市领导，全国优秀共产党员、基层优秀共产党员、优秀党务工作者和青年、群众代表共 145 人，在深圳会场参加了会议。

二、主要做法

在中央对外联络部和广东省委的悉心指导下，深圳切实加强党对外事工作的集中统一领导，以高度的历史责任感、荣誉感和使命感统筹全市力量精心组织策划，周密安排部署，确保了深圳会场的精彩呈现。

（一）积极主动请示汇报、高标准落实上级部署

为全力争取承办此次重大主场外交活动，深圳市组织、外事部门协同联动，于2021年3月初专程赴中央对外联络部作专题汇报。中央对外联络部领导对深圳结合谋划庆祝建党100周年系列活动，主动提请承办国家重大涉外活动予以充分肯定。经党中央批准，深圳成为地方会场之一。筹备过程中，深圳切实加强与有关部门的沟通联系，认真落实中央对外联络部各项指示要求，加强政治设计、体现地方特色，确保中央精神和部署落地落细落具体；全程积极配合广东省委筹备工作领导小组，省市联动共同推进各项重点任务，在做好疫情防控、风险应对的前提下确保各项工作平稳有序进行。

（二）迅速建立协调机制、高质量推进筹备工作

市委市政府高度重视深圳会场的组织策划，市委常委会专题听取筹备情况汇报并作工作部署，要求切实提高政治站位，精心组织各项筹备工作，坚决完成中央交办的重大政治任务。建立由市委书记、市长担任正副组长的“1+1+7”

“1+1+7”工作机制	1个筹备工作领导小组、1个领导小组办公室以及政治设计、会务、人员邀请与接待、宣传、安保、疫情防控与医疗保障、经费保障7个工作小组。
“1+8”方案	1个总体方案和组织架构及职责分工、宣传视频文案、现场布置设计、人员邀请与接待、宣传工作、疫情防控与医疗保障、现场执行、现场保障8个具体方案。

“1+1+7”工作机制与“1+8”方案

会场高清曲面屏和舞台搭建

工作机制，市委市政府主要负责同志多次到现场检查筹备工作，对经典照片选取、宣传视频拍摄、宣传标语和会场布置等诸多细节进行把关。根据中央对外联络部要求，迅速制定“1+8”方案及时呈报中央，确保各项工作有章可循、有据可依。各有关单位严格按照时间节点倒排工期，明确时间表和责任人，相互支持配合，及时查漏补缺，协调有序推进工作，仅用5天完成3版舞美搭建方案，仅用4天搭建起216平方米的高清曲面屏和舞台，成为最早提交筹备工作方案、最早完成会场搭建的地方会场。

（三）不断优化设计元素、高品质呈现会场效果

将深圳会场设在市民中心广场二楼大平台，充分利用中心区优美夜景和灯光工程，辅以曲面屏、高清屏等丰富现场布置，展现深圳开放包容、创新发展的城市特质，向世界展示深圳先行示范区的勃勃生机。会场两侧的高清屏幕，

重点呈现党的十八大以来习近平总书记多次调研深圳的经典照片，主背景两侧、会场弧形屏、市民广场灯箱、市中心灯光秀展示“改革不停顿，开放不止步”等中英文宣传标语，与北京主会场遥相呼应。5 分钟宣传视频通过城市发展日新月异的震撼画面，集中反映广东在我国改革开放发展中的重要地位和深圳经济社会发展的最新成就。为呈现最佳效果，深圳会场先后 4 次参加中央对外联络部组织的全球大范围全流程演练，不断优化会场设计、画面抓取、氛围营造、秩序维护，力求完美呈现。

（四）综合运用科技手段，高效能做好会务保障

依托科技创新和产业集聚优势，统筹解决技术保障、网络安全、气象预测、疫情防控等工作中的难点和风险点，为峰会成功举办提供技术支撑。选用华为、腾讯一主一备两套视频会议系统，借助最新技术双链路保障信号传输顺畅。依据精密观测网、雷暴尺度集合预报系统、灾害性天气自动识别算法、强天气智能临近预报技术实现灾害性强天气实时监测、客观识别、动态预警。委托深圳市建筑科学研究院研发室外冷池降温系统，提升高温天气下户外参会舒适度。配备由中国工程院院士领衔、深圳市微空间建筑科技有限公司研发设计

的防疫型智能环保移动公厕，为参会人员提供便利。运用动态健康监测小程序、红外线自动测温仪、红外人脸识别技术科技防疫。采用4K技术、无人机、穿梭机、延时摄影、三维特技制作宣传视频。“科技赋能、智慧办会”成为深圳会场会务保障工作独树一帜的特色。

三、工作成效

2021 年 7 月 6 日，峰会通过电视、网络等渠道，以中文和 16 种外语面向全球播出，全网传播量短时间内达 13.3 亿次，创下网上国际会议收看人数的高点。深圳牢牢把握宝贵机会，向世界全面展示充满魅力、活力、动力和创新力的国际化城市形象，推广了本土科技企业品牌，也进一步提升了深圳举办国家级重大涉外活动的水平。

（一）全方位展示深圳改革开放成就

深圳对峰会正式开幕前向全球近 200 个集体会场同步播放的 5 分钟宣传视频精雕细琢，气势恢宏地讲述了深圳在中国共产党的带领下，用 40 年时间从

深圳会场周边现代化城市风貌

一座落后的边陲小镇蜕变为具有全球影响力的国际化大都市，并正在奋力打造高质量发展高地、法治城市示范、城市文明典范、民生幸福标杆和可持续发展先锋，充分展示了深圳先行先试、探索开路，在改革开放大潮中劈波斩浪的历史使命，很好地向世界展示了中国理念、中国精神、中国道路。此外，峰会期间主会场屏显抓取的30秒特写画面，经过反复研究演练，选取了市民中心周边CBD活力四射、繁华璀璨的现代化城市风貌，展现了习近平总书记亲自擘画的深圳先行示范区的壮美画卷，有效提升了深圳国际知名度和影响力。

（二）全覆盖推广深圳科技企业品牌

峰会有力推动了深圳科技企业的技术进步和全球范围内的品牌传播。为满足峰会的技术要求，两套视频会议系统服务商相关企业研发人员分别对各自视频会议系统进行了数十处功能改进，进一步提升了系统的技术水准，改善了用户体验。特别是作为主用系统服务商的华为，为16个重要发言外宾优化网络专线，为23个国外会场提供视频会议硬件，为64个国外会场提供现场技术支持，最终实现所有重要外宾发言零卡顿。在中央对外联络部及有关各方共同推动下，峰会上21位发言外宾全部主用华为、备用腾讯系统，国外集体会场约75%、政党和政治组织领导人超过40%使用了华为系统，展现了深圳优秀民族科技品牌的实力和水平。

（三）全过程提升深圳举办重大涉外活动的水平

从接到任务到峰会举办只有短短48天，筹备工作时间紧、任务重、强度大、标准高，深圳在学习借鉴以往举办国际会议的成功经验的基础上，结合新形势任务和实践要求守正创新，建立了行之有效的工作机制，锻炼了素质过硬的干部队伍，提升了深圳举办重大涉外活动的水平，为将来承办主场外交做了有益探索。“1+1+7”工作机制建立了权责清晰的职责分工体系，确保了信息沟通畅顺、指令传达到位，专业部门各司其职、技术与经验优势得到充分发挥，各项任务有力有序有效落地。各部门工作人员通过参与筹备地方会场开阔了眼界、增长了见识、提升了能力，得到了实实在在的锻炼。深圳协同高效、开拓创新、常备不懈的工作作风和高超的办会水平赢得了上级部门的高度肯定。

四、经验启示

深圳将以举办峰会地方会场为重要契机，深入学习贯彻习近平总书记在峰会上的主旨讲话精神，更好地服务国家外交大局，全面拓展对外开放广度和深度，为全国构建新发展格局提供示范经验、推动构建人类命运共同体提供强有力支撑。

（一）以参与政党外交为政治自觉

党的十八大以来，党的对外工作在以习近平同志为核心的党中央坚强领导下取得了历史性成就，为服务中华民族伟大复兴、促进人类进步作出了重要贡献，充分彰显了大国大党的气度风范，日益成为中国特色大国外交的重要体现。峰会的成功举办表明政党外交在对外交往中的地位日益凸显。地方城市应当始终胸怀“国之大者”，主动谋划、积极服务党的对外工作大局，加强对重要外交外事活动、重大国际交流活动、创意亮点活动的国际传播设计，加快构建具有党的对外工作特色的话语体系，用习近平新时代中国特色社会主义思想在地方落地生根、结出丰硕成果的生动案例讲好“中国共产党的故事”。

（二）以献策全球治理为使命担当

多国政要表示，习近平总书记的主旨讲话立足于百年变局与世纪疫情交织的关键历史节点，科学回答了“世界怎么了、政党怎么办”的时代之问，创造性地提出了全球政党“五大责任”，为各国政党凝心聚力、共谋人类福祉提供了方案、指明了方向，是中国共产党向世界贡献的又一“重要公共产品”。这充分表明国际政党界对我党发展思想和理念主张的认同和支持，展现了全球治理“中国方案”具有强大影响力和感召力。地方城市可考虑以自身发展建设经验为“样本”，配合宣介中国为解决人类发展进步问题贡献的“中国方案”和

“中国力量”，展示中国致力于全面深化改革、全面扩大开放，促进人类和平与发展崇高事业的立场，为国家参与全球发展议题设置、建设开放型世界经济大局贡献力量。

（三）以谋划主场外交为努力方向

各地方会场通过峰会向全世界集中展示了各自城市优势和特点，提升了城市国际知名度和影响力，生动阐述了参与主场外交对城市发展的重要意义。如能线下承办主场外交还将有利于促进国际高端资源和要素聚集，有利于举办城市争取中央政策和行政资源的支持。包括深圳在内、具备条件的地方城市可积极争取承办主场外交等国家级重大涉外活动，并以此为努力方向，加快推进基础设施、公共服务、城市治理的提升，持续锻炼会务组织、统筹协调、安保应急、现场执行、活动宣传等方面的工作能力，全方位提升举办大型涉外活动的能力和水平。

未来，深圳将致力于建设成为向世界展示中国改革开放成就的重要窗口、国际社会观察我国改革开放的重要窗口，让世界从深圳这个窗口更好地了解中国、读懂中国、认同中国。

首创"大湾区组合港"助力建设全球湾区核心枢纽海港

"大湾区组合港"是指以海运舱单为进出口物流主线，深圳海关的各沿海码头企业（枢纽港）与关区内外沿江码头企业（支线港）通过共享港口代码组合运行，枢纽港与支线港之间货物通过水路运输方式调拨的创新物流模式。深圳落实《粤港澳大湾区发展规划纲要》要求，在全国首创推出"大湾区组合港"海关物流模式改革项目，打造高效便捷的湾区海上物流大通道，助力深圳港建设成为全球湾区核心枢纽海港。

一、背景意义

（一）构建"大湾区组合港"是落实"双区"建设要求的必要措施

《粤港澳大湾区发展规划纲要》指出，要"提高珠三角九市开放型经济发展水平，促进国际国内两个市场、两种资源有效对接，在更高层次参与国际经济合作和竞争，建设具有重要影响力的国际交通物流枢纽"，同时提出"增强对周边区域发展的辐射带动作用""构建现代货运物流体系，加快发展铁水、铁公、空铁、江海联运和'一单制'联运服务"等要求。《意见》也提出"抓住粤港澳大湾区建设重要机遇，增强核心引擎功能"的要求。《国家物流枢纽布局和建设规划》对于广州、深圳等港口枢纽提出"对接国内国际航线和港口集疏运网络，实现水陆联运、水水中转有机衔接"的发展规划。"双区"建设要求及国家规划明确将粤港澳大湾区打造成为一个互联互通的整体，通过"大湾区组合港"模式打通地域分区对港口物流的限制，实现区域港口一体化运行及港口资源的自由流通和高效配置势在必行。

（二）构建“大湾区组合港”是区域港口群破解发展难题的必然选择

纵观世界港口发展历程，当区域内港口发展到一定程度，一体化是必然结果。如纽约与新泽西港的合并、洛杉矶和长滩港的整合、国内宁波舟山港的一体化等，都是通过建立有效的协作机制，改善或打破行政壁垒和市场壁垒，以期实现资源共享，发挥优势互补。随着中国外贸增速放缓，港口的发展已然从增量竞争变成存量博弈。各地政府纷纷出手，江苏、山东、福建、广西等地陆续加快省内港口资源整合，形成省一级港口集团，促进各地港口协同发展。

深圳作为港口城市，港口产业是深圳城市崛起和高速发展的基础，但现阶段深圳港口正由成熟期向停滞期转变，港口实力大而不强，港城矛盾、区域港口竞争日益加剧，港口发展面临挑战，对城市经济的带动作用由强变弱。“大湾区组合港”构想的提出，探索了一种港口整体式发展的可能，避免了重复性的港口基础设施建设，实现粤港澳大湾区港口间资源互补、信息共享、物畅其流，是实现深圳港口再升级，进而提升粤港澳大湾区港口群整体竞争力的创新之路。

（三）构建“大湾区组合港”是区域物流业发展的迫切需求

粤港澳大湾区有广州、深圳、香港三大世界级枢纽港口，面临比较激烈的竞争，国内港口货物流转效率与中国香港、新加坡等国际中转港相比一直处于劣势，深圳本地及粤港澳大湾区进出口货物严重依赖香港码头中转，即使经香港中转的运输成本高于经内地港口中转，但进出口企业依然愿意优先选择香港，其中一个重要原因在于现有通关模式对物流效率的影响。据某港口企业比较，香港利用“丰富的国际航线＋来往港澳小型船舶驳船航线”，可实现对粤港澳大湾区内支线港口的全覆盖，其出口方向的平均中转时间仅为2.5天；深圳某港区出口方向的平均中转时间为4.5天，对集装箱、港口堆场占用时间长，港口作业效率不高。地方政府、企业各界多年来一直通过人大代表、政协提案等方式，要求海关对标香港、新加坡等国际自由贸易港，创新物流监管模式，适应现代化物流发展需求。

（四）构建“大湾区组合港”是改革创新破解监管难题的必由之路

全国海关通关一体化改革后，大部分进出口货物在口岸完成一次申报、查验、放行，监管压力全部集中在口岸监管环节，口岸查验与枢纽港港口硬件条件限制和口岸海关监管人力资源投入之间存在矛盾。同时，优化营商环境、压缩通关时间等要求，又对口岸海关作业效率提出了严格的标准，口岸海关需要通过优化机制模式，走出有效监管与高效服务相结合的创新改革之路。2021年1月19日，海关总署召开2021年促进跨境贸易便利化专项行动部署会，深圳市政府重点介绍了“大湾区组合港”项目的开展情况。会后，海关总署印发《促进跨境贸易便利化专项行动部署会会议纪要》，将“大湾区组合港”列为推进区域性通关便利化协作措施，并要求在试点成熟基础上加以复制推广和借鉴，为“大湾区组合港”改革创新指明了方向。

二、主要做法

“大湾区组合港”项目破解了新发展格局下的困境，颠覆传统物流模式，实现全方位要素的流通。

（一）“一港多区”扬长避短，巩固深圳港口枢纽地位

推动深圳港和各内河码头共享港区代码，货物到达支线港，视同到达深圳港，途经深圳港区的进出口货物，只需在支线港办理一次通关手续。在深圳港吞吐量不断增加的背景下，打破监管场所限制，促进深圳港口服务腹地向内地不断纵深拓展，有效缓解深圳港口腹地和周边配套严重不足问题。通过组合港模式形成以深圳港为核心的大湾区水运“一盘棋”的全局效应，有效促进深圳

枢纽港国际航运资源和珠三角沿江港口腹地制造业货源进行深度整合，全面提升大湾区港口群整体竞争力、巩固深圳国际枢纽港口地位。

（二）“一单到底”降费提速，优化深圳港口营商环境

“大湾区组合港”实现顺势监管，顺应港口航运发展及多式联运的物流需求，通过进出境舱单反映货物“境外—深圳”“枢纽—支线”港口之间的物流流转信息，进行全链条监管。简化申报手续，企业在深圳枢纽港向海关申报舱单后，无需向海关申报其他单证。企业传输舱单后，港口与码头企业可以更加合理地安排国际班轮与内河驳船之间的衔接，有效提升跨境贸易物流效率，实现 24 小时自由转运。整合珠江沿线港口资源，支持班轮公司优化航线、减少挂靠点、节约挂靠费用，每年可节省班轮公司用箱成本超 4500 万元。

（三）“一体联动”协同监管，助力深圳港口绿色低碳

深圳海关主动对接广州、黄埔、拱北等多个大湾区内外直属海关，推进建立“大湾区组合港”跨关区协同监管联系配合机制，由深圳海关实施进出境船舶监管，由深圳海关与各支线港海关协同管理进出境舱单。跨港区监管资源互补，形成错位监管的格局，将查验手续放在场地及人力更为充足的支线港海关办理。促进水路代替公路疏港，清关完毕的集装箱通过“大湾区组合港”的水运中转线路便捷转运调拨，减少疏港车辆带来的交通拥堵及尾气对环境的污染，缓解“港城矛盾”，对未来港口城市的可持续发展起示范性作用，实现经济与社会效益双丰收。

（四）分步推进，实现项目拓点增量

2019 年 10 月，深圳海关在关区内的盐田港与惠州港率先探索开展“惠盐组合港”项目。以盐田港为枢纽、惠州港为支线，将盐田港的“堆场”延伸至惠州港，货物在惠州港办结通关手续后通过驳船调拨至盐田港装运大船，打破港口之间空间壁垒，在功能组合、优势互补、港口合作的基础上，实现“两港合一”式的组合，统筹利用整体码头资源和行政监管力量，加快效率，降低进

深圳港

出口货物的物流成本。该项目一经推出，就获得业界一致好评。在关区内试行基础上，深圳海关联合其他直属海关，以深圳西部港口和盐田港为枢纽港，以珠江流域的小型集装箱码头为支线港，不断优化水运中转监管模式，陆续推出了跨直属关区的“蛇口—顺德新港”“北滘—蛇口”等“大湾区组合港”项目。目前，“大湾区组合港”项目已开通航线 15 条，辐射广州、珠海、佛山、惠州、东莞、中山、肇庆等多个城市，2021 年“大湾区组合港”项目新开 10 条航线，运行货物超 9.2 万标箱，同比增长 3.5 倍。

三、工作成效

（一）服务企业，优化营商环境

深圳海关关注企业诉求，调研走访企业，创造性推出的“大湾区组合港”模式，改变了过去企业需要奔走两地海关办理转关手续的情况。据敏华家具制造（惠州）有限公司反馈，“惠盐组合港”模式可以在就近港口交还柜，拖车单日还柜次数可从2次提高到5次，效率大幅提升。枢纽港和支线港优势互补，有效促进港口联动发展。据盐田国际码头反映，“惠盐组合港”模式下企业整体物流成本平均降低10%—20%。同时，港口企业表示“大湾区组合港”模式可形成航线集聚效应，促进班轮公司航线优化，减少多点挂靠操作，一艘班轮减少挂靠一个港口，每次可节省费用约5万元。

（二）多方共赢，整合港口资源

项目实施以来，在费用成本、运作效率等方面具备优势，大湾区港口群各港口企业、船公司、生产企业等各物流链参与方均有不同程度受益，通过整体供应链上的环节优化，每年可为企业节省近7000万报关与用箱成本。货物在大湾区实现24小时转运，平均堆存期由5—7天缩短至2天以内，将深圳港货物中转效率提升到了与中国香港、新加坡等自由贸易港同等水平。另外，“大湾区组合港”契合大湾区生产腹地延伸的需求，有利于港口群资源整合，优势互补，有助于提升港口群的综合竞争力，培育大湾区实体生产产业加快发展。

“北滘—蛇口”组合港航线开通

“大湾区组合港”已被列入国家首批营商环境创新试点改革项目、2021年跨境贸易便利化专项行动复制推广项目，并纳入深圳市建设中国特色社会主义先行示范区2021年工作要点。

四、经验启示

（一）主动作为，优化通关流程

立足海关职能，从企业实际需求出发，打破原有海关监管场所限制，创新“大湾区组合港”模式以加强湾区联动；主动对接广州、黄埔、拱北、南昌等多个大湾区内外直属海关，建立联系配合机制，着力破解港口拥堵难题，实现支线港一次性办理通关手续，促进要素便捷流通，改善港口营商环境，全面服务“双区”建设。

（二）科技引领，提升监管效能

依托区块链、物联网技术简化物流流程，强化跨关区协同监管，支持大湾区沿海沿江不同关区港口共享港口代码一体化运营；结合“大湾区组合港”改革实践，从配套海关监管模式、监管系统两方面优化入手，构建完备的“大湾区组合港”海关业务体系，综合运用GPS轨迹定位、视频实时监控、预警信息在线推送等手段，通过“数据流、轨迹流、视频流”实时管控，保障大湾区港口群水水中转物流在严密监管下的高效便捷。

（三）着眼长远，区域联通发展

结合《粤港澳大湾区发展规划纲要》和支持深圳建设中国特色社会主义先行示范区要求，为助力深圳港建设全球湾区核心枢纽海港，深圳海关积极探索区域物流便利化改革措施，通过“大湾区组合港”改革，将深圳港的海运服务延伸到生产腹地，契合生产型企业进出口需求。如“北滘—蛇口”组合港航线启动后，政策优势将深入北滘镇美的集团、惠而浦、奥特龙、奥格威等多家家电制造企业腹地，深圳港口辐射能力进一步增强。下一步，也将推进小漠港纳入组合港线路，协助打造深汕特别合作区“两翼”总体产业空间格局，放大小漠港的交通枢纽功能和平台效应，形成深圳港口群之间功能互补的港口发展新格局。

未来，深圳将总结组合港的实践经验，推进跨关区及关区内的物流一体化，有效服务现有的通关、风险、关税一体化，解决海关监管资源调配及时空拓展的需求，提升大湾区跨境贸易便利化。

以港澳涉税专业人士跨境执业助推深港合作

为深入落实《综合改革试点实施方案》，全面推进前海深港现代服务业合作区港澳专业人士跨境执业便利化改革，通过长期探索实践，2021 年 1 月 19 日，深圳正式印发《港澳涉税专业人士在中国（广东）自由贸易试验区深圳前海蛇口片区执业管理暂行办法》，进一步放宽跨境执业限制。这是全国首部支持港澳涉税专业人士跨境执业的规范性文件，也是最早落地见效的深圳综合改革试点首批授权事项之一。截至 2021 年底，已有 69 位港澳涉税专业人士完成跨境执业登记，6 家联营税务师事务所完成行政登记并实际开展业务。

一、背景意义

（一）紧扣中央要求

党的十九大作出推动形成全面开放新格局的重大战略部署，国家“十四五”规划纲要指出，要稳步拓展规则、规制、管理、标准等制度型开放。《综合改革试点实施方案》及附件综合改革试点首批授权事项清单印发，第 27 项为“实施高度便利化的境外专业人才执业制度”，允许具有境外国际通行职业资格的金融、税务、建筑、规划等专业人才按相关规定在深提供专业服务。经深圳市委深改委第 14 次会议审议通过，国家税务总局同意，深圳市税务局于 2021 年 1 月重新修订并制发《港澳涉税专业人士在中国（广东）自由贸易试验区深圳前海蛇口片区执业管理暂行办法》（以下简称《办法》），率先推动港澳专业人士跨境执业高度便利化改革措施落地。

（二）服务湾区所向

涉税专业服务业的对外开放，特别是对处于双区驱动战略机遇期的深圳，鼓励引导境外涉税专业服务人才跨境执业，不仅有利于加快培育具有国际竞争力的涉税专业服务团队，满足“引进来”和“走出来”企业的涉税服务需求，对维护国家税收利益和纳税人合法权益、构建共建共治共享的税收现代化治理格局、促进粤港澳大湾区协同发展也具有重要作用。港澳涉税专业人士跨境执业高度便利化改革大大提高了港澳涉税专业人士跨境执业意愿，有利于促进深港澳三地涉税专业服务行业融合发展，是以规则衔接深化粤港澳大湾区合作发展的创新之举。

二、主要做法

（一）以“满足需求”为导向，聚焦市场主体关切，放宽限制高度便利执业

随着“一带一路”建设和粤港澳服务贸易一体化的推进，深圳需要大量涉税专业人才，为企业提供优质的跨境涉税服务。为此，在跨境执业制度设计的全过程，深圳聚焦市场主体关切，紧扣最广泛吸引港澳涉税专业人士跨境执业这一关键要素，进一步放宽跨境执业限制，通过化繁为简、规则衔接，《办法》大大提升了港澳涉税专业人士跨境执业的意愿，推动深圳涉税专业服务行业的制度型开放，为实现深港澳三地的人才流动和税制融合作出了有益探索。

1. 拓展执业人群范围。在支持香港注册税务师跨境执业的基础上，进一步拓宽跨境执业人群的范围，支持澳门会计师和执业会计师参照香港注册税务师在深圳执业。同时，将原来要求在境外从事涉税专业服务的经历年限从 8 年降至 3 年，为更多年轻的港澳涉税专业人士提供了来深执业的机会与可能。

2. 取消考试改为备案。《办法》取消通过《中国税法》等相关考核测试的要求，港澳涉税专业人士只需递交备案资料，通过审核确认符合条件后即可跨境执业，解决了深港澳三地税制不同背景下难以通过内地税法考试的困境。同

时，也为跨境执业人士提供体系完整、内容贴切、形式多样的继续教育培训课程，增强对内地税法体系的认识与了解。

3. 便利涉税机构创设。港澳涉税专业人士跨境执业既可以加入深圳税务师事务所，也可以自行发起设立税务师事务所。对于设立新税务师事务所的，取消了境外合伙人年龄不超过 60 周岁、执业年限超过 10 年、人数不超过 35%、累计表决权不得高于 40%等限制，视同内地税务师享受设所权利。

4. 注重制度规则衔接。对发起设立的税务师事务所和已完成执业登记的港澳涉税专业人士，按照内地涉税专业服务监管相关制度规定进行监管。同时，与香港、澳门方面建立执业情况信息共享机制，定期共享已执业登记的港澳涉税专业人士在深执业情况以及在港澳受到行政处罚或行业惩戒等情况。

（二）以“深耕需求”为目标，放眼行业长远发展，四方联动加强执业保障

深圳积极服务港澳涉税专业人士跨境执业，坚持需求导向，推出了港澳涉税专业人士涉税诉求快速响应机制、享受粤港澳大湾区个人所得税优惠政策助办机制等服务举措，确保港澳涉税专业人士在前海行稳致远。

1. 加强政务服务保障。2021 年 3 月 25 日，港澳涉税专业人士政务服务中心（粤港澳大湾区涉税专业服务创新示范基地）在前海税务局正式挂牌成立，为港澳涉税专业人士提供一站式政务服务，同时通过开展税务培训辅导、业务交流等，为双边、多边的涉税专业人士业务交流、行业发展提供孵化支持。

2. 畅通政企沟通渠道。2021 年 7 月 13 日，前海管理局邀请深圳市税务局、港澳行业协会、港澳涉税专业人士代表，召开深港联合税务师事务所座谈会，积极听取各方关于推进深港税务合作的意见建议。同时，为跨境执业专业人士及机构配置首席联络员，提供一对一专业服务，全程跟进备案登记、培训辅导、业务促成等方面需求。

3. 建立深化合作机制。2021 年 8 月 12 日，前海管理局、深圳市税务局、

香港税务学会、澳门税务学会四方共同签订《共同推进港澳涉税专业机构及人士在前海合作区发展的合作框架协议》，通过深化合作推出更多支持举措，为前海涉税专业服务行业发展创造新机遇、注入新动力，让港澳涉税专业人士在前海执业能“引进来、留得住、发展好”。

三、工作成效

（一）便利人才跨境执业，跑出产业集聚“加速度”

《办法》自 2021 年 1 月修订并印发以来，已有 69 位港澳涉税专业人士完成跨境执业登记，6 家联营税务师事务所完成登记并实际开展业务，标志着此项改革实现了从制度到实践的重大突破。制度预计将惠及近 2000 名港澳涉税专业人士，切实推动粤港澳三地涉税专业服务领域的深度融合发展，促进前海现代服务业与港澳及国际标准接轨。

第一家联营税务师事务所落户前海

（二）发挥示范引领作用，打造人才引进“样板间”

在首批授权事项清单中，港澳涉税专业人才跨境执业制度，是全面推进境外专业人才执业便利的首个落地事项，也是涉税专业服务行业境外人才准入的深圳唯一、全国唯一。《办法》出台后引起社会广泛关注，各大媒体报道百余次。中央电视台《新闻联播》于 2021 年 5 月 16 日、6 月 2 日接连两次对首家联营税务师事务所的设立情况及港澳涉税专业人士来深执业登记的申请情况进行播报。2022 年 2 月，港澳涉税专业人士跨境执业便利化改革入选国务院服务贸易发展部际联席会议办公室全面深化服务贸易创新发展试点第二批“最佳实践案例”。《办法》的出台到落实，为境外专业人才在深圳执业提供更加开放、更加便利的条件，为积极推动实施其他领域境外专业人才执业管理规定提供了借鉴，为进一步扩大职业资格、服务标准、行业管理等领域对国际开放迈出了坚实的一步。

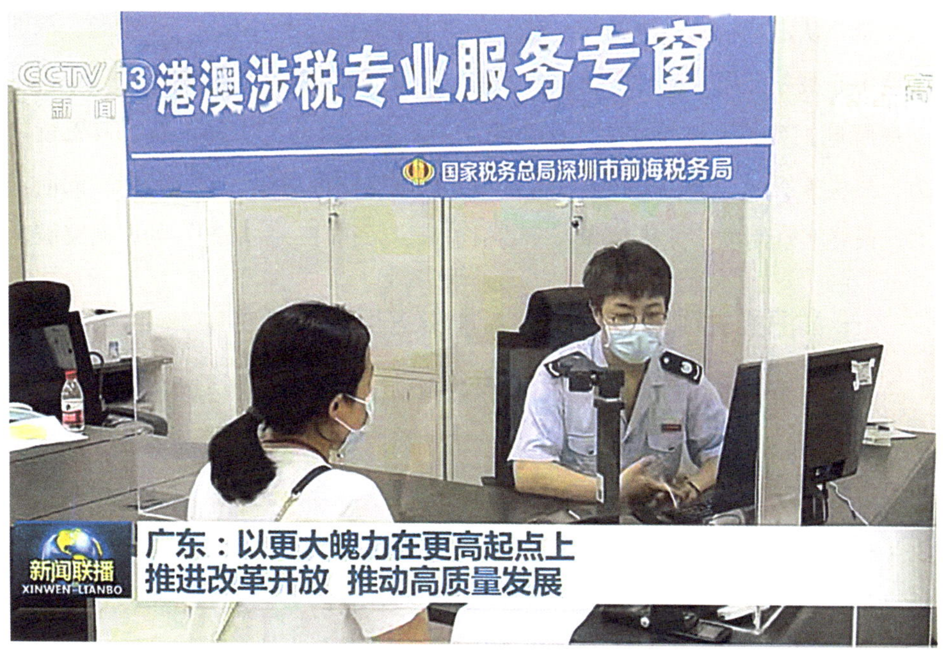

央视《新闻联播》报道港澳涉税专业人士来深执业登记情况

（三）构筑税务服务高地，建设融合发展“桥头堡”

深圳市税务局与前海管理局、香港税务学会、澳门税务学会密切协作，做好相关服务保障工作，创建业务拓展空间，推进税务领域的规则衔接、机制对接。将前海作为税务改革、试验的基地，推动粤港澳三地涉税专业服务在深圳的人才集聚和产业集聚。一方面，充分借鉴、利用港澳涉税专业行业服务海内外跨国企业与全球战略性投资者的实践经验和专业水平，为“引进来”和“走出去”企业破解国际税务争议、双重征税等难题。另一方面，推动开放国内涉税专业市场，为港澳涉税专业行业开辟涉税服务新市场和合作新空间，促进深圳与港澳地区建立起更紧密的涉税专业服务贸易，着力打造港澳涉税专业机构及人士到内地发展的“第一站”、支持港澳更好融入国家发展大局的“桥头堡”。

四、经验启示

资格认定难、沟通协调难、宣传发动难是跨境人才引进的三大难题。深圳围绕中心服务大局，通过广泛征求意见、凝聚发展共识、简便制度设计、排难疏堵解痛、突破衔接障碍，聚焦理念创新、制度革新、实践出新，以先行之力，尽税务所能，推动税收实践与区域发展战略深度对接、同频共振、同向发力，最终实现制度快速落地和人才“引进来、留得住、发展好”的序次突破。

（一）把握关键点——明确人才引进目的与任务

就税收领域而言，各个国家和地区的税制差异不一而足，涉税专业服务人才具备较强的互补性。内地涉税人才熟练掌握内地税法知识，港澳涉税人才拥有丰富的国际涉税专业服务实践经验，两者的联营合作能够实现知识互补、专业互补、能力互补、经验互补，为广大“引进来”和“走出去”企业提供更坚实的涉税服务支持。深圳市税务局深入贯彻习近平总书记关于加强深港合作的指示批示精神，特别是深圳前海要“依托香港、服务内地、面向世界”重要指示，牢牢把握“涉税人才引进的目的是什么”这一关键点，打破人才引进中双边资格互认的思维窠臼，取消执业资格考试，更注重引进人才的专业经历，优先引进人才为我所用，通过后续培训等行政监管和行业自律措施弥补境外人才的国内税法知识短板，化解资格认定难题。

（二）找准结合点——关注合作对象与方式

在人才引进的策略中，深圳市税务局大力关注与谁合作、如何合作这一结合点，通过理论研究与实践探索，把握深圳毗邻港澳的区位优势，深入了解港澳地区的税务行业发展情况，充分利用深港澳三地税务行业协会的高聚合度，借助港澳税务学会与当地政府监管部门良好的信息交换机制，激发其发展内生动力，实现共赢。通过举办专场政策宣讲会、制定本地化指引、一对一辅导培训、集中资格初审、信息交换等举措，深圳搭台，港澳引流，成功推动三地涉税专业服务人才聚集与融合从制度到落地的突破。

下一步，深圳将持续推进港澳涉税专业人士跨境执业，促成更多港澳涉税专业人士来内地开设联营税务师事务所，以香港、澳门涉税专业服务人士在前海跨境执业为契机，更好地促进三地涉税专业服务行业融合发展。同时通过港澳先行的制度探索，逐步扩大境外涉税专业人才的准入范围，发挥专业人才优势，打造国际一流税收营商环境，更好服务广大“引进来”和“走出去”企业，服务构建国内国际双循环相互促进的新发展格局。

全国首家破产事务管理机构助力个人破产制度在深破冰

2021 年 3 月 1 日，国内首部个人破产法规《深圳经济特区个人破产条例》（以下简称《个人破产条例》）正式实施。《个人破产条例》首开立法先河、引领改革潮流，不仅实现个人破产制度在国内的破冰，还率先在国内构建起“法院审判、机构管理、管理人执行、公众监督”的个人破产办理体系，成立国内首个破产事务管理机构——深圳市破产事务管理署（以下简称“深圳市破产署”），为个人破产制度改革提出深圳方案、贡献深圳智慧。

一、背景意义

个人破产制度是指，因生产经营、生活消费导致丧失清偿债务能力或者资产不足以清偿全部债务的自然人，依据《个人破产条例》进行破产清算、重整或者和解后，可以免除未清偿债务。个人破产制度能推动个案债权债务关系的快速清理、促使债权人加强风控合规管理，对完善市场主体退出机制、健全市场经济体制、进一步激发市场活力、推动深圳经济高质量发展有重要意义。

《综合改革试点实施方案》和首批授权事项清单授权深圳开展个人破产试点改革。以《个人破产条例》实施为契机，市委市政府成立深圳市破产署，对建立破产案件办理的司法和行政分工合作的管理体制具有开创意义，对构建高效、透明、可监督的破产办理体系发挥积极作用，同时也为构建符合国际通行规则的破产事务办理体系打下坚实基础。2021 年 7 月，国家发展改革委将成立破产事务管理机构作为创新举措和先进经验，通过《关于推广借鉴深圳经济特区创新举措和经验做法的通知》予以推广。

二、主要做法

（一）设立国内首家破产事务管理机构

2020 年 8 月 26 日，深圳市第六届人民代表大会常务委员会制定并审议通过《个人破产条例》。在深圳市委市政府的坚强领导和各单位的大力支持下，2021 年 3 月 1 日，深圳市破产署举行挂牌仪式宣告成立，相关新闻得到央视、新华社等 20 多家媒体广泛报道，受到社会各界高度关注。

2021 年 3 月 1 日深圳市破产署举行挂牌仪式

（二）成立个人破产事务管理领导小组

深圳是首个个人破产制度改革试点城市。为确保改革稳步推进，2021 年 5 月，市政府成立市个人破产事务管理领导小组。领导小组由法院、公安、民政、市监、税务等 26 家单位组成，负责研究个人破产制度建设中的重大事项，协调解决个人破产事务管理中的疑难问题，推动信息共享、落实限制行为措施、防范破产欺诈等工作。2021 年 12 月 21 日，领导小组召开第一次会议，听取了深圳破产署破产事务管理工作报告、市中级法院个人破产改革试点情况的通报、个人破产信息登记与公开制度建设情况的专题报告，并研究推进部门间个人破产信息共享等重点工作。

（三）建立个人破产信息共享机制

个人破产办理中涉及的信息近 50 大类、细项超过 550 项，需要联动的政府部门达 20 余家，信息查询工作量大是影响破产办理效率的原因之一。为此，深圳市破产署起草了《关于推进个人破产信息共享的实施方案》，建立深圳市破产署与政府部门间个人破产信息共享机制，明确信息共享范围、共享方式、信息使用和信息安全保护等问题。2021 年 10 月以来，在领导小组办公室的组织下，深圳市破产署先后走访调研了 10 余家单位，研究信息共享内容和对接技术实现方案，并在市政务信息资源共享平台上向第一批数源单位提交订阅信息申请，陆续通过协议等多种方式将信息共享合作机制落到实处。

（四）建立个人破产与信用信息联动公示机制

2021 年 8 月 18 日，深圳市破产署会同市中级法院、市市场监管局印发了《关于建立破产信息共享与状态公示机制的实施意见》，在国内率先建立个人破产信息和信用信息联动公示机制。按照审慎、必要原则，明确将个人破产状态以及相关主体就诚信参与破产程序、履行法定义务作出的信用承诺进行公示，推动个人破产相关限制、处罚、失信行为等信息纳入信用信息范围。明确市中级法院在全国企业破产重整案件信息网以及深圳个人破产案件信息网公开企业和个人破产案件审判信息；市市场监管局在深圳信用网公开企业和个人的破产信用信息；深圳市破产署在市个人破产信息登记与公开平台公开个人破产信息。该实施意见还明确个人破产相关主体享有知情权、查询权、异议权、更正权、修复权等信用权益。

（五）建立个人破产信息登记与公开制度

2021 年 3 月起，先后依托深圳市司法局网站上线了市个人破产信息公开平台、在“i 深圳”平台开通了个人破产栏目。一方面，向社会及时公开申请受理信息、行为限制信息、清算及考察期信息、重整与和解信息，披露案件进展和执行情况。另一方面，为债务人、管理人提供便捷的信息申报渠道，登记

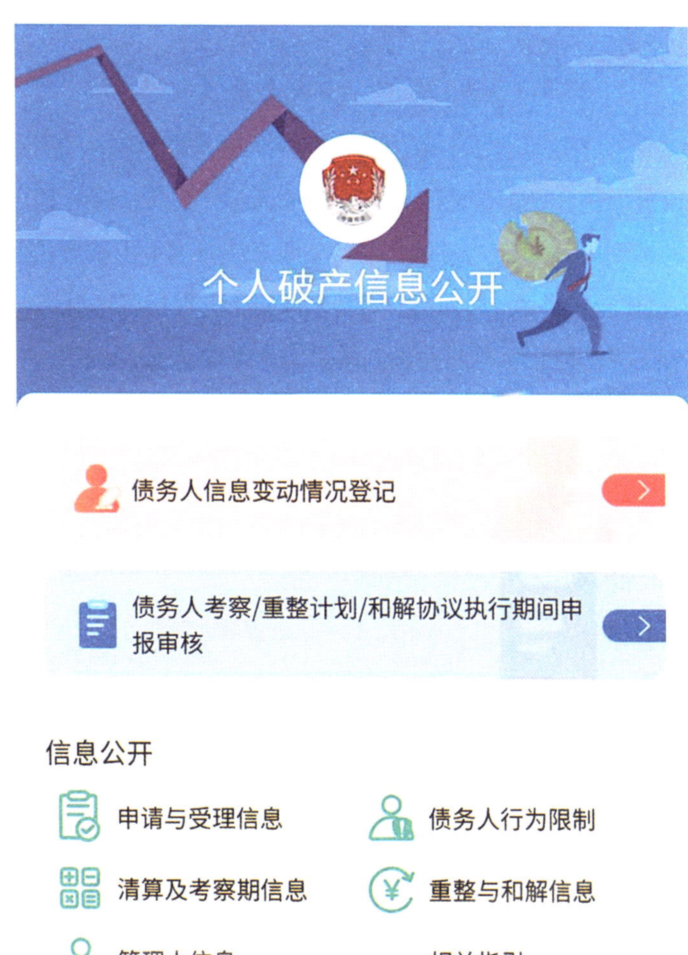

“i 深圳”APP 个人破产栏目

债务人收入、支出、财产变动及债务清偿情况。

深圳市破产署于 2021 年 12 月 31 日印发《深圳市个人破产信息登记与公开暂行办法》，办法参照国际通行做法，合理确定公开方式和公开内容，提出申请公开信息查询规则以及信息公开时限，建立信息档案管理、信息安全管理制度以及错误信息纠正机制，同时划清数据归集范围，按照“编制个人破产数据目录→数据归集→个人破产信息登记”流程，实现数据归集到信息公开环环相扣。

（六）为群众提供一对一破产咨询服务

《个人破产条例》实施后，社会各界对个人破产制度高度关注。为做好《个人破产条例》实施相关的普法宣传，为债务人提供咨询服务，深圳市破产署搭建多渠道的咨询服务平台，编制发布《〈深圳经济特区个人破产条例〉常见问题》和“i 深圳”申报操作视频，开通热线电话及提供现场咨询服务，增派法律援助律师在市中级法院提供现场答疑，为群众讲解个人破产制度的相关规定，包括申请条件、申请方式、申请渠道、申请资料以及受理后须遵守的程序义务和相应的法律后果，分流不符合条件的债务人。

三、工作成效

（一）审结个人破产重整首案、清算首案、和解首案

自 2021 年 3 月 1 日起至 12 月 31 日，已有近千人正式向法院提交了个人破产申请。对此，市中级法院与深圳市破产署组成联合面谈组，逐一与材料完备的申请人进行面谈，了解破产原因与经过、债务清偿能力和财产状况。深圳市破产署、市中级法院密切配合，依据《个人破产条例》成功办理了个人破产清算、重整、庭内和解和委托和解四种类型的“个人破产首案”。首批案件的办理展现并实践了个人破产案件咨询、申请、审查、裁定、监督执行等的法定程序，为其他地区乃至全国立法提供可复制、可借鉴的经验。此外，深圳市破产署还建立了案件面谈制度，全年组织面谈会议 43 次，逐一发放债务人《告

知书》以及管理人《履职告知书》《承诺书》，督促债务人遵守程序规定，推动管理人依法履职。

（二）推动首宗个人破产和解案达成和解协议

委托和解程序是《个人破产条例》创新亮点之一。2021 年 7 月，市中级法院首次委托破产署组织案件和解工作。深圳市破产署坚持信息充分公开、程

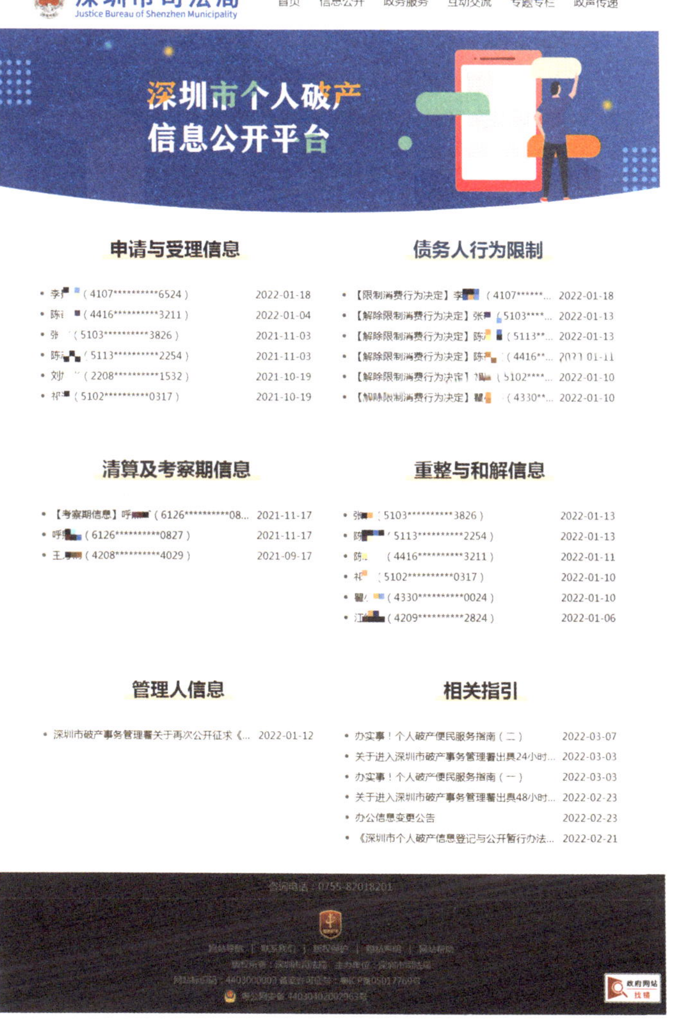

市破产事务管理署个人破产信息公开平台

序规范完整、过程公正透明，促成债务人和全体债权人达成和解协议。该案是国内首宗委托和解案件，是个人破产和解程序的生动实践，为下一步完善和解程序提供参考，也为债务人债务纾困探索更加高效、便捷、开放的路径。

（三）实现破产信息全流程向社会公开

在原有的破产审判信息司法公开制度基础上，深圳市破产署依据《个人破产条例》率先建立个人破产信息登记公开制度，全年通过个人破产信息公开平台发布案件信息 68 条，2021 年全年平台浏览量达到 126 万次，有效提升个人破产案件办理透明度和公信力，保障债权人和社会公众知情权，形成破产监督合力，防范破产欺诈，增强社会各界对个人破产制度的信心。

此外，与市中级法院、市市场监督管理局合作共建国内首个破产信息公开公示机制，通过破产与信用信息的联动，增加信用信息供给，对债务人同时发挥保护、救济、惩戒、教育多重功能，进一步推动社会信用评价体系的建设和完善。

（四）咨询服务为债务人答疑解惑

深圳市破产署通过电话、现场等多种渠道和方式为群众提供有关个人破产事务咨询，一对一服务群众近 900 人次，日最高接待量超过 20 人次，分流了一批不符合条件的债务人，大大减轻法院受案压力。

四、经验启示

（一）成立破产事务管理机构推动审判权与事务权分离

在现行破产办理体系中，法院同时行使破产事务管理权，长期占据着法院大量的人力、物力、财力，也制约着法官专业水平的发挥，影响司法审判效率。深圳市破产署成立后，一方面承担个人破产事务管理工作，实现破产审判权和事务权的分离，强化司法审判的中立性与权威性；另一方面，面向社会公众提供个人破产相关的专业咨询和援助服务，为债务人、债权人和其他社会公众参与破产程序提供帮助，对高效推进破产程序有积极意义，努力让人民群众在每一个司法案件中感受到公平正义。

（二）信息共享助力优化营商环境

个人破产制度是一项拯救“诚实而不幸”债务人的制度安排，诚信是个人破产制度设计的基石。《个人破产条例》规定，债务人进入程序后，要诚实申报财产信息以及近年来的大宗财产交易信息；管理人要对债务人申报的信息进行核实，对是否存在破产欺诈、违反限制消费行为决定的行为进行监督。如果缺乏便利的信息获取方式，各方很难形成监督合力，还会导致破产费用的上升。深圳市破产署通过建立个人破产信息共享制度，对信息进行归集登记并依法提供查询服务，管理人无需再跑遍数十家单位提交查询申请，将大大降低破产办理成本、提升破产办理效率。

（三）信息登记公开实现破产办理全过程可监督

深圳市破产署通过组织实施个人破产信息登记与公开制度，依法登记、公开个人破产信息，客观反映与债务人相关的破产程序、破产财产、收入支出、履行义务、接受监督管理等情况，便利债权人、利害关系人、社会公众监督，与法院、管理人形成监督合力，防止隐匿、转移、变卖财产、个别清偿等行为，防范滥用、妨害破产程序，避免“假破产、真逃债”问题的产生。此外，深圳市破产署通过个人破产信息公开平台和“i 深圳”APP 为债务人、管理人提供便捷的信息查询、登记、申报、审查渠道，也为深圳市破产署高效监管提供抓手。下一步，深圳市破产署还将积极推进破产平台建设，提出破产信息的归集使用思路和破产服务“一网通办”的建设方案，通过科技赋能为高效办理破产打下坚实基础。

（四）咨询服务引导群众正确理解个人破产制度

个人破产制度设计严谨，债务人需要履行的义务和遵守的限制行为规范多，但多数债务人缺少个人破产相关的知识。例如，不少提交个人破产申请的债务人在清算、重整、和解不同程序中来回转换，也有部分债务人不清楚自己是否符合条件抱着“试一试”的心态来申请，甚至有些债务人错误以为个人破产制度等于“躺平”免债。深圳市破产署通过提供破产事务相关咨询服务，帮助债务人自我评估是否符合申请条件、了解申请程序，协助其选择合适的破产程序，同时阐明申请前注意事项以及进入程序后需要遵守的义务，引导债务人充分、全面理解立法目的和制度设计的初衷，提升破产办理效率。

（五）组织和解帮助债务人高效纾困

对个人破产案件呈现出的总额小、法律关系相对简单、债权人多为金融机构等特点，充分发挥多元矛盾纠纷解决机制作用，多管齐下化解矛盾纠纷。《个人破产条例》建立了委托和解制度，为债务人和债权人提供自愿、公开、透明的对话平台。在不损害国家利益、社会公共利益或者他人合法权益基础上，深圳市破产署通过组织双方就债务清偿自由协商、达成自愿安排，为债务人债务纾困提供低成本、高效、合法的路径。

深圳先行示范区建设既要“先行”改革也要作出“示范”成绩，使命重大、任务艰巨。下一步，深圳将从加快完善配套制度建设、强化破产事务协作机制、加强破产信息化建设、加大条例宣传力度、提供专业咨询服务等方面，推动个人破产制度改革的纵深发展，力争圆满完成中央赋予深圳的改革任务，为深圳经济社会建设创造更大的发展优势和更强的竞争力。

打造“深 i 企”一站式市场主体培育和服务平台

习近平总书记在深圳经济特区建立 40 周年庆祝大会上指出，深圳要在完善市场化、法治化、国际化营商环境等重点领域先行先试。深圳通过建立全市统一的市场主体培育和服务平台，充分利用大数据、人工智能等数字技术，推动企业服务由信息化向数字化升级，进一步优化营商环境，激发市场主体活力，推动经济高质量发展。

一、背景意义

近年来，各级党委、政府高度重视优化营商环境工作，企业服务是优化营商环境的重要组成部分。《意见》提出“实现主动、精准、整体式、智能化的政府管理和服务”。《深圳经济特区优化营商环境条例》提出“市人民政府应当建立全市统一的市场主体服务平台，统筹协调市、区、街道相关部门以及行业协会、公用事业服务单位等为市场主体提供相关服务”。为打造国际一流的营商环境，提升精准服务企业的能力，深圳通过数字化赋能企业服务，重点打造“深 i 企”一站式市场主体培育和服务平台，围绕涉企“政策一站通、诉求一键提、业务一窗办、服务一网汇”的功能定位，充分利用大数据、人工智能等数字技术，实现政府服务供给与企业服务需求快速、精准对接，推动企业服务由信息化向数字化升级。

二、主要做法

深圳打造“深 i 企”一站式市场主体培育和服务平台，围绕企业全生命周期服务需求，规划建设“8+1”功能体系，即政策、政务、诉求、数据、金融、科技、特色、第三方服务八大服务功能，以及企业码一个功能载体，着力构建企业服务综合生态。

“深 i 企”Web 端首页

（一）聚焦数据服务，实现“数据孤岛”到“汇集联通”转变

平台通过联通政务数据、水电气等企业缴费数据、第三方机构涉企数据及网上企业信息，实现涉企数据一站式汇聚，推出企业码，实现一企一档，建设企业权威“数字身份”，推动企业服务由信息化向数字化升级。同时，开展涉企数据治理分析，通过“一网统管”、大中小屏打造数据可视化服务，赋能政府决策。

（二）聚焦政策服务，实现“企业找政策”到“政策找企业”的转变

构建从政策查询、精准匹配到政策申报的服务闭环，实现政策“一站式”办理。在汇聚各类涉企数据后，为企业打上各类标签，如“规上”“国高”“专精特新”等，为企业进行“精准画像”。同时，大力推动政策的结构化、标准化工作，从政策发布、解读、申报多方面多维度拆解资金扶持政策，建立企业

和政策两个“标签库”，通过智能比对，实现政策精准匹配和主动推送。并积极探索推动专项资金“免申即享”试点工作。

（三）聚焦政务服务，实现政务“分头办”向“一站办”的转变

截至 2021 年 12 月 31 日，全面接入全市 63 个政府工作部门和公共服务部门 7823 项政务服务事项，实现业务一窗办、预约一站取、进度一键查。针对企业开办、商事主体年报、税务、社保等高频业务提供智能数据填充、少填少

“深 i 企”享政策板块　　“深 i 企”办政务板块

报服务，提高办事效率，并搭建统一涉企政务服务事项查询办理渠道，提供办事预约、办事指南、政务地图等辅助服务，做到指尖查询、一键办理，提升企业用户的获得感。

（四）聚焦诉求服务，实现企业诉求“OA 分办”向“快接快办”转变

依托平台构建“咨询类诉求诉求专员快速办、求助类诉求政府部门速响应、

“深 i 企”提诉求板块

疑难类诉求企服办专题会办”机制，培训专门的诉求专员，组建平台诉求专员团队，快速解答企业问题。同时，积极探索建立企业服务“晾晒”机制，强化各部门激励约束，提升诉求办理质量。

（五）探索金融服务，推动“企业找资金”向“资金找企业”转变

依托强大的数据中台能力以及金融供给侧资源连接能力，开发线上金融超市，筛选各银行业金融机构的线上融资产品、主力融资产品等，与平台对接建立金融超市，并利用平台的资源优势，助力银行将更多产品线上化。开发智能融顾系统，通过对融资产品关键评分指标和风控指标的分析，结合企业画像，对有融资需求的企业进行融资产品自动匹配推荐，为银行提供精准获客服务，降低银行获客成本；通过“流量 + 数据 + 科技”的组合拳，助力缓解企业融资难、融资贵问题。

（六）探索科技服务，推动“信息服务”向“数字赋能”转变

通过利用企业上云、低代码开发工具、区块链技术以及搭建科技轻应用平台等，帮助中小企业快速、低成本开展技术研发、方案验证等活动。打造科技设备区域共享平台，对接大型企业、实验室、高校等机构，推动重大科研基础设施和大型科学仪器向广大中小企业开放共享，提高科技资源使用效率，助力中小企业降低科技创新成本，增强科技创新能力。

三、工作成效

2021 年 8 月 18 日，“深 i 企”二期（公测版）正式上线，同步推出小程序、APP 和 Web 端服务通道，具备享政策、提诉求、办政务三大基础服务板块，进一步便利企业办事，提高企业获得感。平台在 2020 年被人民日报评为“十大社会经济类数字化转型成功案例”；2021 年被国家发展改革委列入深圳经济特区 5 方面 47 条创新举措和经验做法清单在全国推广。截至 2021 年 12 月

31 日，“深 i 企”平台累计注册个人用户 127.8 万人，累计注册商事主体用户 107.1 万家，访问量达 1568.3 万次。

（一）激活数据价值、赋能多场景应用

ISO/IEC 27001

信息安全管理体系认证证书

证书编号：19021ISM000166R0S

深圳市智慧企业服务有限公司

（统一社会信用代码：91440300MA5GDFTE10）

注册地址：深圳市福田区福田街道福安社区福华一路 1 号深圳大中华国际交易广场 40 层 4003

经营地址：深圳市福田区福田街道福安社区福华一路 1 号深圳大中华国际交易广场 40 层 4003、30 层

根据贵组织的申请，经本公司依据《信息安全管理体系》（GB/T22080-2016/ISO/IEC 27001:2013）规定实施认证审核，经评定符合要求，特此发证。

覆盖产品及活动：与计算机软件开发相关的信息安全管理活动

适用性声明(SoA)版本：A/0

发证日期：2021 年 10 月 27 日　　有效期至：2024 年 10 月 26 日

首次发证：******　　换证日期：******

本证书认证范围与其涉及有效的法律法规的要求一并使用,该要求包含但不局限于行政许可,资质范围及 CCC 要求等。

证书的持续有效以是否及时加贴监督审核标志为准。

2022 年 10 月 27 日　　2023 年 10 月 31 日

IAF　CNAS　MANAGEMENT SYSTEM　CNAS C172-M

总经理

深圳中标国际检测认证股份有限公司

邮编 518052　联系电话：0755-82833099　传真：0755-82839499

本证书信息可在我公司网站（www.szccac.com）及国家认证认可监督管理委员会官方网站（www.cnca.gov.cn）上查询

“深 i 企”信息安全管理体系认证

平台以各类应用场景为突破口，有效转化数据价值。在 2021 年 6 月紧急开发“企业防疫通”功能，打通企业员工社保数据库与市民疫苗接种数据库，实现企业数据一键填报、实时查询，助力全市 1.14 万家规模以上工业企业符合第二针疫苗接种条件的 22.5 万人 100% 接种，向全市推广运用并为市商务局、市市场监督管理局及企业提供后台查询统计服务。同时，积极加强平台监督管理，“深 i 企”已通过安全等保 3 级测评 ISO27001（信息安全管理体系认证）。

（二）惠企政策一站汇集、实现精准推送

上线了政策库、政策头条、扶持资金、政策大讲堂等服务模块，并实现“政策计算器”“免申即享”等亮点服务功能，积极通过图文、视频直播等方式对政策进行解读宣传，实现政策和资金“一网打尽”、企业“所见即所想”、政策解读“通俗易懂”、扶持金额“一键估算”。截至 2021 年 12 月 31 日，已累

计发布国家、省、市、区涉企政策 10047 条，实现全文检索、秒级搜索。拆解市级 14 个涉企部门及 11 个区资金扶持事项共 1046 个。通过标签体系建设、政策数据化拆解及匹配模型的建立，推出“重点产业政策”“免申即享”等 4 个政策服务专区。

（三）政务服务一站办理，提升服务效能

搭建统一涉企政务服务事项查询办理渠道，做到指尖查询、一键办理，提升企业用户获得感。平台上线的产业空间、消防培训、商事主体年报、中小企业声明函、企业异常名录查询等功能成为热门应用，商事主体年报于 2021 年 9 月初上线“深 i 企”，截至 2021 年 12 月 31 日，共有 69.11 万家企业填报，比 2020 年同期增加了 13.43 万家，增长率近 24%，填报率大幅提升，充分体现了平台的便民性。“产业空间”专区提供“产业空间资讯”“园区展示及搜索”等公益服务功能，“产业资讯”将及时发布各类空间相关政策及资讯信息，“园区展示及搜索”将提供全市近 5000 个园区信息查询及搜索服务，实现企业用房用地快速查找。

“深 i 企”最热政务办理事项

（四）企业诉求一键响应，畅通政企沟通渠道

平台重点对提诉求板块进行全面升级，划分咨询、建议、求助、投诉四大诉求类型，构建统一的涉企诉求处理机制，搭建政企沟通服务的高速路，助力企业做大做强。截至 2021 年 12 月 31 日，诉求板块已有一级职能单位共开通账户 46 个，二级职能单位共开通账户 563 个，已处理诉求 7132 件。开发上线“骨干企业服务小程序”，为全市骨干企业提供诉求提交、诉求管理、挂点领导查询、政企互动、政策建议等系统服务，对企业开展“保姆式、贴身式”挂点服务，2021 年累计收集诉求 484 条，办结 462 条，办理满意率 100%。

四、经验启示

依托“深 i 企”打造一站式市场主体培育和服务平台是推进深圳优化营商环境的重要举措，聚焦解决企业服务“九龙治水”问题，提升服务精准度和有效性。

（一）要不断完善企业服务体系

构建完善的企业服务体系是优化营商环境的重要举措，是助力企业高质量发展的迫切要求。作为社会主义先行示范区，深圳通过打造“深 i 企”一站式市场主体培育和服务平台，构建完善企业服务体系，克服企业服务长期以来垂直化、部门化、单体化带来的“九龙治水”问题，提升服务精准度和有效性。以“深 i 企”为依托构建统筹协调机制和覆盖市级全部门的企业服务工作体系，利用“线上”+“线下”一体联动方式精准、高效服务企业；联通市区街三级政务服务和商协会等社会化服务，协同联动服务广大企业，实现涉企事项“一窗受理”“一站通办”。

（二）要不断强化政策精准供给

发挥政策的引领作用，关键在于落实。为强化政策供给，服务中小企业发

展，深圳通过数字化推动政府服务升级，充分利用信息技术手段推动政策服务流程优化再造，对各区、市级各部门的惠企专项资金政策进行标准化梳理，方便企业快速读取政策关键申报信息，统一开展政策发布、解读、申报、兑现全链条服务，探索政策资金少填快报、免申即享，提升政策服务效能，让惠企政策像快递一样精准推送到企业的手上，不断提升企业获得感。

（三）要进一步畅通政企沟通渠道

深圳坚持“有事服务、无事不扰，服务前移、贴心周到”理念，全力打造国际一流的营商环境，为各类市场主体提供最优的服务、最好的保障。在畅通政企沟通渠道上，通过市场化的方式搭建专门平台诉求专员队伍，全面对接各类商事主体诉求，有效解决了人手不足的问题；各区各部门设立首席企业服务专员、企业诉求联络员，为诉求专员快速解决诉求提供背后支撑，将企业服务“最后一米”又向前推进了一大步。

（四）要推动企业服务向数字化升级

加快数字化智能化升级是贯彻落实习近平总书记重要指示精神和党中央决策部署的必然要求。深圳以“深i企”为唯一平台入口，持续推进涉企数据和要素资源向平台汇聚，打通各类征信、深交所金融信息等平台，深度整合资金、人才、金融、空间、社保、税务、海关、商事登记、政府采购、水电气等涉企数据和要素资源，盘活政府数据资源，将过往的信息化服务，向数字化服务升级，既提升了政务效率、节省了人力资源，又方便了企业、降低了企业获取政策信息的成本。

未来，深圳将结合营商环境创新试点城市建设目标，以切实增强市场主体获得感为出发点，努力依托“深i企”平台，打造企业和企业家朋友们的线上之家，完善涉企政策信息公开发布制度，全面提升平台智能化水平，成为代表先行示范区水平的企业服务“金字招牌”，形成可复制可推广的企业服务“深圳经验”，为深圳“双区建设”及企业高质量发展贡献力量。

出台全国首部数据领域综合性法规

2021年6月29日，深圳市七届人大常委会第二次会议审议通过《深圳经济特区数据条例》（以下简称《数据条例》）。该条例是国内数据领域首部综合性立法，内容涵盖个人数据、公共数据、数据要素市场、数据安全等方面，为推进个人数据保护、公共数据管理、数据要素市场化配置等提供了法治保障和制度环境，为《中华人民共和国个人信息保护法》的出台积累经验，对探索国家数据治理体系和治理能力现代化具有先行示范意义。

一、背景意义

数据作为国家基础性战略资源，在提升政府服务和监管能力、完善社会治理体系、推动数字经济发展等方面意义重大。《数据条例》的出台根植于贯彻落实国家战略决策部署及服务深圳经济特区数据产业发展的需要，助力深圳新型智慧城市和“数字政府”建设，在国家和地方立法没有先例的情况下开全国先河、填补国家立法空白，为国家立法探索有益经验，为其他地方立法提供参考借鉴。

（一）落实国家大数据战略和综改方案的必然要求

党的十八届五中全会提出要实施“国家大数据战略”，中共中央、国务院发布《关于构建更加完善的要素市场化配置体制机制的意见》等文件，将数据作为新的生产要素上升到基础性战略资源地位。《意见》要求深圳“探索完善数据产权和隐私保护机制”。《综合改革试点实施方案》进一步要求深圳在数据产权制度、数据产权保护和利用新机制、数据隐私保护制度、政府数据共享开放以及数据交易等方面先行探索。为了贯彻中共中央、国务院关于大数据战略的决策部署，落实《意见》《综合改革试点实施方案》有关要求，深圳在数据法律制度构建方面先行示范，通过立法充分发挥数据的基础资源作用和创新引擎作用，培育资源配置高效的数据要素市场。

（二）推动数字经济规范发展的基础保障

作为全球重要的电子信息和数据产业基地，深圳商贸、金融、物流、通信等数据的生产量处于全国前列，汇聚了超过 300 家大数据企业，基本形成了较为完善的大数据产业链，在数据催生下的数字经济新产业、新业态和新模式也正蓬勃发展。2021 年深圳市数字经济核心产业增加值总量和占全市 GDP 比重都位居全国第一。但由于相关法律制度的不健全，深圳数字经济发展也面临着巨大挑战，如数据交易机制不完善阻碍了数据交易的规模扩张、企业间数据不正当竞争纠纷多发等，亟需通过立法明晰数据产权、规范数据要素市场化行为，推动数据要素有序流动和数据产业健康发展，促进数据要素市场培育和发展。

（三）提升政府数据治理能力的重要举措

近年来，深圳以优化营商环境和提升民生服务为突破口，不断推出公共数据共享开放、开发利用等系列创新举措，取得了卓有成效的成绩。然而，“数据烟囱”与“数据孤岛”现象仍存在，跨部门、跨系统、跨区域数据整合难度大，公共数据仍呈现“数据总量规模小、数据质量较差、可利用率不高、用户参与度低”等特点，管理规范体系尚未建立、共享标准未统一、开放程度不充分等问题亟需解决。通过经济特区立法将公共数据相关改革创新经验转化为制度成果，将有利推动解决公共数据共享开放的瓶颈难题，充分开发利用公共数据资源，加快智慧城市和数字政府建设，提升政府数据治理能力，促进数字产业发展。

（四）规范个人数据处理活动的现实需要

自然人作为数据的重要来源主体之一，其个人数据已经成为经济社会发展的重要数据资源类型。处理个人数据的技术手段不断更新迭代，相应的个人数据应用也在迅猛发展。未经个人同意收集个人数据、超出必要获取用户权限、非法交易个人数据、滥用个人数据、“大数据杀熟”等侵权问题屡见不鲜，严重影响公民私人生活的安宁，有的甚至严重损害公民名誉和人身、财产安全。为有效遏止个人数据侵权行为，切实维护个人数据主体的合法权益，亟需通过经济特区立法规范个人数据处理活动，强化对个人数据的保护。

二、创新亮点

《数据条例》坚持“保护与发展并重，以保护为基础，以发展为目标，以保护促发展”的基本指导思想，着力平衡发展数字经济与保护个人数据、数据开发利用与数据安全之间的关系，构建数据治理的具体制度，力图在保护个人数据、确保数据安全的基础上，最大程度激发、释放数据作为生产要素的经济价值。

（一）明确数据权益范围，拓展数据维权方式

虽然目前就数据权属问题还未形成统一认识，难以通过地方性法规旗帜鲜明地创设“数据权”这一新的权利类型，但是对于“个人数据具有人格权属性”“企业对其投入大量智力劳动成果形成的数据产品和服务具有财产性权益”已经取得普遍共识。基于这一认识，《数据条例》率先在立法中探索数据相关权益范围和类型，明确自然人对个人数据依法享有人格权益，包括知情同意、补充更正、删除、查阅复制等权益；自然人、法人和非法人组织对其合法处理数据形成的数据产品和服务享有法律、行政法规及条例规定的财产权益，可以依法自主使用，取得收益，进行处分。同时，为加强数据权益保护，在地方立法中首次确立了数据领域的民事和行政公益诉讼制度，缓解当前数据领域维权艰难的现状。

《数据条例》亮点

（二）强化个人数据保护，全方位防止数据滥用

《数据条例》强化个人数据保护，明确处理个人数据的五项基本原则，确立以“告知——同意”为基础的个人数据处理规则。为避免“人脸识别”“指纹验证”“声音解锁”“虹膜识别”等生物识别数据的滥用，《数据条例》合理限制生物识别数据的处理，对处理生物识别数据作出了较处理其他数据更加严格的规定。为规范用户画像和个性化推荐的应用，《数据条例》首创性地规定，数据处理者基于提升产品或者服务质量的目的，对自然人进行用户画像的，应当明示用户画像的主要规则和用途；自然人有权拒绝数据处理者对其进行上述用户画像和基于用户画像进行的个性化推荐，数据处理者应当为其提供拒绝的途径。为强化对未成年人个人数据的保护，《数据条例》与国家法律法规的规定相衔接，将未满 14 周岁未成年的个人数据视作敏感个人数据，并首次在国

内立法中明确，除为了维护未满 14 周岁未成年人的合法权益并征得其监护人明示同意外，不得向其进行个性化推荐。

（三）规范公共数据管理、提升公共数据治理水平

为加强公共数据统筹管理，构建覆盖公共数据收集、共享、开放的管理体系，《数据条例》从建设以城市大数据中心为核心的公共数据运行管理机制，确立公共数据收集的基本原则，实行公共数据分类管理、目录管理，明确公共数据共享原则，建立公共数据开放管理制度等五个方面，设计了公共数据治理的制度框架。根据习近平总书记在中共中央政治局实施国家大数据战略第二次集体学习中的讲话精神，应当充分发挥市场对公共数据资源的高效配置作用，将公共数据资源转化为生产要素和生产力。《数据条例》在明确公共数据公共属性的基础上，就公共数据开放确立了分类分级、需求导向、安全可控的原则，最大限度界定公共数据范围，建设统一、高效的公共数据开放平台，并作出公共数据依照法律、法规规定开放，不得收取任何费用的规定，从而最大程度地实现公共数据的价值。

（四）培育数据要素市场，促进数据要素融通

为促进市场主体实现数据要素价值，借鉴国务院反垄断委员会《关于平台经济领域的反垄断指南》，《数据条例》从建立健全数据标准体系、推动数据质量评估认证和数据价值评估、拓宽数据交易渠道、明确数据交易范围等方面探

针对数据要素市场竞争乱象的相关创新性规定

市场主体不得以非法手段获取其他市场主体的数据，或者利用非法收集的其他市场主体数据提供替代性产品或者服务，侵害其他市场主体的合法权益

不得利用数据分析，无正当理由对交易条件相同的交易相对人实施差别待遇

不得通过达成垄断协议、滥用在数据要素市场的支配地位、违法实施经营者集中，排除、限制数据要素市场竞争

索培育数据要素市场，有效填补了目前数据交易相关法律规范的空白。在《中国人民共和国反不正当竞争法》的基础上，总结近年来数据要素市场不正当竞争司法案例的审判经验，在国内立法中首次确立数据公平竞争有关制度，针对数据要素市场“搭便车”“不劳而获”“大数据杀熟”等竞争乱象作出相关创新性规定，并对数据不正当竞争行为规定了相应的法律责任。

（五）保障数据全生命周期、确保数据共享安全

2021 年 6 月 10 日通过的《中华人民共和国数据安全法》已就数据安全保护作出了较为完善的制度安排。因此，《数据条例》在国家立法的基础上通过明确市人民政府负责统筹数据安全管理职责、数据处理者的数据安全管理责任、数据安全监督部门强化数据安全监督等，进一步细化数据安全保护的相关内容。为强化对敏感个人数据和重要数据的保护，《数据条例》对敏感个人数据或者重要数据处理者设置了更加严格的安全管理责任，要求市网信部门统筹协调相关主管部门和行业主管部门对重要数据进行重点保护，数据处理者针对敏感个人数据和重要数据制定去标识化或者匿名化处理安全措施，敏感个人数据或者重要数据处理者定期开展风险评估，并向有关主管部门报送风险评估报告等。

三、经验启示

《数据条例》出台是一次以高质量立法助推深圳建设先行示范区和实施综合改革试点落地见效的生动实践，有力促进了深圳改革开放和经济社会发展，为深圳法治建设作出了积极贡献。

（一）坚持践行以人民为中心的发展思想

针对手机应用软件不全面授权就不让用、强制个性化推荐现象时有发生，“强制刷脸进小区”和“大数据杀熟”等新闻频上热搜等人民群众急难愁盼的问题，在法规的内容上，《数据条例》加入了严格限制处理生物识别数据，规

范用户画像和个性化推荐，严惩“大数据杀熟”等不正当竞争乱象的规定，让人民群众切实体会到立法对其合理诉求的回应、对其福祉的关注，从而赢得人民群众对立法工作的支持和增强人民群众对立法的获得感。在法规制定过程中，认真研究国家法律法规以及国外数据立法的最新实践，充分发挥人大代表社区联络站、人大代表之家、立法联系点等平台作用，把实地调研、公开征求意见与召开座谈会等方式相结合，将听取相关部门报告与征求企业及社会公众意见建议相结合，吸收采纳有价值、有分量、有见地的意见和建议，使立法成为广纳群言、集中民智、反映民情、体现民意的过程，在广泛凝聚共识的基础上努力寻求最大公约数、画出最大同心圆。

（二）坚持改革决策与立法决策相衔接

习近平总书记指出“我们要坚持改革决策和立法决策相统一、相衔接，立法主动适应改革需要，做到重大改革于法有据，改革和法治同步推进，增强改革穿透力”。《综合改革试点实施方案》明确要求深圳在数据产权、数据交易等方面先行探索。如何落实中央交给深圳的任务，如何通过立法确立并保护数据产权，提供一个安全、可信的数据交易环境，为未来全国数据领域立法提供有益经验，就成为《数据条例》规则设计的重中之重。《数据条例》率先提出“数据权益”概念，明确数据的人格权益和财产权益；强化个人数据保护，界定公共数据范围，推动公共数据最大限度开放利用；探索培育数据要素市场，确定数据交易范围等，从立法层面加快破解影响高质量发展的体制性、资源型、结构性问题，创造了与先行示范区建设相匹配、与改革发展稳定相适应、与人民群众期盼相呼应的立法成果，为深圳建设好中国特色社会主义先行示范区提供强有力的法治保障。

（三）坚持守正固本与创新变通相协调

创新变通是经济特区立法的“根”和“魂”。新形势下，要更好地发挥经济特区立法的创新变通优势，始终坚持在法治的轨道上用足用好经济特区立法权，牢牢把握“遵循宪法和法律、行政法规基本原则”这个前提，在守正的基础上创新。《数据条例》一方面体现了对《关于构建更加完善的要素市场化配置体制机制的意见》《关于支持深圳建设中国特色社会主义先行示范区的意见》等国家战略决策部署的贯彻落实，符合中央路线方针政策和中央赋予深圳改革使命的要求，与国家改革开放的方向相适应；另一方面是在国内立法没有可借鉴的情况下，对近年来国外数据立法和国内外司法实践及学术理论研究进行深刻总结、提炼，紧跟国内外数据领域立法趋势，在明确数据权益、强化个人数据保护、培育数据要素市场等领域的创新独具一格，为构建全国、地方相统一的数据权及其权利保障体系提供借鉴，助推深圳改革开放向纵深发展。

未来，深圳将继续聚焦“双区”建设，“双改”示范任务，依法履职尽责、勇于实践创新，用足用好特区立法权，加快推进重要领域和新兴领域立法，充分发挥特区立法“试验田”作用，在遵循宪法、法律和行政法规基本原则前提下，立足先行示范、勇于探索创新，加快形成一批具有全国首创性、引领性、示范性、可复制可推广的立法成果，为深圳建设好中国特色社会主义先行示范区，创建社会主义现代化强国的城市范例，率先实现社会主义现代化作出新的更大贡献。

努力打造廉洁治理“深圳样板”

全面深化前海深港现代服务业合作区改革开放是习近平总书记和党中央赋予前海的重大政治使命。前海廉政监督局作为深圳市纪委监委派出机构，充分发挥监督保障执行、促进完善发展作用，以“廉洁前海建设”为总牵引，全力以赴抓好前海全面从严治党和廉洁治理工作，确保党中央和省委、市委的决策部署落实落地，为前海全面深化改革提供坚强保障。

一、背景意义

（一）坚持目标导向，努力打造全面深化改革和廉洁治理的“双标杆、双高地”

粤港澳大湾区要打造国际一流湾区和世界级城市群，廉洁不仅是其中应有之义，也是重要保障。实践证明，廉洁是竞争力、是生产力，在全面深化改革开放过程中发挥着正本清源、清淤除障、凝心聚力的重要作用。前海必须坚持改革开放和廉洁建设两手抓、两手硬、两促进，以廉洁护改革，以改革促廉洁，推动前海全面深化改革开放取得更大成果。

（二）坚持系统思维，精准有效应对廉洁治理的新情况新问题新风险

深圳市前海管理局作为法定机构承担了前海合作区内的土地规划、新城建设、运营管理、外商投资、产业发展等大量审批事项。近年来，前海金融、服务贸易、港口航运等现代服务业发展迅猛，这些领域政策支持力度大、资金密

集、资源富集，涉及跨国（境）等前沿问题，对廉洁治理提出了更高要求。推进廉洁前海建设，目的就是探索“廉洁政治、廉洁政府、廉洁市场、廉洁法治、廉洁社会”一体推进、系统治理的新路径，更加精准有效地解决好新发展阶段党风廉政建设遇到的新情况、新问题、新风险。

（三）坚持改革创新，积极探索廉政监督新机制新路径

前海廉政监督局自 2013 年 5 月成立伊始，肩负着纪检监察工作改革创新的重要使命。立足使命任务，前海廉政监督局以思想破冰引领廉洁创新，开风气之先，率先探索“纪检、监察、检察（反贪反渎）、公安（经侦）、审计”五项职能一体的廉政监督新体制，制定前海防止利益冲突制度、廉洁状况评估机制、重大决策部署全程跟进监督机制等先后被省、市复制推广，为前海从“一张白纸画出最美图画”提供了廉洁土壤。

二、主要做法

（一）做前海良好政治生态的“保障者”

全面从严治党是纪检监察机关的首要政治责任，2021 年，前海廉政监督局建立健全《政治要件闭环机制》《“两个维护”十项机制》，深化运用《前海合作区重大决策部署监督检查办法》，将政治监督具体化、项目化、清单化。全年开展监督检查 7 次，发现并督促整改相关问题 18 个，坚持严的主基调不动摇，对腐败“零容忍”。2021 年处置问题线索数同比增长 100%，立案数同比增长 700%，实名举报率同比增长 70%。认真落实“正负面、双清单”的容错纠错机制，既规定了“党的领导弱化、党的建设缺失、发生重大安全生产责任事故”等 5 种不能容错的重大失误，又通过“基层提、廉局核”的办法，明确了 10 类 60 项具体容错情形，该容的大胆容、不该容的坚决不容，极大地激发了前海党员干部担当作为、干事创业的热情。

（二）做打造国际一流营商环境的“推动者”

有力推动前海管理局政务服务改革，深化证照分离、精简审批事项、降低注册门槛，设立“窗口统收、后台审批”的“物理隔离”审批方式，降低廉政风险。有效监督推动工作落实，推动全面深化政务服务改革，打造“一口受理、一门审批、一网服务、一枚印章”政务服务新模式，将 237 项审批事项全部纳入 e 站通统一办理。以信用监督体系建设为抓手，在产业资金、政府采购、工程建设方面充分运用信用准入。2021 年，仅在产业资金申请方面，就对 11 个事项共 1789 家企业进行了信用核查，有效排除了一批廉洁信用黑名单企业。持续开展明察暗访，有诉必核、查实必处、结果必回，纠治解决了园区交通服务、人才房分配、干部不良作风等群众反映强烈的问题，赢得广大前海企业和群众的好评。

（三）做深港廉政机制协同的“破冰者”

与香港廉政公署保持常态化沟通联络，联合开展“前海港企防贪需求”问卷调查，筹备召开“前海港企联合防贪研讨会”，深港廉政机制协同迈出坚实一步。开通前海廉洁工作站，“零距离”为前海外资、港资企业提供信访举报、防贪咨询、廉洁文化推广等三项服务。面向港企制作发放《公职人员交往指引》《企业防贪“十要素”》以及有关廉洁教育视频等“防贪锦囊”，得到前海港企的热烈响应。积极探索深港廉政机制协同新路径，一批重要事项列入全市重点工作项目，如“争取省级授权，在前海试点推进深港廉政机制协同，举办前海港企联合防贪研讨会”列入市委市政府《深圳建设中国特色社会主义先行示范区 2021 年工作要点》；“支持前海廉政监督机构与香港廉政公署合作，着力打造廉洁前海”纳入市委市政府《关于推进全面深化前海深港现代服务业合作区改革开放的实施方案》。

（四）做企业廉洁合规治理的“引领者”

筹备成立“前海企业廉洁促进与合规管理联合会”，按照“1+2+4+N”的工作思路，探索构建“政府引导、企业参与、市场运作”的前海企业廉洁合规

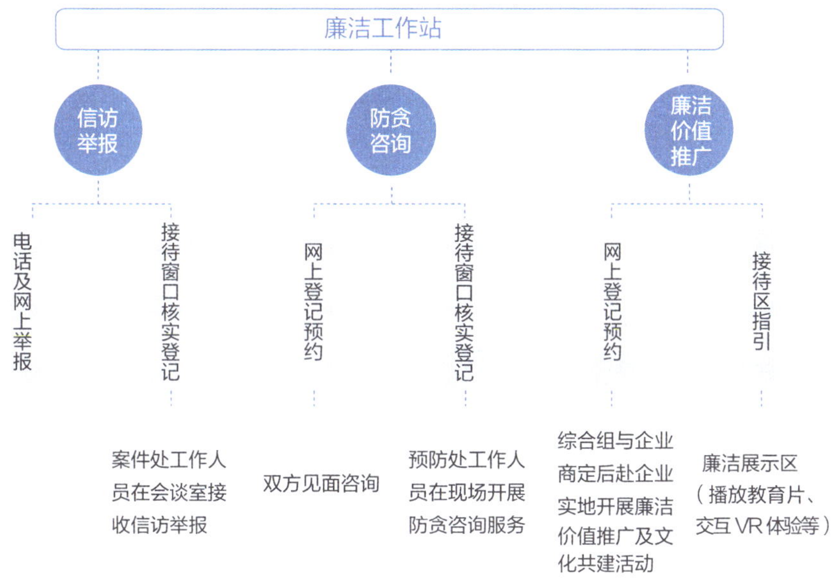

前海廉洁工作站服务预约流程图

前海企业人员在前海廉洁工作站了解廉洁建设情况

管理工作新模式。在第十二届中国企业合规论坛活动中，成功举办“廉洁创造价值，合规守护发展”专题研讨会，组织开展第一期前海深港企业线上廉洁合

前海廉局主要负责人对前海企业进行廉洁合规培训

规培训，取得良好效果。指导推动前海管理局、前海法院、前海检察院、前海税务局、前海知识产权保护中心等单位，创设企业廉洁合规“红黑名单”机制，共同营造前海企业廉洁合规建设的外部环境。面向港企制作发放《公职人员交往指引》等“防贪锦囊”，得到前海港企的热烈响应。

（五）做新领域新业态廉政监督的“探路者”

对金融、服贸、港航等新领域现状进行了深入调研分析，委托专业智库开展专题调研，形成“1+N”调研成果，为廉洁前海建设储备了一系列精准制导的政策工具箱。收集近3年来全市涉金融领域党员干部和公职人员涉嫌严重违纪或职务违法、职务犯罪案件数据及前海金融企业发展的相关情况，开展金融反腐专项研究，探索建立金融领域腐败案件的专业防贪反贪队伍。

三、经验启示

深入推进廉洁前海建设，必须突出政治引领，压实政治责任，落实全面从严治党，一体推进廉洁政治、廉洁政府、廉洁市场、廉洁司法、廉洁社会建设，系统构建全方位、立体化的廉洁治理体系，在制度机制上敢闯敢试、敢为人先，努力探索一批可复制的制度性成果，以廉洁治理的先行示范保障前海全面深化改革开放重大使命的坚决落实。

（一）建设廉洁政治，打造风清气正、干事创业的政治生态环境

建设廉洁政治，应以优良的党风政风带动社风民风，涵养政治生态的绿水青山。重点建立政治生态分析信息化研判机制，制定公职人员廉洁行为规范，建立违规过问、插手、干预各类公权力行使重大事项的登记备案制度，建立公职人员个人品行记录和申报制度，进一步规范公职人员职务消费和公务接待等行为，明确公职人员的义务和责任。

（二）建设廉洁政府，打造高效便捷、阳光透明的政务服务环境

简政放权是源头防腐的关键一招，应重点向社会公开政务服务事项标准化工作流程和办事指南，细化量化政务服务标准，推进同一事项实行无差别受理、同标准办理，最大限度压缩自由裁量权。应积极试点商事登记确认制、商事主体歇业登记及除名制度，优化审批流程，运用大数据、人工智能、区块链等先进技术实现更多政务服务事项“秒批”“无感申办”“一件事一次办”。

（三）建设廉洁市场，打造开放竞争、诚实守信的市场发展环境

廉洁公平、诚实守信的市场环境最有利于激发各类市场主体活力。新时期，必须坚持市场化改革方向，尊重市场规律，完善市场规则，完善公平竞争社会监督机制，促进各类市场主体公平竞争。探索允许廉政监督机构和检察机关结合发现的企业管理不规范问题，指导和监督企业建立内部合规体系。

（四）建设廉洁司法，打造公平正义、规范有序的法治保障环境

法治是公平正义的底线，应重点加强法规制度建设，按照统一、公开、公

平的原则，全方位开展制度合法性和廉洁性审查，及时查找和纠正法规制度中的风险因素，防止制度在依法合规、权力配置、自由裁量、运行程序、监督制约方面出问题。

（五）建设廉洁社会，打造全民参与、共建共享的社会监督环境

应进一步健全支持和保护实名举报制度，完善举报保密、举报人保护等措施，健全实名举报优先处置和告知反馈工作制度。同时，还可以依托产业园区、商圈楼宇、社区工作站、党群服务中心等平台设立“廉洁工作站”，畅通企业和市民监督举报腐败行为的渠道。

2021 年廉洁前海建设信访举报宣传周活动

（六）优化廉洁治理机制，提升廉政监督效能

应重点优化廉政监督机构职责定位，完善对党员和公职人员违纪违法行为以及商业贿赂、挪用资金、侵占、职务侵占等经济犯罪行为的审查调查机制，

统一受理投诉举报，综合协调涉腐问题审查调查工作，建立与政府机构、职能、管辖相匹配、相适应的廉政监督机制体制，推进监督体制和监督范围全覆盖。

步入新征程，立足新发展阶段，前海廉政监督局将在制度机制、监督模式、大湾区廉政机制协同、廉洁文化建设等方面继续大胆闯、大胆试，推动廉洁前海建设实现高质量发展。前海合作区全面从严治党的政治引领和政治保障作用必将进一步巩固，风清气正的良好政治生态和发展环境必将持续加强，党风廉政建设和反腐败工作的制度化、法治化、规范化建设必将实现高质量发展，一体推进廉洁政治、廉洁政府、廉洁市场、廉洁法治、廉洁社会建设取得系统性成效，形成具有全球竞争力的营商环境，成为全面深化改革开放和廉洁治理的“双标杆、双高地”。

创新未成年人检察保护的深圳实践

深圳检察机关全面贯彻落实党中央关于加强未成年人保护工作的决策部署，坚持“教育、感化、挽救”方针和“教育为主、惩罚为辅”原则，在未成年人精准帮教、精准保护和精准预防等方面进行了卓有成效的探索，初步形成了较为完备的未成年人检察保护体系。

一、背景意义

未成年人是国家的未来、民族的希望，习近平总书记强调，“全社会都要了解少年儿童、尊重少年儿童、关心少年儿童、服务少年儿童，为少年儿童提供良好社会环境。”2021 年 6 月，修订后的《未成年人保护法》和《预防未成年人犯罪法》实施，明确了最有利于未成年人的保护原则，确立了以家庭保护、学校保护、社会保护、网络保护、政府保护、司法保护为核心的六大未成年人保护格局，并赋予了检察机关对涉及未成年人的诉讼活动等依法进行监督、对侵犯未成年人合法权益提起公益诉讼的职权。检察机关参与未成年人司法保护的全过程，是未成年人司法保护的核心力量。加强未成年人检察保护，是落实习近平总书记重要指示精神、贯彻党和国家有关方针、原则，以及法律、政策的必然要求，是厚植党的执政根基、促进社会治理体系和治理能力现代化的重要举措。

二、主要做法

深圳检察机关坚持系统观念、法治思维，在深入推进精准帮教、精准保护和精准预防工作过程中，制定了一个科学的发展规划，培育了一支专业的司法社工队伍，提炼了一套行之有效的工作标准，开发了一个高效运行的平台工具，形成了一个协作配合的工作机制，未成年人保护法治化、智能化、专业化、社会化水平大幅提升，推动深圳未成年人检察保护走在了全国前列。

（一）制定“一个规划”，高起点高标准推进未成年人检察保护

坚持“创新驱动、理念先行、总体规划、系统推进”，确定了“一点两面、四大检察”总体布局和“三步走”总体规划。“一点两面、四大检察”是指“以精准帮教为切入点，在被性侵未成年人保护为主要内容的司法上游拓展面和以防止校园欺凌家庭暴力为主要内容的社会上游拓展面大力拓展，全面开展四大检察业务”。“三步走”总体规划是指，第一步，总结制定“精准帮教深圳标准”，依托标准建立专业司法社工培育体系，为未成年人综合保护提供基础条件；第二步，运用精准帮教培育的专业司法社工，以被性侵未成年人保护和反校园欺凌家庭暴力为重点，开展全面探索，形成包括“精准保护深圳标准”“精准预防深圳标准”在内的全面的未成年人保护深圳标准体系；第三步，依托系统全面的未成年人保护深圳标准，发挥专业引领作用，推动建立未成年人保护委员会，促进完善未成年人国家监护制度体系。通过前瞻性的规划设计，明确了施工表、路线图，引领未成年人检察工作实现高质量发展。

（二）出台“一套标准”，提升未成年人保护法治化水平

制度是未成年人检察工作规范运行的根本保证。深圳检察机关坚持规范先行，先后出台了《未成年人刑事案件办理规范（试行）》《涉罪未成年人精准帮教工作指引（试行）》《性侵害未成年人刑事案件办理规范（试行）》《被性侵未成年人精准保护工作指引（试行）》等系列文件，在全国率先建立了“涉罪未成年人精准帮教深圳标准”和“被性侵未成年人精准保护深圳标准”。通过按标准在全市全覆盖开展精准帮教，促进涉罪未成年人教育挽救成功率大幅上升，被侵害未成年人综合保护水平大幅提高。与此同时，积极推进未成年人临

界预防、保护处分试点工作，针对有严重不良行为、未达刑事责任年龄不予刑事处罚的未成年人“一放了之”问题，探索建立罪错未成年人分级干预体系，稳步推进建设精准预防深圳标准。

（三）打造“一个平台”，提升未成年人保护智能化水平

科技是加强未成年人检察保护的强大动力。深圳检察机关主动拥抱人工智能、大数据等前沿科技，积极以智能化建设赋能未成年人保护工作，先后自主研发上线了智慧未检精准帮教云服务平台系统、智慧未检精准保护云服务平台系统等平台。智慧未检系统是集工作、支持、管理、考核功能为一体的综合性智能移动云平台服务系统，将“精准帮教深圳标准”和“精准保护深圳标准”的全部规范固化在系统中，不仅支持、规范所有帮教和保护工作，而且对所有数据实时自动统计、自动更新、自动分析、自动考核、自动展示。通过科技赋能，彻底打破了未成年人保护的时空壁垒，为全国来深、离深未成年人提供7×24小时精准保护和精准帮教服务，大幅提高了工作效能，多地检察机关来深学习借鉴。

（四）创建“一个体系”，提升未成年人保护专业化水平

未成年人保护是一项专业性极强的工作。深圳检察坚定不移地走专业化发展道路，联合团市委、深圳社工学院、深圳社工协会，在全国率先建立了司法社工培训、考核、认证体系，该体系分为入门、初级、中级、高级四个阶段，每个阶段由理论课、实训课和考核认证构成，形成了专业司法社工行业标准和职业体系，为深圳乃至全国提供专业司法社工培训，为全面强化未成年人保护培育专业人才。

（五）构建“一个机制”，推动形成未成年人保护工作合力

未成年人保护是一项系统工程，各方有机衔接、互相配合，才能实现效果最大化。通过在光明区检察院试点，推动光明区委成立全国首个“党委领导、司法主导、专业驱动、科技保障、社会协同”的司法主导型未成年人综合保护

精准帮教司法社工培训现场

委员会（以下简称“未保委”）。未保委由党委直接领导，下设综合保障、司法社工培育、信息化三个综合协调小组，以及涉案司法帮教保护、校园欺凌、反家暴及监护教育、未成年人健康成长环境综合治理四个专业协调小组，办公室设在检察院，将未成年人保护工作主要职能部门全部纳入，整合部门职能和社会力量，统筹未成年人综合司法保护工作，实现了未成年人保护工作的全领域、全周期覆盖。同时，配套开发未成年人保护智慧云服务系统作为未保委的云工作平台，全社会参与的未成年人保护大格局基本成形。

三、工作成效

通过创新未成年人检察保护，初步形成了涉罪未成年人精准帮教、未成年被害人精准保护、未成年人犯罪精准预防“三位一体”的未成年人司法保护标准体系和“标准 + 系统 + 人才”同步建设、互相促进、全面发展的工作模式，保障了未成年人健康成长，促进了社会和谐稳定。深圳市检察院被最高人民检察院确定为全国首批未检创新实践基地，被最高人民检察院和共青团中央确定为全国首批未检社会支持体系建设试点和示范单位，经验做法在最高人民检察院、共青团中央和联合国儿童福利署联合举办的全国未检创新工作会议重点推荐。市检察院、福田区检察院被共青团中央评为“全国青少年维权岗”。

（一）有效促进涉罪未成年人回归社会

通过创新未成年人检察保护，深圳成为全国唯一一个涉罪未成年人精准帮教全覆盖的地区，所有深圳检察机关受理的涉罪未成年人，不挑不拣，不做预判分流，无论轻罪重罪，初犯累犯，均开展规范化的精准帮教。轻罪初犯，通过帮教回归社会；重罪累犯，通过帮教降低人身危险性和再犯可能性。克服了传统选择性、盆景式帮教的弊病，为涉罪未成年人提供平等帮助、保护。精准帮教系统上线以来，已将 1300 余名涉罪未成年人纳入系统精准帮教，全市涉罪未成年人教育挽救成功率大幅上升，由之前的 19%提升到 57.48%，效果最好的光明区达到 87.72%。精准帮教成果获得各界高度评价、充分肯定，被最高人民检察院在全国推广。全国十几个省、市检察机关专门来深调研学习。精

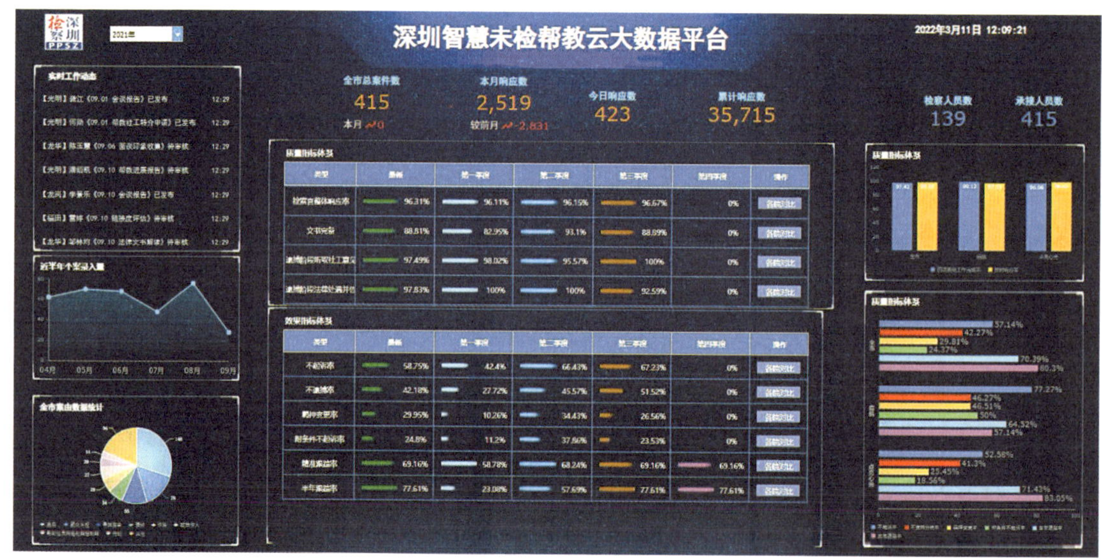

深圳智慧未检帮教云大数据平台

准帮教工作先后获评南方都市报“民生实事十大金奖”、南方日报“最具百姓获得感案例奖”。

（二）有效保护未成年被害人

通过创新未成年人检察保护，深圳成为全国唯一一个被性侵未成年人精准保护全覆盖的地区。通过引入专业司法社工，开展个案管理，将以司法办案和现场应急心理疏导为主要内容的“末端型”一站式保护中心，升级建设为全面修复被破坏的社会关系、恢复并改善被性侵未成年人成长进程的“起点型”综合保护中心，全面提升了被性侵害未成年人案件办理的专业化、规范化水平。截至 2021 年底，已将 320 余名被性侵未成年人纳入系统精准保护，全市平均有效干预率由原来的不足 5%提升至 26.9%，效果最好的光明区提升至 70%以上，极大提升了未成年被害人保护水平，为被性侵未成年人司法保护树立了新标杆。

预防校园欺凌专题讲座

（三）有效促进未成年人犯罪精准预防

通过开展“临界预防、保护处分试点”，对有严重不良行为、未达刑事责任年龄不予刑事处罚的未成年人实行精准预防，初步建立了罪错未成年人分级干预体系。全面开展防治校园欺凌、家庭暴力的个案管理和总结，提炼制定“精准预防深圳标准”。试点单位光明区检察院联合团委、教育、民政、公安、街道等开展“暖阳守护”临界预防、“守护光明未来”防治校园欺凌、家庭暴力专项工作，由群团工作部、教育局委派司法社工、驻校社工等，协同街道未保中心，联合开展精准预防工作，共开展临界预防保护处分个案 185 人，校园欺凌个案 6 个、家庭暴力个案 6 个，有效介入率达到 65%左右。

（四）示范效应逐步显现

深圳检察机关将有全部独立知识产权的智慧未检精准帮教系统和智慧未检精准保护系统，无偿向有需要的未成年人保护组织开放，并向贵阳、惠州等多地法院、检察院授权使用，不仅支持深圳全覆盖精准帮助工作，而且为全国各地来深未成年人和前往全国各地的深圳未成年人提供异地精准帮教和异地精准保护，充分发挥了先行示范和辐射带动作用。

四、经验启示

深圳的未成年人检察保护，坚持最有利于未成年人原则，坚持专业化方向和创新驱动，推动形成党委领导、政府支持、社会协同、公众参与的未成年人保护社会化合力。

（一）要坚持最有利于未成年人原则

与成年人司法不同，未成年人司法并不仅仅着眼于打击犯罪，而是以保护未成年人权益、预防再犯、帮教未成年人为根本出发点和落脚点，更加强调未成年人的特殊、优先保护，在这一原则引领下，延伸出严惩侵害未成年人犯罪、精准保护未成年被害人、精准帮教涉罪未成年人等一系列理念。深圳检察机关深入贯彻最有利于未成年人原则，从精准帮教、精准保护、精准预防三个方面进行总体规划和推进，全方位、全覆盖推进未成年人保护，确保了工作正确方向。

（二）要坚持专业化方向

专业化是未成年人检察工作的内在要求，办案只是未成年人检察工作的一小部分，更多的是帮教、保护、预防等社会化工作，这些工作涉及心理学、教育等专业领域。传统的司法办案模式和力量无法胜任未成年人司法保护专业要求，必须要培育专业的力量，通过专业的人来做专业的事，才能真正实现未成年人精准保护、科学保护。深圳检察机关在建设专业的未成年人办案机构、办案组织以外，积极推进司法社工专业化建设，联合团市委、深圳社工学院、深圳社工协会在全国率先建立了专业司法社工培训、考核、认证体系，通过培育专业力量，极大提升了精准帮教和精准保护成功率。

（三）要坚持构建综合保护体系

司法保护只是未成年人保护的一个环节，各部门如果各管一摊、“九龙治水”，便无法形成未成年人保护合力，严重制约未成年人保护成效。深圳检察机关主动加强向党委的请示汇报，积极与相关部门沟通协调，努力建立信息共

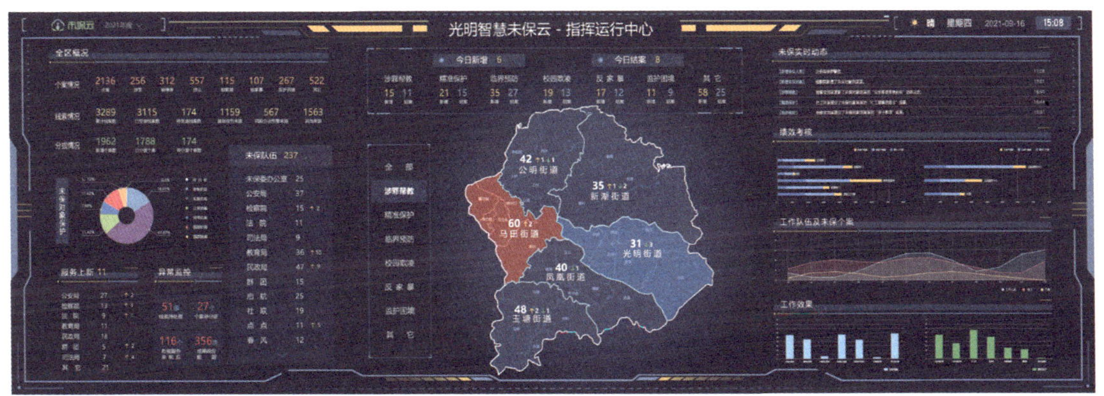

光明智慧未保云—指挥运行中心

享、衔接有序、配合有力综合保护体系。特别是光明区通过成立全国首个司法主导型未保委，初步形成了“需求吹哨、治理报到、资源配套”的协同机制，实现一门受理、多门处理的工作模式，顺利完成多个案件的联动综合救助。

（四）要坚持创新驱动

未成年人检察制度是中国特色少年司法制度的重要组成部分，其诞生发展只有三十多年的时间，需要不断开拓创新才能日臻完善。深圳市检察院是最高人民检察院确定的全国首批未检创新实践基地，承担着创新示范，为全国提供可复制、可推广经验的重任。在工作中，坚持创新驱动，在全国率先探索建立了“涉罪未成年人精准帮教深圳标准”和“被性侵未成年人精准保护深圳标准”，率先研发运行了智慧未检精准帮教云服务平台系统和智慧未检精准保护云服务平台系统，推动未成年人司法保护实现跨越式发展。

接下来，深圳将继续坚持最有利于未成年人原则，依法打击侵害未成年人犯罪，努力教育挽救涉罪未成年人，全面保护救助未成年被害人，积极为全国未成年人检察保护工作创造更多可复制、可推广的经验。

开展“知事识人、序事辨材”专题调研的实践与思考

为深入贯彻落实习近平总书记关于“建立日常考核、分类考核、近距离考核的知事识人体系”的重要指示精神，深圳聚焦“知事、序事”，科学“识人、辨材”，开展干部专题调研，构建“知事识人、序事辨材”干部工作体系，使党管干部科学化、规范化水平得到有效提升。

一、背景意义

党的十九大以来，习近平总书记围绕选人用人工作作出系列重要论述。2018 年全国组织工作会议上，习近平总书记指出：要坚持事业为上，以事择人、人岗相适，建立日常考核、分类考核、近距离考核的知事识人体系。特别强调管干部用干部的干部，要有“瞻山识璞、临川知珠”的识人慧眼，要有“劝君参透短长理，自有人才涌似云”的用人之道，要有“众里寻他千百度”的爱才之心，要有“铁肩担道义”的忠诚公道。习近平总书记关于选人用人的系列重要论述，为做好干部工作指明了方向、提供了根本遵循。深圳深入贯彻落实习近平总书记关于建立“知事识人”体系的重要指示精神，组织开展“知事识人、序事辨材”干部专题调研，切实把建设政治过硬、具备领导现代化建设能力的高素质专业化干部队伍作为重要抓手，为推进粤港澳大湾区、中国特色社会主义先行示范区建设和综合改革试点提供坚强组织保证。

二、主要做法

（一）突出“知事、序事”，坚持以事见人

坚持实践实干实效导向，把考人与考事结合起来，对“知事识人”进行大胆探索。采取个人述事、单位序事、预热知事、谈话评事、原声记事、现场察事、面谈考事、研判据事、画像见事、激励干事“十步工作法”，对“事”进行抽丝剥茧、透视切片，把单位的大事要事难事理清楚，再从事上看人，努力实现调研方式从“由人到事”向“由事到人”转变，破解“知事”与识人用人相脱离的难题。

（二）注重到现场看、见具体事，近距离了解干事情况

1.“实地走访式”调研。调研组“四不两直”深入到重大项目、征地拆迁、治水一线、城中村和社区等现场，亲身经历、沉浸体验，访谈知情人，听乡语口碑，看实际工作成效，多角度印证干部干事情况。

2.“跟班嵌入式”调研。采取跟随工作、列席会议、陪同处理问题等方式，全景式跟随观察干部日常工作情况，了解干部处理事情的方式方法、对待事情的态度格局、办事能力的实际表现。

3.“面谈考问式”调研。与重点调研对象进行集体面谈，以“事”为主线，针对性设计面谈问题，“问之以是非、穷之以辞辩、咨之以计谋”，面对面观察干部临场应变、知识储备、视野格局、胸襟秉性等方面情况。

（三）突出科学分类、综合比较、全面客观辨材

1. 围绕新时代党中央赋予深圳的新使命，梳理“双区”建设和综合改革试点工作，根据部门职责分工对调研单位进行分类，打破以往按党委、政府、群团和企事业单位分组的习惯做法，改为按“党的建设”和“五个率先”将市直部门划分为 6 个组，对市管国企按经营性和公益性进行分类，对各区根据战略定位和承担的重点任务开展差异化调研。将职能相近、性质相仿或任务相当的单位划分到一个组，有利于同场赛马、同台竞技，增强单位横向比较的可比

性、合理性。

2. 论功程能看贡献。在调研设计上突出“知事识人”，每一件大事要事难事，都按“主导性、参与性、协助性”作用来区分参与者的贡献度，对其中发挥“主导性”作用的干部，还要了解具体情况，进一步区分是统筹指挥、出谋划策，还是一线拼杀、提供保障等，力争准确测量、精准刻度每个人的贡献大小和作用发挥情况。

3. 多方印证看实绩。坚持多主体、多方位、多角度考察干部的工作实绩，注重将单位述事表和个人述事表进行相互印证，从不同主体的角度印证“事”的成效；既述干得漂亮的工作，也述没完成好和有遗憾的事，从正反案例研判“人”的能力；既请本单位、本人谈事，也请外单位、他人评事，综合评判干事业绩。

4. 对比分析看成效。坚持横向比较看差异、纵向分析看变化。对城中村治理等同一类型的工作，调研组通过到不同行政区的城中村实地查看，进行全面的横向比较，看治理思路、较推动方法、比整治成效。对同一链条工作，如黑臭水体治理，调研组对工作环节上的每一个单位工作情况进行关联分析。

（四）集合日常考核手段和成果，历史辩证看待干部

1. 集合既有日常考核结果，了解干部一贯表现。收集历次开展的专业化干部调研、年轻干部调研、巡视巡察、民主生活会等日常考核调研成果，供调研组提前熟悉情况，了解单位和干部过往的表现和干事情况，在调研中全面分析、相互印证，做到心中有数、有的放矢。

2. 集合多种考核手段，立体推进多考合一。调研整合年度考核、专项考核、业务考核的方法手段，实现考核手段的多样化、立体化，有效推进多考合一。采取年度考核民主测评的方式，对班子和干部进行定量分析；嵌入专项考核，聚焦深圳综合改革试点等重点任务了解干部表现；联动专业考核，注重向业务主管部门听取和反馈意见，实现干部考核与业务考核相结合，互为印证。

3. 点面结合，实现静水深流。既在面上开展谈话调研，掌握事和人的整体

情况，又针对重点调研对象进行二轮谈话，谈深谈透干部表现。明确调研目的不是急找现用，不拘泥调研形式和程序，不限推优名额，对掌握的情况进行动态更新，用作干部日常分析研判的参考和依据。同时，教育引导干部以平常心对待调研，防止造成思想波动、刻意因应，避免过度解读造成干部心理波动、影响工作。

（五）探索建立“事、岗、人、能”四维坐标，精准识人辨材

1. 对事进行梳理。按照知事序事的要求，对单位大事要事难事进行层层推进、抽丝剥茧、切片透析，同时注重分析完成这些“事”对相关岗位、能力的要求。

2. 对岗进行称重。在承担大事要事难事的过程中，有的岗位任务更重、更加吃劲，同样的岗位在不同部门和地区吃劲情况也不一样，和单位的主责主业紧密联系。调研综合考虑各单位大事要事难事情况，地区定位和部门核心职能、主责主业情况、干部岗位历练情况等，梳理出各单位吃劲岗位，分析干部干事成长的岗位链条。

3. 对人进行辨识。对重点调研对象进行干部特征关键信息标记，包括干部类型（革命化、专业化、国际化、鲲鹏型、狮子型、拓荒牛型）、专业素养、禀赋能力、性格气质等方面，最终达到“辨材”目标。

4. 对能进行解析。“由岗到能”，针对不同岗位对能力描述的“词频”进行分析，根据不同单位岗位职能的差别，分析岗位对人能力的差异化需求，探索构建干部能力模型。

三、工作成效

（一）推动习近平总书记关于构建“知事识人”体系的重要指示在深圳落地落实

调研坚持“知事、序事”，聚焦“识人、辨材”，由事到人、以事察人，将“知事识人”的要求具化为可落地、可操作、可感知的方法步骤。这次专题调

研取得了实实在在的成效，是对习近平总书记“知事识人”重要指示的落地落实，与全国组织部门深入贯彻落实《党政领导干部考核工作条例》电视电话会议精神吻合，为落实习近平总书记重要指示做了生动的基层注脚。

（二）探索破解了当前困扰干部工作的几个难题

破解了“知事”与“识人”相分离的难题。调研在机制设计上做到“按事索人”，先深入了解事，再进而辨识人，把知事作为识人的必由之路，到现场去听、去问、去看，先当面近距离了解事，再当面近距离考察人，确保人和事不脱离、相统一。破解了考准查实干部政治素质的难题。调研从干部干事落实习近平新时代中国特色社会主义思想情况看政治忠诚，从重大斗争中的表现看政治定力和政治能力，从急难险重任务中是否带头上看政治担当，从为老百姓干事实不实看宗旨情怀，从干部面对重大选择的态度看价值追求，对党忠诚有具体的事例支撑，有可循的逻辑关联，从而听言观行、察表析里，以事为墨具象化、多层次、立体式描绘干部的政治表现。破解了干部考察考核一把尺子量到底、上下一般粗的难题。这次调研从科学分类的源头入手，按照“同类调研”的原则，科学划分调研单位，并针对不同区域、不同部门、不同类型、不同层次领导班子和领导干部特点以及不同岗位职责要求，精准选取调研要素，设置体现差异、各有侧重的谈话口径和调研方法，调研结果实行同类比较，对干部的了解更加精准科学。

（三）推动形成精兵强将向大事要事难事集结的生动局面

这次调研在广大党员干部中引起热烈反响，大家纷纷表示这种调研方式是“组织在找干事的人”，而不用想干事、能干事的人分心去找组织，干部群众都感受到勇于担当作为、在大事上走、在要事上干、在难事上磨的干部组织看得到、能认可。一些单位反馈以前集中攻坚要动员干部参与，现在很多干部主动找组织申请到重大项目一线、到重大斗争前沿去，干工作更加有动力，更加有激情、更加奋发有为。

（四）促进组织工作与市委中心工作同频共振

干部在一线奋斗，考察向一线延伸，既发现了干部，又推动了工作。“知事识人、序事辨材”专题调研深度切入到“双区”建设、综合改革试点等深圳最重要的中心工作中去，梳理出各区各单位大事要事难事820项，其中属于“双区”建设和综合改革试点范畴的占比近80%。“双区”建设和综合改革试点等工作一部署，组织工作就跟上，通过专班式、蹲点式、嵌入式调研，有效传导了市委关注重点和着力环节，到前线督促干部干事创业，推动工作提质增效。

四、经验启示

（一）必须始终以习近平新时代中国特色社会主义思想作为行动指南，确保工作始终沿着正确方向前进

我们把习近平总书记关于“以改革创新精神在加强党的全面领导和党的建设方面率先示范”的重要要求作为根本遵循，以习近平总书记要求建立“知事识人”体系为突破口，在知事序事中把贯彻落实“双区”建设和综合改革试点等重大国家战略作为“纲”和“本”，在识人辨材中将习近平总书记强调“对干部要立体考察、透视甄别、切片化验、会诊辨析”，“把研究人和研究事结合起来，避免从抽象到抽象，凭感觉下结论”的要求贯彻始终，才能实现以事为墨为干部画像。

（二）必须深度聚焦中心大局这个最大实际，充分发挥和彰显组织工作的价值作用

组织工作从来都是为党的政治路线和中心大局服务的，向中心聚焦、为大局聚力是组织工作价值所在、使命所系。“知事识人、序事辨材”专题调研做到在大局中看担当作为、在大事中看实干实绩，确定的重点调研对象干部群众普遍认可，激发了大多数人见贤思齐、奋发有为向中心工作靠拢集结，为推动

中心工作注入了强大动能。

（三）必须坚持因势而谋、应时而动，找准工作切入点和着力点

以“事”为主线开展调研，推动“大学习、深调研、真落实”，推动单位和干部述事序事，谋工作理思路，顺应全市大局工作的需要。2021年是市、区换届年，提前掌握和储备一批干部是必然要求，有利于在换届中更有针对性地选好干部、配强班子。在大战大考之年，通过调研发现、使用和激励一批干部正当其时，必然能凝聚起广泛共识、强大力量，工作推动起来就顺理成章、事半功倍。

（四）必须坚持干中学、学中干，在实践中推动工作不断完善和深化

一个好的“顶层设计”要落地，既要靠坚定的执行，也要靠不断的探索完善。所谓“行之力则知愈进，知之深则行愈达”，在一个新的工作领域，必须边干边学、边知边学。调研过程中，我们重视加强调度，对调研中遇到的新问题进行研究解决，现场调研结束后对调研情况进行分专题、长时间集体研讨，引导各调研组分路径探索调研工作最优解，分别形成各具特色的分领域调研报告，实现“设计—实践—设计”的共享反馈，把干与学相融合，使“知事识人、序事辨材”调研和干部工作体系构建更加成熟定型。

坚持以人民为中心打造《民心桥》媒体问政“深圳品牌”

深圳深入学习贯彻习近平总书记在党史学习教育动员大会和党的十九届六中全会上的重要讲话精神，在开展“我为群众办实事”实践活动中，为切实提高为群众服务实效，进一步推进《民心桥》节目优化升级，启动建设节目 2.0 版本，打造媒体问政“深圳品牌”。

一、背景意义

习近平总书记在党史学习教育动员大会上讲话时强调，党史学习教育要同解决实际问题结合起来，开展好“我为群众办实事”实践活动。党的十九届六中全会审议通过的《中共中央关于党的百年奋斗重大成就和历史经验的决议》中提出，“全党必须永远保持同人民群众的血肉联系，站稳人民立场，坚持人民主体地位，尊重人民首创精神，践行以人民为中心的发展思想，维护社会公平正义，着力解决发展不平衡不充分问题和人民群众急难愁盼问题”。

《民心桥》节目由深圳市直属机关工作委员会与深圳广播电影电视集团联合主办，是宣传市委市政府中心工作，密切党委政府与群众联系，帮助深圳群众解决关心关注的突出问题，促进机关作风建设，打造共建共治共享社会治理格局的重要载体之一。为落实党史学习教育“我为群众办实事”实践活动要求和党的十九届六中全会精神，进一步提高节目为群众服务实效，深圳市直机关工委启动建设《民心桥》节目 2.0 版，从选题方向、发布机制、互动渠道、督促落实、正向激励五个方面，对节目再优化再提升，达到群众参与更广泛、反映问题更便利、解决问题更有效的目标。该项目被纳入深圳市委、市政府领导班子重点民生项目清单。

二、主要做法

（一）选题聚焦重点热点

《民心桥》节目选题紧紧围绕市委市政府中心工作，瞄准“双区”驱动、“双区”叠加、“双改”示范、建设中国特色社会主义法治先行示范城市和粤港澳大湾区高水平人才高地等国家重大战略部署，深化落实市委“1+10+10”工作安排，邀请深圳市领导和市委市政府相关部门、区委区政府、重点国有企业、驻深单位等机构的主要负责人“上桥”，解读政策，介绍工作进展，回应社会意见建议。聚焦深圳先行示范区“民生七有”目标，紧扣老百姓关注的热点难点问题，结合“上桥”单位工作职能和业务特点，策划每期“上桥”节目主题。2021 年，在党史学习教育“我为群众办实事”实践活动中，持续推出“为民服务践初心”系列访谈。

（二）信息发布出新有料

充分发挥互联网科技优势，运用深圳广电集团全媒体矩阵，在“898 民心桥”微信公众号、“深圳新闻广播”微信公众号、视频号和深圳广电集团“深爱听”APP 等平台，定时推送节目预告、访谈情况、问题意见征集、便民资讯等内容。每期节目结束后，及时将参播单位对诉求的答复意见和对政策的权威解读进行拆分，持续在官方微信、视频号平台宣推，形成当天网络热点话题，达到更好地传播效果。同时，充分运用“i 深圳”等新媒体开展形式多样、生动活泼的主题宣传，满足不同受众群众的细分需求，使市民朋友获得更加及时、更多角度、更多视听满足的传播体验。

（三）互动渠道智慧多元

优化“898 民心桥”微信公众号，从功能设置、文字编辑、宣传策划、版面设计等方面提升互动质量，通过微信公众号反映的民生诉求占比约 83%，实现“随时随地”反映诉求。节目中，广泛运用新媒体，在原有的电台广播直播形式的基础上，创新采用“广播＋视频”多元传播手段，在“深爱听”“壹深圳”APP和“i深圳”等热门媒体进行视频直播，由参播嘉宾在直播间接受群众的咨询提问，现场解答群众疑问，听取群众意见和建议，实现“实时互动”。开发“民心桥”智慧小程序，设计“我问”“反馈”“政策”“回顾”四板块内容集群众提问、节目反馈、政策解读、往期回顾于一体，小程序接入“i深圳”、深圳发布等平台，实现“智慧互联”。定期举办户外版节目，“上桥”单位嘉宾走入社区、走进基层，与老百姓实现线上线下“零距离”互动。

（四）督促落实形成闭环

对于市民群众提出的民生诉求，节目组推动“上桥”单位作出及时回应并建立长效机制，能近期解决的及时推进，不能近期解决的做好沟通解释和后期跟进工作。强化社会监督，聘请义务参评员对节目全流程进行监督，对群众诉求满意度进行回访，根据评分细则进行量化评分。强化舆论监督，各单位的答复处理和上桥打分情况同步在“i深圳”APP和“深圳政府在线”官方网站等媒体公布；深圳新闻广播会对群众反映强烈、社会关注的热点、焦点问题进行深挖，深入现场了解核查问题整改进度和成效。市直机关工委定期梳理总结前一阶段“上桥”情况，通过《深圳特区报》、“读特”APP、“深圳尖兵”公众号等纸媒和新媒体反馈给市民群众，晒出成绩单；梳理问题清单，函送“上桥”单位，推动问题的跟进、研究和解决。

（五）建立正向激励机制

以模范机关创建工作为抓手，将各单位特别是主要负责同志“上桥”“理事”情况纳入模范机关单位创建核定的评价范围，增强各单位参与节目的积极性和主动性，促进作风提升，强化为民服务。市直机关工委综合义务参评员评分、群众满意度、一把手“上桥”、建立为群众办实事长效机制等情况，定期评选“《民心桥》节目模范单位”，并通过“我为群众办实事”实践活动访谈短视频、评选“十佳为民服务实事”等方式，展示“上桥”单位为民办实事、解决民生问题的工作成效。在2021年64家参播单位中，有32家单位为一把手“上桥”，各单位特别是主要负责同志的上桥积极性显著增强。

三、工作成效

（一）互动渠道拓展成效显著

利用融媒体优势，通过微信公众号、广播等途径，提前发布下季度参播单位上桥计划和下期节目上桥预告，提高了市民群众的知晓度；节目播出前和播出期间通过微信公众号、节目热线、视频直播等多种便捷方式与市民互动交流，提高了市民群众的参与度；2021年共举办4期户外版节目，“上桥”单位主要负责人与市民群众零距离互动，提高了市民群众的现场参与感。

（二）督促问题落实机制健全

深圳市直机关工委定期梳理市民不满意问题，2020年至2021年12月共计190个，并向相关单位反馈，推动对不满意问题进行工作分析研究和整改落实，建立健全“发现问题、督促落实、通报问责、提升实效”机制，推动各单位对民生诉求问题的处理解决形成闭环。充分运用社会监督、媒体监督等第三方监督作用，义务参评员现场走访、实地察看，跟“上桥”单位座谈协商解决“疑难杂症”问题，媒体定期公布参播单位对市民诉求问题的处理情况和满意度评价结果，敦促各单位及时回复群众咨询诉求，抓好事项办理和问题解决。

（三）民生问题解决实效增强

问民所需，解民所忧，纾民所困，《民心桥》精准发力，2021年策划推出“为民服务践初心”系列访谈，如“以人民为中心——区委书记系列”“提升交通安全治理水平”“义务教育阶段学位申请宣讲”“《深圳市生活垃圾分类管理条例》一周年各区晒成绩单”等，主动回应市民关切，为老百姓解疑释惑，解决了一大批群众“急难愁盼”问题，也让市民群众获得感成色更足、幸福感更可持续、安全感更有保障。2021年《民心桥》共收到市民群众反映的问题2250个，问

市民为《民心桥》节目送来锦旗

题 100%得到答复，问题解决率、群众满意度达 95%以上。节目组也收到市民送来的锦旗，肯定了《民心桥》节目“心系群众　为民服务”“倾听民声　反映民意　架民心桥　解民急困”“为民排忧解难”“民声一线　为民解难　民心之桥　温暖万家”。

四、经验启示

（一）坚持围绕中心服务大局

深刻把握“两个确立”、做到“两个维护”，不断提高政治判断力、政治领悟力、政治执行力，坚持正确政治方向、舆论导向、价值取向，加强节目主题策划，及时宣传党中央决策部署和省委工作部署、市委工作安排，促进重点工作开展，更好推动习近平新时代中国特色社会主义思想在深圳落地生根、结出丰硕成果。

（二）坚持以人民为中心打造升级版连心桥

节目始终践行以人民为中心的发展理念，成为深圳各级各部门领导与群众面对面交流互动、切实解决民生问题的重要平台。各单位主要负责人主动“上桥”、经常“上桥”，受理市民咨询与诉求，与市民保持良好沟通，切实服务群众，及时有效回应社会关切，推动“我为群众办实事”实践活动取得实效，促进机关作风进一步提升。同时，深圳各级各部门通过这座“桥”了解市民对城市发展的期待和建议，凝聚共识，汇聚力量，不断努力破解民生老大难问题，为全面提升深圳城市管理治理水平作出贡献。

（三）坚持开拓创新增强节目吸引力

《民心桥》节目是一个老节目，但通过诉求反映渠道创新，把微信公众号建设成为群众随时反映问题的主渠道；通过节目播出方式创新，打造“广播＋视频”的融媒体平台；通过媒体合作创新，建立多个主流媒体联动传播矩阵，推动节目产生了新变化，实现新成效，增强了节目的活力、传播力、影响力，更好地满足了群众的信息需求，扩大了群众的参与度。

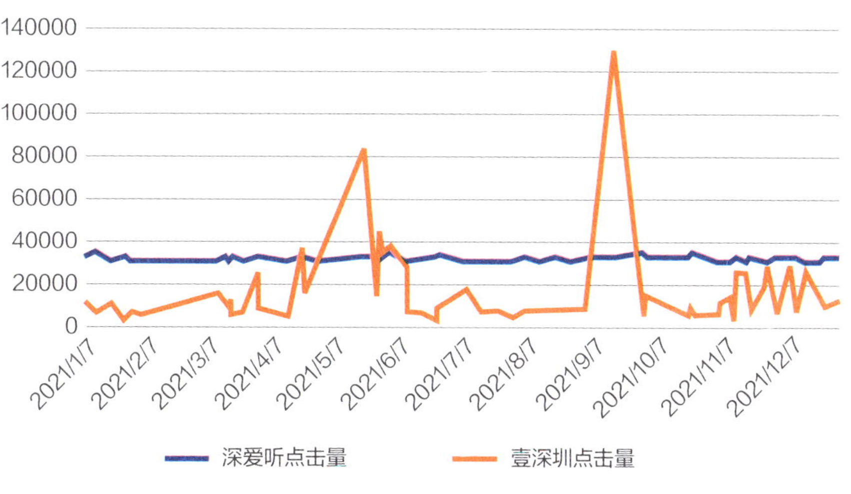

《民心桥》节目“深爱听”“壹深圳”APP 点击量

未来，深圳将继续坚持以人民为中心的发展思想，通过建立政策咨询资源库、建设与政务服务热线相衔接的诉求办理机制等方式，不断提升节目为民服务的便利性和成效，增加深圳温度，为建设深圳先行示范区作出新的贡献。

全力打造退役军人志愿服务工作先行发展示范

深圳深入学习贯彻习近平总书记关于“弘扬奉献、友爱、互助、进步的志愿精神”的重要指示，按照“主管部门把向、四级体系支撑、基层组织实施、社会力量参与”的思路，组建深圳市退役军人红星志愿服务队（以下简称“红星志愿服务队”），引导退役军人积极服务社会、赢得尊崇、彰显价值，形成了“内涵丰富、管理规范、特色鲜明、成效显著”的发展格局和“品牌规模 + 协同分类 + 精准运行”的实践路径。

深圳市各区退役军人红星志愿服务队成立仪式

一、背景意义

（一）顶层设计要求

组建退役军人事务部门，是以习近平同志为核心的党中央作出的重大决策，对于加强退役军人管理服务保障，激励他们为社会主义现代化建设贡献聪明才智，激发广大官兵昂扬士气，吸引优秀人才投身国防军队建设，汇聚实现强军梦、强国梦的磅礴力量，具有重大深远意义。立足退役军人工作实际，发挥系统优势，做好退役军人志愿服务工作，既是新时代赋予退役军人事务系统的一项重要任务，也是退役军人事务系统贯彻新发展理念、构建新发展格局、推动高质量发展的生动实践，为退役军人更好发挥作用、营造全社会尊重退役军人的氛围作出有益探索。

（二）服务保障所需

退役军人是党和国家的宝贵财富，是经济社会发展不可或缺的“生力军”，广大退役军人具有良好的意志品质、过硬的能力素质，是天然的志愿者队伍；同时志愿服务为广大退役军人服务经济社会提供了广阔平台，成为其发挥作用的最直接、最具体、最广泛的有效载体。做好退役军人志愿服务工作，既能坚持好党对退役军人的领导，发挥各级党组织的作用，将退役军人凝聚起来，发挥作用、奉献社会，增强退役军人听党话、跟党走的思想自觉、行动自觉；又能维护好退役军人群体的形象，通过组织退役军人开展志愿服务活动，为经济社会发展和社会稳定做贡献，弘扬正能量，体现价值，赢得尊崇，树立退役军人群体的正面形象；还能发挥好服务保障体系的作用，以服务保障体系为支撑，搭建服务平台，丰富服务内容，拓展服务方式，充实服务力量，延伸服务阵地。

（三）社会实践使然

深圳退役军人有着热心公益、服务社会的红色基因和悠久历史。2019 年以前，深圳退役军人志愿服务实践经历了零星化萌芽起步阶段、碎片化探索

深圳市退役军人红星志愿服务队参加疫情防控志愿服务

壮大阶段，完成了从“零星化、自组织、规模小、影响弱”的基层自发模式，到“服务队伍聚拢、品牌效应初显、缺乏系统联动”的行政主导和社会驱动模式的转变，亟需迭代升级，推动退役军人志愿服务工作系统化、品牌化发展。2020 年 2 月，市退役军人局加强制度设计和品牌规划，组建红星志愿服务队，一周时间动员 8000 多名退役军人奔赴抗疫一线。目前，带有“深圳退役军人”统一标识的红星帽、红马甲遍布大街小巷，成为鹏城的一道亮丽风景，全面提升了组织的规范化制度化和服务的精准化人性化水平。

二、主要做法

（一）建立健全党的领导工作机制，确保方向正确

加强党的领导是实现退役军人志愿服务工作高质量发展的根本保证。

1. 积极发挥领导小组主导推动作用。各级党委退役军人事务工作领导小组充分发挥“总揽全局、协调各方”的领导作用，多次召开会议对发挥退役军人

作用作出部署，党建引领的退役军人志愿服务模式在深圳迅速、深入展开，激发出退役军人“一日从军，终生跟党走；一心为民，满怀赤子情”的强大动能。

2. 积极发挥基层党组织战斗堡垒作用。依托退役军人服务中心（站），开设退役军人志愿者“党建课堂”“红星讲堂”，打造“红星示范岗”，形成“基地 + 讲堂”理想信念教育体系，增强其政治认同、理论认同和情感认同。依托街道、社区党组织主导选拔红星志愿队骨干，常态开展党性教育、理论学习、主题党日等活动，切实将红星队员凝聚在党组织周围。

3. 积极发挥先锋模范的引领示范作用。培育“兵支书”“兵委员”等基层带头人 442 名，推动退役军人党员在志愿服务中“亮身份、当先锋、树形象”。设立“老班长工作室”“红星堡垒户”等志愿服务平台，树立“功臣模范”“最美退役军人”等先进典型，并通过他们团结带动更多退役军人，与党同心、跟党同行、为党添彩。目前，全市红星队员近 1.3 万人，其中共产党员占 59.4%，曾在部队或地方立功受奖的占 30%。

（二）建立政社协同管理机制，确保行稳致远

突出部门协同、四级联动，构建分级履责、自主运作、融合发展的志愿服务管理机制，实现行政管理和组织自治互促共进，形成齐抓共管的良好局面。

1. 强化部门联动。建立退役军人志愿服务工作协同机制，围绕“项目培育、队伍建设、平台管理、激励机制”等开展多方合作交流，形成“人员联培、设施联建、活动联办、品牌联创、成果联享”的五联格局。

2. 强化分级管理。建立“1+13+N”红星志愿服务组织，明确市总队履行统筹协调、规划布局、搭建平台等职能，各基层分队及专业队履行招募培训、组织管理、运作实施等职能，实现分工有侧重、工作有联动，成为各级党委政府的得力助手。

3. 强化属地管理。依托四级服务体系“一贯到底”的组织优势，将红星志愿服务队纳入同级退役军人服务中心（站）统筹管理，794 个服务中心（站）工作人员全员加入市红星志愿服务队，设立 295 名联络员靠前把关定向、帮带指导，既提升了志愿服务活动的组织力和规范性，又充实了基层退役军人服务

站点力量，推动退役军人志愿服务与基层服务保障体系融合发展、相得益彰。

4. 强化自我管理。遵照自愿、无偿、公益的属性，推动深圳市红星志愿服务队注册为社会组织，按照章程自主运作、自我管理，突出队员自愿参与、持续参与。

（三）建立多元开放服务机制，确保服务大局

注重契合经济社会发展需要和退役军人需求，引导分领域、分项目、分层次承接和开展志愿服务，实现志愿服务多元化、特色化发展。

1. 紧扣精神文明建设。把退役军人志愿行动融入党和国家发展大局，常态化参与精神文明创建活动，主动进社区、进学校、进单位、进企业、进军营，开展创文创卫、文明宣传、爱国拥军等志愿服务，传播红色精神，弘扬时代新风。

福田区退役军人红星志愿服务队开展助力高考志愿服务活动

2. 紧扣基层治理。聚焦群众急难愁盼，形成了疫情防控、治安防范、助老助残、护苗护航、交通疏导等接地气聚人气的品牌项目，引导红星队员成为参与平安建设、基层治理的重要力量。疫情期间，累计参与疫情防控 53 万多人次，献血 21 万多毫升。

3. 紧扣退役军人独特优势。组建应急救援、医疗救护、法律援助等特色专业志愿服务队伍，依法参与湖北、江西抗洪和“7·20 郑州特大暴雨”等抢险救灾、应急救援工作，实现平时服务、急时应急、战时应战。

4. 紧扣退役军人服务保障。发挥经历相似、情感相通的优势，推动退役军人志愿服务与服务体系双向发力、互相赋能，红星队员常态化参与服务中心（站）值班，开展老兵帮老兵、战友微心愿、矛盾调解、走访慰问等自我服务近 2000 场次，积极引导退役军人在服务大局、助力发展中彰显价值、弘扬正能量。

（四）建立精准高效运行机制，确保动力强劲

坚持以培育志愿服务强劲动力和组织活力为导向，创新方式方法，整合资源力量，实现“队伍充分志愿 + 社会完全参与 + 行政适时引导”的志愿服务良性发展。

1. 精准组织动员。创新推动“志愿深圳”与“鹏城老兵”APP 志愿服务数据互联互通互认，建立“一键式”志愿服务管理模式，实现线上快速发动招募，线下精准组织实施。

2. 多元保障支撑。依托退役军人服务中心（站），搭建红星志愿服务队联络部、联络站等服务平台。引导财政资金投入近百万元，对红星队员开展党性教育、业务培训、荣誉激励等活动。推动成立退役军人关爱基金、红星关爱互助基金，发动爱心企业、个人等累计捐款捐物 1540 余万元。建立分级分类的培训体系，实施“基础化”“特色化”“专业化”培训，提升自身造血功能，稳步推动通过承接项目等解决运营成本问题。

3. 立体宣传报道。利用官微、公众号和社会平台，做好全网宣传，及时开设“红星耀鹏城”专栏，全方位营造退役军人志愿服务氛围。暖心“移动厨

房”“抗疫英雄”志愿岗、不休班的战疫“夫妻档”“父子兵”等事迹获得中央电视台和《解放军报》《国防报》等媒体宣传报道，全面提升了深圳“红星”品牌的美誉度、知晓度。

4. 综合激励推动。建立月工作例会、互评交流制度，推动全市志愿服务与各区特色服务相互融合借鉴。开展两届“十佳志愿者”“十佳团队”等宣传推选活动，对优秀、困难的红星队员代表进行走访慰问，让其充分感受到社会的尊崇，激发参与热情。

三、工作成效

截至 2021 年 12 月，红星志愿服务队报名人数已突破 1.3 万人，按照“1+13+N”的组织架构，组建市、区、街道（镇）、社区（村）红星志愿服务队和各类专业服务队 295 支，紧扣精神文明建设、基层治理、应急救援、退役军人服务保障等常态开展志愿服务，以坚决的行动、显著的战绩践行着“若有战，召必回”的铮铮誓言，以无私的奉献、勇毅的担当诠释着“一日为军人、终身有军魂”的初心使命，获得了社会各界和各级领导的充分肯定。

深圳 5 次在全国全省退役军人工作相关会议上介绍退役军人志愿服务工作经验。2021 年 4 月，广东省退役军人志愿服务工作会议在深圳召开；2021 年 6 月，全国退役军人志愿服务工作部署会全面推广深圳建设经验；2020 年 12 月，《红星耀鹏城——深圳市退役军人红星志愿服务项目》在第八届广东省市直机关“先锋杯”工作创新大赛转变作风项目评比中荣获第三名；2022 年 2 月，深圳市退役军人志愿服务项目获评全国退役军人工作十大示范工作法，获得广东省委主要领导批示肯定。

市红星志愿服务队于 2020 年 10 月，被广东省委省政府、广东省军区表彰为“广东省爱国拥军模范单位”；2020 年 12 月，被深圳市义工联合会评为“深圳市抗击新冠肺炎疫情志愿服务先进集体”；2021 年 1 月，被广东省精神文明建设委员会办公室、共青团广东省委和广东省志愿者联合会评为“广东省优秀战疫志愿服务典型”；2021 年 2 月，被中宣部、中央文明办等 16 部委推选为“全

证书

广东省深圳市退役军人红星志愿服务队：

在2020年度全国学雷锋志愿服务"四个100"先进典型宣传推选活动中，被推选为最佳志愿服务组织。

全国学雷锋志愿服务"四个100"
先进典型宣传推选活动组委会
办公室
二〇二一年二月

深圳市退役军人红星志愿服务队在2020年度全国学雷锋志愿服务"四个100"先进典型宣传推选活动中被推选为最佳志愿服务组织

国学雷锋最佳志愿服务组织"；2021年3月，被广东省精神文明建设委员会评为"广东省学雷锋最佳志愿服务组织"。

四、经验启示

（一）必须加强党的领导

展望新时代、面向新征程，退役军人志愿服务大有可为、大有作为。以相似的从军经历为纽带，以志愿服务组织为载体，将退役军人聚起来并发挥正向作用，必须把党的领导摆在首位，将政治建设贯穿退役军人志愿服务工作全过程、各环节，主动依托基层党组织，充分发挥退役军人党员的先锋模范作用，以党的思想、政策和主张引领志愿服务发展的正确方向，切实增强退役军人听党话、跟党走的行动自觉。

（二）必须坚持系统集成的发展方向

实践表明，退役军人志愿者已成为一支服务自身、奉献社会的“硬核力量”，特别是在参与疫情防控、应急救援等艰巨任务中彰显了独特价值。全面推动退役军人志愿工作高质量发展，必须坚持系统视角、联动思维，需要退役军人事务部门会同各职能部门主动担当、顺势而为，选准方向、规范引导，推动退役军人志愿服务从“自由发展”转为“有序发展”，从“志愿活动”转为“志愿品牌”，从“单兵作战”转为“互相赋能”。

（三）必须发挥服务体系的功能作用

实践表明，退役军人志愿服务是推进社会文明程度提高和提升退役军人服务质量的重要举措。以退役军人服务体系为支撑，推动退役军人服务中心(站)与志愿服务组织融合发展、携手同行、相互赋能，解决“既要管得住，又要管得活”问题的同时，能充实基层服务力量、延伸服务阵地，还能拉近距离，提升信任，增进退役军人服务体系作用发挥的强劲动力。

（四）必须维护多元化的实践路径

退役军人志愿服务不应千篇一律，而应在深刻把握新时代志愿服务工作发展规律、退役军人服务工作特色的基础上，结合广大退役军人素质过硬、忠诚度高、执行力强的独特优势，因地制宜、百花齐放，推动退役军人志愿服务工作多元发展。

下一步，深圳将以建设全国退役军人工作高质量发展示范区为契机，全面加强和规范退役军人志愿服务工作的组织领导、形式内容、管理机制和保障措施，全力打造退役军人志愿服务工作高质量发展最佳示范，努力在推进退役军人思想政治领域先行示范方面贡献深圳力量。

打造全域科普深圳范例

提升全民科学素质是实现科技自立自强的先决条件，也是深圳率先实现社会主义现代化、勇当驶向中华民族伟大复兴光辉彼岸的第一艘“冲锋舟”的使命所系。自中国科协深化改革领导小组同意将深圳纳入全域科普工作试点以来，深圳成为全国两个全域科普试点城市之一。2021 年，深圳以提高全民科学素质服务高质量发展为目标，创新部门联动机制，撬动社会科普资源，打造“全领域行动、全地域覆盖、全媒体传播、全民参与共享”的全域科普深圳范例。

一、背景意义

习近平总书记指出，“科技创新、科学普及是实现创新发展的两翼，要把科学普及放在与科技创新同等重要的位置。”国家科技创新力的根本源泉在于人，科学普及则为创新人才成长培植沃土。2021 年，国务院印发《全民科学素质行动规划纲要（2021—2035 年）》指出：“鼓励有条件的地区开展全领域行动、全地域覆盖、全媒体传播、全民参与共享的全域科普行动。”《广东省全民科学素质行动规划纲要实施方案（2021—2025 年）》指出：“支持深圳市开展全领域行动、全地域覆盖、全媒体传播、全民参与共享的全域科普行动。”深圳作为国家创新型城市，科技创新综合实力和科普工作基础均走在全国前列，开展全域科普工作试点，对于培育创新后备人才、增强自主创新能力和文化软实力，具有重要的支撑作用。

二、主要做法

深圳着力打造法治化、系统化、社会化科学素质建设体系，支持和引导企事业单位、社会组织、科技工作者参与科普事业，为群众提供形式多样的科普活动和更加丰富的科普资源。

（一）以法治化筑牢科普事业发展根基

《深圳经济特区科学技术普及条例》（以下简称《科普条例》）在科普理念、基本原则、工作机制、社会责任等方面作出立法创新，为深圳科普事业发展筑牢根基。为贯彻落实《科普条例》，市政府建立科普工作联席会议制度，负责审议市科普工作规划、统筹协调科普工作重大事项，市科协作为联席会议办事机构。2021 年，市科协发挥市科普工作联席会议统筹协调作用，结合“中国共产党成立一百周年”、“我为群众办实事”实践活动、“全国文明典范城市创建”等重点工作，联合市、区相关单位在全市范围内组织开展科普惠民活动超过 5000 场次，服务公众超千万人次。

（二）以系统化构建科普公共服务体系

深圳将科普工作积极融入“双区建设”战略，按照市级统筹、分级负责、各有侧重、协同推进的原则，建立市、区、街道、社区四级联动的科普工作体系，出台《深圳市全民科学素质行动规划纲要实施方案（2022—2025 年）》《深圳市科协科普工作“十四五”规划》等文件，对全民科学素质建设和科普工作提出了明确目标和要求。为加强部门协作，市科协先后同市教育局、市卫生健康委、市总工会、深圳商报、地铁集团等单位签订战略合作协议，共同推进相关领域的科普工作。为提升基层科普服务能力，市科协一方面引导各区、各部门结合区域特色、业务职能协同举办特色科普活动；另一方面通过举办科普成果展示大赛、设置购买服务项目支持市内外的科技企业、社会组织开展公益性科普活动。

（三）以社会化激发科普人才创新活力

深圳充分发挥科技人才在传播科学思想、弘扬科学精神方面的重要作用，不断完善科普人才培养、使用和评价机制，组建科技志愿服务队、建立科普项目专家库，将分属不同学科、专业技术门类的科技工作者和基层科普需求紧密结合。2021 年，市科协招募、组建“科学家精神、企业家精神和工匠精神讲师团”，通过公开讲师团名单及授课主题，主动对接基层授课需求，邀请专家走进社区党群服务中心、中小学开展有针对性的科普讲座。其中，首批“深圳市科协科学家精神讲师团”成员来自深圳各高校、科研院所、高新技术企业，90%具备高级职称、党员占 55%、“85 后”占 30%、2 人入选美国斯坦福大学“全球前 2%顶尖科学家榜单”。

三、工作亮点

2021 年，市科协发挥市科普工作联席会议办公室统筹协调作用，联合各区、各部门创新发展科普事业，将科技创新优势转化为科普优势，助推深圳科普服务能力不断增强、科学精神深入人心、公民科学素质稳步提升。中国科协发布第十一次中国公民科学素质抽样调查结果显示，深圳公民具备科学素质比例达到 21.1%，位列全国第三，已成为我国公民科学素质发展的第一层级城市。2021 年，市科协荣获中国科协、科技部科技人才与科学普及司、广东省科技厅、广东省科协颁发的科普奖项 16 项，相关创新举措获中国科协总结、推广。

（一）开展应急科普，助力疫情防控

自新冠肺炎疫情“战疫”打响以来，深圳充分发挥科普在疫情防控关键时期的重要作用，引导广大干部群众提高科学素质和自我保护能力，助力疫情防控、复工复产复学，为坚决打赢疫情防控阻击战贡献了科普力量。依托市科协所属 190 家学会、研究会和科普基地等单位转载防疫知识，开展科技志愿服

务为市民提供防疫知识宣传、免费心理咨询等科普服务。先后举办“科技防疫·健康科普”科普展览、新冠肺炎防控线上科普作品创作大赛、《基因与新冠病毒》线上直播等活动，创作的“疫情防控科普”系列动画片获广东省科普创作大赛二等奖。

（二）科普助力“双减”，培育创新后备人才

深圳每年举办青少年科技创新大赛、青少年科技运动会、院士专家进校园等科普活动，在丰富学生课余生活的同时，提高青少年科学素质水平。2021年，市科协与市教育局签订了《青少年科学素养提升行动战略合作协议》，在共同推进科普教育学分制实施、建立青少年科技创新人才培养选拔新机制，以及加强科普基地共建、共用、共管等方面开展深度合作。中国科技馆、深圳市教育科学研究院、深圳市科学馆联合出台《“馆校结合科技教育基地校”管理办法》，选出50所馆校结合基地学校服务中小学生科技教育。

深圳市科协在2021年全国科普日暨深圳科普月期间举办航天主题空间研学活动

（三）开展“双碳”科普，传播绿色低碳理念

深圳通过承办中国（深圳）国际气候影视大会等重大活动，邀请全国气候生态领域的专家学者和影视创作者齐聚深圳，通过绿色低碳生活展览、公益展映和科普讲座传播气候科普新知识，营造绿色低碳新风尚。2021 年，作为第六届深圳科技影视周重要板块，第六届中国（深圳）国际气候影视大会邀请全国气候生态领域的专家学者和影视创作者齐聚深圳，共同探讨推进碳达峰碳中和科普宣传工作。首届“中国（深圳）能源科技影视大会”作为科影周全新版块，邀请各界人士围绕双碳目标下能源科技发展和影视传播展开广泛深入的探讨和交流，并为优秀能源科技影视作品颁发首届“低碳能源影视银河杯”。

（四）建设现代科普场馆体系，拓宽科学传播阵地

推动以深圳科技馆（新馆）等为核心的现代科普场馆建设，发挥深圳科学

深圳科技馆（新馆）效果图

馆、宝安区科技馆、龙岗区科技馆等科普主阵地作用，实现科普公共服务均衡化、广覆盖。2021 年，总建筑面积约 12.85 万平方米的深圳科技馆（新馆）建设取得重要进展，展教工程与建筑工程协同推进。作为深圳市“新时代十大文化设施”之一，深圳科技馆（新馆）将成为弘扬科学精神和践行社会主义核心价值观的前沿阵地。2021 年，市科协评审认定腾讯科技（深圳）有限公司等 125 个“深圳市科普基地”和“深圳市科普示范点”，推动高新技术企业、科研院所等单位面向社会公众开放特色科普资源，将深圳科技创新优势转化为科普优势。

（五）发挥人才优势、传播科学火种

深圳市科协完善科普人才培养、使用和评价机制，打造一支高素质、专业化的科普人才队伍。2021 年，市科协依托 179 支分属不同行业的“深圳市科技志愿服务队”，聚焦市民需求开展科技志愿服务。其中，在华强北广场举办

市科协依托科技志愿服务队举办科技工作者志愿服务集市

的2021年深圳市科技志愿服务集市活动，邀请来自深圳市各市属学会、协会、科普基地的64支科技志愿服务队免费为市民提供科技咨询、科技产品体验等服务，增进公众对科技发展的了解和支持。2021年，已有30多个社区、学校、企业预约市科协主办的“科普课堂”——科学家精神、企业家精神和工匠精神讲师团基层宣讲活动。市科协先后举办2021年广东省科普讲解大赛预选赛、深圳市科普成果展示大赛等科普赛事，提升科普人才业务能力和参与科普事业的热情。2021年，深圳选手在广东省科普讲解大赛和全国科学实验展演汇演广东省选拔活动中斩获14个奖项，首次获得广东省科普讲解大赛一等奖，市科协获优秀组织奖。

四、经验启示

科普是一项关乎国家发展和民族兴盛的基础性工作。大力推进全域科普工作，对加快建设深圳先行示范区，增强深圳自主创新能力和文化软实力、加快构建“城市文明典范”具有重要支撑作用。深圳市建立党委领导、政府推动、全社会共同参与的工作机制，构建“全领域行动、全地域覆盖、全媒体传播、全民参与共享”的全域科普工作体系，为满足人民对美好生活的向往、实现高水平科技自立自强作出科普贡献。

（一）科普立法是发展科普事业的根本保障

法治是国家治理体系和治理能力的重要依托，具有固根本、稳预期、利长远的作用，同样也是发展科普事业、推动科技创新优势转化为科普资源优势的题中之义。《科普条例》在科普理念、基本原则、工作机制、社会责任等方面作出了立法创新，推动深圳科普工作步入法治化、规范化、长效化轨道。2021年，市科协以贯彻落实《科普条例》为契机，充分发挥市科普工作联席会议办公室的统筹协调作用，推动各有关单位结合业务范围和工作实际开展科普活动、开发利用科普资源、培育科普人才。深圳把加强顶层设计与坚持问计于民统一起来，总结全市科普实践经验，科学编制科普工作规划和实施方案，打造

“深圳科普活动指数”健全科普监测评估机制，筑牢建设全域科普示范市的工作基础。

（二）全社会共同参与是发展科普事业的活力源泉

科普既是政府推动的公益性事业，也需要全社会共同参与。市科协依托深圳良好的营商环境和企业创新氛围，出台支持社会力量发展科普事业的制度体系，依托科技类社会组织开展科技志愿服务，将深圳科技创新优势转化为科普事业发展的源头活水。深圳以认定科普基地和科普示范点、打造“企业科技传播馆”等方式引导社会资本参与科普设施建设，推动高新技术企业、科研院所建立科研成果展示平台，将自身科技资源转化为科普资源，让公众了解科研的环境、过程、成果和其中蕴含的科学思想、方法和科学家精神。

（三）科技工作者是发展科普事业的主力军

科技工作者既是引领科技创新的主导力量，也是推动科普事业创新发展的主力军。市科协充分发挥科技人才在科普工作中的重要作用，通过建立科普专家库、组建科普志愿者服务队、成立科普讲师团搭建人才服务平台，以“基层提需求＋科协出人才”的形式把分属不同学科、专业技术门类的科技工作者和基层科普需求结合起来。市科协通过实施科学家精神进校园、举办“科学与中国”院士专家巡讲、宣传“最美科技工作者”等方式着力突出科学家精神的引领作用，强化对优秀科普工作者的表彰奖励，以榜样力量激发广大科技工作者投身科普事业的热情。

（四）群众性科普活动是科普事业发展的重要抓手

科普活动是科普工作的着力点和重要抓手，其表现形式与活动的受众吸引力、内容感染力息息相关。深圳针对受众的特点，创新举办深圳科普月、科普课堂等品牌科普活动，将科普活动参与者的主动性和市民生产生活需求紧密结合，用鲜活、有趣的方式打通科技传播“最后一公里”。市科协针对不同受众“定制”活动内容，采用互动体验、网络直播、科普游戏等方式，突破场地、形式限制，将科普活动送进学校课堂、社区党群服务中心、入境人员隔离酒店等，让“群众身边的科普”以“润物细无声”的方式为深圳营造崇尚科学的氛围。

未来，深圳按照全民科学素质和科普工作的部署要求，勇担新时代科普使命，扎实推进全域科普试点，进一步提升科普公共服务能力和公民科学素质，创建中国特色社会主义科学素质先行示范市，为建设中国特色社会主义先行示范区、创建社会主义现代化强国的城市范例提供有力支撑。

全力推进基础教育综合改革实验区建设

深圳推进基础教育综合改革不停步，千方百计促进基础教育高质量发展，努力实现教育先行示范。2021 年 9 月，深圳市获批“教育部基础教育综合改革实验区”，为全国基础教育改革先行探路，贡献深圳方案。

一、背景意义

《意见》明确指出，支持深圳在教育体制改革方面先行先试，高标准办好学前教育，促进中小学教育增量提质，实现幼有善育、学有优教。2021 年，教育部印发《关于设立教育部基础教育综合改革实验区的通知》，宣布在全国设立 12 个基础教育综合改革实验区，深圳市荣列其中。教育部明确要求基础教育综合改革实验区，要不断深化基础教育综合改革，发挥好示范引领作用。在此背景下，深圳将先行先试，建立基础教育综合改革实验区，进一步探索深化综合改革，促进学前教育普及普惠安全优质发展，义务教育优质均衡发展，普通高中多样化有特色发展，全面提高基础教育质量，为全国基础教育改革发展先行探路、贡献经验。

二、主要做法

深圳基础教育综合改革工作主要遵循三个基本原则：一是与中央支持深圳建设中国特色社会主义先行示范区意见中基础教育的核心任务以及教育部基础教育综合改革实验区的建设要求做好对接，落实国家要求；二是把握深圳基础教育当下面临的热点难点问题以及制约深圳基础教育发展的体制机制障碍，采取针对性举措；三是瞄准人类社会向智能时代转型的未来趋势，推进深圳基础教育整体性变革。

（一）加快推进基础教育学位建设

1. 市区合力“挂图作战”，吹响学位建设“集结号”。制定《深圳市实施2021年度大规模学校建设计划工作方案》，理清责任链条，拟定责任清单，形成“开工一批、建成一批、推进一批”的良好局面。

2. 机制创新“特事急办”，按下学位建设“加速键”。按照“特事急办”原则，着力突破学位建设难点堵点，实施学位建设新机制，全面保障学位建设目标如期如数如质完成。

3. 设计建设“面向未来”，打造学位建设“新样本”。以“百年学校、精典品质”为要求，着力优化学校设计建设标准，高水平规划、高质量建设，组建深圳市学校规划与设计专家咨询委员会，学校设计方案对标一流，实现“办一所、优一所”，打造一流学校和智慧校园。

（二）学前教育加强内涵建设

1. 健全学前教育治理体系。推进学前教育治理法治化，完善学前教育监管制度体系，全面推进党建、行政、研训、督导“四位一体”的学区化治理。

2. 加强学前教育师资队伍建设。构建市、区、学区、园一体化学前教育师资培训体系，分层分类开展培训。实施卓越幼儿园园长提升培养工程及第二轮学前教育“苗圃工程”。开展“幼有善育”鹏城论坛系列活动，为教师搭建成长平台。

3. 促进公办园规范优质均衡发展。15所市属幼儿园向福田、罗湖、光明、坪山和龙华等6个区共31所区属公办园输出优质管理经验和优秀人才。成立52个公办学前教育集团，带动200多所公办园提升办学质量。

（三）大力推进义务教育优质均衡发展

1. 不折不扣严格落实“双减”要求。将“双减”工作作为重大民生工程，列入重要议事日程加以推动落实。在市教育局设立校外教育培训监管处，统筹校外教育培训工作各项业务。在省人民政府教育督导室已将落实“双减”工作情况及实际成效作为政府履行教育职责评价重要内容的基础上，全面强化督导检查。

2. 全面推行义务教育课后服务。市教育局出台政策、统筹指导、协调经费、强化检查，区教育行政部门组织实施、做好保障、加强监管，各中小学校制定实施方案、创造性落实；广大家长主动配合、积极参与，社会机构招标进入、高质量服务，学生自主选择、自主申报、自主学习、自主体验。

3. 强化高水平教师队伍建设。与知名师范大学合作建立“深圳学院”，实施优秀校长培养工程及“名师工程”等培养计划，修订《深圳市深化中小学教师职称制度改革实施方案》，教师职评覆盖面扩大到民办学校，实行校长职级制改革，打通校长专业化发展通道。

4. 大力提升义务教育优质均衡水平。将义务教育公共服务高标准覆盖到随迁子女、残疾人子女，做到“同城人、同待遇”，继续推行义务教育阶段学校积分入学政策，大力推进集团化办学，形成“直管学校 + 委托管理学校”等紧密型的集团化办学模式。

（四）推进普通高中新课程新教材实施国家级示范区建设

1. 构建监督与指导相结合的课程管理机制。一是将高质量落实国家课程要求纳入普通高中学校办学质量评价，做好相关评价工作，确保开齐开足开好国家课程。二是将国家课程的校本化实施纳入市区教科院学科教研员集体视导工作机制，督促和指导普通高中学校做好课程实施工作。

2. 推进示范校与学科示范基地建设工作。遴选并建设示范校和学科示范基地，稳妥推进新课程新教材实施，持续研制《深圳市普通高中新课程新教材学科教学指南》，帮助教师快速适应新课程新教材实施要求，并组织开展系列学术研讨活动。

3. 加强新课程新教材实施专业指导。构建高中教师培训体系，创立“赛研一体化”的教师专业发展培训模式，将教育教学技能比赛、青年教师教学基本功比赛、模拟命题比赛等三大赛事作为提升教师专业水平的基本平台。优化学科教研员集体视导体系和新课程新教材研究的工作机制。

（五）积极探索智慧教育

1. 创建云端学校。创建“总部校区 +N 所入驻学校”的学校共同体，提供八大场景服务。探索“全国知名专家深度参与、市教研员驻点指导、市内名师牵头”的嵌入式同研同培教研模式。通过“云端之家”智能服务，利用“云端学伴”“云端探究”“云端客厅”“云端树洞”四大版块，为学生提供开放学习云空间，为家长提供合作交流共育平台。

2. 建设“基于教学改革、融合信息技术的新型教与学模式”国家级实验区。建立行政领导与专家指导“双小组”运行机制，统筹指导全面工作。建立市、区、校三级实验共同体，市级主要做好“四大统筹”，明确区级实验方向和主题，区级实验项目以“1+2 模式”协同推进，校级层面遴选实验校具体实践，以重点突破带动整体教学改革。

3. 建设全国“智慧教育示范区”。紧扣教育部关于“智慧教育示范区”创建宗旨，系统规划，打造智慧教育公共服务范本，建立未来学校集群。实施人工智能改革创新标杆工程和智慧教育领航人才培养工程。制定教育装备及应用标准，筹建智慧教育示范区专家委员会和智慧教育协同创新研究院。

三、工作成效

（一）基础教育学位更快更好满足市民需要

1. 学位建设再创历史新高。2021 年实施大规模学校建设计划，新开工建设学校 150 所（按计划完成），其中公办普通高中学校 22 所，义务教育学校 68 所、幼儿园 60 所；新改扩建投入使用学校 151 所，超额完成年度目标任务

广东省实验中学深圳学校设计图

（计划新建成 146 所），其中公办普通高中学校 9 所，义务教育学校 66 所、幼儿园 76 所。新增各类基础教育学位 13 万个，超额完成年度目标任务。

2. 学校设计建设取得新突破。出台《深圳市义务教育学校设备设施配备标准指引》，优化义务教育学校设计和建设标准。全市公办义务教育学校 100%达到省标准化要求。

（二）学前教育内涵发展成效显著

1. 学前教育立法获得突破。2021 年 10 月 29 日，市七届人大常委会第五次会议三审通过《深圳经济特区学前教育条例》草案修改二稿，经深圳市第七届人民代表大会常务委员会第十次会议于 2022 年 6 月 23 日通过，自 2022 年 9 月 1 日起施行。

2. 学前教育教师队伍素质不断提升。公办园专任教师 100%持有大专及以上学历，全市幼儿园专任教师大专以上学历占比已提高至 95%以上。评选 251 位“苗圃工程”名师及培养对象，成立 58 个省、市级名师工作室。举办 6 期“幼

学前教育办学质量大幅提升

有善育”鹏城论坛，线上线下累计500多万人次参与学习研讨。

3.学前教育办学质量大幅提升。2021年，遴选201所“家门口的优质幼儿园”培育单位，74所优质特色示范幼儿园创建单位通过验收；全市29个省级“新课程”科学保教示范项目和19个市级“新课程”科学保教示范项目已完成开题；3个行政区获评“广东省学前教育高质量发展实验区”，3个学前教育集团荣获“广东省优质基础教育集团”称号。

（三）基础教育优质均衡发展步入快车道

1.“双减”工作初见成效。依法关停义务教育阶段学科类校外培训机构828家，压减比例达到96%，全市证照不齐学科类培训机构实现动态清零。深圳经验做法作为典型案例在教育部官网报道，《深圳市发挥先行示范引领作用，推进校外培训治理落地见效》被评为全国“双减”工作优秀案例。

2.课后服务经验全国推广。课后服务已实现全市公办、民办义务教育学校

中山大学附属实验学校课后服务

全覆盖，有需求的学生全覆盖，100%学校课后服务时间达标，获评2021深圳治理现代化十大优秀治理案例，被教育部评为全国省会城市、计划单列市义务教育课后服务典型案例单位，作为全国典型受邀在教育部新闻通气会上分享“深圳经验”。2021年开展小学生暑期托管服务试点，“官方带娃”模式广受社会好评。

3. 高水平师资队伍建设再翻新篇。全市现有中小学正高级教师244名，特级教师383名，省、市级各类名师400多名，正高级教师、特级教师数量位居全省前列。在第三届广东省中小学青年教师教学能力大赛中，深圳市教师荣获38项一等奖，其中获得义务教育阶段21个一等奖，占全省80.8%；18位老师参加总决赛，占全省24.32%。最终，深圳市获得1项小学教育组总决赛第一名和1项高中教育组第一名。在2021年广东省班主任专业能力大赛中，深圳教师获综合一等奖数量位列全省前列。

4. 义务教育优质均衡再上台阶。市属名校到各区办学覆盖率达到100%，新建义务教育学校100%纳入集团化办学，有效缓解因教育资源不均衡所引发的“择校焦虑”。全市 55%的义务教育学位、38%的公办义务教育学位提供给随迁子女；学位补贴惠及 48.3 万学生。特殊教育学校从 1 所增加到 9 所，普通学校教室数量达 159 间，全市适龄残疾儿童义务教育入学安置率 100%。

5. 教育教学成果丰硕。2021 年，深圳市 63 所义务教育阶段学校被评为广东省中华优秀传统文化传承学校和艺术教育特色学校，7 所学校被评为广东省中小学劳动教育特色学校。2021 年，深圳市 3 项基础教育课题获全国教育科学规划课题立项，70 项基础教育课题获广东省教育科学规划课题立项，组织市级课题申报和评审工作，共计 502 项课题获市级教育科学规划课题立项；在 2021 年广东省教育教学成果奖（基础教育）评选中，深圳市获特等奖 6 项，一等奖 11 项，二等奖 19 项，各层次奖项数量和占比均为全省城市之首。广东省教育教学成果奖（职业教育）评选中，深圳市获二等奖 2 项。组织深圳市第四届教育教学科研优秀成果奖评审工作，共 142 项获奖。

（四）普通高中新课程新教材实施国家级示范区建设快速推进

1. 顶层设计工作得到部、省高度认可。印发《深圳市普通高中新课程新教材实施国家级示范区建设工作三年规划（2020—2023 年）》《深圳市普通高中新课程新教材实施国家级示范区示范校及学科示范基地管理办法（试行）》，全面完成示范区建设的顶层设计工作，得到教育部、省教育厅相关部门高度认可，目前已进入全面实施阶段，将进一步深化“双新”实施，遴选一批实验校、实验科组、实验项目。

2. 课程实施建设保障得到进一步提升。编写并推送普通高中语文、数学、英语、物理、化学、生物、政治、历史、地理九个学科新课程新教材教学指南，开展普通高中新课程新教材实施全员研修活动，为普通高中学校实施新课程新教材提供专业支撑，保障普通高中育人方式改革的顺利推进。

3. 示范校及学科示范基地形成辐射效应。开展 20 余次示范校与学科示范基地谋划工作的专题研讨培训活动，承办 2021 年广东省普通高中新课程新教材实施示范区示范校建设交流研讨活动，围绕“聚焦课堂教学改革，发展学生核心素养”主题开设 42 节示范课。编写 11 期工作简报，及时将建设成果报送教育部基础教育课程教材发展中心，其中两项成果已被教育部遴选为示范交流建设成果。深圳市高级中学、深圳市福田区红岭中学、深圳市蛇口育才教育集团育才中学被遴选为广东省普通高中新课程新教材实施省级示范校，举行面向全省的“双新”省级示范校三年规划论证会，发挥示范作用。

（五）智慧教育精彩纷呈

1. 云端学校发展迅速。采用“云端双师”教学模式，开设直播互动课 57 节，开展同研同培活动 61 次。创设“常态化、全学科、多主讲、直播互动 + 智能辅助”的新型教学模式。推广应用“跨校组班、多师协同、最优助学、线上 / 线下无缝融合、自由切换”的自主学习模式。初步探索出一条学生学习方式转变、

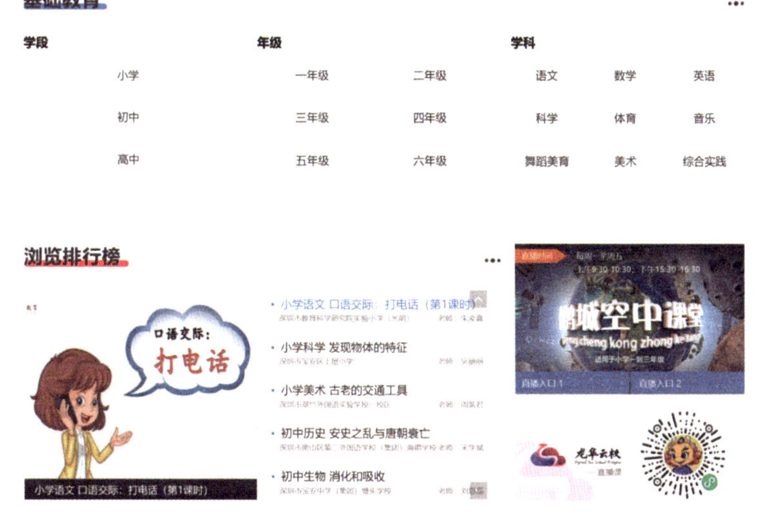

深圳教育云

教师专业发展、新建校和薄弱校快速提升、基础教育优质均衡发展的新路径。

2.“基于教学改革、融合信息技术的新型教与学模式”国家级实验区建设取得新进展。明确11个区级实验区实验项目，遴选100所实验校，形成市区校一体化发展新局面。典型案例《夯实信息化工作“六大机制”，树立市域统筹区校协同一体化发展的深圳样板》入选教育部2021年度信息技术与教育教学深度融合示范案例。

3. 全国“智慧教育示范区”建设开启三大示范。一是开展先锋教师计划，大力推进人工智能创新标杆项目，初步实现新技术在教育教学及管理中的应用模式示范。二是编制《深圳市实验教学选型及考试设备设施配备标准》《课堂教学行为数据交换规范（DB4403/T 198—2021）》等文件，实现标准示范。三是“双区”（国家级信息化教学实验区＋智慧教育示范区）联动、智慧融合，开启政企学研用信息化运行机制示范。

四、经验启示

（一）顶层设计、协同推进

深圳基础教育改革发展之所以能取得系列成绩，其关键在于不断加强党对教育工作的全面领导，牢牢把握住“幼有善育、学有优教”的目标，顶层推进，协同推进。市委市政府从总体上擘画深圳教育发展蓝图，出台《关于加快学位建设促进基础教育优质发展的实施意见》《深圳市“教育部基础教育综合改革实验区”行动方案（2021—2025年）》等系列文件，精心谋划深圳教育高质量发展路径。同时，在深圳市委教育工作领导小组的统筹领导下，市委编办、市财政局、市人力资源与保障局等其他职能部门与市教育局协同推进基础教育发展改革各项工作，取得显著成效。

（二）聚焦问题，目标导向

深圳基础教育发展始终坚持目标导向，聚焦教育发展不平衡不充分、与先行示范目标还有差距、学位供需矛盾尚未得到根本性缓解、优质教育资源还不能充分满足市民需求等问题，一方面着力健全与常住人口变化和空间布局相适应的学校规划机制，动态调整学位配置规划标准；另一方面特别关注以“质量+公平”为核心特质的基础教育高质量发展，科学系统谋划基础教育优质均衡发展系列举措，推动基础教育增量提质。

（三）特色发展、突出改革

深圳基础教育改革发展紧扣智能时代数据驱动、人机共存、社会多元的社会特质，结合基础教育的基础性、全面性、开放性等多元化特征，推进学前教育普惠优质发展、义务教育优质均衡发展、高中教育优质特色发展、民办教育规范提质，打造体系完整、结构清晰、有机衔接的基础教育公共服务体系，培养德智体美劳全面发展的社会主义建设者与接班人，实现幼有善育、学有优教的战略目标。立足落实立德树人根本任务，回答好“为谁培养人”“培养什么人”“如何培养人”等核心问题，将基础教育综合改革实验区建设的核心任务聚焦于深化新时代教育体制机制与课程教学等综合改革，为全国基础教育改革发展先行探路、贡献经验。

（四）面向未来、坚持开放

深圳基础教育发展结合时代和国家发展需要，注重发挥深圳创新创业和智慧教育优势，整合全市各领域创新资源，开发推广具有深圳特色的创新教育课程，大力发展面向未来的创新教育，通过打造未来教育新样态，构建智能时代基础教育优质均衡发展新生态；注重与港澳等地区交流合作，着力打造基础教育对外开放先锋城市，全面实施深港教育互助发展计划，并探索境外办学，实施深圳教育“走出去”工程。

未来，深圳将进一步完善立德树人落实机制，健全支撑基础教育优质发展的“四个体系”，基本建成优质均衡的基础教育公共服务体系，初步实现“幼有善育、学有优教”，总体实现较高水平的教育现代化，努力建成与城市发展相匹配的一流基础教育，源源不断为深圳“双区”建设和长远可持续发展注入强劲动力。

以健康为中心构建优质高效整合型医疗卫生服务体系

深圳始终坚持以人民为中心的发展思想，深入贯彻落实健康中国战略，以基层为重点、以健康为中心，以问题和目标为导向，以体系整合化、能力现代化、服务优质化、管理精细化、治理科学化为抓手，持续推进市级医疗中心高质量发展，加强基层医疗集团规范化建设，将社康机构建设成为市民健康管理服务基础平台，不断完善优质高效整合型医疗卫生服务体系，努力全方位全周期保障市民健康。

一、背景意义

2021 年，国家层面出台《关于推动公立医院高质量发展的意见》和《“十四五”优质高效医疗卫生服务体系建设实施方案》等系列文件，到 2025 年基本建成体系完整、布局合理、分工明确、功能互补、密切协作、运行高效、富有韧性的优质高效整合型医疗卫生服务体系。为贯彻落实国家政策要求，持续推进健康中国战略，深圳市以基层为重点、以健康为中心，以体系整合化、能力现代化、服务优质化、管理精细化、治理科学化为抓手，不断完善以“市级医疗中心 + 基层医疗集团”为主体的优质高效整合型医疗卫生服务体系建设，全方位全周期保障市民健康。

2021 年深圳居民健康素养水平提高到 45.98%，孕产妇死亡率降低至 1.91/10 万，婴儿死亡率降低至 1.06‰，主要健康指标持续稳定在发达国家和地区水平。13 项“健康中国 2030”规划目标，深圳有 10 项提前完成；连续两年获评“清华城市健康指数”健康引领型城市首位。

二、主要做法与成效

（一）完善顶层设计实现体系整合化

1. 强化市区两级协同。构建“市级医疗中心＋基层医疗集团”为主体的医疗卫生服务体系，市级层面以市属医院为主体、按照学科分类设置市级医疗中心，承担全市急危重症、疑难病症诊疗任务以及学科建设、人才培养、科学研究、重大疾病防治体系建设等责任；区级层面以区属综合医院牵头联合辖区医疗机构和社康机构设置基层医疗集团，承担居民健康管理和常见病、多发病、慢性病的诊疗、康复、护理、急诊急救服务。

2. 规范基层医疗集团运营模式。坚持以“院办院管”为纽带，制定基层医疗集团建设规范，统筹集团内医院和社康机构的行政和业务部门设置，建立放射影像、医学检验、消毒供应、处方审核等资源共享中心，健全医院与社康机构融合发展的基层医疗集团运行体制机制、医疗与预防融合发展的学科发展方式、全科与专科协同服务的分级诊疗模式。“创新构建‘两融合、一协同’的

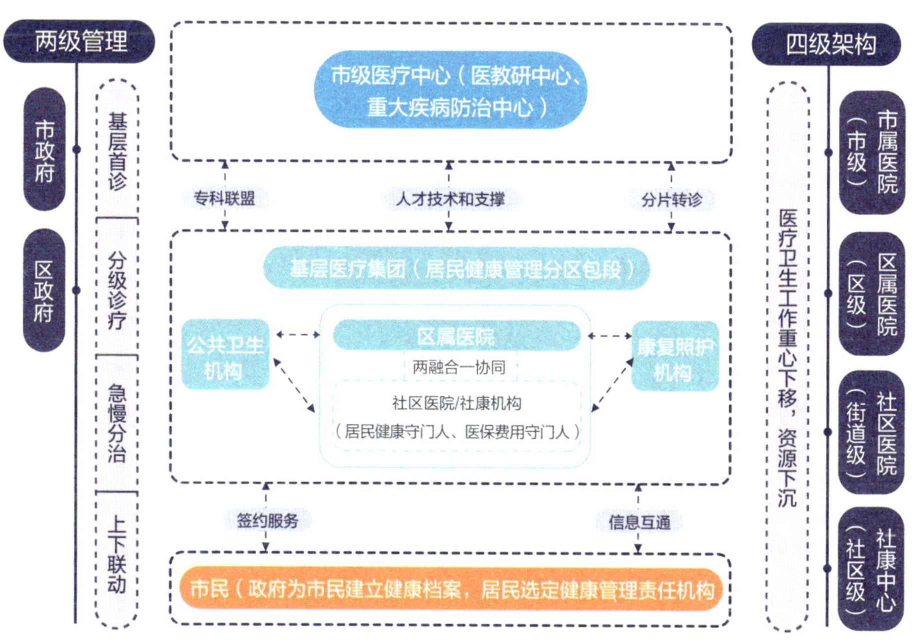

深圳市整合型医疗卫生服务体系架构图

整合型医疗卫生服务体系”成为深圳经济特区 5 方面 47 条创新举措和经验做法之一。

3. 建立重大疾病防治体系。以市级医疗中心为龙头单位，牵头全市医疗机构构建重大疾病防治体系，协同医院学科网络建设、质控体系建设，制定重大疾病防治指南和建设专病数据库，健全市区两级以及基层医疗集团内部双向转诊病种目录和转诊标准，实现疾病筛查在社康机构、诊断和治疗主阵地在基层医疗集团、疑难复杂病例诊疗在市级医疗中心。由市级医疗中心专家牵头，实施高血压、糖尿病、慢阻肺等 15 个重大慢性病医防融合项目，完善慢性病综合监测与评估体系，优化重点慢性病的筛查与干预策略。

（二）明晰功能定位实现能力现代化

1. 加强市级医疗中心能力建设。对标国家医学中心、国家区域医疗中心，着力打造一批医疗技术顶尖、医疗质量过硬、医疗服务高效、医院管理精细、群众满意度较高的市级医疗中心；实施临床重点学科群建设计划，加强传染病、呼吸、精神、妇产科、儿科、神经、生殖等专科领域的学科规划发展，推动形成院有品牌、科有特色的学科发展新格局。国家感染性疾病临床医学研究中心、国家恶性肿瘤临床医学研究中心南方分中心、国家中医肝病区域诊疗中心等一批国家级重大医学科研平台在深圳布局。2021 年，深圳市第三人民医院进入复旦排行榜全国百强，港大深圳医院成为国家公立医院高质量发展 14 家试点医院之一，省高水平医院达 7 家，国家临床重点专科达 16 个。本市参保人市域住院率达到 98.1%，肿瘤医院市外患者占比达 45%，基本实现大病不出市。

2. 支持基层医疗集团打造全科医学高地。强化基层医疗集团心血管、内分泌、呼吸内科、神经内科等重点学科建设，依托集团内科科室设立血压管理、血糖管理、肺功能、肾功能等健康管理中心和智慧家庭病床管理中心，推动集团各临床科室、社区健康服务机构全面参与居民健康管理，实现学科建设从院内延伸到院外，从治病延伸到健康管理。加强集团牵头医院卒中、胸痛、创伤救治、危重孕产妇及新生儿救治、危重儿童救治等“五大中心”建设，实现急诊急救就近解决。2021 年，以基层医疗集团为主的基层体系诊疗量占比达到 74.5%，集团内社康机构的诊疗量占比达到 51.25%，社康机构高血压、糖尿病诊疗人次占全市同病种门诊总量的比重提升至 84.7%、76.9%。

3. 加快推进社康服务扩容提质。深入推进社康服务扩容提质行动，新增社区医院设置类别，将社区医院业务用房建筑面积提升至 4500 平方米，补齐康复护理等延续性服务短板；要求常住人口超过 2 万人的社区至少建设 1 家 1400 平方米以上的社康中心；将社康站准入面积降低到 90 平方米，方便机关、企业、事业单位和工业园区设立便民社康站。提高社康机构装备配置标准，实施社康机构装备配置提升计划。通过增加药品配置、电子处方外配、预约取药、快递到家等方式，加强基本药物配备使用和规范管理，逐步实现医院与社康机构用药全面衔接。市财政按每人 2 万元的补助标准，持续鼓励集团内科医师参加全科医师转岗培训。截至 2021 年底，每 2.1 万人拥有一家社康机构，90.33%以上的居民 10 分钟内能到达最近的医疗点，每万人全科医生达到 4.28 名。

（三）夯实全方位全周期推动服务优质化

1. 建立健全居民健康管理制度。通过立法建立健全居民健康管理制度，明确每个居民从出生开始，政府就应当为其建立电子健康档案，纳入健康管理，明确责任社康机构、责任家庭医生，强化医防融合、体医融合、医养结合、教卫联动，整合基本公共卫生服务项目，构建全生命周期健康服务链条，实现每个居民健康有人管。

2. 丰富家庭医生签约服务内涵。将社康机构开展的基本公共卫生服务补助标准提高到每常住人口每年 134 元。在国家基本公共卫生服务项目基础上，面向全市居民提供 32 项地方公共卫生服务项目。除基本医疗服务、转诊服务、基本公共卫生服务内容外，逐步增加健康咨询、健康体检和评估、戒烟门诊、运动指导、营养指导、心理咨询、体质测试、中医养生保健和治未病等个性化家庭医生服务。2021 年，重点人群家庭医生服务签约率达 63.93%。

3. 推动健康管理服务平台建设。全面上线网络版社区健康服务信息系统，

“社康通”小程序界面和居民端二维码

促进全民健康数据向居民电子健康档案汇聚，推动实名制就医，目前共建立居民电子健康档案超过 1700 万份；开发智慧社康小程序，方便市民在线查询健康档案、健康积分、预约健康服务、查询服务结果，现有用户超过 1400 万，居民健康积分兑换量同比增长 240.1%；全市 71 家公立医院的专家号源提前 1 天配置给社康机构使用；在宝安、福田等区推进“三协同全程扫码”试点工作，打通医院与社康、社康与公共卫生、社康与居民之间的信息壁垒。

（四）多措并举推动管理精细化

1. 建立健全分级分类的财政补助机制。改革按编制床位或人头核补财政补助的方式，建立健全按功能定位、工作量、工作质量、群众满意度分级分类核拨医疗机构财政补助的新机制。对于市级医疗中心，重点支持疑难复杂病例、危重症、人才培养、科学研究、重大疾病防治体系建设；对于基层医疗集团，重点支持开展常见病、多发病、慢性病的诊断、康复、护理服务和公共卫生、急救服务；对于社康机构，门诊补助最低标准提高到40元/人次，高于举办医院标准。

2. 持续强化医保基金引导机制。制定《紧密型城市医疗集团医保支付方式综合改革实施方案》，进一步优化"总额管理、结余留用"医保基金结算方式，促进基层医疗集团主动"强基层、促健康"。二档、三档参保人绑定社区首诊，一档参保人在社区首诊打7折；加快医保门诊共济改革，引导医保一档居民社区首诊。高血压、糖尿病、慢性阻塞性肺气肿等8种疾病在社区首诊可享受233种药品打"五折"、签约家庭医生打"两折"医保用药优惠政策。将针灸、拔罐等71项中医类治疗项目以及中药纳入一档参保人社康打"七折"范围，引导群众优先到基层就诊并使用中医药服务。

3. 完善价格引导机制。降低社康机构收费标准，社康中心的收费标准比二级、三级医院标准分别下调10%、20%。社康机构实行一般诊疗费制度，一般诊疗费由门诊挂号费、诊查费、注射费、静脉输液费以及药事服务成本合并而成，按10元/人次收取，进一步降低群众就医负担。为鼓励专家进社区开设专科医生工作室，诊查费按举办医院标准收取。

4. 加强绩效考核。建立健全公立医院绩效考核指标体系，将市属医院重大疾病防治、医防融合项目和公共卫生清单落实情况纳入考核范围，对区属医院重点考核基层医疗集团运营、社康机构建设和服务提供、健康促进效果等方面，考核结果与医院财政补助、薪酬总额核定和院领导聘用等挂钩。

5. 加大全科人才培养与使用激励。出台《深圳市全科医师管理办法》《关于全科医生培养和激励的若干措施》等政策，从健全全科医生培养制度和提升薪酬待遇、发展空间、执业环境、社会地位等方面加强全科医生队伍建设。鼓励基层医疗集团专科医师参加全科医师转岗培训，由市财政按每人2万元标准予以补助。明确社康机构全科医生薪酬不低于集团同级别专科医生，到社康中心工作的医学毕业生，给予最高35万元的一次性生活补助。基层医疗集团的全科医生，高级职称聘用不受职数限制，2018年以来，累计通过基层全科医

宝安区中心医院（集团）全专结合团队

师高级职称评审 223 人。

（五）政府主导实现治理科学化

1. 强化改革协同性。为提高改革的系统性、整体性和协调性，由市委书记担任医改领导小组组长，市长担任常务副组长，副市长统一分管卫生健康、医保工作，充分发挥医改领导小组的统筹协调作用，协同推进医疗、医保、医药、价格、财政等相关改革，确保分级诊疗引导机制发挥合力。市医改领导小组办公室将分级诊疗制度建设作为主要内容纳入各区医改和健康深圳建设重点任务，每年进行督导；将社康机构建设、基层诊疗量占比、高血压糖尿病规范管理率等指标纳入各区政府绩效考核，强化各区属地管理责任。

2. 强化法治保障。出台全国首部地方性健康法规《深圳经济特区健康条例》，明确规定市、区人民政府应当建立健全优质高效的卫生健康服务体系，对各级政府的职责和各级医疗卫生机构的功能定位进行了清晰界定，为建立健全体系完整、布局合理、定位清晰、运转高效、衔接紧密、富有韧性的优质高效整合型医疗服务体系提供法治保障。

3. 强化规划刚性。提级管理医疗机构设置规划，不符合规划的公立医院新建、改建、扩建项目，一律不予立项，严控三级医院规模扩张。加强医疗卫生设施与国土空间规划衔接，保障医疗卫生用地供给。完善医疗卫生机构建设项目的协调议事机制，强化卫生健康行政部门的行业统筹能力。

三、未来展望

未来深圳将坚持以习近平新时代中国特色社会主义思想为指导，坚持以人民健康为中心，全面贯彻新时代卫生与健康工作方针，建立完善以“市级医疗中心 + 基层医疗集团”为主体的责任明确、定位清晰、功能完善、分工协作的优质高效整合型医疗卫生服务体系，在肿瘤、心脑血管、传染病、呼吸、精神、儿科、妇产科、生殖等专科领域打造一批一流的医疗中心，全面实现基层医疗集团网格化布局、规范化建设，社区医院与社康中心建设水平和服务能力达到国内一流，为群众提供健康促进、疾病预防、诊断治疗、护理康复、临终关怀等综合、协同、连续的医疗卫生服务，全方位全周期保障市民健康，更好满足群众多样化、差异化、个性化健康需求，努力实现“病有良医”。

打造无障碍城市示范标杆的“深圳样本”

城市无障碍建设是衡量一个城市文明程度和现代化国际化程度的重要指标。党的十九大以来，深圳把建设无障碍城市作为促进城市可持续发展重要内容，集中精力从城市建设、政策标准、文化宣导、理念普及等方面建设可及、便利、包容、融合的城市，让城市更有温度，积极打造无障碍城市示范标杆的“深圳样本”。

一、背景意义

无障碍城市是指通过普及无障碍理念文化，制定制度规则，规划、设计、改造和管理城市，为残疾人、老年人、伤病患者、孕妇、儿童以及其他有需要者自主、安全、便捷出行、交流信息、享受服务和居家生活提供便利的城市建设活动。习近平总书记指出，“无障碍设施建设问题，是一个国家和社会文明的标志，我们要高度重视”。2021 年国家“十四五”规划纲要明确提出要加强无障碍环境建设，完善无障碍环境建设和维护政策体系。《意见》明确要求深圳打造城市文明典范、建设民生幸福标杆城市，实现“弱有众扶”的“民生七有”。深圳市委市政府高度重视无障碍城市建设。2018 年 1 月市委六届九次会议率先提出“创建无障碍城市”目标，2021 年市第七次党代会提出“建设无障碍城市，让城市更有温度、更有归属感”。国务院残工委调研组到深圳调研，认为深圳福田中心区充分照顾各类不同人群的多元化需求，打造全民全龄、宜居宜业宜游宜行的智慧无障碍环境，惠及了包括残友在内的所有人群，真正实现了发展成果全民共享，为高质量创建智慧无障碍城市提供了“现实样板”。

建设无障碍城市，在更高水平、更高层次、更高标准上保障残疾人及其他有需要者更加自主、安全、便捷地参与社会生活，共享经济社会发展成果，实现融合发展，让其获得感成色更足、幸福感更可持续、安全感更有保障，是践行以人民为中心的发展思想的重要体现，对深圳率先形成共建共治共享的民生发展格局，加快建设彰显文化软实力的现代文明之城具有重要的现实意义。

二、主要做法

近年来，深圳以建设无障碍城市为目标，以法治化、标准化、社会化为原则，对标国际一流城市，实施“四轮驱动”战略，构建与深圳经济社会发展相匹配的无障碍城市建设推进机制体制。

（一）制度创新：构建系统无障碍政策体系

把政策制度作为推进无障碍城市的先导性要求，构建“1+1+N+X”的无障碍政策体系，确定了深圳无障碍城市建设的“路线图”和“任务书”，全方位、多层次推动无障碍城市向纵深建设。

1. 市委市政府出台顶层设计。出台《深圳市创建无障碍城市行动方案》，确定无障碍城市建设的 7 大行动 42 项任务；制定《深圳经济特区无障碍城市建设条例》，从法治角度固化无障碍城市建设经验，以法治思维和法治措施将无障碍设计标准落实到城市建设的各个方面。作为全国首部无障碍城市建设法规，创新性将无障碍住房、无障碍公益诉讼、无障碍社区纳入无障碍城市建设系统之中。

2. 各部门制定规划与政策。自然资源、住建、交通、工信等部门也从不同方面出台无障碍规划和政策，如市规划和自然资源局编制了《深圳市城市规划标准与准则》《深圳市建筑设计规则》，正在编制的《深圳市无障碍城市专项规划》，以“让所有人平等、顺畅、自主地参与和享受城市社会生活”为无障碍城市的核心价值和建设目标，对无障碍城市建设途径进行综合研究和系统布局安排。市住房建设局发布了《深圳市无障碍设计标准》，建立高于国家无障碍

深圳市无障碍城市建设“1+1+N+X”政策体系一览表

类别	政策文件	部门
1个行动方案	《深圳市创建无障碍城市行动方案》	市政府
1个无障碍地方性法规	《深圳经济特区无障碍城市建设条例》	市人大常委会
N个部门出台无障碍规范政策文件	《深圳市加快康复辅助器具产业的实施方案》	市政府
	《深圳市城市规划标准与准则》	市规划和自然资源局
	《深圳市建筑设计规则》	市规划和自然资源局
	《深圳市道路设施品质提升慢行系统专项设计指引》	市交通运输局
	《道路设施品质提升无障碍设施专项设计指引》	市交通运输局
	《深圳市无障碍设计标准》	市住房建设局
	《深圳市无障碍城市评价标准》	市残联
	《深圳市信息无障碍标准》	市残联
X个区（新区）制定城区无障碍发展规划或实施方案	《深圳市罗湖区无障碍城区发展规划（2020—2035年）》	罗湖区
	《无障碍城区建设实施方案》	福田区、罗湖区、盐田区、宝安区、龙岗区、龙华区、坪山区、光明区、大鹏新区
	《前海城市新中心无障碍环境建设行动计划》	前海特别合作区
	《前海合作区无障碍规划设计》	前海特别合作区

标准的设计规范。市交通运输局编制了《道路设施品质提升慢行系统专项设计指引》和《道路设施品质提升无障碍设施专项设计指引》，对无障碍设施中盲道、缘石坡道、各道路要素的无障碍设计从材料、类型、设计提出相关设计指引和要求。

3. 各区积极制定实施方案。福田区、罗湖区、盐田区、宝安区等制定了无障碍城区实施方案或规划，以点带面打造无障碍城市，特别是前海合作区高度重视无障碍建设，专门编制了《前海合作区无障碍规划设计》，包含无障碍专项设计导则、重点节点无障碍方案设计等内容，按照“全局性规划—设计建设管控—项目规划验收—城市运营管控”四个阶段进行高标准无障碍城区建设，对片区 15 平方公里内全体项目进行“无障碍设计专篇”审查，已形成了以前海国际会议中心等为代表的示范性项目，将系统衔接城市基础建设、城市出行和信息无障碍，构建创新性滨海无障碍场景，着力打造无障碍国际湾区标杆。

（二）行动引领：实施无障碍“七大行动”

无障碍城市建设是一个全面系统城市体系，深圳实施顶层设计行动、重点项目行动、生活无障碍行动、出行无障碍行动、信息交流无障碍行动、无障碍文化培育和城市无障碍督导七大行动，努力建设一批重点工程，建立一套督导机制，培养一批人才，促进无障碍城市建设由点到面跨越式提升。近年来，深圳高起点、高标准开展福田中心区、深圳湾超级总部等 7 个无障碍建设示范街区，落实落细无障碍技术规范，从源头上保障建筑工程、交通设施无障碍化，有力地促进无障碍建设由点带线、多线组面，促进全市无障碍建设跨越式发展。完成了市行政服务大厅、深圳湾超级总部基地、前海城市新中心、大鹏新区旅游景区等无障碍试点行动，全面提升市政设施、城市 CBD 和旅游景区无障碍水平，有力支持城市文明水平。

在重点无障碍工程建设上，陆续开工建设了市创新创业无障碍服务中心、市托养康复中心、市无障碍爱心公园，其中市创新创业无障碍服务中心项目投资 11 亿元，占地面积 2.7 万平方米、设计建筑面积 13 万平方米，将建成粤港

深圳市创新创业无障碍服务中心项目效果图

澳大湾区首个集无障碍服务与管理、康复、职教、创新创业等七大功能于一体的现代化综合性残疾人创新创业服务平台。

在信息无障碍建设上，深圳注重运用5G等新兴技术，在交通、医疗等领域开展无障碍典型应用示范，对网上服务大厅的公共申办和自主服务平台进行信息无障碍改造，对广东省政务服务网深圳市网页进行集约化UI规范改版，更加便利满足各类障碍人群需要。

在无障碍督导机制上，推动无障碍设施管理机制从“事后看”转变为“事前导”，从“阶段性督导”转变为“全过程参与”，督促无障碍设施管理人和责任人落实主体责任，提升无障碍设施管养水平。同时，还不断壮大无障碍设施专业评测队伍，完善社会化督导工作机制，仅2021年全市无障碍建筑竣工验收约218个，其中教育设施21个、交通枢纽7个、公共服务设施25个、医疗设施10个、市政道路47个、文化设施13个、酒店宾馆24个。通过督导评测，

投放无障碍出租车

无障碍设施达标率明显提升，友好助残无障碍环境氛围进一步增强。

（三）理念先导：全社会广泛参与共享

无障碍城市建设来自于障碍群体呼声，更体现了社会文明和温度。只有让市民掌握无障碍知识，普及无障碍理念，才能塑造无障碍城市文化。《深圳经济特区无障碍城市建设条例》明确每年 12 月 3 日为深圳无障碍城市宣传日，并规定教育、文体部门和群团组织要有计划做好无障碍宣传。2021 年，市残联在无障碍城市宣传日，举办“有爱 · 无碍”系列活动，通过慈善集市、集体婚礼、交友互动、K 歌大赛等形式进行无障碍文化传播，在全国助残日举办庆祝建党百年文艺演出，通过小品、音乐等艺术形式表现残障群体对无障碍文化强烈呼声。会同市、区两级检察院合作，推动检察机关介入无障碍公益诉讼，以法律实践触动社会各界关注无障碍。此外，深圳市还推动成立了市无障碍环境促进会等无障碍社会组织，共同普及无障碍知识。在无障碍宣传上，发挥新媒体作用，利用抖音、微信视频号来宣传普及无障碍文化，2021 年以来市残联发布近 200 条视频，流量 500 多万人次。在知识普及上，组织制作盲文版和大字版普法手册、宣传海报、卡通图片、漫画、宣传视频等，动员社会力量、撬动社会资本，共同建设无障碍城市。

（四）建设实施：系统化全维度推进

在推进无障碍城市过程中，高度重视发挥市政府残工委的居中协调作用，注重在无障碍建设过程中以系统化思维整体推进无障碍城市建设，强化以通用设计无障碍理念推动城市项目规划、设计、验收和交付使用，做到“四个同步”，即：无障碍设施与建设项目同步设计、同步施工、同步验收、同步交付使用，真正让无障碍不再成为有需要群体出行、生活的障碍。

在推动无障碍城市建设把握四个方面：第一，紧抓标准规范落地。标准和规范是无障碍建设的生命线，是无障碍城市建设基础性工作。坚持按照“标准第一、源头介入、设计评审、规范操作”方法，推动建设部门和无障碍设施产权人、管理人一切依照无障碍标准规范，以“绣花功夫”建好无障碍设施的每个环节、每个接口。第二，从居住和社区起步，实施居家无障碍改造，建设无障碍住房、无障碍社区，从小区到社区到城区到城市，逐步使无障碍的各个方面细节嵌入到城市的每一个细胞和空间中。第三，围绕交通这个根本，以有需要人群出行为动线，推动交通部门全面推行人行道、慢行道、公交车站、地铁站、客运站等无障碍化，将缘石坡道等当做交通设施无障碍的重要验证指标，将必要的过街音响提示设施、无障碍标识、无障碍停车位当做交通无障的重要内容。第四，抓住服务这个关键，将无障碍信息交流、旅游无障碍支持服务等作为无障碍城市建设的软指标，让市民更能直接体会到对障碍群体的接纳和包容。具体到实践中，福田区在推进 5.3 平方公里中心区无障碍城区建设时，采用系统思维，通过铺平、下沉、碎片整理、多杆（箱）合一等方式打造有序、和谐、品质的大无障碍城区，沿街路条全部设置智慧灯杆、过街蜂鸣器，用视频 AI 识别障碍群体，同步优化信号，保障障碍人群顺畅通行。

三、工作成效

通过近年来无障碍城市建设，深圳已成为引领大湾区乃至全国无障碍城市的标杆城市，北京、杭州等城市通过举办冬奥会、冬残奥会和亚运会、亚残运会对标深圳全面提速无障碍建设，珠海等大湾区城市也启动了无障碍立法，深圳连续两届蝉联“全国无障碍环境示范城市”，进一步彰显了城市文明典范和民生幸福标杆的先行示范区。

（一）让城市更宜居

建设无障碍城市，让城市公共场所全面、全域无障碍化，让包括老年人、残疾人群体在内的特殊人群通畅出行，让他们能走出个人生活空间，走到小区公共空间，走进城市空间，真正享受城市提供各种便利生活，也是城市宜居的重要体现。比如，莲花山、笔架山等市政公园作为无障碍市政公园，在设计上让有需要者能观赏到主要景点，还提供轮椅等设备。

（二）让城市更文明

无障碍城市建设润物细无声地为城市生活带来各种便利，是残疾人、老人、妇女、儿童等参与社会生活的重要保障，是城市文明程度的标志之一，也最能体现一座城市的温度。深圳成功确认全国文明城市，无障碍发挥了一定作用，主要表现在：一是道路的坡道、缘石坡道、盲道设置，让特殊需要群体行动方便；二是无障碍垂直电梯、升降台等升降装置安装覆盖比较全面，也有相关的警示信号、提示音响、指示装置，方便盲、听等群体需要；三是无障碍标识标志全面系统，便于残疾人、老年人、儿童及其他行动不便者使用的各种设施。

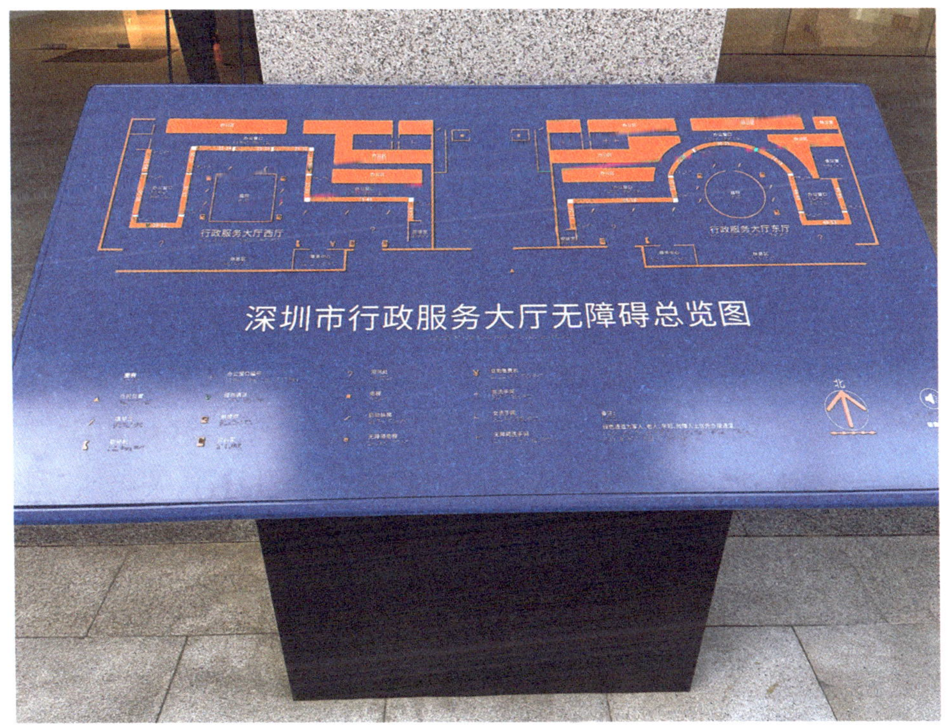

深圳市行政服务大厅无障碍总览图

（三）让城市更智慧

深圳作为全国首个5G商用城市，智慧城市建设始终走在全国前列，将智慧城市与无障碍城市相融合，构建可视、可听、互动式无障碍场景，让特殊需要群体在上学、就业、旅行、康复等场景“可就地、可指引、可避障、可融合”。在这些方面，工信部门推动“双十”典型应用示范，促进智慧应用在交通等领域应用，让交通信号灯智能识别过街行人；科创部门支持企业推动无障碍科技创新项目15个，推动微众银行为障碍人群开发使用识别功能，助力残疾人等群体享受普惠金融；部门开发无障碍功能，“i深圳”APP整合4700多项政务服务事项，绝大多数行政审批事项实现网上办理和“零跑动”，有力提升城市效率。

四、经验启示

（一）要不断完善无障碍政策标准体系

无障碍作为城市发展的战略，必须一以贯之地加以贯彻，要持续不断完善无障碍政策体系和标准体系，一方面通过持续不断推进无障碍城市建设，逐步完善道路、建筑物、产品等无障碍设计建设规范，另一方面把握科技发展趋势，坚持以科技手段来推动政策制定，促进无障碍生活成为城市生活必不可少部分。同时，关注社会政策和社会建设，注重文化、教育、金融、财政、医疗、养老、社会关怀等所有可能的方面设计和出台一系列无障碍政策，促进其相互配套。

（二）要系统推进无障碍政策落实落地

归根结底，无障碍建设效果需要特殊需求群体来评判，要由广大市民来感受。近年来，深圳出台了一系列无障碍政策标准体系，既有力推动了无障碍城市建设，也调动了各级各部门推动无障碍改造和建设。在这个过程中，无障碍建设成效主要依靠对相关政策落实到位不到位，对政策实施效果进行全程化的跟踪、反馈、完善和改进，确保系统性无障碍建设规定得到全面执行。

（三）要汇聚全社会力量不懈推进

无障碍生活是全新的社会系统工程，涉及每个市民全龄全生命周期，更需要市民、企业、社会组织积极参与其中，形成全社会共同培养塑造无障碍文化、共同建设无障碍城市、共同享有包容和谐的无障碍生活的工作格局。这就需要进一步强化“党委政府领导、社会广泛参与、市场充分调节”的无障碍建设工作机制，齐心协力推动部门协同、市区联动，积极鼓励和支持全社会广泛参与无障碍建设之中，鼓励和支持市民发挥主动性，从设计开始，规划、建设和经营好城市的每一块土地，建设每一个无障碍建筑，惠及城市每一个人，塑造包容平等的无障碍城市文化，让无障碍成为深圳先行示范区城市温度和亮度的重要体现。

未来，深圳对标国际一流城市，发挥规划设计先导作用，持续加大无障碍城市建设力度，奋力实现无障碍设施建设通达性最强、通畅性最优、群众最满意，让无障碍成为深圳一张靓丽名片；大力推广无障碍人文理念，提升城市无障碍文明素养，打造世界一流无障碍典范城市，让城市更有温度、更有人文情怀。

出台全国首个生态环境保护全链条立法

2021 年 6 月 29 日，深圳市第七届人民代表大会常务委员会审议通过《深圳经济特区生态环境保护条例》（以下简称《生态环保条例》），通过经济特区立法巩固和完善生态环境保护工作体制机制，推动生态文明体制改革，是落实可持续发展先锋战略定位的现实需要，有利于率先构建生态环境保护支撑高质量发展的“深圳模式”，为全国生态文明建设制度作出示范，提供更多可复制、可推广的深圳经验。

一、背景意义

（一）贯彻落实习近平生态文明思想的必然要求

党的十八大以来，以习近平同志为核心的党中央把生态文明建设作为统筹推进“五位一体”总体布局和协调推进“四个全面”战略布局的重要内容，形成了习近平生态文明思想，是我国生态文明建设的行动指南。制定《生态环保条例》是全面贯彻落实习近平生态文明思想的必然要求和具体举措。《生态环保条例》作为深圳市生态环保领域综合性法规，将为深圳生态环保工作提供全面系统的法治保障，有利于提高生态环保工作的法治化、系统化、科学化水平，在更高起点、更高层次、更高目标上推进深圳生态文明建设。

（二）深圳落实可持续发展先锋战略定位的现实需要

《意见》赋予深圳“可持续发展先锋”的战略定位，要求深圳率先打造人与自然和谐共生的美丽中国典范，为落实联合国 2030 年可持续发展议程提供中国经验。在建设粤港澳大湾区、深圳先行示范区和实施综合改革试点的重大历史时期，通过经济特区立法固化和完善生态环境保护工作体制机制，推动生态文明体制改革，是落实可持续发展先锋战略定位的现实需要。

（三）落实国家碳达峰碳中和战略部署的迫切需要

2021年3月15日，习近平总书记在中央财经委员会第九次会议中强调，实现碳达峰、碳中和是一场广泛而深刻的经济社会系统性变革，要把碳达峰碳中和纳入生态文明建设整体布局，拿出抓铁有痕的劲头，如期实现2030年前碳达峰、2060年前碳中和的目标。为率先落实国家碳达峰碳中和战略目标，深圳有必要先行先试，探索实行更加有力的政策和措施，通过立法为“双碳”工作提供制度保障。

二、创新亮点

（一）增设应对气候变化制度

为贯彻落实国家碳达峰碳中和战略部署的迫切需要，《生态环保条例》增设“应对气候变化”专章，在全国率先就应对气候变化和温室气体减排作出制度安排：要求制定碳排放达峰行动方案和碳中和路线图，推动重点行业绿色低碳转型；规定建立本市碳排放管控机制，授权市政府制定重点行业碳排放强度标准，并将碳排放强度超标的建设项目纳入行业准入负面清单；规定在本市碳排放达峰后，年温室气体排放量预期达到3000吨二氧化碳当量的新建、改建或者扩建项目，应当制定碳中和计划和实施方案；推动能源低碳发展，逐步提高非化石能源占一次能源消费比重；为碳排放权交易作出了制度安排，建立碳普惠机制。

（二）创新生态保护和修复制度

相较于环境污染治理，生态保护和修复需要通过更为系统和复杂的方法，使生态系统恢复自我调节功能，这也是生态环保工作的主要目标。为了突出生态保护和修复的重要性，《生态环保条例》专设“保护和修复”一章，充实生态保护和修复以及生物多样性等内容：建立严格的生态空间管控制度，以保护优先为基本原则，建立生态保护红线、自然保护地、三线一单、区域生态环境评价以及环境功能区划等严格的生态空间管控制度；专门设置“生态修复”一节，提高生态系统质量与稳定性，明确市、区人民政府对生态功能退化或者丧失区域实施生态修复的主体责任，市政府相关部门制定、完善生态修复标准，

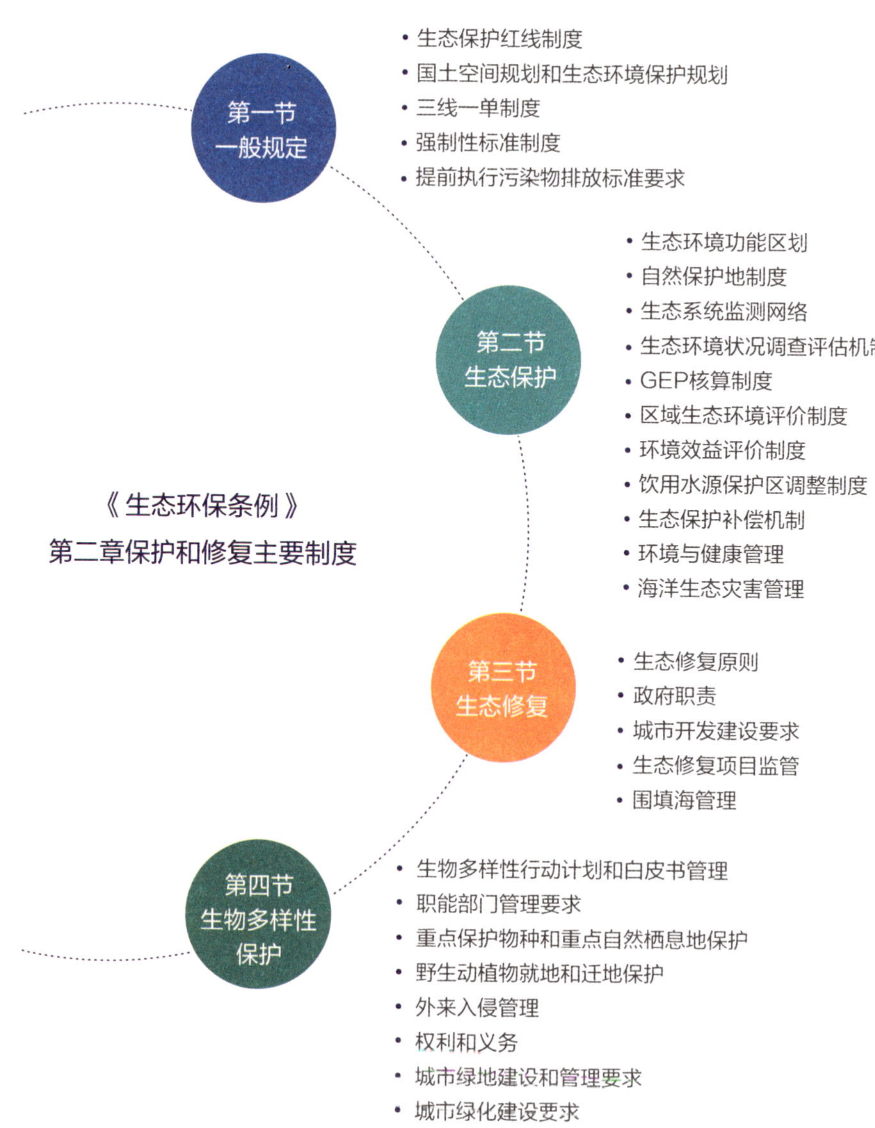

并对实施生态修复的重点区域、流域开展生态修复成效评估；构建生物多样性保护体系，在加强生态系统多样性、物种多样性和遗传多样性保护以及生物安全治理等方面作出明确规定。

（三）改革建设项目环境影响评价制度

《综合改革试点实施方案》授权深圳开展环境影响评价制度改革。《生态环保条例》进一步明确细化相关制度，规定区人民政府划定生态环境管控区域评价单元，组织开展区域空间生态环境评价，并根据评价结果确定区域空间生态环境管理要求，报市人民政府批准后公布实施。在已经开展区域空间生态环境评价的区域，纳入重点项目名录的建设项目，应当依法进行环境影响评价；未纳入重点项目名录的建设项目无需进行环境影响评价。同时，要求市生态环境部门制定区域空间生态环境评价相关技术规范和重点项目名录。

（四）实行生态环境保护强制性地方标准制度

依照《中华人民共和国标准化法》规定，强制性标准由国务院批准发布或者授权批准发布，法律、行政法规和国务院决定对强制性标准的制定另有规定的，从其规定。为打赢污染防治攻坚战，深圳先后制定出台一系列有关大气、水、土壤污染防治的工作方案和行动计划，提出不少远高于国内普遍水平的生态环境保护新要求。为了提高相关标准的执行效力，《生态环保条例》授权市政府相关部门编制生态环境质量标准、生态环境风险管控标准、污染物排放标准等生态环境强制性地方标准，以及严于国家标准的产品环保强制性地方标准，并鼓励企业和社会团体制定和实施严于国家标准或者地方标准的相关企业、团体标准。

（五）完善环境污染防治制度

充分考虑成本效益，建立特定水污染物间接排放限值协商制度。为了减少相关企业的生产经营成本，《生态环保条例》建立了特定水污染物排放限值协商执行制度，在保障水环境质量的前提下，允许排污企业执行特定水污染物预处理排放浓度限值，对可以由排污单位和污水处理企业协商执行的情形予以明确。推进大气污染防治与温室气体减排协同增效。在《大气污染防治法》等法律已经对排污单位的污染防治责任作出明确规定的基础上，对高排放非道路移动机械、高污染燃料、高排放工艺、高排放机动车的使用进行限制规定，降低高排放高污染影响。坚持陆海统筹管理，加强陆海污染防治。建立陆海统筹生态监测网络、生态状况调查评估、生态修复机制。建立“以海定陆”的污染物排海总量控制制度，健全入海排放口与入海河流管理制度，授权对入海河流实行特别排放限值管理。

（六）拓宽环境信息披露范围

环境信息披露工作事关人民群众对生态环保工作的知情权、参与权和监督权，对生态环境保护起着至关重要的作用。《生态环保条例》进一步明确环境信息披露的主体和范围，增设政府、企事业单位、环境专业技术机构等主体环境信息披露的内容；明确市、区人民政府及其有关部门应当依法主动公开生态环境保护相关信息；规定碳排放权交易机构应当建立健全信息披露制度，及时公布碳排放权交易等信息；要求重点排污单位及时、如实公开本单位的环境信息，接受公众监督；鼓励具有相应资质的专业机构依法开展生态环境信息监测、收集、分析、应用，为产业发展、企业经营等提供生态环境保护咨询服务。

三、落地成效

（一）完善体制机制、形成生态环境保护合力

根据《生态环保条例》规定，市区相继成立生态环境保护委员会。出台市生态环境保护委员会工作规则和办公室工作规则，第一主任、主任分别由市委书记、市长担任，包括54个成员单位，市生态环境保护委员会办公室设在市生态环境局。全市11个区（新区、合作区）相应成立区级生态环境保护委员会，全部由区主要领导挂帅，实现市、区生态环境保护委员会全覆盖。扩大生

态文明建设考核范围，覆盖 11 个区、19 家市直部门及 12 家重点企业，被考核单位总数增加至 42 家，生态环境保护“党政同责、一岗双责”全面压实。市生态环境局各管理局实现以自己的名义开展辖区生态环境保护监督管理，依法查处生态环境违法行为，进一步理顺生态环境执法垂直管理体制。

（二）加强顶层设计，有序推进碳达峰和碳中和

根据《生态环保条例》关于碳达峰和碳中和工作要求，研究起草《深圳市关于完整准确全面贯彻新发展理念以先行示范标准做好碳达峰碳中和工作的实施意见》，对碳达峰碳中和工作作出长远谋划。研究起草《深圳市 2030 年前碳达峰行动方案》，明确达峰时间和路径安排，谋划一批推动绿色低碳发展的重点任务和重大工程。修订《深圳市碳排放权交易管理暂行办法》，优化碳排放权交易模式，深圳碳市场以全国试点碳市场 2.5%的配额规模，实现 13%的交易量和 12%的交易额。印发《深圳碳普惠体系建设工作方案》，量化小微企业、社区家庭和个人节能减碳行为并赋予一定价值，通过低碳行为数据平台与碳交易市场平台互联互通，市生态环境局联合腾讯打造“低碳星球”小程序上线运行。出台《深圳市近零碳排放区试点建设实施方案》，发布深圳市近零碳排放区试点建设指引，选取典型区域、园区、社区、校园、建筑及企业，有序推进近零碳排放区试点建设。

（三）实施生态修复工程，推进生物多样性主流化

根据《生态环保条例》关于生态修复和生物多样性保护的要求，深圳市规划和自然资源局组织编制面向 2035 年的市级国土空间生态修复规划，创新编制年度实施计划，科学确立国土空间生态修复目标体系和主要任务；建立健全生态修复标准规范体系，编制矿山地质环境和海岸带生态修复技术指引，为系统修复、综合治理提供技术保障；陆海统筹推进典型海洋生态系统修复，种植红树、半红树约 15 万株，完成修复改造面积约 20 公顷；大力实施生物多样性保护，物种保护体系日益完善。率先发布国内首个城市生物多样性白皮书，加强珍稀濒危野生物种保护，记录国家重点保护物种 109 种，市生态环境局组织

编制《深圳市生物多样性保护行动计划（2020—2025年）》，推进生物多样性主流化。

（四）有序推进试点，实现工业废水资源化利用

根据《生态环保条例》关于工业废水协商处理制度要求，市生态环境局研究制定《深圳市工业废水委托水质净化厂处理工作方案（试点）》，并成功在青岛啤酒、晨光乳业和大鹏糖果生产企业等副食品企业先行试点，实现企业、水质净化厂和生态环境效益的“三赢”，即显著降低企业的污水处理成本，有效改善了营商环境，深圳青岛啤酒朝日公司发来感谢信，称该试点将为其减少运营成本275万元/年；变废为宝，为水质净化厂提供免费药剂，可生化性较好的工业废水可为水质净化厂的微生物生长提供“碳源”，一定程度上减少了水质净化厂的药剂投入；避免工业废水重复处理，充分发挥已有市政污水收集处理系统作用，实现污水的低碳处理。

（五）夯实法治基础，助力综合改革落地

《生态环保条例》对区域空间生态环境评价、气候投融资、生态系统生产总值（GEP）核算制度等综合改革事项进行制度设计并已经落地：印发《深圳市区域空间生态环境评价管理办法（试行）》《深圳市区域空间生态环境评价重点项目环境影响审批名录（试行）》，实行“重点项目审批管理+一般项目清单管理”的环评分类管理体系，预计全市超过90%的建设项目执行管理清单即可开工建设，免于办理环评审批手续，大幅降低企业开办成本，提高项目落地效率，该经验获国新办新闻发布会推广；推进国家气候投融资促进中心建设；率先制定国家气候投融资项目库的筛选标准，首批项目境外融资已顺利落地，授信额度折合人民币2.5亿元，其中境外资金成本低至2.5%—3%，企业低碳转型获得低成本、长周期资金支持；根据《生态环保条例》授权，正式开展GEP核算，发布《深圳市2020年度生态系统生态总值（GEP）核算报告》，为衡量经济与环境协调发展、人与自然和谐共生提供可量化的参考坐标。

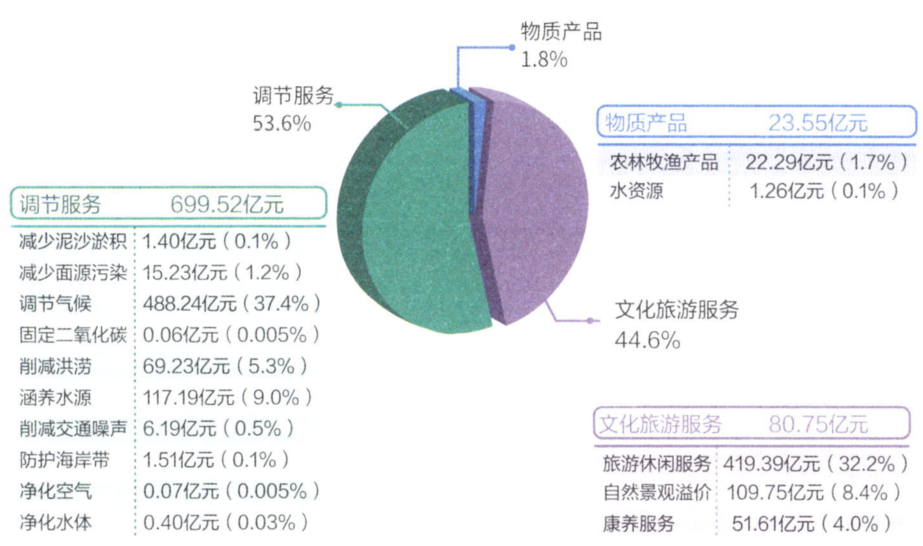

深圳 2020 年 GEP 核算结果（2021 年发布）

四、经验启示

（一）转变立法目的，实现环境治理全领域覆盖

长期以来，我国环境立法目的主要采用二元论之观点，以促进经济发展为中心、以关注污染防治为核心，不仅包括保护人体健康，还要促进经济发展，即遵循经济社会发展与环境保护相协调原则。而环境立法目的一元论则更关注环境自身的保护，以维护公众健康为主要任务。《生态环保条例》体现了环境立法目的从二元论向一元论的转变，这一转变所蕴含的逻辑实质是立法者追求更高标准的环境质量，即为了保护和改善生态环境，打造人与自然和谐共生的美丽中国典范，深圳对环境保护提出了更高的要求。例如将生态保护和应对气候变化治理纳入环境治理领域，授权深圳市政府制定严于国家标准的生态环保强制性地方标准、采取严格的生态空间管控制度等。

（二）对标先进经验，地方立法坚持创新

《生态环保条例》对标瑞士联邦、英国和德国联邦立法经验，落实《巴黎

协定》，设立气候变化投融资、清洁能源、碳普惠制度。对标美国和英国生态环境监测网络经验，率先建立城市生态系统监测网络制度；对标德国“环保区”设置做法，设立大气清洁排放控制区制度。此外，《生态环保条例》坚持立法创新，不简单重复国家法律法规和现有政策文件的规定，遵循立法科学性、前瞻性、引领性要求，结合深圳改革创新实践需要，部分制度设计变通国家法律规定。

（三）建立多种法律实施机制，推进环境治理能力现代化

长期以来，我国生态环境保护以政府行政规制手段为主，虽然《生态环保条例》对深圳的环境保护工作提出了相较以往更高的标准和更严格的要求，但是在法律责任的承担上并没有一味求严，而是立足当前实际，运用市场机制等多种调整机制得以解决，确保立法能够得到较好的实施。例如，《生态环保条例》创设性地建立了水污染物排放限值协商执行制度，即可以由排污单位和污水处理企业协商提高排放浓度限值，以达到政府环境治理与企业污染物排放减少的双赢。此外，《生态环保条例》设立信息公开和公众参与专章，健全了环境治理公众参与机制；建立以信用为核心的差异化管理制度，健全环境治理信用监管机制。

（四）积极回应民生关切，强化公众参与立法

《生态环保条例》在立法的过程中，结合中央和省环保督察、污染防治攻坚战等实际工作中存在的问题，将环评审批、排污许可、工业企业入园、“散乱污”综合整治等问题的解决作为立法重点，增强立法的实效性和针对性；针对信访投诉和民生普遍关注的领域，授权制定强制性地方标准，回应民之所望。强化建筑施工噪声污染防治，扩大噪声查封扣押范围，实施按日连续处罚，排解民之所忧；立法主动问计于民，首次召开立法微信听证会，300余人参加，提供千余条意见，召开多次重点企业和行业协会座谈会，听取行政相对人对送审稿的意见和建议。召开专家咨询论证会，听取不同领域专家对送审稿的意见和建议。

未来，深圳将继续深入贯彻习近平生态文明思想，完整、准确、全面贯彻新发展理念，对标国内外先进立法经验，在生态环境保护关键领域立法取得突破性进展，持续深化生态环境立法实践，不断完善生态文明制度体系，为率先打造人与自然和谐共生的美丽中国典范提供法治保障。

深圳市气象防灾减灾机制改革与探索

在全球气候变暖的背景下，极端天气可能成为未来的“新常态”。深圳人口和经济高密度集聚，气象灾害对深圳公共安全、生态系统、人居环境带来的影响进一步加剧，气象防灾减灾已经成为城市综合防灾减灾不可或缺的重要力量。深圳推进气象防灾减灾机制的制度化、系统化、全程化、标准化和专业化改革，为全国气象灾害治理提供了可复制可推广的示范经验。

一、背景意义

党的十八大以来，习近平总书记就综合防灾减灾救灾、自然灾害防治提出一系列重要论述，为做好新时代国家防灾减灾工作指明了方向，提供了根本遵循。2019 年习近平总书记要求气象工作要“发挥气象防灾减灾第一道防线作用”。为贯彻落实习近平总书记对防灾减灾和气象工作的重要指示精神，中国气象局和广东省人民政府共同推进气象防灾减灾第一道防线先行示范省建设，支持深圳建设更高质量的智慧气象服务体系，在发挥气象防灾减灾第一道防线作用上先行示范。深圳坚持“人民至上，生命至上”理念，在一次次重大气象灾害防御实践中，不断推进气象防灾减灾机制的制度化、系统化、全程化、标准化和专业化改革，首创了气象预警信号发布制度、建成了预警先导的气象防灾减灾四级联动机制、创新了“31631”递进式气象服务模式，为全国气象灾害治理提供深圳经验，被国家发展改革委纳入深圳经济特区 47 条创新举措和经验做法内容之一，并被列为中国气象局改革开放 40 周年重要成果和深圳经济特区 40 年法治建设创新案例。

二、主要做法

（一）首创气象预警信号发布制度，推进防灾治理制度化

深圳是全国第一个发布气象灾害预警的城市，制定出台相关法律法规，强化气象灾害预警信号作为气象灾害防御“指挥棒”的法律效应。根据城市气象防灾减灾需求变化，《深圳市气象灾害预警信号发布规定》历经四次修订，把气象灾害预警信号作为各区各部门气象灾害应急响应的启动信号，规定了高级别气象灾害预警信号下的“四停”措施，广播、电视、新媒体和有关通信运营等企业的社会职责，企事业单位、组织及个人的社会响应职责等，拧紧防灾减灾链条。

2021 年《深圳经济特区自然灾害防治条例》的立法调研中，推动从法律层面规定了气象防灾减灾责任体系，明确气象防灾减灾的“纵向”市区街道社区和“横向”应急、水务、海洋、气象等部门的法律责任；明确防灾全链条“灾前、灾中、灾后”社会企业、团体组织、自然人等防御要求，实现向“多灾种、全链条”综合防治的转变。

（二）建成了预警先导的气象防灾减灾四级联动机制，推进防灾治理系统化

基于深圳城市治理和应急管理一盘棋整体布局，形成了“一级预警、二级监督、四级联动、对点服务、社会响应”的气象防灾减灾机制，即由市气象局（台）统一发布精细化气象灾害预警，市、区二级启动应急响应并监督落实，市区街道和社区四级防灾部门或防灾责任人联动，通过应急“一键通”、突发事件预警信息发布平台等面向重点区域、重点影响人群对点靶向发布预警信息，组织社会力量共同防灾，无缝衔接“灾前、临灾、灾中、灾后”应急治理流程。在应急联动方面，气象灾害分区预警全面对接全市防汛防台风等 36 项专项应急预案，同时《深圳市气象灾害应急预案》规范了市突发事件应急委框架下的气象灾害防御指挥体系建设，明确了各区和相关部门气象灾害防御工作职责，理顺与各专项应急指挥部职责分工，健全气象灾害应急指挥部运行机

制，指导各区编制气象灾害应急预案，推动气象灾害防御应急体系向街道、社区延伸拓展，构建形成市、区、街道和社区四级应急联动上下贯通、高效协同的气象灾害应急指挥体系。

在社会响应方面，联合应急管理、教育、水务等部门出台并不断修订完善《深圳市气象灾害公众防御指引》《台风暴雨高级别预警分时段学校防御指引》等，细化指导市民和社会群体如何履行法律法规和预案规定的防灾义务，针对停课措施，细化不同发布时间段、不同场景学生和学校的具体操作。全市气象灾害重点防御单位均根据其行业特点建立应对气象灾害的专项应急预案。

（三）创新“31631”递进式气象服务模式，推进防灾治理全程化

基于国家和省级气象部门相关技术标准，创新“滚动式预报、递进式风险预警 31631”防灾服务模式，全周期递进式防灾保障，成为城市治理中防御大尺度天气系统的“节拍器”，让防灾部门及一线工作人员对气象的服务节奏心里有数，有针对性地安排部署应急减灾工作。提前 3 天发出过程定量风雨预测、风险预估和预警信号发布节奏及防御建议；提前 1 天预报风雨落区和影响时段，加密部门会商、风险研判，提出全市动员相关决策建议；提前 6 小时定位高风险区，进入临灾状态，触发三级短时临近预警防线；提前 3 小时分区精细化预警、部门联动响应；提前 1 小时发布精细到街道的定量预报、精准对点服务。按照“关注区、监视区、警戒区 + 责任区”三级监测预警防御圈，构

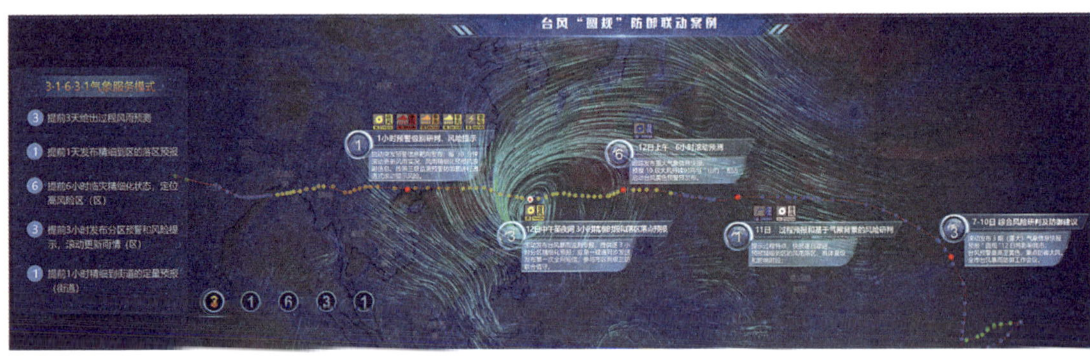

31631 递进式气象服务模式（以防御台风“圆规”为例）

建大湾区强天气上下游联防联控链条，将强对流天气监测区域扩大到150公里至200公里。

（四）建立气象服务地方标准，推进防灾治理标准化

以全国首个气象服务标准化试点成果为基础，围绕气象防灾减灾、突发事件预警发布、重点行业气象风险防控、气象数据共享等重点领域制定地方标准，组织起草《深圳市气象灾害预警信号发布规范》《突发事件预警发布管理规范》等21项标准，强化标准的约束性，推动预警发布、风险管理标准化规范化，保障气象预警与综合防灾减灾救灾同频共振。

1. 技术匹配。建立分灾种、分行业的阈值指标体系，动态对各区和相应行业作出针对性风险提示。将预报预警服务放到防灾减灾决策过程关键节点，充分挖掘现有预报预警技术潜力，匹配最佳防灾减灾节奏，融入城市运行和安全生产的场景。

2. 机制耦合。建立监测预警信息直达机制，通过深圳市突发事件预警信息发布平台、“深圳应急一键通”APP快速直达“市—区—街道—社区”5.3万名防灾责任人和2000多万市民，确保信息高效快速发布。

3. 信息融合。基于气象数字化接口、插件和图层，将气象服务充分融入市区两级应急监测预警体系，依据应急预案相关规则将预警信息和防灾减灾实际行动的“时差”缩减至接近于零。

（五）打造智能化气象监测预警体系，推进防灾治理专业化

打造“一级预警、两级服务、三精支撑、四级联动、五个全面、六大平台”气象监测预警体系，以信息化重构气象应急流程，推进四级防御联动机制“线上化、智能化”，锻造“早、准、快、广”的硬功夫，尽最大可能挖掘精准预报技术能力转化为守护城市安全的潜力。

1.“早”预见，延伸防线长度。发展长中短期相结合的气象风险预警预报，实行灾前风险研判、临灾精准预警、灾中跟踪服务、灾后评估分析，掌握防灾主动性。

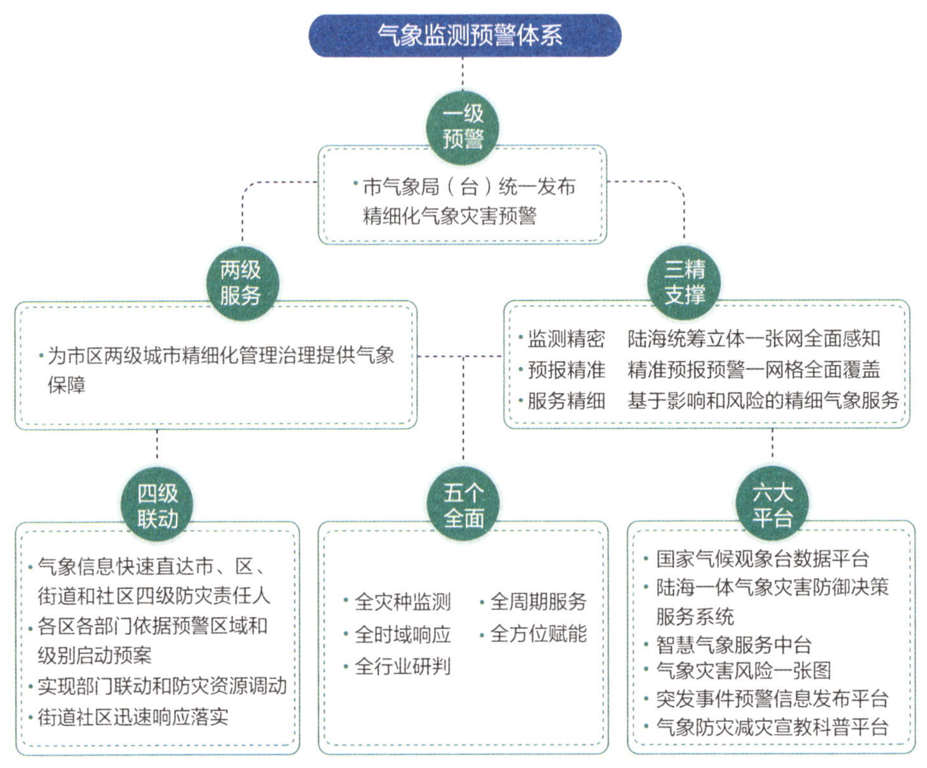

“一级预警、两级服务、三精支撑、四级联动、五个全面、六大平台”气象监测预警体系

2.“准”发力，夯实防线深度。深圳陆海空天立体气象精密监测网保障灾害天气不漏网，城市街区级数值天气预报系统和人工智能算法准确快速识别灾害发展动向，陆海一体气象灾害防御决策服务系统等六大服务平台夯实城市安全治理基底。

3.“快”服务，锻造防线速度。建立靶向预警信息发布和自动叫应机制，基于大数据分析技术对预警信息“百米级区域”靶向精准发布和“特定人群”按需对点发布，任意街道办或风险区域分钟级发布，秒级响应，为高效防灾赢得时间。

4.“广”覆盖，拓展防线宽度。瞄准城市密集区、地形复杂区、海洋海岸带空白区、高层楼宇、地下空间和地质灾害多发区，通过重点行业、关键节点跟踪服务，构筑全媒体信息发布矩阵，深圳市突发事件预警信息发布体系实现全用户发布、全媒体触达。

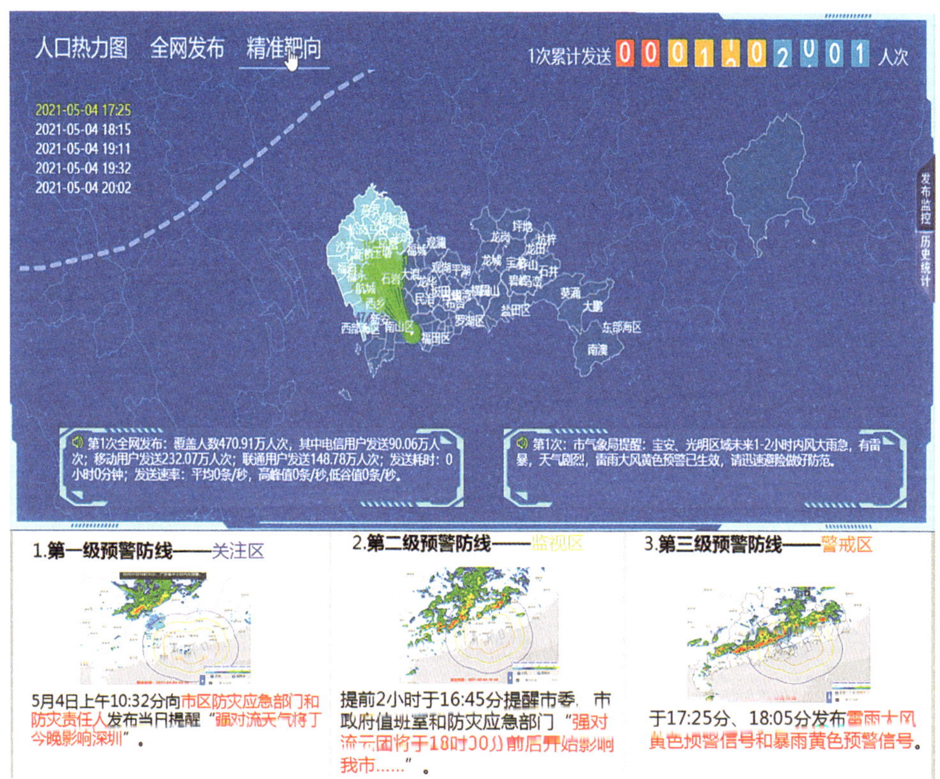

2021 年 5 月 4 日飑线天气递进式灾害防御过程

三、工作成效

气象防灾减灾体系是深圳共建共治共享的全市域社会治理现代化格局下的一道缩影。在各级防灾部门协同合作、全社会积极响应下，气象灾害造成的经济损失占 GDP 比例由 2015 年 0.018‰下降至 2020 年 0.003‰，在抗击近 30 多年来影响最严重的台风“山竹”和近 10 年最强龙舟水等重特大气象灾害过程中实现“零死亡”。

（一）为深圳综合防灾减灾筑牢第一道防线

1. 横向上多部门共建共享共用，提升防灾减灾协同性。气象、住建、旅游、海事、海洋、水利、交通等行业管理部门共建相应行业气象安全防御责任体系，制定行业专项预案，监督重点单位的预案制定、人员配置和隐患排查整改等，加强对重点单位的联合监管。打通跨部门数据流通障碍，推动数据完全共享，满足各区个性化防灾管理需求，激发了区级防灾部门的积极性，有效发挥了部门合力，全面提升了防灾管理的工作效率。打造气象服务中台，以“插件式”“图层式”融入市区两级指挥中心平台，为深圳数字政府“一网统管”“一网通办”“一网协同”提供场景化服务。聚焦城市十大生命线行业，为高敏感企业提供基础设施建设、生产调度、安全运营的精细服务。

2. 纵向上市区街道和社区快速联动，提升防灾减灾主动性。抓实基层防灾关键点，在区级无气象部门的特点下，推动基层气象防灾有预案、有阈值、有人员，贯通市—区—街道—社区联动响应机制，以“一市一局一台”高效集约架构服务市、区、街道、社区四级防灾部门和2000多万市民，实现预警信号与基层应急响应之间的“咬合”。推动防灾重心下移，市区共建防灾专业队伍，长期在一线服务保障，夯实了基层防灾实力，补齐了区一级气象防灾减灾链条。加强防灾联动信息化建设，通过分层设计，市级防灾部门可实时掌握各区应急响应启动及防御部署情况，及时跟踪服务，督促指导基层防灾工作，区级部门通过精确定位签到、灾情报告与处置等功能实现对街道、社区具体防灾工作的实时调度和监管，实现了防灾工作的科学精准管理。

3. 广度上打造多元共治全民防灾新格局，提升防灾减灾整体性。完善社会力量和市场参与机制，推动企业、社会组织和社会公众履行防灾减灾责任与义务。发展气象志愿者、信息员、协理员队伍，发挥社会组织作用，委托开展重点防御单位安全排查评估，开展社区、学校、工地等重点防御单位的培训和防灾减灾应急演练。提升依托国家气象科普基地、日播《谈天说地》电视节目、微信、微博、抖音进行“线上全媒体＋线下多场景”的防灾减灾、自救互救系列科普。“深圳气象天文开放日”公共科普年服务人数超3000万，阅读总量超15亿次，科普公众开放预约平台正式纳入政府行政网窗口办理预约业务，提高防灾减灾意识和基层自救和互救能力，深圳公民气象防灾知识认知度指标居全省第一。

（二）为全国防灾减灾提供了深圳方案

1. 全国推广应用效益。继气象灾害预警制度在全国推行后，深圳首创的“31631”递进式气象服务模式，以“预警 + 指引”形式被市委市政府、防灾部门肯定并推荐作为深圳经济特区经验做法之一再次推广至全国，中国气象局领导批示要求深入报道并推广。《光明日报》在报道台风“烟花”防御工作中称，“台风‘烟花’所经之处累计雨量屡破历史极值，但造成的直接经济损失，尚不及路径相似的 2018 年台风‘温比亚’造成损失的十分之一。究其原因，‘31631’服务模式功不可没”。郑州在经历“7.20”极端强降水后，采用深圳气象防灾减灾的经验成果进行改进提升，《郑州日报》报道称，“郑州市气象台借鉴深圳等地先进经验，提高了精准预报的能力，充分发挥气象防灾减灾的第一道防线作用”。目前该模式已经推广到全国十几个省市和地区，为全国防御气象灾害发挥重要作用。

2. 助力全球气象治理。受中国气象局委托由深圳牵头承担，以防灾减灾服务模式创新和公私合作机制创新为主要内容的“超大城市智慧气象服务（PPE）模式”获世界气象组织认可。该示范项目基于大城市特性，运用公共—私营参与 PPE 模式，吸取粤港澳和世界气象组织的先进经验，协同发展基于影响的灾害风险预警服务、预警靶向精准发布、多元数据共享、城市气候影响评估等。成为世界气象组织为全球超大城市提供专门服务的展示案例在全球推广。

四、经验启示

（一）建设气象防灾减灾法治体系，是体制改革成功的制度保证

法律赋予各级政府气象防灾责任，为此依法确定市、区、街道和社区行政机构和相关责任人的职责，各司其职。按照管行业必须管安全的原则，明确气象防灾减灾主体责任，与行业管理部门共建相应行业气象安全防御责任体系，明确责任人，负责管理本行业气象防灾工作，特别做好防灾重点单位的气象安

全管理。将防灾职责细化到网格安全管理员，推进气象灾害预警与城市安全网格的融合，保障气象灾害预警信息进社区入户到人。

（二）推进与全市应急管理合拍共振，是体制改革的必然路径

气象防灾减灾体制改革必须对接不同阶段城市公共安全、管理治理的最新需求，以系统观念立足全灾种、全行业、全社会，协调推进预案对接、数据融合、流程匹配和标准统一，推动“气象+”和“+气象”双向融入双向赋能，共研基于风险影响预警，推进气象服务中台“插件式”“图层式”对接到城市运行管理中心以及相关行业应急指挥中心，形成气象与全市应急减灾“大合唱”，发挥气象在全市综合防灾减灾救灾中的监测预报先导作用、预警发布枢纽作用、风险管理支撑作用、应急救援保障作用。

（三）完善灾害防御薄弱环节，是体制改革的制胜法宝

面对深圳气象防灾减灾人员队伍规模有限、区一级没有气象机构、市场保障能力不强等实际情况，必须着力推进防灾重心下移，夯实基层防灾实力，坚持党委领导、政府主导、多元参与，通过社会力量完善区以下防灾减灾保障队伍，通过市场机制推动，社会组织、科研院所、企业和志愿者共同参与，形成全社会气象防灾减灾救灾合力。

未来，深圳气象防灾减灾工作将深入贯彻落实习近平总书记关于综合防灾减灾救灾的重要论述和对气象工作的重要指示精神，不断完善大城市气象灾害防御四级联动机制，落实预警先导四级联动的数智气象服务模式专项试点，在建设全国大城市气象服务高质量发展先行示范市和广东建设气象防灾减灾第一道防线先行示范省中当好排头兵。

创建生活垃圾处理“能源生态园”新模式

深圳积极探索生活垃圾处理设施建设新模式，打造了集垃圾处理、科普教育、休闲娱乐、工业旅游“四位一体”的能源生态园，有效破解“垃圾围城”危机和垃圾处理设施的“邻避效应”，使深圳率先成为全国首个具备生活垃圾全量焚烧能力的城市，为垃圾处理设施建设提供了深圳经验和示范，该做法获国家发展改革委全国推广。

一、基本情况

（一）背景意义

生活垃圾处理是城市管理的基础性工作，也是各大城市普遍面临的难题。深圳土地资源稀缺、人口高度密集、经济快速发展，在这个问题上遇到的困难更大、矛盾更突出，长期面临“垃圾围城”的困境，垃圾处理设施建设迫在眉睫。2019 年，全国“无废城市”试点建设工作全面启动，深圳成为 11 个试点城市之一。国家“十四五”规划指出要“推行垃圾分类和减量化、资源化，加快构建废旧物资循环利用体系”。作为全国的示范及引领，深圳必须以更高标准、更严要求、更实举措在更高水平上推进环卫设施建设。

（二）深圳能源生态园建设情况

面对难题，深圳敢闯敢为，坚持高位推动、对标一流、以人为本，以逢山开路、遇水架桥的闯劲和攻坚克难、锐意进取的干劲破解困局，探索建立“四位一体”的生活垃圾处理设施建设新模式，先后建成南山、宝安、龙岗三大能源生态园，集垃圾焚烧、科普教育、休闲娱乐、工业旅游于一体，成为名副其实的环境友好型设施，有效破解“垃圾围城”危机和垃圾处理设施“邻避效应”，为经济相对发达、土地资源紧缺、城市治理体系较完善的大中型城市提供了深圳经验和示范。其中，南山能源生态园设计规模为日处理生活垃圾 2300 吨，园内配套建设循环再生艺术展览馆、游泳池、咖啡馆等惠民设施，将生产办公、循环环保理念、科普教育、历史自然、休闲娱乐等多元素深度融合，让市民既可以坐在咖啡吧里欣赏山海美景，也可以在恒温泳池里畅游。宝安能源生态园设计规模为日处理生活垃圾 8000 吨，曾获中国可再生能源产业蓝天奖，垃圾焚烧行业以及深圳改革开放以来首个国家优质工程金质奖，园内配套的“生活垃圾治理历史博物馆”以垃圾处理历史揭示人类文明的发展，让市民直观感受人与自然环境和谐共生发展的魅力。龙岗能源生态园设计规模为日处理生活垃圾 5000 吨，打造全国首个以睡莲为主题的垃圾焚烧项目，园内配套建设科普展馆、书吧、跑道等惠民设施，营造万物共生、原生纯美、生机盎然的生态空间及参观氛围。

盐田能源生态园黄昏景观

二、主要做法与成效

（一）制定最高最严标准，建设全球标杆

深圳市制定全球最严的生活垃圾焚烧发电项目烟气排放标准《深圳市生活垃圾处理设施运营规范》，该标准以最高最严为目标，全面优于现行国家标准（GB18485—2014）和欧盟标准（2010/75/EU）。其中，市民群众最为关注的二噁英类指标，深圳标准为 0.05ngTEQ/ Nm^3，仅为国家标准和欧盟标准规定值 0.1ngTEQ/ Nm^3 的一半。这一“深圳标准”的出台，为破解垃圾处理设施“邻避效应”创造了先决条件。

同时，深圳市加大投入力度，坚持最优技术设备把控，打造全球最和谐、最洁净、最先进的环保设施，污染控制占投资的 1/3。例如，焚烧炉、烟气净化系统、垃圾吊等关键装置均采用当前全球最先进的技术和设备。烟气净化系统首创“SNCR 炉内脱硝 + 半干式脱酸 + 干式脱酸 + 活性炭吸附 + 布袋除尘 +

深圳标准与欧盟、国家标准对比情况表

序号	污染物名称	单位	中国国家标准 GB18485-2014		欧盟标准 2010/75/EU		深圳标准 SZDBZ 233-2017	
			日均值	小时均值	日均值	小时均值	日均值	小时均值
1	粉尘（颗粒物）/dust	mg/m^3	20	30	10	30	8	10
2	一氧化碳/CO	mg/m^3	80	100	50	100	30	50
3	氮氧化物/NO_X	mg/m^3	250	300	200	400	80	80
4	二氧化硫/SO_2	mg/m^3	80	100	50	200	30	30
5	氯化氢/HCL	mg/m^3	50	60	10	60	8	8
6	氟化氢/HF	mg/m^3			1	4	1	2
7	有机碳/TOC	mg/m^3			10	20	10	10
8	汞及其化合物/Hg	mg/m^3	0.05		0.05		0.02	
9	镉、铊及其化合物 Cd+Tl	mg/m^3	0.1		0.05		0.04	
10	Pb+Cr等其他重金属	mg/m^3	1.0		0.4		0.3	
11	二噁英类	$ngTEQ/Nm^3$	0.1		0.1		0.05	

湿法脱酸+SCR脱硝”七段式组合工艺，创新增加湿法脱酸和SCR脱硝两段工艺，确保排放指标达到“深圳标准”。南山二期、宝安三期、龙岗三大能源生态园全面投产，新增垃圾焚烧处理能力1.03万吨/日，全市日垃圾焚烧总设计能力由7000多吨达到1.8万吨，使深圳成为首个具备生活垃圾全量焚烧能力的城市，有效破解城市“垃圾围城”困境，保障城市安全运行。

（二）坚持高位统筹推动，压实各方责任

深圳生活垃圾处理设施建设由市委市政府主要领导亲自抓，建立垃圾处理设施建设推进联席会议制度，由分管市领导担任召集人，明确责任分工，加强统筹协调，压实各区主体责任。各区成立由书记、区长担任双组长的专责小组，层层落实街道办、社区责任制，扎实推进宣传、维稳、征地、拆赔、环评等工作。城管、生态环境、发改、规划、维稳、公安、宣传、住建等职能部门各司其职，分别牵头负责综合协调、舆论宣传、信访维稳、用地统筹和环境评价等工作，提前介入。市—区—街—社区四级联动，各部门通力协作，各司其职，主动作为，互相“补台”，形成垃圾焚烧设施建设运营攻坚克难的强大合力。

（三）严格依法公开透明，打消市民疑虑

深圳市严格按照法定程序开展项目建设，规划、选址、建设程序公开透明，每个环节保障市民群众的“知情权”“参与权”，让垃圾处理设施建设在“阳光下”推进，政府、企业、社会团体、广大市民共同参与，共建共享，探索建立了城市综合治理新路子。

一是依法组织编制相关规划及环评，政府部门提出多个建设方案备选，进行广泛调查与分析评价，最终采纳社会接受程度高的方案。二是通过项目说明会、参观已建项目、听取意见、设立投诉窗口等形式，多方面听取居民意见和建议，做到选址优中选优，各方普遍认可。三是在立项、选址、稳评、环评等前期工作中，特别是在公众参与环节，充分发挥社区党员干部、居民小组长模范带头作用，积极组织企业、社区居民代表开展座谈交流，组织形式多样、通

俗易懂的科普宣传引导。比如联合深圳特区报、深圳卫视策划实施有关深圳垃圾围城现状和破解调查的深度报道及新闻科普节目、针对居民关注的二噁英致癌等问题编制发布宣传读本、组织3000人次前往台湾、广州等地参观焚烧项目，并通过建立预约参观APP机制，让更多市民走进本地焚烧厂，实地了解垃圾处理设施建设运行情况等，提高市民对垃圾处理的科学认知，打消群众对项目建设的疑虑和担心。同时，认真做好舆情处置和维稳工作，对已经发生的“邻避”问题，落实对策措施，妥善处理、有效化解。

（四）全面去工业化设计，打造花园式生态园

在三大能源生态园建设过程中，除建设一流的垃圾焚烧功能外，在建筑设计上引进国际知名设计公司和团队，结合设施主体外观形象特色和所处地理位置，全面去工业化设计，将建筑艺术、城市美学与工业技术有机融合，打造开放共享的花园式生态环境园。比如，南山能源生态园二期以生态科普为主题，主厂房波涛形的外观与附近的波澜海景交相辉映；宝安能源生态园二期以山形

南山能源生态园二期科普展馆

树影为主要设计理念，整体建筑造型采用流线性，与周边的山体曲线融为一体，实现建筑与自然的完美结合；龙岗能源生态园以高端简约的设计，营造科技的动感形态，展现自由开放、面向未来的发展理念。

在能源生态园内创新建设高品质的游泳馆、登山道、环湖碧道、参观长廊、科普展馆、循环再生博物馆、体感互动游戏区、观景平台、书吧及咖啡馆等惠民设施并向市民开放共享，使垃圾处理设施集垃圾焚烧、科普教育、休闲娱乐、工业旅游于一体，成为名副其实的环境友好型设施，进一步拉近生活垃圾处理设施与市民的距离，真正变“邻避”为“邻利”。如盐田能源生态园一年参观人次逾 5.2 万人次，已成为网红打卡点。

（五）全程智慧化监管，确保高品质运营管理

建立“全覆盖、全过程、多层级”的监管体系，依托定位装置、传感器、摄像头等物联网技术，对进入垃圾处理设施的生活垃圾溯源，清楚掌握垃圾的

宝安能源生态园效果图

来源、运输的路径，有效避免工业垃圾、建筑垃圾和有害垃圾混入焚烧设施，影响排放指标。对园区内生产数据及视频实时监测并智能分析，确保炉温始终高于 850℃，促进垃圾充分燃烧，确保烟气排放值远低于深圳标准限定值，并及时对风险指标智能预警，有效防范安全及环境风险。同时，实现垃圾焚烧烟气污染物排放值、焚烧设备炉温等数据实时获取、在线监测、实时查询，并将数据同步向社会公开，增加透明度，强化社会监管，提升运行的公信力。

三、经验启示

深圳市生活垃圾处理设施平稳落地，变“邻避”为“邻利”，关键是从全局着眼谋划，做到“四个结合”。

（一）统筹推进与分级治理相结合

宝安三期、龙岗能源生态园涉及跨市、跨区协同问题，南山二期项目周边大型企业多，社会形态非常复杂，反对呼声大。项目平稳落地，关键在于高位推动，建立统筹推进和分级治理工作机制，从市区领导到各级各部门，都敢于担当，攻坚克难，权责明晰，各司其职，合力推动。

（二）法治方式与行政手段相结合

“打铁还需自身硬”，群众对项目的不信任和不支持，往往就来源于项目手续有瑕疵和信息公开不透明。因此，在项目决策过程中，必须坚持法治方式，做到依法依规，公开公正，不遗漏任何一个环节，不留下任何一个问题，保障好群众的知情权、参与权和监督权，让群众充分了解到决策全貌，消除疑虑。同时，也要充分利用行政手段，提前做好规划、评估、审批等工作，协调各类媒体加大宣传，最大程度争取工作主动权。

（三）科学规划与共享共治相结合

群众最关心的是“我能得到什么”“我的利益能否得到保障”。因此，在推进项目建设过程中，一方面是必须坚持科学规划、用心建设、严格监管，尽可能地减少周边影响；另一方面是必须重视项目周边居民的利益诉求，切实保障群众利益最大化，化矛盾对立方为利益攸关方，实现多方共赢，共享共治，变“质疑反对”为“信任支持”。

（四）主动引导与化解矛盾相结合

对于垃圾焚烧处理设施建设，群众支持是关键，社会稳定是底线。做好群众的思想工作，及时化解矛盾，要紧紧抓住党员干部这一“关键少数”。做通党员干部的思想动员工作，引导党员正确认识，通过党建引领，带动群众转变观念。

未来，深圳将继续高标准推进开放共享的花园式生活垃圾处理设施建设，形成“一园一景一基地”的生态环境园体系，成为全国环卫处理设施建设和运营新典范，有效解决深圳垃圾产生量持续快速增长的问题，为深圳打造民生幸福标杆、可持续发展先锋提供坚强的基础保障。

前海合作区以“扩区”和“改革开放”为重点全面推进前海开发建设

2021年9月6日，中共中央、国务院印发《全面深化前海深港现代服务业合作区改革开放方案》，为前海深港现代服务业合作区这个“特区中的特区”更上层楼，擘画了崭新前景。

一、背景意义

开发建设前海深港现代服务业合作区，是支持香港经济社会发展、提升粤港澳合作水平、构建对外开放新格局的重要举措，对推进粤港澳大湾区建设、支持深圳建设中国特色社会主义先行示范区、增强香港同胞对祖国的向心力具有重要意义。2021年4月，习近平总书记主持召开中央政治局常委会会议，研究审议《全面深化前海深港现代服务业合作区改革开放方案》（以下简称《前海方案》），9月方案发布。《前海方案》对前海合作区提出了“大湾区全面深化改革创新试验平台”“建设高水平对外开放门户枢纽”两大崭新定位，并赋予前海支持香港经济社会发展、提升粤港澳合作水平、构建对外开放新格局的重要使命。前海深港现代服务业合作区牢牢把握“扩区”和“改革开放”重要历史机遇，在现代服务业创新发展、深化粤港澳合作等方面先行先试，在粤港澳大湾区建设中更好发挥示范引领作用。

二、主要做法

（一）构建以全面深化改革开放为引领的工作机制

2021 年 9 月，中共中央、国务院正式公布《前海方案》，前海迎来新的重大历史发展机遇。省委、省政府高度重视，第一时间成立了省委书记亲自担任组长的推进全面深化前海深港现代服务业合作区改革开放工作领导小组，要求举全省之力推动落地落实。深圳市迅速成立了市委书记任组长、市长任第一副组长、各位市领导分工负责的推进全面深化前海深港现代服务业合作区改革开放工作领导小组，为贯彻落实方案打下坚实基础。推动中央湾区办 38 项、省 147 项、市 203 项重点任务落地，1/3 以上任务取得阶段性成果。通过深港高层会晤及深港合作会议机制，有力有效推进前海合作区全面深化改革开放各项工作。有效开展系列深度宣传解读活动，积极协助粤港澳大湾区建设领导小组办公室、省、市先后召开新闻发布会，引发粤港澳各界高度关注、热烈讨论，为贯彻落实《前海方案》营造良好政策环境和舆论氛围。

（二）聚焦深港合作，打造服务香港融入国家发展大局的“桥头堡”

积极深化与香港多领域、深层次合作。现代服务业合作方面，研究制定构建前海现代服务业体系的实施方案，加快推进深港国际服务城、专业服务业集聚区等重大载体建设，加强与香港在现代金融、数字时尚、会展经济、海洋经济、专业服务等领域合作。特别是加强深港金融领域合作，充分发挥香港国际金融中心优势，配合中央有关部委研究出台金融支持前海深化改革开放的政策措施，不断提升深港合作水平，提升国家金融业对外开放试验示范窗口和跨境人民币业务创新试验区功能。科技创新合作方面，全力支持香港高校、科研机构、企业在前海设立新型研发机构和重点实验室，加强与河套深港科技创新合作区的联动发展，更好支撑大湾区国际科技创新中心建设。建设领域合作方面，纵深推进香港专业机构和人士执业备案，面向香港专业机构推介建设项目，鼓励香港业界参与前海建设，探索前海工程管理制度港澳规则衔接，打造大湾区建设管理标准。

（三）聚焦扩容提质，努力打造“双区”建设“新引擎”

统筹推进“物理扩区”和“政策扩区”，一方面用好 120.56 平方公里的土地空间，立足各片区资源禀赋、发展条件，进一步优化产业空间、重点平台、重大项目布局，全面提升前海合作区发展能级，加快打造国际化城市新中心；另一方面用好《前海方案》赋予的政策红利，在落实好现有企业所得税优惠政策基础上，尽快推动产业促进、金融开放、法律事务、服务贸易等支持政策覆盖“扩区”后的全部区域。

（四）聚焦改革开放，打造引领制度创新的“策源地”

与港澳规则衔接、机制对接方面，坚持在“一国两制”框架下先行先试，不断推出更多“一事三地”“一策三地”“一规三地”创新举措，努力在推动跨境要素流动便利化、市场标准一体化、服务贸易自由化等方面创造更多可复制可推广的经验。管理体制创新方面，探索行政区和经济区适度分离下的新型管理体制，按照“统、分、优、放、协”综合施策的要求，编制行政区与经济区“权责清单”。营商环境改革方面，加快出台前海合作区投资者保护条例，推动实行商事登记确认制，创建信用经济试验区，携手香港建设国际法律服务中心和国际商事争议解决中心。高水平对外开放方面，充分发挥机场、港口、会展中心等优势，依托前海综合保税区实现“空港 + 会展 + 保税”服务高效流转，不断增强内外循环链接功能。

（五）聚焦社会民生，打造宜居宜业宜游的优质“生活圈”

贯彻落实进一步便利港澳居民在深发展的 18 条措施，研究推出系列便利港澳人才在前海合作区工作、生活、居住的政策举措，营造与港澳条件相似的工作生活环境。对接港澳教育、医疗、社会保障等公共服务体系，推进港澳同胞在民生方面享有市民待遇，特别是大力支持港澳青年创新创业，加快港澳青年创新创业基地建设，打造深港澳青年创新创业全生态链，为港澳青年拓展更多就业渠道和发展空间，不断增强港澳青年对祖国的向心力。

三、工作成效

（一）深港合作举措更实、对接更密

1. 深港对接联通不断深化。联合深圳市税务局推动港澳涉税专业人士在前海免试跨境执业，全国首家深港澳联营税务师事务所落户前海，实现香港注册建筑师、澳门核数师等16类港澳专业人士仅需备案即可执业。拓宽与香港社会各界的沟通渠道，携手香港中华总商会等社团机构打造港人港企服务平台，加快建设前海港澳联谊中心。推动连接香港洪水桥/厦村至深圳前海的“港深西部铁路”项目，进一步推进基础设施互联互通。

2. 深港产业协同加快发展。支持香港金融、会展、现代海洋、科技服务、数字创意等优势产业在前海发展，比照内陆企业上浮20%享受扶持。建设“两城六区一园一场六镇双港”，为港人港企融入大湾区提供空间。2021年，前海合作区实际使用港资50.56亿美元，同比增长33.0%；注册资本1000万美元以上的港企累计达2996家。联合南山、宝安等举行前海招商大会，推动40个项目落地、总投资超866亿元，其中港资和外资项目20个、总投资约240亿元。香港贸发局内地首个GoGBA港商服务站在前海揭牌，打造港企商务咨询、培训、交流等服务平台。启动“前海港澳e站通”项目，为港人澳人提供企业商事登记、涉税业务等服务，实现港澳投资者“足不出港澳”一站式办理前海政务事项。

3. 青年交往交融深化推进。为港澳台青年提供各类专项扶持资金，2021年发放4批次共8600多万元。实施2021年前海港澳青年招聘计划，发布岗位1498个。前海管理局校园招聘首次特设面向港澳人士岗位。举办2021前海粤港澳台青年创新创业大赛，港澳台参赛项目近700个。建成梦工场北区，拓展青年创业空间至13.9万平方米，梦工场新孵化创业团队87家。

（二）制度创新范围更广、层次更深

1. 制度创新是前海合作区的核心任务。2021 年，全市各部门在前海合作区推出制度创新成果 75 项，累计达 685 项，新增在全国复制推广项目 7 项、累计达 65 项。

2. 现代服务业创新发展。完善现代服务业标准体系，发布全国首个《基于跨境活动的企业信用报告格式规范》。加快建立与国际接轨的供应链标准，《大宗货物电子仓单》等标准获国家发展改革委批复。毕马威发布 2021 年中国金融科技 50 强企业，微众银行、联易融等 10 家前海企业入选，约占全市入选企业的一半。

3. 科技体制机制创新加快推进。建设世界知识产权组织技术与创新支持中心，制定《关于加快前海科技发展体制机制改革创新的若干措施》，推动实施粤港澳新型研发机构支持计划，一批创新型企业落户前海，新兴产业注册企业累计达 3.15 万家。5 家前海科技型企业上榜长城战略 2021 年独角兽榜单，占总估值 44.3%。中国（深圳）知识产权保护中心搭建快速预审平台，成功推动 300 余件高质量科技专利申请走向海外。

4. 一流营商环境加速营造。财政部、国家税务总局支持前海合作区 15% 企业所得税政策延期，优惠目录扩围、门槛降低，预计全年新增受惠企业 1.2 万户，进一步减免税款约 5 亿元。研究制定营商环境三年行动计划，在优化流程上做“减法”，在改善服务上做“加法”，工程建设项目审批办理时间由 49 天压缩至 13 天。德勤评估显示，前海在开办企业、获得电力、执行合同 3 个维度达全球领先水平。

（三）对外开放力度更大、水平更高

1. 贸易便利化水平进一步提升。前海深港商贸物流平台揭牌，“一带一路”贸易组合枢纽港启动，会同白俄罗斯中白工业园等建设特殊经济区自由贸易创新联盟。大湾区机场群“前海服务中心”设立全国首个机场外安检中心。大湾区首个 5G 绿色低碳港口妈湾智慧港建成开港，成为全市首个“交通强国试点”

授牌项目。深圳海事局推动西部港区国际集装箱班轮通关便利化，国际航行船舶在西部港区移泊免办相关手续。

2. 金融开放窗口功能不断增强。前海深港国际金融城加快建设，签约入驻156家金融机构，其中港资及外资占比30%。推动瑞银前海财富管理有限公司正式获批基金销售业务资格，成为全国第2家、粤港澳大湾区首家取得基金销售牌照的外商独资机构。12家“跨境理财通”试点银行在前海落地首笔业务，8家前海银行机构参与首批外币合一银行账户试点。加快筹建粤港澳大湾区保险服务中心。不断丰富数字人民币跨境应用场景，深圳首例香港个人数字人民币缴税在前海办理。

3. 深港国际法务区建设加快推进。最高人民法院《关于支持和保障全面深化前海深港现代服务业合作区改革开放的意见》印发实施，推进前海与港澳法律规则衔接、机制对接，支持在前海高标准建设深港国际法务区。国内首栋国际仲裁大厦投入使用，深圳国际仲裁院、国际商会仲裁院等23家法治机构入驻。粤港澳大湾区国际仲裁中心挂牌成立，相继布局证券、海事、知识产权三大分中心。

（四）可持续发展的国际化城市新中心建设不断推进

1. 扩区实施稳步推进。加快编制实施前海合作区新一轮总体发展规划和国土空间规划，加强统筹协调，对新扩片区实施统一规划、统一监管、统一政策，推动产业促进、金融开放、法律服务、跨境贸易、人才发展等政策同步覆盖，发挥南山和宝安的优势，实现“1+2 > 3”的效果。

2. 新城建设日新月异。以建设“两城六区一园一场六镇双港”为主要抓手，统筹推进住房、市政等353个项目建设。前海国际会议中心获中国工程建设鲁班奖，国家（深圳·前海）新型互联网交换中心上线试运行，前海建筑信息模型（BIM）技术应用推广发展规划获得第十二届“创新杯”BIM应用大赛特等奖。

3. 交通布局不断优化。扩区后的前海有1个国际机场、2个铁路站点、7个港口码头、6个开放口岸，海陆空铁齐备，交通内联外畅。深圳机场卫星厅投入使用，机场三跑道、深中通道等重大基础设施正加快建设。新开通桂湾一路、临海大道、滨海大道 3 条地下道路，形成 10 号桥、桂湾一路衔接南坪快速 2 处对外联系通道。

4. 公共配套持续完善。国际会展中心二期加快建设，深圳滨海演艺中心建成投用，“湾区之眼”深圳书城湾区城落户前海，构建世界级活力海岸带。桂湾片区华润 10 万平方米商业、卓越 4 万平方米商业等优质商圈项目开业，山姆前海旗舰店启动建设。桂湾公园正式开园，前海石公园成为“网红打卡点”。推动国深博物馆开工，前海泰康国际医院等加快落地。

四、经验启示

（一）必须坚决落实习近平总书记重要讲话、重要指示批示精神以及中央决策部署

习近平总书记高度重视前海合作区工作，多次视察并作出一系列重要指示，为前海合作区工作指明了方向，提供了根本遵循。前海合作区能够发展壮大，关键是牢牢把握住党中央赋予的“依托香港、服务内地、面向世界”的总定位。11 年来，前海合作区不折不扣贯彻落实习近平总书记的重要指示批示精神，按照中央要求，锐意进取、攻坚克难，全力以赴抓紧抓实抓出成效。前海开发开放的生动实践和丰硕成果，充分展示了我国改革开放的磅礴伟力和中国特色社会主义的勃勃生机。

（二）必须牢牢把握服务香港的初心使命

前海合作区是深港合作的重大平台，从诞生的第一天起，就承担了服务香港的职责使命。新一轮改革开放中深港合作依旧是前海最鲜明的特色和最重要的使命任务。香港作为国家吸引外资和学习借鉴国外先进技术、先进经验的主要平台，是国家实施“走出去”战略的重要桥梁和通道。因此，必须牢牢扭住对接香港这个重大政治任务，把深港合作作为深化前海开发开放的主题主线，扎实做好深化深港合作这篇大文章。

（三）必须坚持以制度创新为核心

深刻认识中央设立前海合作区的战略意图，坚决破除一切不合时宜的思想观念和体制机制弊端，把制度创新作为核心任务，打造生产协同、生活共同、生态趋同的规则衔接机制，推进人员、货物等各类要素高效便捷流动，形成一大批集成性、系统性制度创新成果并在全国、全省和全市复制推广，充分发挥了改革开放"试验田"的作用。

（四）必须坚定不移全面扩大开放

前海合作区从学习香港、借鉴香港、服务香港起步，不断拓宽全球化视野，加快提升对外开放水平。前海合作区的实践表明，过去十年多来前海合作区生机勃勃的发展态势是在开放条件下取得的，未来前海合作区的高质量发展也必须在更加开放的条件下进行。

未来，前海合作区将始终牢记习近平总书记的殷殷嘱托，坚持"依托香港、服务内地、面向世界"的总定位，充分发挥"点"的重要引擎作用，以先行示范的标准全面深化改革开放，努力把习近平总书记、党中央擘画的宏伟蓝图变成美好现实。

福田区聚焦“共建共治共享”推进民生供给多元化改革

深圳重点落实《综合改革试点实施方案》民生服务供给体制改革任务，支持福田区发挥投融资体制改革先发优势和深圳金融核心区辐射优势，围绕“民生七有”多领域拓宽公共服务高质量供给，践行共建共治共享新理念，激发社会资本参与公共建设的热情与潜力，满足人民群众多元化需求。

一、背景意义

（一）国家要求

一是落实先行示范区改革试点任务。2019 年 8 月，《意见》提出了深圳建设“民生幸福标杆”的战略定位。2020 年 10 月，《综合改革试点实施方案》提出了完善民生服务供给体制、探索公共服务多元化供给新机制的改革任务。二是落实国家中长期发展规划。2021 年 3 月发布的国家“十四五”规划将“创新公共服务提供方式，鼓励社会力量通过公建民营、政府购买服务、政府的社会资本合作等方式参与公共服务供给”列为重点任务之一。

（二）深圳所需

一是加快“民生幸福标杆”建设的需要。深圳市福田区建区 30 年已发展成为经济实力强、发展质量高、生态环境优的“高产田”，是深圳城市化、现代化奇迹的精彩缩影。但与世界一流城区相比，在公共建筑品质、公共服务体系、基础设施现代化水平等方面仍有一定差距，对照深圳建设中国特色社会主义先行示范区的“民生幸福标杆”战略目标仍有提升空间。二是深化供给侧结构性改革的需要。推动民生供给体制机制创新，形成公共服务多元化供给新格局，激发社会资本参与公共服务热情与活力，既是福田区践行以人民为中心的发展理念的内生要求，也是主动承接深圳综合改革试点任务、深化推进供给侧结构性改革的有益探索。

二、主要做法

深圳市福田区打出“五个一”改革组合拳，即创新一项制度、出台一个方案、举办一场路演、实施一批项目、搭建一个平台，高质量、高效率推进民生供给机制改革落地见效。

（一）创新一项制度

贯彻落实国家投融资改革总体方向和最新政策，出台实施《福田区政府与社会资本合作（PPP）管理办法》，简化审批流程、提高实施效率，拓展政企合

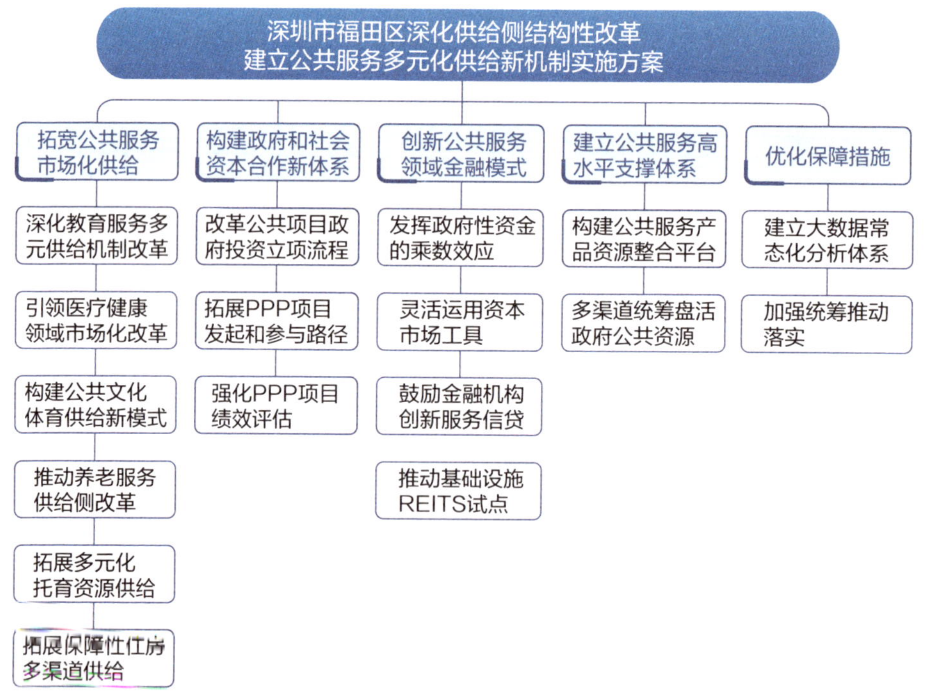

作领域，丰富合作路径和发起主体。鼓励非经营性、准经营性与经营性项目科学捆绑、统筹运营，引入 TOT（Transfer-Operate-Transfer，转让—运营—移交）、ROT（Rehabilitate-Operate-Transfer，改建—运营—移交）、O&M（Operations & Maintenance，委托运营）等新型合作模式，在盘活政府存量资产、提高公共服务绩效的同时，增强对社会资本的吸引力。改革优化政府投资立项流程，对政府有义务提供且适宜市场化运作的项目在立项阶段开展投融资模式论证，并打通已立项政府投资项目转为 PPP 项目的路径。

（二）出台一个方案

加强顶层设计，出台《深圳市福田区深化供给侧结构性改革　建立公共服务多元化供给新机制实施方案》，围绕“首善之区、幸福福田”发展愿景，以供给侧结构性改革为主线，以引导社会投资进入公共服务领域为突破点，统筹实施五大类、16 项改革举措，推动政府部门、市场主体、社会组织多方共建、协同治理，综合财政资金投入、国有资本投资、政府引导基金、市场融资工具等方式，吸引民间资本投入公益性行业，营造共建共治共享共同富裕的民生发展格局，满足人民群众多层次、多样化需求。

（三）举办一场路演

主办“共建共享、福惠民生”主题投融资路演活动，吸引全国各地金融机构、企业、咨询机构及新闻媒体等 100 多位行业代表参加，全力支持公共服务领域投融资改革，提供融资、融智、融制服务。首批推出 18 个项目、总投资 292 亿元，涵盖市政工程、文体、教育、养老设施以及保障房、棚改等领域。通过路演搭建政府部门、优秀市场主体及金融机构交流互通平台，创造合作共赢机会。

（四）实施一批项目

经前期论证和市场初步测试，2021 年新推出一批政府和社会资本合作示范项目。以 PPP 方式推动实施肇福研学基地、福利中心二期等 8 个重大民生工程和公共服务项目，建设期引入社会投资53亿元，全周期撬动社会投资460亿元，分别是福田区2015年以来已实施全部PPP项目的7.8倍和4.8倍。经初步评估，新增项目回报机制均衡，财政支出负担较低，政府和社会资本合作未来仍有巨大空间。

（五）搭建一个平台

依托“i福田”小程序和“i深圳”福田专区APP，整合教育、医疗、社保、文体设施等公共服务产品资源，逐步归集新能源充电桩、停车场等行业和领域公共服务运营项目，完善资源共享生态。区政府物业管理智慧云平台进入试运行，将辖区公共服务设施物业全面纳入智慧化管理，强化绩效评价、提高运营效益。推进民意速办改革，设立智慧分拨中心，加快建设民意大数据常态化分析研判体系，畅通公共服务领域民意诉求收集渠道，将群众反映强烈的公共服务短板和问题转化为民生需求，不断匹配多元化需求。

三、工作成效

经过一年多的努力，深圳市福田区民生领域取得“六个新”工作成效，在教育、医疗、养老、托幼、保障房等公共服务领域初步构建多元化供给新格局，居民幸福感、获得感进一步增强。

（一）教育多元发展探索“新路径”

引进深圳高等金融研究院及清华大学、香港大学经管学院，共建产业与科研深度融合的“高精尖、无围墙”都市型大学。与腾讯、万科分别合作成立教育基金会，大胆创新公立学校委托管理模式，营造更具活力的教育环境。通过PPP模式引入贝赛思双语学校，建成满足港澳台及外籍人士子女教育需求的国际学校，支持耀华实验中学等民办学校与境外知名教育机构合作办学，开设国际课程实验班。加强深港教育协作，高标准建设内地—香港STEM（Science Technology Engineering Mathematics，科学、技术、工程、数学）教师研修中心，推进面向“未来教育”模式创新。

（二）医疗健康事业构建“新生态”

推出社会办医支持政策及智慧监管模式，辖区 15 家社会办社康可享受政府办社康同等待遇和配套政策，鼓励社会医疗机构在产业园区举办社康站，延伸社区卫生服务链条，提高企业就医便利性，并纳入全流程医疗服务质量监督管理。引进港大深圳医院国际化高端门诊部，拟设在河套深港科技创新合作区内，为高层次人才提供高端医疗服务。通过资产重组由港资企业全新建设新风和睦家综合医院，达到国际医疗卫生机构认证联合委员会（Joint Commission International，JCI）认证标准，树立大湾区高端医疗新标杆。建设线上线下一体化医疗服务平台和医防协同的应急管理服务平台，形成“互联网 +”智慧健康体系。

按国际医疗卫生机构认证标准建设的新风和睦家综合医院

（三）养老服务资源实现“新融合”

实施“物业 + 养老”服务试点，莲花街道等 4 个街道依托物业企业设立“养老顾问”团队，为老人提供一站式服务。出台《福田区老年人照料机构建设运营管理办法》，推出物业融合型照料机构补贴政策，鼓励物业服务公司与养老机构共建养老设施。促进医养康养服务融合，辖区养老机构和医疗机构 100% 建立契约式合作，通过政企合作、公建民营等模式，建成 7 家医养一体化养老

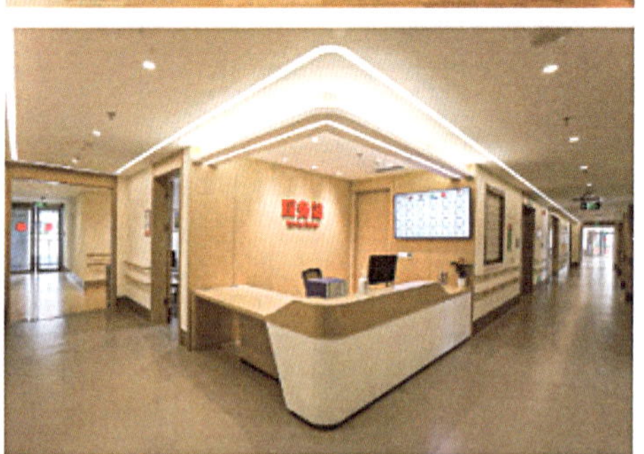

福田区香蜜湖街道长者服务中心

机构。挂牌成立20家社区长者服务站，沙头和香蜜湖街道长者服务中心实现楼上养老和楼下社康“零距离”，提高老年人幸福指数。

（四）幼有善育事业取得“新突破”

率先出台《福田区3岁以下婴幼儿照护服务实施方案》，推动建立主体多元、布局合理、服务优质的高质量婴幼儿照护服务体系，支持企业、社区、园区、楼宇等社会力量开设托育点，举办连锁化、专业化、高品质的托育服务机构，提供全日制、半日制、计时制及嵌入式、菜单式、分龄式婴幼儿照护服务。支持深圳市托幼服务协会落户福田，高标准建成首家区级普惠型托育示范机构，街道托育服务示范点覆盖率达90%，保障财政投入，健全监督管理机制，解决广大家庭后顾之忧。

（五）保障性住房供给拓宽“新渠道”

采取加大居住用地供应、推动旧住宅区改造、落实“非居改租”政策、城中村规模化租赁、货币补贴等举措，构建多主体供给、多渠道保障的住房供应与保障体系。2021年建设筹集公共住房8900多套，棚改及保障房完成投资51.3亿元，增长2.7倍。在城市更新项目中，依法依规要求实施主体投资配建保障性住房和公共配套设施，全区通过城市更新已提供保障性住房超过10万平方米，2021年在建更新项目规划新增建设保障性住房13万平方米。

（六）公共领域金融创新释放“新活力”

深化国企改革，区属国企主动承担公共服务、民生保障、社会治理等领域战略投资任务，依法依规划转区政府优质物业，增强国企融资能力、优化资产结构，放大政府性资金“乘数效应”。发挥金融核心区的集聚优势，鼓励金融机构创新信贷产品，设立行业风险补偿金等市场化增信机制，加大对公共服务类建设项目的融资支持力度。全国首创发布绿色金融指数——“国证香蜜湖绿色金融指数”，放大公共项目市场化融资“撬动效应”。深圳气候投融资改革首批试点业务合作在福田签约，创新推出“双碳”项目金融产品。辅导辖区企业申报基础设施 REITs 试点项目，深圳地铁 1 号线等 6 个项目成功纳入国家 REITs 项目储备库，资产总规模 439 亿元。

四、经验启示

深圳市福田区坚持目标导向、问题导向、结果导向，推进民生多元化供给改革，在处理政府与市场、政府与企业、政府与社会的关系上，提供了创新思路和实践样板。

（一）转变理念，拓宽公共服务市场化供给

地方政府主动处理好政府和市场的关系，让市场在资源配置中起决定性作用的同时，更好发挥政府作用。切实加快向“服务型”政府转型，树立正确绩效观，对法律法规未明确禁止准入的行业和领域，鼓励社会力量参与，推动公共服务从“单向决策式”供给方式转变为“需求引导型”高效供给模式。积极引导支持社会组织参与部分社会管理和社会服务，构建政府与民众之间高效链接渠道和有效沟通机制。

（二）主动作为，构建政府和社会资本合作新关系

政府以担当精神，主动与社会资本共商、共建公共服务项目，鼓励社会资本通过公平竞争进入优质项目合作运营，不断开放公共服务空间。选取一批成熟度高、示范性强的项目，借助高端智库研究力量，加快探索新的、行之有效的政策措施，助力构建“以点带面”的良性循环，为人民群众提供更多元、更丰富的公共产品。

（三）创新引领，优化公共服务领域融资模式

政府鼓励并推动丰富资本市场产品，发挥金融工具融资功能，解决社会投资公共建设项目融资难、融资贵问题，既有利于降低社会资本成本、加快推进改革，也有利于减轻地方财政资金压力、强化金融机构社会责任。创新优质公

共项目合作开发模式，积极为社会资本提供更加多元优质的投资选择，使政府由公共服务和公共产品的直接供给者转变为公共服务事业发展的“促进者”和资源对接平台的“搭建者”。

（四）技术赋能，建立公共服务高水平支撑体系

加快数字化政府建设，赋能提高行政效率。例如，将市民咨询热线通过数据分析及时转化为民众所需，可有效提高公共服务供给针对性，密切与市场主体、社会组织和市民群众联系，加快补足民生服务供应短板。政府也可以利用技术优势完善信用体系建设，为社会实现共治奠定基础。与此同时，着力创建良好的法律与制度环境，依法科学解决市场化过程中存在问题，构建最优营商环境，释放社会和市场活力。

未来，深圳将坚持以习近平新时代中国特色社会主义思想为指引，深入践行以人民为中心的发展理念，深化民生服务供给体制改革，推动实现城市公共产品供给的市场化、多元化，公共服务的优质化、高效化，率先打造共建共治共享共同富裕的民生发展新格局。

罗湖区创新推行“制度＋科技”政府合同履约监管模式

深圳在全国率先推行“制度＋科技”政府合同履约监管模式，以解决问题为导向，以改革体制机制、创新工作方式、强化业务协同、提升监管效率为重点，按照“管理全覆盖、审批全上线、履约全监管、结果全运用”的要求，构建起科学规范、职责明晰、技术支撑、法治保障“四位一体”的政府合同履约监管体系，实现建设工程招投标、政府采购、土地出让、产权交易、招商引资、产业扶持等各类政府合同“事前—事中—事后”全流程、全方位、全闭环监管，切实提高财政资金使用质效，防范化解政府法律风险和廉政风险。

一、背景意义

随着市场化改革加快与政府治理方式不断变革，越来越多公共服务以政府合同形式让渡给社会机构来满足公众需求，特别是深圳市罗湖区，老旧城区欠账多，近年来大力推进补短板、惠民生工作，政府合同数量呈爆发式增长，涉及金额也越来越大，政府合同管理也逐步成为一项常态化工作。相比之下，当前我国对政府合同管理的理论研究和制度规范显得滞后，实践中政府合同管理普遍存在缺乏有效管理机制、合同主体责任落实不到位、合同风险管控不足、履约监管效能低等问题，容易导致政府投资效益差，国有资产流失，财政资金浪费，公共服务不到位，甚至滋生腐败案件。因此，加强政府合同监管是保障财政资金使用效益、完善社会服务职能、切实维护公共利益、构建廉政风险防控机制的重要手段，更是全面从严治党，加快推进法治政府、诚信政府建设，提升政府治理体系和治理能力现代化水平的需要，亟须从体制机制上予以完善。

二、主要做法及成效

深圳市罗湖区打造“制度＋科技”政府合同履约监管平台，政府合同实现事前风险防范、事中履约检查、事后履约评价闭环监管，改革成效突出，相关经验做法荣获第六届“中国法治政府奖提名奖”，经《光明日报》等主流媒体专题报道，引起社会各界广泛关注，为深圳建设中国特色社会主义先行示范区提供了“法治样本”。

（一）创新系统化制度体系，填补监管空白

1. 出台原创性监管制度。深圳市罗湖区坚持制度完善和制度执行同步推进，探索出台《深圳市罗湖区政府合同监督管理办法》等 15 项原创性改革创新制度，严格规范合同起草、审查、缔约、备案、履约、检查、评价等 25 个环节，形成系统完备、科学规范、运行有效的制度体系，全面规范政府合同行为，压缩权力寻租空间，防范法律及廉政风险。

2. 加强精准性源头治理。全面梳理规范政府合同履约行为的中央、省、市、区 166 个各类相关制度文件，厘清合同事前阶段风险防控点，理顺权责清单，制定责任明晰、简约高效的业务办理流程，建立重点合同监管、统一合同合法性审查标准、推行合同示范文本、合同集中备案、合同检查整改“一体化”跟踪落实五大机制，严格规范政府合同变更行为，加强合同监管标准化建设，保证政府合同履约过程的公开、透明。

3. 建立规范性管控机制。将所有改革制度及政府合同示范文本汇编成册发放合同承办单位，加强政策宣贯及业务培训，推动各单位健全合同管理内控制度，压实合同主体管理责任，强化合同承办人员法律观念和风险防范意识，不断提高合同管理队伍法治素养。完善政府投资、政府采购、招商引资、产业扶持等各行业领域的管理办法，优化业务流程，加强对合同履约的业务指导和监管，保障规则公平、机会公平和权利公平。

（二）创新智慧化监管平台，突破技术瓶颈

1. 注重“全面性”。搭建全国首个智慧化政府合同履约监管平台，全面纳管党政机关、学校、医院等 205 个财政预算单位，金额 5 万元以上的政府合同全面纳入大数据集中监管，实现政府合同“全生命周期”信息化。运用最新的智能语义分析技术，对合同的合规性、严重风险、一般风险、缺失条款四大方面 1093 项风险进行智能检测，形成罗湖监管模式“321”效率，即 3 秒钟完成合同文本智能审核、2 秒钟完成合同台账智能提取、1 秒钟实现支付履约条款智能识别，及时发现并提示风险。截至 2021 年 12 月 31 日，合同平台累计监管合同 4.03 万份，涉及金额 569.80 亿元。

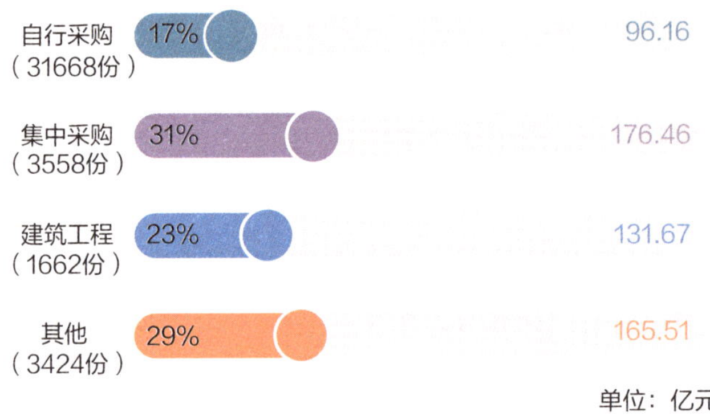

罗湖区合同监管平台合同分类图

2. 强调“实用性”。试点推行电子合同“云签约”，为政府、法人、个人、法律顾问等起草修订合同提供在线远程协作功能，推行电子签名、电子印章、云上签约，运用区块链技术，将合同签订的关键信息在区块链上进行存证，防止信息篡改。全市首创区块链电子发票自动报账，实现合同款项系统检验支付，合同支付全链条闭环管理总金额达 211.47 亿元。运用大数据，对服务商签约率畸高、超集中采购限额等异常交易行为进行预警，实时监测全区合同签订异常情形。截至 2021 年底，全区已有 56 个财政预算单位完成电子合同签约主体认证注册程序，共签署电子合同 1514 份，已发现预警 23 个单位 215 份合

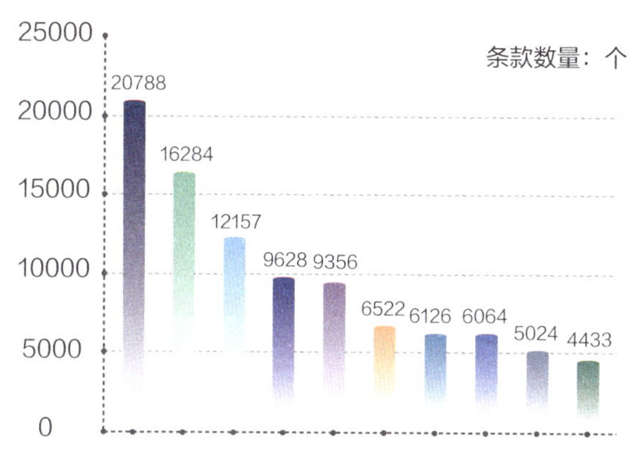

智能提示合同潜在风险条款 TOP10

同存在拆标或规避集中采购嫌疑，排除合同条款潜在风险 55.49 万项，涉及金额 8116.39 万元。

3. 突出“统一性”。根据制度建设的推进，不断升级政府合同数字管理

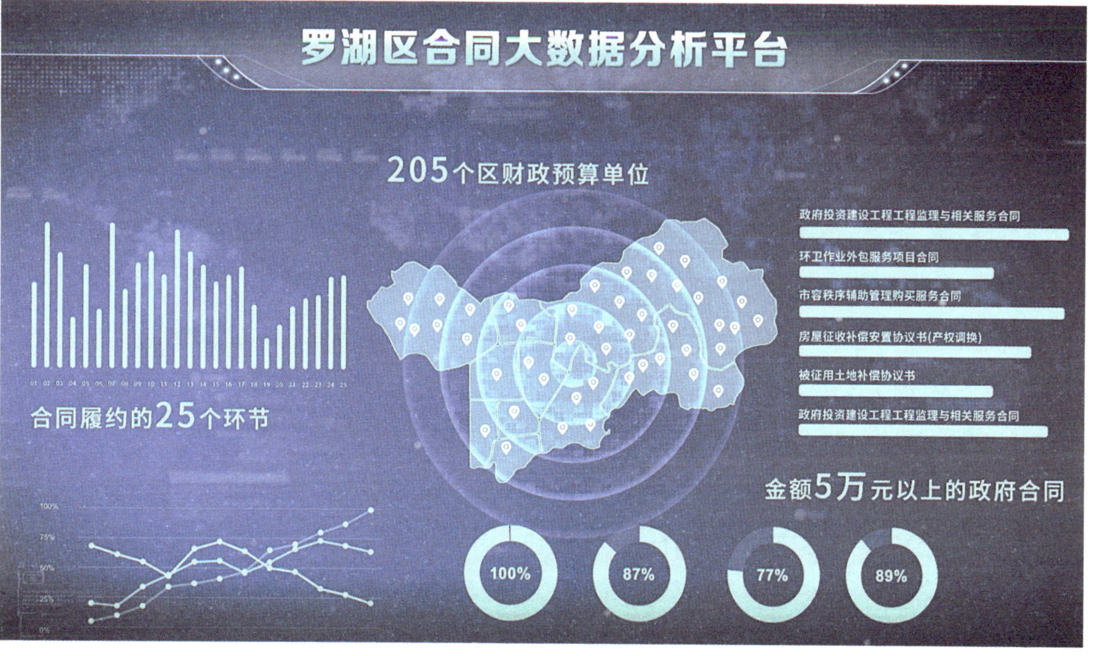

罗湖区合同大数据分析平台

平台，推出交易对手风险防范功能，通过与“天眼查”、社会信用网等平台对接，在签约前预判交易对手履约风险，签约后对关联服务商进行监测，成功发现53个供应商存在失信违约风险，强化失信管控。建立信息共享机制，将合同平台与政府采购、国库支付、纪检监察等系统互联互通，相互共享印证信息，部门协同高效，实现合同全流程留痕、全数据共享、全合同业务“一网通办”。

（三）创新常态化监管方式，提升履职效能

1.成立专门监管机构。率先成立全国首个政府合同履约检查中心，创新采取合同平台实时监察、重点项目专项检查、采购项目随机抽查、跨部门联合检查等检查手段，集中力量对各单位合同管理、履约、评价全过程进行监督。梳理明确合同承办单位内部履约监督、主管部门行业监管、专门机构依职权履约检查责任，理顺职责分工，避免合同履约监管缺位、越位。中心成立以来共检查208个项目1777份合同，涉及金额40.68亿元，检查效率比改革前提高166.7%，切实扭转了政府合同履约好坏“没人管”、管不到位的局面，监管效能明显提升。

2.拓展履约检查领域。坚持以问题为导向，依托合同平台加强对数据的分析、研判和应用，选取政府采购金额大、自行采购存在拆标嫌疑等合同进行重点检查，检查范围从传统的集中采购项目履约检查向建筑工程类、教育民生类、非收支类重点监管合同等新领域延伸。同时改变以往碎片化、单个合同的检查方式，通过对教育、医疗设备采购、市容环境外包服务、党群服务、社工服务等同种类型、同一项目的合同群，进行横向、深纵的专项检查，及时发现问题，防范化解风险，政府合同履约质量明显提高。

3.狠抓问题整改落实。坚持以“持续跟踪、严格督促、实事求是、区别对待”为原则，压实各单位的合同主体责任，针对检查发现的问题，发出整改通知书188份，督促各责任单位限期整改，及时反馈。通过归类梳理，提出针对性的整改措施，督促有关部门及时追究供应商违约责任、扣除服务费、与不合格供应商解除合同等，加大履约失信惩戒力度，截至2021年12月31日，已

为区财政核减节约资金5500余万元，各单位及供应商履约意识、法律意识明显增强。

（四）创新多元化结果运用，确保取得实效

1. 加强信用体系建设。完善政府合同履约评价体系，创新合同履约“星级评定”机制，将政府支出类合同分为工程、货物、服务3大类30小类，建立信用量化评价标准，全面评价供应商履约行为。健全落实诚信激励与失信惩戒机制，强化信用监管和信用约束，对评价为“差”、严重违约的供应商依法惩戒，纳入政府采购诚信档案。推行以来已有3个项目获优质服务合同续约奖励，4个项目因不当履约解除或终止合同，充分体现奖惩结合、公平公正。

2. 完善监督考核体系。建立制度执行的监督、考核评估和责任追究机制，将“政府合同履约监管”纳入年度区政府绩效考核指标体系，推动合同履约监管向绩效管理转变，提高履约监管的科学性、合理性和针对性。积极探索跨部门联合监管，实现信息互通、成果共享，及时移交重大问题、违法违纪线索，构建全方位的合同履约监管体系。如区监察部门根据检查反馈情况向有关单位发出监察建议书，有力推动问题整改落实；区城管部门根据检查反馈情况加强对环卫作业外包、市容秩序辅助服务等市容环境外包服务项目的指导监管，有效堵塞管理漏洞，约束供应商履约行为。

3. 建立综合运用机制。及时梳理总结履约检查发现的问题和风险点，建立检查问题库和专家咨询库，举一反三，寻找解决问题的治本之策，提高预警纠错能力。对屡检屡犯或系统性、结构性问题，综合相关职能部门意见，形成专题专项检查报告，提出针对性强、有价值的对策建议，发挥好参谋助手作用，形成“发现问题、反馈情况、落实整改、建立标准”的良性循环。

三、经验启示

（一）拓展政府法治工作新领域

政府法治工作由传统的行政法律关系规范调整，逐渐介入到行政机关作为

民事主体的民商事法律关系规范调整，从合同签订环节的合法性审查拓展为全程、动态、信息化监管，不断丰富法治政府建设的内涵，切实提升基层治理的法治化水平。

（二）加强财政工作监督职能

建立政府合同事前、事中、事后全过程闭环监管链条，真实、准确掌握财政资金使用情况，为科学制定财政预算提供有效支撑；通过集中力量开展合同履约检查，及时发现问题，挽回财政资金损失，确保把有限的财政资金用在“刀刃”上，提升财政资金使用效益。

（三）切实保障合同主体合法权益

通过政府合同履约检查，规范政府合同正确履行，避免合同签订后随意变更，督促合同双方缔约守信、履约尽责、违约担责。将供应商纳入社会信用监管，将政府部门合同履约情况纳入年度绩效考核指标体系，有效提高政府履约质量，维护公共利益，保护企业合法权益。

未来，深圳将全力打造“无风险不打扰、有违约要追究、全过程强智控”的合同监管新体系，让政府带头守法履约，企业放心诚信经营，群众获得更优质的公共服务，不断提升公共服务水平，全面加强基层治理体系和治理能力现代化建设，营造国际一流营商环境。

盐田区打造沙头角深港国际旅游消费合作区

沙头角深港国际旅游消费合作区（以下简称“沙头角合作区”）是深圳贯彻落实粤港澳大湾区和深圳先行示范区国家战略，主动谋划的深港合作平台。沙头角合作区充分发挥盐田区与香港同根同源人文优势、海陆相连区位优势、旅游商贸产业优势，深度对接“香港北部都会区发展策略”，打造深港合作的新样板。

一、背景意义

（一）基本情况

沙头角合作区总面积约 26 平方公里，是深圳市唯一与香港海陆互通互联的区域，也是东部旅游核心区域，旅游资源丰富，生态资源保育良好，在商贸、社会服务、文化、传统习俗等多方面深港合作基础扎实。沙头角合作区以沙头角片区（含中英街）为核心区域，以盐田港、海鲜街、大小梅沙、东部华侨城等片区为依托，形成“一核引领、四区联动”的空间发展架构。2021 年国务院办公厅到盐田区调研时，对沙头角合作区建设给予高度肯定。

（二）重大意义

2021 年 5 月 13 日，香港立法会通过《以口岸经济带动新界北发展》无约束力议案，议案提出了开放部分沙头角墟禁区以发展海上旅游、中英街发展边境旅游等。5 月 28 日，深圳与香港粤港澳大湾区办对接，交流沙头角深港国际旅游消费合作区建设规划思路。10 月，香港发布《北部都会区发展策略》，规划构建“双城三圈”的空间发展架构，建设香港北部占地约300平方公里宜居宜业宜游的都会区，其中港深紧密互动圈、大鹏湾/印洲塘生态康乐旅游圈辐射盐田区，与沙头角合作区规划高度契合。11月，香港政府代表团与深圳召开专题会议研究沙头角合作区推进事项，并实地考察盐田区，提出依托“沙头角合作区”推进“大鹏湾/印洲塘生态康养旅游圈”尽快取得实质性进展的意愿。沙头角合作区已纳入国家、省、市大湾区“十四五”规划及相关重要文件。

1. 有利于全面深化深港合作。香港长期发展“南强北弱”，产业结构高度轻型化及离心化，香港亟需拓展北向发展空间，融入国家发展大局。推动盐田区与香港北部都会区深度对接，协同推动香港政府开发香港沙头角禁区，有利于拆除深港边境融合的“隐形壁垒”，加快香港经济结构转型，优化香港就业结构，促进香港南北区域协调发展。

2. 推进深圳建设中国特色社会主义先行示范区。打造集跨境旅游、商贸消费、社会融合等多种业态于一体的宜居宜业宜游的示范区域，在税收、人才、基层治理、公共服务、产业发展等方面积极创新、先行先试，提升深圳国际旅游消费影响力、带动东部地区加速崛起、提高整体发展协调性平衡性。

3. 助力构建国内国际双循环新发展格局。沙头角合作区可联动香港对外自由贸易窗口优势，通过旅游消费产品的供给侧改革，吸引境外游客及其他资源要素，扩容旅游消费市场的同时，连接海外资源与市场，使国内国际资源与市场建立更紧密的联系。与此同时，深港同为“一带一路”重要枢纽城市，与沿线国家经贸往来密切，深港合作加强与沿线国家的经贸合作，有利于更好服务国家开放战略。

二、主要做法与成效

（一）顶层设计，建立沙头角合作区推进机制

1. 建立常态化工作推进机制。成立了以区主要领导为组长的沙头角合作区工作领导小组，领导小组办公室实行实体化运作，定期开展会议研究推进沙头角合作区建设重大事项。积极将盐田区主动谋划的沙头角合作区建设与深圳市

重大发展平台相结合，成为深港合作专班重点任务之一。依托现有深港专责机构，搭建深港常态化工作推进机制。

2. 开展体系化规划研究。立足自身资源优势和深港融合传统，聚焦“旅游+消费”主体功能，深圳市盐田区开展沙头角合作区规划研究，制定《关于加快沙头角深港国际旅游消费合作区建设的实施方案（2022—2025年）》，对基础设施、空间载体、规则衔接等方面任务进行部署，并在空间上明确了“一核引领、四区联动”的空间发展架构。

3. 加强对港宣传沟通。制定对港宣传手册，定期会同区委统战部加强对港方的宣传沟通。与香港各界代表人士、沙头角地区民意代表和居港社团开展交流会、恳谈会等，广泛宣传推介沙头角合作区建设。2021年5月以来，有50多位代表人士在立法会、区议会公开平台以及大公报、文汇报等媒体公开热烈讨论沙头角合作区建设与香港北部联动发展问题

（二）项目撬动，构建“一核四区”空间格局

1. 打造以中英街、沙头角口岸、田心工业区等沙头角片区为核心的跨境免税消费核。实施中英街品质提升工程，建成中英街第二通道并完成基础调试，

沙头角跨境免税消费核效果图

加快发行专项债解决资金问题，推动建设形成串联中英街的“历史＋滨海”步行街区景观闭环，带动中英街深港两侧的一体开发建设。开展沙头角口岸复合开发建设，形成《沙头角口岸重建项目方案》，提出了复合开发、土地出让引入社会资本、中英街功能延伸等三大创新点，推动建设成为集时尚、免税、电商等特色商业服务于一体的深圳东部口岸综合体。

2. 推动盐田港、旧墟镇、东部华侨城、梅沙四个重点片区联动发展。一是盐田港国际航运枢纽区持续建设，盐田港成功获批为深圳港口型国家物流枢纽，盐田港东作业区集装箱码头工程已正式开工。高质量完成国际航行船舶保税燃料加注改革，吸引船舶检测、航运保险等高端航运服务业入驻，推动港口业态的升级，从单一的仓储功能，迈向综合性的贸易港。保障航运业务高效运行，挖掘特色资源优势，拓展港口特色旅游消费新业态。二是盐田海鲜街渔港风情体验区更新改造，根植渔港文化，旧墟镇城市更新步伐加快，高质量编制和实施旧墟镇城市更新单元规划，为发展深港高端国际旅游提供高端场所，打造世界级的全球海鲜美食打卡地、国际滨海生活休闲体验地。三是东部华侨城生态休闲度假区升级加快，推动处理东部华侨城历史违建问题，聚焦生态、文化、康养三大产业，拓展全新康旅设施场所，打造大湾区文旅度假消费新标杆、国际高端生态度假新地标。四是梅沙黄金海岸旅游区建设提速，稳步推进深圳首个旅游业态的城市更新项目小梅沙片区整体改造项目，重建大梅沙海滨公园，为做大做强深港滨海旅游消费提供更大空间，打造以海洋旅游和度假消费为主导的国际都市型滨海旅游度假区。

3. 推动重要基础设施互联互通。研究构建“一主三辅”码头体系，改造金色海岸码头，重新开通梅沙客运码头，加快小梅沙码头、盐田沙头角码头规划研究，探索与香港沙头角直航互动，丰富完善粤港澳大湾区海上交通体系。推动深圳地铁 18 号线延伸至沙头角口岸，并积极探索港铁北环线向东延伸到沙头角口岸，争取实现深港轨道无缝对接，畅通香港北部都会区与深圳东部轨道交通。依托盐田东部通航基地，探索与香港机场对接，实施定制化高端私人旅游服务。

（三）规则衔接，探索深港全面深度融合

1. 丰富基层便民服务。在中英街管理局建立一站式公共服务大厅开展“精准服务”，为60周岁以上港澳居民办理居住证；无差别地为港籍儿童、老人开展各种培训；邀请港籍居民参与社区自治，为建设宜居宜业宜游中英街出谋献策。充分利用基层统战工作平台和资源，设立港人服务中心，为港澳居民提供社区登记、服务咨询、沟通交流等服务，增强在盐田居住生活的归属感、认同感、幸福感。

2. 落实深港同等就业服务政策。将法定劳动年龄内的港澳居民纳入深圳自主创业人员范围，港澳居民在深自主创业可享受社保补贴、场租补贴、初创企业补贴、创业带动就业补贴等各项扶持政策。

3. 加强深港法律事务合作。推动深港两地律师在沙头角合作区合作发展，

盐田港国际航运枢纽区

梅沙黄金海岸旅游区

拓展公共法律服务平台建设，实现法律援助、司法鉴定、调解仲裁、律师公证等一站式服务全覆盖。

4. 打破入学户籍限制。沙头角合作区内港澳籍学生参照非深户籍学生招生政策，实施积分入学，保障了跨境学童就近入读基础教育学校。

（四）产业合作，打造经济高质量发展高地

1. 推动发展跨境电商。建设中英街旅游消费综合服务平台，用足用好中英街免税政策，以引导消费回流和促进消费升级为导向，发展跨境电商、直播带货等新型业态，打造跨境电商产业示范区。整合“诚信快捷服务平台”资源，按照“镇内买单，密封自提，海关监管，快捷通关”的模式，引导商家诚信经营，实现游客快速通关，同时建设海关监管场地和区外提货点，进一步优化监管模式，实现监管水平和服务水平的“双提高”，大大提升游客的跨境购物体验。

2. 提前布局海洋产业。加快推动成立国际海事研究院，重点开展“一带一路”倡议、全球海洋中心城市建设、发展自由贸易港等政策研究。打造深港海

事领域智库，把握国际前沿海事发展动态及发展趋势，推进国际海事学术研究创新、国际海事科技孵化突破以及国际海事政产学研合作，促进深港国际海事国际合作融合。加速设立深圳市海洋资源交易中心，推进打造涵盖海洋产权登记托管和交易、海洋资产流转、海洋产业投融资、涉海企业孵化等综合性交易平台，增强服务深港海洋经济的能力。

3. 促进港澳青年创新创业。推动成立香港盐田青年总会筹备组，拓展工作新平台，促进港澳侨青少年交流交往交融。设立港澳青年创新创业中心，吸引香港青年到盐田就业创业，目前已设立了两个粤港澳青年就业创业基地，从服务、导师、人才和产业等四方面为创业青年建设完整的创新创业服务体系重点扶持和培育战略性新兴产业项目。截至 2021 年底，基地入驻企业（或团队）50 家，通过基地引进 1000 余家企业落户盐田，引进规上企业 4 家，引进国家高新技术企业超过 12 家，极大地促进了深港产业集聚。

三、经验启示

（一）抓住时代发展机遇

加快沙头角合作区建设，要审时度势、抢抓机遇，紧跟国家发展大局。牢牢把握粤港澳大湾区建设国家战略和深圳先行示范区建设的历史机遇，聚焦“湾区所向、港深所需、盐田所能”，紧密对接香港北部都会区发展策略，发挥深圳在大湾区建设中的战略引擎作用，因地制宜，错位发展，聚焦“旅游消费”产业合作，为大湾区经济高质量发展贡献新的更大的力量。

（二）坚持服务香港初心

近年来，香港旅游消费行业发展不断承压，而盐田与香港接壤区域具有良好的旅游生态资源，深港商贸历史传统悠久。沙头角合作区成立的初心，就是发挥深港东部的旅游生态资源优势，以点带面服务香港东部旅游消费的发展，为香港青年提供更多就业岗位，服务香港融入国家发展大局。

（三）项目助推合作提速

沙头角合作区建设涉及较多的深港合作体制机制创新，如中英街管理模式的改革、香港北部都会区生态保育区的开发、香港沙头角禁区的开放等，涉及深港制度层面的逐步放开，耗时较长、难度较大。因此，通过先导项目的试点实施，以点带面推动合作区建设，不断深化合作程度，进而推动合作区整体开发提速以及制度层面的逐步融合。

未来，沙头角合作区将抢抓香港北部都会区发展机遇，积极谋划深度对接香港北部都会区，奋力将合作区打造成国际跨境旅游首选目的地、国际消费中心城市特色引领区、深港共建共治融合发展新典范。

南山区率先打造“圳智慧”CIM一网统管平台

深圳立足推进城市精准化服务和精细化管理，充分运用5G、大数据、云计算、区块链、人工智能等前沿技术，加快推进新型基础设施建设和数据共聚共享共用，夯实信息基础支撑，挖掘和释放数据价值，坚持大平台共享、大数据慧治、大系统共治，以南山区为试点打造“圳智慧”CIM（City Information Modeling，即城市信息模型）一网统管平台，让智慧服务和智慧管理覆盖城市治理全过程、融入市民生活全领域、贯穿政府管理全链条，不断提升智慧城区治理现代化水平。

一、背景意义

新冠肺炎疫情加速了世界的数字化进程，数据资源日益成为重要战略资源，数据治理也日益成为全球治理的重要支撑。习近平总书记在深圳经济特区建立40周年庆祝大会上指出：“要发挥深圳信息产业发展优势，推动城市管理手段、管理模式、管理理念创新，让城市运转更聪明、更智慧。”深圳作为全国超大型城市，汇集了大规模的人口和各类资源，面临公共安全风险和城市治理难题等诸多挑战。南山区作为深圳市的经济大区、科技强区和创新高地，充分利用科技资源、人才资源和创新资源聚集优势，勇于创新、率先示范，建立智慧南山（数字政府）联合创新实验室，从慧建基础、慧治城市、慧促产业、慧享民生四个维度开展智慧城市建设，打造“圳智慧”CIM一网统管平台，实现跨层级、跨部门、跨业务的协同管理，全面提升基层治理体系和治理能力科学化、智能化、精准化水平，探索出一条符合超大型城市特点和规律的治理新路子。

二、主要做法

（一）体制机制建设：全区联动、政企协同

南山区成立正处级机构智慧城市运营中心，与应急管理监测预警指挥中心、网格管理中心共同进驻区政府管理服务指挥中心，并建设八个街道和信访、住建、城管、卫健等指挥分中心，与区政府管理服务指挥中心数据共享、应用互通、指挥联动，形成全区“1+8+N”一网统管指挥体系。在智慧城市运营中心设置城管、应急、卫健、公安、住建、网格管理中心等联动部门工作台位和协同工作机制，建立区、街道、社区三级联勤联动工作机制，推进部门协同，实现城市治理一体联动。创立“智慧南山联合创新实验室”，按照“应用需求政府提、技术方案企业出、业务场景选点试、实验成效专家估、成果落地项目上、智慧城市大家建”的运作模式，项目成熟一个，落地一个，推广一个，不仅使数字政府和智慧城市建设达到预期效果，也使更多优质企业、人才和创新资源聚集扎根南山，推动人工智能、数字经济全产业链创新联动发展。

南山区政府管理服务指挥中心

（二）平台架构建设：条块结合、层次分明

按照“条块结合、统一协调、分级负责、各司其职”的原则，横向整合应急、住建、城管、生态、公安、消防、网格、安监等职能部门管理体系，纵向延伸到 8 个街道、101 个社区，形成横向到边、纵向到底全覆盖、全过程、全天候的治理体系。通过统一集成规范、统一时空底图、统一数据标准、统一接口规范，为各应用板块提供统一城市底图、统一建设框架和统一能力支撑，打造慧建基础、慧治城市、慧促产业和慧享民生四大板块，打通各业务系统数据壁垒，实现跨层级、跨部门、跨业务的管理协同，形成各司其职、各尽其能、整体联动的共建共治共享新格局。

（三）城市模型建设：统一底板、三级联动

采用 BIM 建模、倾斜摄影建模、单体精修建模、点云实景建模等多种手段，由宏观到微观，由整体到局部，由室外到室内，通过点云扫描、三维一体化、BIM+CIM+GIS 等技术，利用正向建模和逆向建模两种方式，对辖区重要

城市三维模型

的建筑物、地铁、公园、绿地、道路、桥梁、地下管网等城市部件进行三维建模，构建区、街道、社区三级统一的精细化数字城市底板模型，实现城市空间三维立体可视化。已建设辖区重要建筑 BIM 模型 9000 万平方米，完成 1063 公里燃气管道、23 公里输油管线、734 公里给排水管道和地铁站点等三维数据建模。将平台相关的数据、服务、应用等资源进行集中管理与按需分发，智能感知城市运行状态，助力智慧城市精细化管理。

（四）数字底座建设：数字孪生，全量还原

打通公安、住建、城管、交通、应急、消防等 20 多个部门业务系统，通过实时数据接口、静态数据归集等方式，汇聚全区人口、法人、物业管理、建筑能耗、水质监测、地质灾害隐患、三小场所、小型消防站、停车场、重点车辆等 100 多类实时数据和 8 万多路监控视频。通过数据清洗、统一编码、时空模型匹配等处理，按照地、楼、房、权、人、企、事、物、车、产十要素，把归集的数据落图到全区统一的精细化数字城市模型，形成可实时感知的城市数字孪生底座。

水质监测

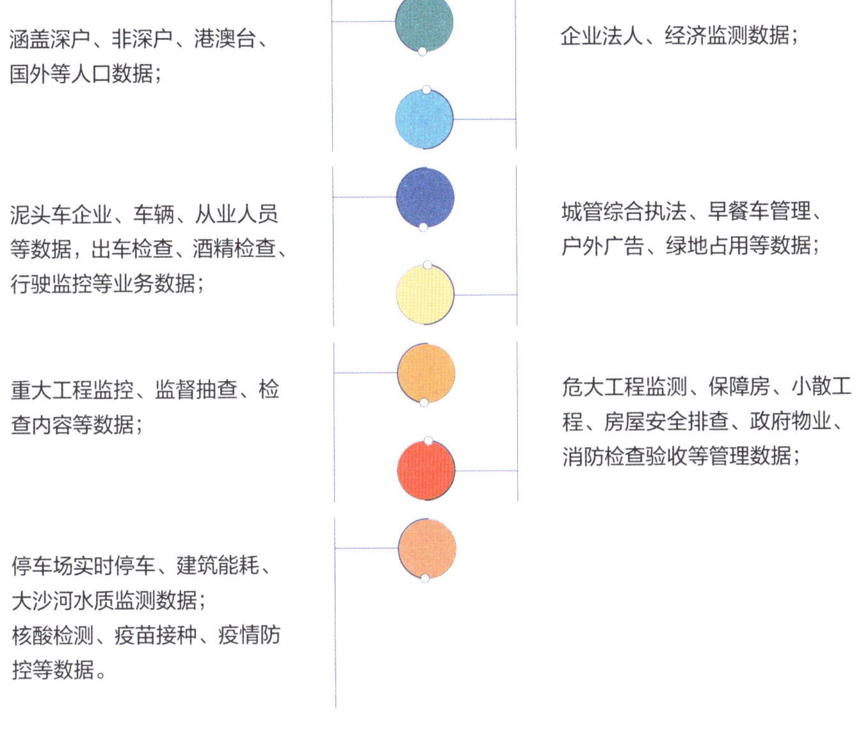

涵盖数据一览表

（五）城区治理建设：应用导向，精准治理

基于“圳智慧”CIM 一网统管平台，依托 5G、人工智能、大数据等前沿技术，在经济运行、自然资源、生态环境、水务治理、社会治理、风险防控、应急指挥、消防救援、住房建设等九大业务领域，从需求调研、系统研发、反馈更新到系统升级等全流程，积极探索开发了 100 多项跨部门、跨层级、跨业务的城区治理典型应用场景。开展建筑工地管理、泥头车管理、地下管网探测、古树保护、能耗监测、经济监测等 135 项智能化应用试点探索，不断创新治理模式和治理手段，破解城市治理难点问题，努力提升城市治理智能化和精细化水平。

（六）数据安全建设：分级分类，分布存储

采用数据分布式存储等技术手段，按照不同应用场景对数据进行分级分类

存储，优化数据加载机制，兼顾数据规模、数据精度、应用效率和可视化效果等多方面需求，实现大规模数据高效、按需加载使用。采用分布式数据存储管理机制，建设云数据管理平台，实现数据管理能力的弹性扩展，按需动态配置数据存储云服务器资源，实现数据多点备份，确保数据安全、防篡改。采用三维云渲染技术，BIM 数据在服务端渲染，客户端通过网络浏览渲染成果数据，无需下载原始 BIM 模型数据，确保 BIM 数据在访问使用环节的安全。

三、工作成效

“圳智慧”CIM 一网统管平台建成以来，支撑了各业务部门 100 多项专题应用，打破了传统智慧城市应用体系“烟囱林立”状态，促进了智慧南山一体化建设，有效提升了政府科学决策和城市治理水平。

（一）夯实了智慧城市数字底座支撑能力

1. 夯实基础设施。建设 5G 基站 7014 个，实现 5G 信号全覆盖。建设蛇口网谷、南头古城等 5G 智慧示范基地和中国电信全国首个 5G 示范基站，开通首条 5G 连续覆盖精品路线和全球首张 SA 独立组网、连续覆盖的外场 5G 试验网，打造 5G 轮胎式龙门吊远控最大规模应用港口。建设多功能智能杆 1351 根，构建智慧照明、交通管理、环境监测、应急求助一体化智能感知网络。建设区级大数据中心、8 个街道数据分中心和法院、检察院、教育等专题数据中心，建成全区城域光纤网主干环路光缆 187 皮长公里，接入层光缆 2428 皮长公里，打造城域光纤万兆级联“高速通道”。建设“无线南山”无线 AP 点 18931 个，用户总数 422 万人次，流量总数 2838TB，使用时长 386 万小时。

2. 丰富基础数据。建设数据融合和共享应用平台、视频汇聚共享平台、物联感知平台，汇聚 52 个政府部门政务数据 9.3 亿余条，数据目录 1084 个，API 接口 1427 个，对外授权 API 接口 2205 次，授权数据目录服务 3231 次，有效支撑疫情防控、信用评估、智慧养老等业务应用。搭建全区 40 个部门电子证照数据库，汇聚自然人、法人数据 1590 万条，开通发证服务 166 种，发证开通率 100%，签发电子证照 75.29 万张。

3. 开发基础算法。结合城市治理智能化应用场景，围绕智慧城管、智慧交通、智慧住建等应用领域，利用人工智能视觉分析、视频分析技术，开发人脸识别、文字识别、人员检测、视频分析、图片分析等群体智能方法的决策与优化应用算法 200 余个，通过对接各类人工智能算法，实现 AI 算法供需一站式统筹和全区资源共享，提升算法模型应用效率。

（二）打造了精细高效的城市治理体系

率先建立集应急指挥、经济分析、城市管理、社会服务、领导决策服务于一体的智慧南山管理服务指挥中心，推进政府治理“一图全面感知、一键可知全局、一体运行联动”。在各类行政服务中心、城中村、小区、学校、文体中心、博物馆等重点场所，布设电子哨兵智能核验设备，通过检测体温、核验健康码和行程码，准确记录到访轨迹、身份信息、健康信息、联系方式等，实现风险信息预警和信息可追溯。聚焦重点领域、重点区域、重点人群，开展智能化应用试点，迅速预警疲劳驾驶等城市管理顽症。监控企业全生命周期痕迹，实时掌握人口变动和经济运行状况，预警经济风险。通过物联感知实时掌握水

智慧管廊地下管网探测

质状况，跟踪环境感知和生态监测，预警高空抛物等城市治理难题，不断创新管理模式和治理手段，破解城市治理难点问题。

（三）塑造了精准协同的产业服务样板

打造惠企政策精准送服务平台，构建企业政务服务画像，智能感知企业服务需求，主动向企业推送服务事项，由“企业找政策”转换为“政策找企业”，实现一键申报业务，无感享受政策。打造智能招商扶商稳商应用系统，构建覆盖国内外重点企业、科研机构、人才团队的资源库，智能筛选招商目标，提升产业链和创新链精准靶向招商质量和效率，完善招商“前、中、后”目标企业的动态监控机制，提高招商服务水平。

（四）营造了精致普惠的民生服务环境

大力推进“互联网＋政务服务”改革，简流程、减材料、减跑动，全区522项区级政务服务事项全部实现“一次办”，502项“零跑动”，276项“容缺受理”，179项“秒批”，131项“无感申办”，进驻街道、社区事项全部实现“区内通办”，人才引进、污染防治、知识产权等30余个主题、300个政务服务实现“湾区通办”。推进智慧平安校园建设，打造门禁智能识别、视频监控、报警联动、消费一卡通等集成系统，为校园安全提供可靠保障。线上打造中心可见、资源可用、多方可评、信息可推的党群G+综合管理服务平台，线下建设智慧社区、智慧警务、智慧党群服务站，实现区、街道、社区三级党群资源融合共享。推进“智慧文旅”建设，以三维建模、3S技术为支撑，通过景区视频监控结合AI算法，实时分析景区客流情况。建设智慧医疗、智慧教育、智慧民政、智慧城管、智慧交通体系，构建普惠泛在的智慧民生服务。

四、经验启示

（一）要不断完善协同工作机制

“一网统管”平台建设是一项复杂的城市信息系统建设工程，涉及各个政府部门和众多企业，涵盖城市管理和服务的方方面面。在政府层面，要加强对该项工作的组织领导，构建职责明确、统筹推进的“一网统管”建设工作格局，保障各部门信息化、数字化、智能化建设一体化推进，在源头上规避单独建设、重复建设。在社会层面，通过政策倒逼和激励机制组合，全面推进 BIM 技术应用和智能化应用场景建设。

（二）要建立健全数据共享机制

要加强全面统筹，建立数据共享协调机制，充分运用区块链和大数据技术，对全市各政务业务数据和自然资源数据进行统一清查，建立统一资源数据目录，开展标签化定义、分类、清洗等工作。要建立数据资源供需对接清单和使用审批体系，在授权使用、数据安全的前提下，真正实现城市运行动态监测和数据按需共享。在政务数据共享的基础上重构部门业务流程，打通部门关联业务数据壁垒，提升一线业务人员快速发现、快速研判、快速处置、快速反馈的能力。

（三）要加强 BIM 技术融合创新和深入应用

积极推进 BIM 技术与 5G、人工智能、绿色建筑、3D 打印、新基建等领域融合发展，加快行业数字化转型，促进生产过程数字化精细管理。要制定激励支持政策，利用市场机制引导多方资本参与，鼓励企业积极运用 BIM 技术，深入研究 BIM 技术和行业发展人才需求，研究解决专业人员的职称评审和职业发展路径，完善从基础应用到高端复合型人才的教育考核机制，打造人才、技术和产业生态。

下一步，深圳将抢抓“双区”驱动、“双区”叠加重大机遇，按照城市运行“一网统管”目标，进一步夯实数字底座、挖掘数据潜能，构建横向到边、纵向到底、全闭环的数字化治理新格局，实现城区治理“一图全面感知、一键可知全局、一体运行联动”，不断提升城市治理智能化、精准化水平，建设新型智慧城市标杆和数字中国城市典范，让城市运转更聪明、更智慧。

宝安区先行探索打造全国企业合规建设示范区

深圳牢牢把握“双区”建设重大机遇，开展企业合规建设，积极探索企业合规制度，重点支持宝安区率先打造全国企业合规建设示范区，依托全国首批企业合规改革试点单位的经验优势，通过构建“刑事 + 行政 + 信用 + 行业”全域合规体系，提升企业依法合规经营水平，打造企业合规改革的“深圳模式”。

一、背景意义

近年来，以习近平同志为核心的党中央高度重视企业合规建设，并从服务对外开放大局和完善社会主义市场经济体制的高度作出了一系列重要论述，为各地推进企业合规建设提供了根本遵循和方向指引。2018 年，习近平总书记在民营企业座谈会上指出，要“在合法合规中提高企业竞争能力”。2020 年 3 月，最高人民检察院在全国选取 6 家基层检察院开展企业合规改革试点工作，深圳市宝安区检察院是试点单位之一。为全面贯彻中央“六稳”“六保”要求，落实中央政法委、最高法、最高检、公安部、司法部关于为企业提供司法服务和保障的有关意见，深入推进企业柔性执法若干措施落地见效，深圳市宝安区把企业合规建设作为建设法治先行示范城区的突破口，进一步提升企业依法合规经营水平，营造更加良好的法治化营商环境，服务保障深圳经济社会高质量发展。

二、主要做法

2021 年，深圳积极推进企业合规工作，以宝安区为试点，构建“刑事 +

行政＋信用＋行业”全域合规体系，企业合规建设成效初步显现，“宝安模式”初步成型。

（一）建立企业合规建设工作机制

1. 健全企业合规工作体系。一是制定企业合规工作方案，党委政府把企业合规建设作为“一把手”工程，主要领导亲自设计改革路径，牵头制定出台了《宝安区推动企业合规建设　优化法治化营商环境工作方案》，突出四大重点，提出 21 条具体措施。二是组建全国第一个区级促进企业合规建设委员会（以下简称“宝安区合规委”），确定 35 家成员单位，包括 4 家政法部门、17 家行政执法部门、8 家上级垂管部门、6 家辅助部门。宝安区合规委下设刑事合规、行政合规、信用合规、行业合规 4 个专项组，分别由宝安区检察院、宝安区司法局、宝安区委政法委、宝安区工信局牵头推进，充分发挥 4 个专项组协作能力，建立高效权威、衔接顺畅的工作机制。三是完善企业合规制度，针对实践中企业合规制度建设缺乏依据和经验不足的现状，研究制定了《宝安区促进企业合规建设委员会工作办法》《宝安区促进企业合规建设委员会办公室组成及

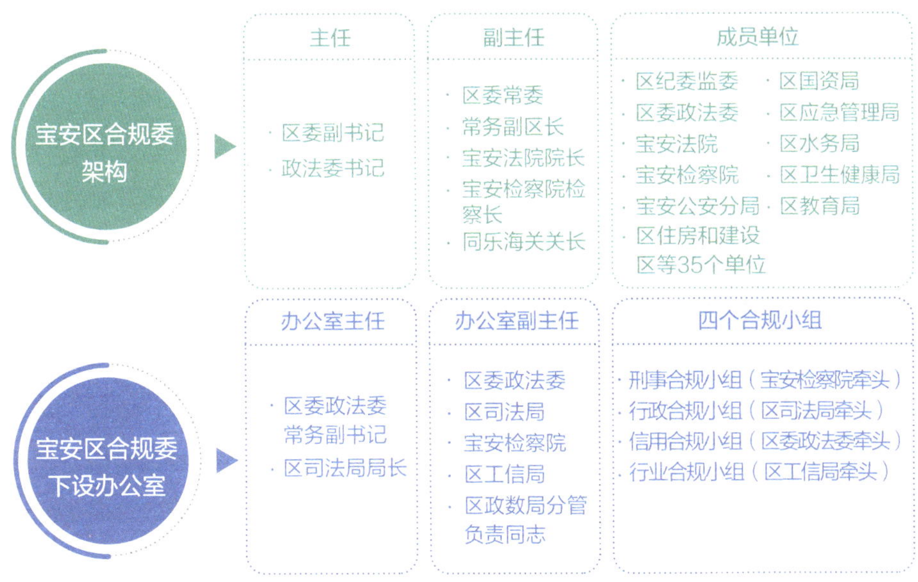

宝安区促进企业合规建设委员会架构图

职责》《宝安区企业合规程序实施细则》等相关文件，明确企业合规的工作原则、适用条件、监督程序、文书样本等工作规范。

2. 持续强化宣传培训指导。一是建立合规宣传培训联动机制，多种方式开展合规宣传培训，积极传导全员参与的合规理念。通过案例展示合规效果，以点带面，形成辐射效应；通过媒体平台，扩大宣传效果，正向传导合规效应。二是组建专家讲师团，结合企业合规指引，组织对行政执法部门领导班子、执法人员及重点企业负责人、业务骨干开展合规建设专项宣讲，提高相关人员合规意识和能力水平。三是召开现场会、培训会，持续强化合规宣传培训，召开 2 次全市企业合规工作会议，为企业合规提供了意见建议、发展思路，进一步推广宝安合规建设经验。开展 8 场次企业及行业合规建设业务培训会，累计参加企业数量突破 100 家，参加人次总数达 400 人，培训效果显著。四是积极调研走访试点企业，倡导企业合规经营。深圳市宝安区从重点企业中筛选推荐了 50 家企业作为首批合规建设试点企业，并随即开展了企业走访工作，共上门走访了 30 多家试点企业，推广合规概念，力推企业参与合规建设。

（二）构建“刑事 + 行政 + 信用 + 行业”全域合规体系

1. 深化刑事合规改革。一是在全国率先开展企业犯罪相对不起诉适用机制改革试点，制定区一级《企业犯罪相对不起诉适用机制改革试行办法》，进一步发挥法律监督职能，激励企业合规经营。二是探索企业合规本土化路径，检察机关对企业合规进行深入调研论证，将企业合规与认罪认罚从宽制度相结合，制定了《涉企案件合规操作指引》《关于企业刑事合规协作暂行办法》等制度文件及一系列配套文书，明确企业合规的工作原则、适用条件、监督程序、文书样本等工作规范，推进企业合规生根落地，为企业合规的扩大化应用打下坚实基础。三是将民营经济司法保护工作与柔性执法相结合，做好民营企业的服务保障工作，真严管、真厚爱，既督促企业切实履行好合规承诺，又通过不捕不诉、不判实刑、提缓刑建议，让企业卸下包袱、轻装前进。四是成立企业合规第三方监督评估机制，制定《宝安区促进企业合规建设委员会企业合规第三方监督评估工作办法（试行）》，对于涉及执法、司法领域的企业合规第

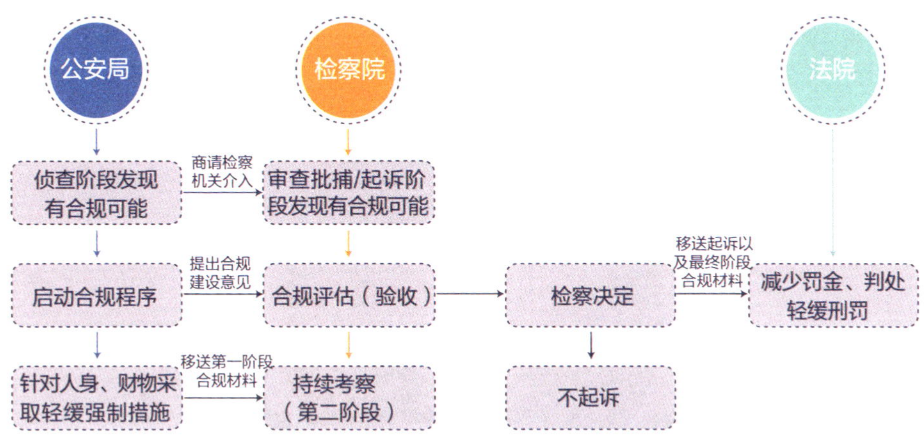

刑事合规和行政合规建设模式

三方监督评估机制的程序启动、监督评估方式、合规考察的具体流程、费用承担等问题作出了明确规定。

2. 探索开展行政合规。一是强化行政合规理念，制定柔性执法工作方案，建立议事协调机制，将柔性执法理念融入行政执法。落实行政处罚“首罚责任人”制度，坚持处罚与教育相结合。注重执法程序规范，充分保障企业陈述、申辩的权利，审慎处罚。规范行政处罚中的强制措施程序，明确行政裁量处罚标准，公正执法。二是开展企业行政合规标准建设，指导区各行政执法部门开展企业行政合规指引的制定、减轻从轻不予处罚清单的编制和合规典型案例的编写等行政合规工作。全区 18 家重点行政执法部门共制定合规指引 673 项，制定从轻、减轻处罚事项 189 项，不予处罚事项 230 项，编制典型案例 53 件。

3. 加大信用合规建设。一是制定印发信用合规方案，从信用机制、信用监管、平台建设和诚信氛围营造等 4 个方面，明确“信用 + 合规”建设 14 项重点工作任务。二是完善区公共信用信息平台功能模块，依托区公共信用信息平台，建成企业合规建设管理信息系统，为企业提供法治体检自测功能，指导企业进行合规建设。三是建立“3A”信用企业合规激励机制，积极探索“公共信用评价”与“行业信用评级”共享互认机制，推动从被动合规向主动合规的转变。创新发布宝安区首批“3A”信用企业名单，为符合公共信用评价 A 级、

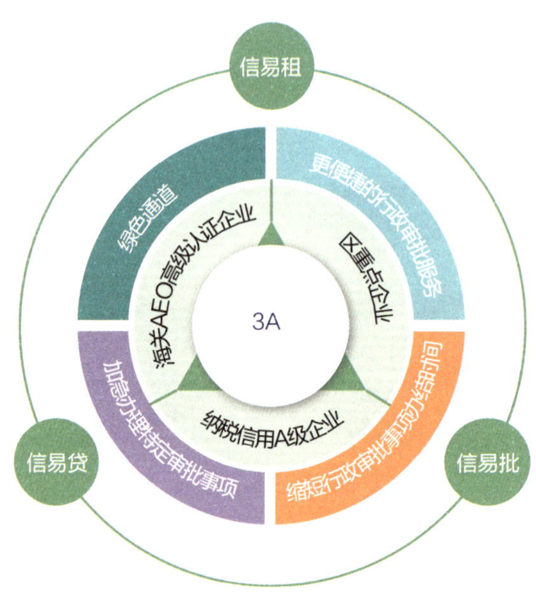

社会信用体系建设

海关 AEO 高级认证、纳税信用 A 级的企业推出行政审批、行政监管、合规激励、税收服务、海关通关、资金扶持、金融服务、评优评先、宣传推介等九大方面联合激励措施，提供更优质更便捷服务。四是开展诚信合规示范园区、诚信合规示范企业评选，评选 5 个“诚信合规示范园区”、20 家“诚信合规示范企业”，建立全市首个“守信合规示范基地”，以点带面，引导企业诚信守法，促进企业合规经营，切实提高企业的综合竞争力。

4. 重点推进行业合规。一是探索建立“行业自治 + 行业合规”双重服务模式，注重行业协会自律自治，依托智能制造行业、模具行业、上市企业协会等具备宝安特色的行业协会，充分发挥行业协会桥梁纽带作用，深圳市宝安区制定了《加强行业合规管理协作暂行管理办法》等行业自律规章、合规指引，全面指导企业依法合规经营，构建良好行业合规生态。二是强化行政执法部门合规引领，率先在市场监管、知识产权、安全生产、生态环境、消防、劳动用工、进出口贸易等 8 个与企业密切相关的领域开展合规建设，由主管部门制定合规管理指引，有组织、分步骤引导企业参与合规建设。三是鼓励示范园区、代表行业和企业开展主动合规建设试点工作，首批选取 50 家有积极性、代表性的企业，集中优势资源，打造“5+3+1”企业合规示范点，筛选5家重点企业，3个重点行业协会及1个重点产业园区，开展主动合规建设试点工作，推动企业建立合规组织架构，在企业制度制定、经营决策、生产运营等重点环节加强合规管理，强化标杆引领作用。

（三）多元赋能，筑牢企业合规保障体系

1. 强化科技支撑。升级“信用宝安”系统，建成宝安区企业合规建设管理信息系统，为企业提供法治体检自测服务，通过线上远程诊断，分析企业面临的法律风险，帮助企业查找制度漏洞和薄弱环节，全过程记录合规案件启动、调查、监督、评价等工作，实现“事前全方位采集、事中分类分级处置、事后核查验收”的全流程智能闭环管理。

2. 强化人才支撑。依托最高检在宝安区设立的民营经济司法保护研究实践基地，设立博士后科研流动站，引进全国合规专家3名，首创独立监控人制度，为企业“司法体检”提供智力支持，并通过与区司法局联合制定名录库的方式，对独立监控人进行动态管理；与全国企业合规委员会专家共建合规工作室；积极对接国内知名合规律师事务所，吸引29家高端律所，254名高素质法律服务人才加入合规智库；招引合规理论、法律、财税等领域专家，建设第三方监督评估专家名录库，努力打造全省、全国企业合规服务高地。

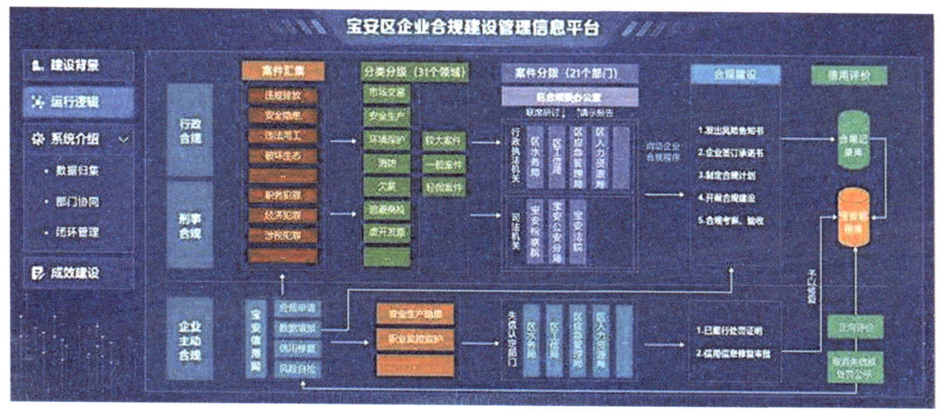

宝安区公共信用信息平台功能模块

3. 强化平台支撑。联合深圳海关共建企业规范管理示范基地暨稽查核查实训示范基地，综合运用人工智能、虚拟现实等技术，为企业搭建“全景还原生产经营场所、全程模拟稽核流程、全面考评配合针对性指导”三位一体实训体系。截至目前已组织 7 批企业实地参观培训，1000 余家企业线上参观培训，培育 73 家企业获海关 AEO 高级认证，引导 41 家企业主动披露漏报事项。

三、工作成效

（一）助力企业轻装上阵

深圳市宝安区各执法部门适时采取纠错执法、分类处置违法行为等措施，不予处罚案件 415 宗，减轻、从轻处罚案件 992 宗，减免金额 4063 万元；受理分期、延期缴纳罚款申请 132 宗，涉及金额 2023 万元；不捕或变更强制措施 7 人，不起诉 9 人、企业 2 家。累计授信企业 381 家，授信金额 1.14 亿元；为 599 家守信主体提供免押办公设备租赁服务，合同金额 7499.5 万元；完成企业信用修复 659 宗，帮助 246 家企业及时恢复正常信用状态。

（二）营商环境持续优化

2021 年深圳市宝安区区域综合实力跃居全国百强区第八、创新和营商环境第二，全区新增商事主体 48133 家，成功引进重点企业 37 家，华润雪花啤酒（中国）有限公司、中国电力建设集团有限公司等央企以及山东魏桥创业集团等世界 500 强企业相继落地宝安。2021 年地区生产总值首次突破 4400 亿元，达 4422 亿元，同比增长 11.3%；规上工业增加值 2015.4 亿元，同比增长 15.4%；固定资产投资完成额全市第一，同比增长 5.8%。

（三）企业合规改革提供“宝安样本”

作为全国 6 家开展企业合规改革试点的基层检察院之一，深圳市宝安区改革经验得到最高检察院的充分肯定。中央依法治国办、最高检察院、省委政法委、省检察院专题刊发工作简报向全国、全省推广宝安区企业合规工作经验。

全国依法治国工作简报刊载了宝安区探索企业合规的工作举措。最高检“企业刑事合规与司法环境优化”研讨会在宝安区举办，充分肯定企业刑事合规“宝安模式”。

四、经验启示

深圳市宝安区通过制定合规工作方案、组建合规建设委员会、完善合规制度，建立了一套行之有效的企业合规工作体系；同时做好刑事合规、行政合规、信用合规、行业合规的并行发展、系统衔接和相互促进，构建完备的全域合规体系；通过科技、人才、平台赋予合规工作强力的支撑，使宝安区企业合规工作取得了重大成效。

未来，深圳将进一步提高政治站位，加强理论研究，总结经验做法，继续大胆探索、积极创新，加快推动和帮助企业提升合规水平，把深圳的企业服务得更好，为推进企业合规建设贡献更多深圳样板，让企业合规建设成为深圳打造良好法治化营商环境的闪亮名片。

龙岗区推动数字创意产业走廊创建国家级文化产业示范园区

在深圳经济特区建立40周年庆祝大会上，习近平总书记提出要“推动文化产业高质量发展”。数字创意产业是以文化与高科技融合为特征的战略性新兴产业，深圳以龙岗数字创意产业走廊为主体创建国家级文化产业示范园区，并以此为契机推动数字创意产业高质量发展，打造培育经济新增长极、促进全域协调发展的重要抓手。

一、背景意义

（一）基本情况

文化产业是深圳市龙岗区的支柱产业，文化产业增加值占全区GDP常年保持在10%左右。2017年，深圳市龙岗区根据区域文化产业发展情况和未来发展趋势，创造性提出“龙岗数字创意产业走廊”设想，并启动了争创国家级文化产业示范园区相关工作；2020年10月，文旅部开展第二批国家级文化产业示范园区创建工作，深圳市按照创建要求，经省文旅厅推荐提交了创建申请；同年12月，文旅部宣布第二批国家级文化产业示范园区创建资格名单，龙岗数字创意产业走廊成为深圳历史首个入选项目。

龙岗数字创意产业走廊由西向东横贯龙岗全域，全长46公里，总面积32平方公里，串联华为基地、天安云谷、华侨城甘坑新镇等35家文化科技类园区，其中文化产业园区29家（含国家级2家、省级4家、市级15家）。走廊内各类型企业总数超过6万家，文化企业总数超过1万家（其中规上文化企业265家），文化产业集聚人才超过28万人，是全国唯一以数字创意全产业链为核心产业的创建项目和大湾区首个文化产业带。

（二）重大意义

数字创意产业走廊创建国家级文化产业示范园区是“国家要求、湾区所向、深圳所需、龙岗担当”的生动体现。国家层面，数字创意产业是与新一代信息技术、生物、高端制造、绿色低碳并列的五大战略性新兴产业之一，加快数字创意产业融合发展、建设一批数字创意产业集群是国家层面的重要战略部署。湾区层面，数字创意产业走廊既是广深港澳科技创新走廊创建的重要组成部分，也是驱动区域产业高端化、高质量转型升级的重要举措。深圳市层面，数字创意产业走廊建设是体现深圳先行示范区建设“五大战略定位”中的城市文明典范的重要载体。对龙岗区而言，数字创意产业走廊建设是实施“一芯两核多支点”发展格局的重大举措，是全面促进龙岗社会经济发展的重要抓手。通过龙岗数字创意产业走廊的建设，以数字创意产业为“黏合剂”，将有效促进

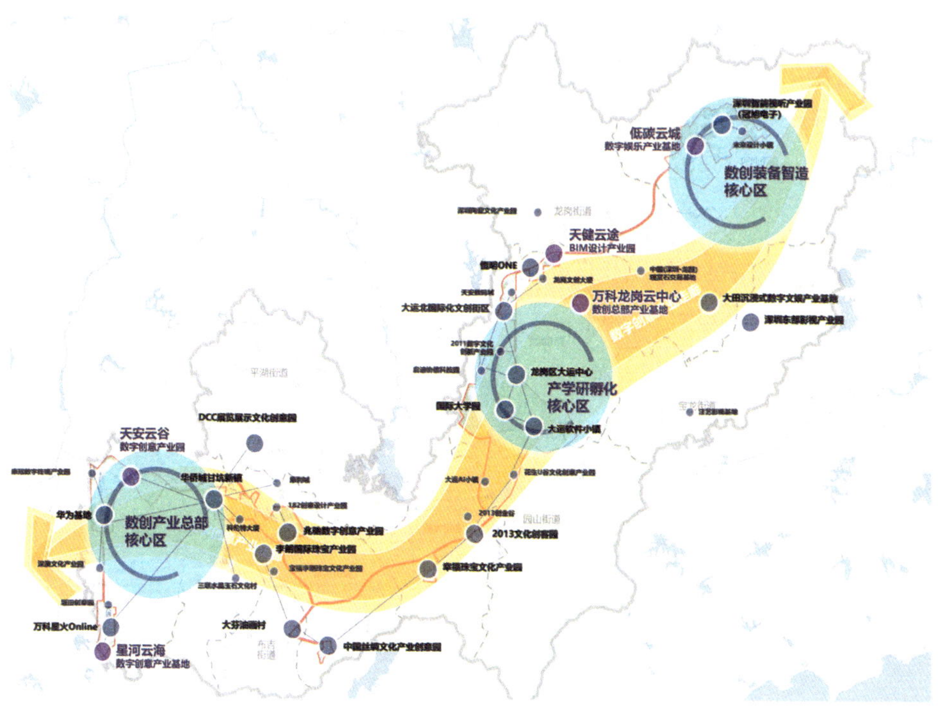

龙岗数字创意产业走廊示意图

深圳市龙岗区东、中、西各重点片区协调发展，实现全区产业、空间、生态、文化相互融合、多彩绽放。

二、主要做法

2021 年，深圳市龙岗区紧紧围绕打造“创新龙岗、东部中心、产业高地、幸福家园”的目标定位，积极推进数字创意产业走廊建设，围绕工作机制、空间布局、政策保障、平台建设、招商引资、品牌建设六个方面持续发力，着力提升走廊发展能级。

（一）建立健全工作机制

市、区均成立创建国家级文化产业示范园区工作领导小组，联动统筹推动创建工作。成立龙岗数字创意产业走廊管理中心，专职负责走廊创建和日常运营管理工作。对照文旅部创建验收标准，编制印发《龙岗数字创意产业走廊创建国家级文化产业示范园区三年行动计划（2021—2023 年）》，明确部门、街道责任分工并加强督查督办。

（二）优化产业空间布局

为优化数创产业布局，盘活空间资源，深圳市按照走廊沿线产业实际，规划了“一廊三核多支点”空间布局，统筹协调西部数创产业总部核、中部产学研孵化核、东部数创装备智造核实现错位发展。推动优质数字创意产业类资源和项目优先布局走廊，不断推动走廊“补链”“强链”。针对走廊“硬件强软件弱”“西部强东部弱”的发展不均衡问题，通过政策修订突出内容产业扶持，强化东中部地区吸引力。加强数字创意产业企业用地需求与产业用地信息的对接，探索以“定制化＋预招商”模式，为重点数创企业提供一批可租可售、功能适配的优质空间。

走廊东核低碳云城数字娱乐产业基地

（三）构建政策保障体系

深圳市龙岗区基于数字创意产业发展规律，在全国率先构建具有比较优势的数字创意产业专项扶持政策体系。出台走廊专项扶持政策，重点对影视动漫、游戏电竞、网络视听、数字设计、数字硬件等数字创意产业核心领域进行大力扶持。细化产业集聚空间认定政策，将数字创意产业集聚空间认定从一般类文化产业集聚空间认定中单列，以适配数字创意产业专属政策。开展数字创意产业人才政策研究，将创作、研发、运营等领域数创人才纳入“鹏城优才卡”覆盖范围。

（四）建设三大服务平台

依托走廊重点园区、企业在技术和公共服务上的资源优势，重点规划建设三大公共技术服务平台，推动走廊产业资源共享。在“中核”建设华为（龙岗）

数字创意产业创新中心，依托华为云强大算力，为走廊内企业提供大数据、人工智能、区块链等技术支撑。在“东核”建设电影科研所虚拟拍摄重点实验室，为走廊内企业提供基于 LED 背景墙的电影虚拟化拍摄制作解决方案。在“西核”打造元宇宙扩展现实（Extended Reality，简称 XR）视频拍摄基地，基于 XR 技术视频拍摄系统进行产业延伸和业态融合，为走廊内企业提供 XR 技术全产业价值链服务。

（五）精准推动招商引资

深圳市龙岗区聚焦数字创意产业领域重点行业，多措并举实施精准招商。成立龙岗数字创意产业走廊招商专班和走廊管理中心招商工作组、建立招商项目库，保障招商工作高效开展。在第 17 届文博会期间举办龙岗数字创意产业走廊首场招商大会，签约一批重大招商项目。积极引入外地项目，赴北京、厦门等地洽谈引进头部数字创意产业项目。多渠道矩阵式为走廊招商进行推介，例如参加市政协“委员议事厅”宣传推介走廊，超百万人在线观看。建立“政企园联动”招商机制，发挥区内园区、企业积极性，针对合作伙伴、上下游企业广泛引荐。

（六）加强品牌形象建设

为提升数字创意产业走廊品牌知名度，深圳市龙岗区注重多种方式结合宣传推广，不断擦亮走廊名片。选取走廊重要节点，打造若干运用最新数字显示技术、展示走廊建设成果、开展行业交流及招商引资活动的数字展厅，且展厅主要设备全部由走廊内企业提供。邀请行业顶尖设计师设计走廊形象标志，并计划在走廊重要节点布局 7 个大型标识工程，打造“走廊七星”标识符号体系。举办龙岗数字创意产业走廊首届文创知识产权（Intellectual Property，简称 IP）开发者大会，为走廊内 IP 开发者搭建交流合作平台。全媒体、多渠道推广龙岗数字创意产业走廊，积极在各级主流媒体开展走廊宣传报道，策划一批“网红事件”进行精准宣传。

三、工作成效

2021 年，在新冠疫情冲击的严峻形势下，龙岗数字创意产业走廊聚焦数字创意产业高质量发展和转型升级，实现营业收入 1773.8 亿元，进一步提升深圳文化产业的综合竞争力。

（一）产业集群初具形态

龙岗数字创意产业走廊内呈现出以华为终端有限公司、华侨城集团、深圳市兆驰股份有限公司等龙头企业引领，中小微数字创意产业企业集聚的良好发展态势，目前已形成三大优势产业集群：包括数字装备、数字终端的数字硬件集群，包括影视动漫、游戏电竞、网络视听的数字内容集群，以及包括数字设计、IP 开发、数字融合的数字服务集群。

（二）园区集聚效应凸显

数字创意产业走廊通过“一廊三核多支点”顶层设计，呼应龙岗“一芯两核多支点”城区发展战略，走廊内数字创意产业园区集聚效应不断释放，形成西核、中核、东核联动发展体系，产业链黏性不断增强，龙头企业“链主”作用充分发挥，科技引领优势强化，上下游产业配套项目建设不断推进，数字创意产业领域重点行业快速集聚发展。

（三）重大项目进展迅速

2021 年数字创意产业走廊重大配套及载体项目规划建设稳步推进、进展迅速。在数字创意产业走廊东部端头启动“低碳云城”数字娱乐产业基地及未来设计小镇规划建设。加快大运北国际化文创街区项目建设。引进央企对大芬油画村项目进行品质和运营提升，大芬国际青年艺术家部落正式启用。指导天安云谷数字创意产业园打造“文化 + 科技”复合型数字创意产业园区，推动其获得省级文化园区创建资格，并成为全国首批“国家文化新经济开发标准试验区”。推动华侨城甘坑新镇项目的规划建设和品质提升，加强“一镇（甘坑

走廊西核——天安云谷数字创意产业园全景

古镇）两园（都市田园、凉帽山公园）三村（老围村、甘坑新村、凉帽新村）”的规划建设、形象蝶变和统筹运营，成功将其打造为深圳新文化旅游目的地和网红打卡地。

（四）品牌活动影响渐增

龙岗数字创意产业走廊品牌影响力持续提升，市场主体和社会大众知晓率逐渐提高，“金字招牌”逐渐擦亮。走廊首场招商大会成功吸睛，现场签约总金额超过 7.4 亿元，未来还将举办多场系列走廊招商大会。数字创意产业走廊标识设计大赛共发动全国 86 个城市、22 个标识行业协会、323 个机构参加比赛，在国内相关领域形成了较高的关注度和讨论度。中国美协作为主办单位的两个国展级活动——深圳大芬国际油画双年展和全国（大芬）中青年油画展持续举办，在国内外产生了广泛影响，推动了大芬油画村原创艺术升级和产业转型发展。国际空间设计大奖（Idea-Tops 艾特奖）经过十年精心打造，已经成为了世界建筑及室内设计行业最具影响力的活动之一。走廊管理中心与腾讯合作在大运中心举办和平精英欧企赛，1300 万名游戏爱好者通过游戏客户端收看了线上直播。

龙岗数字创意产业走廊首场招商大会部分企业代表现场签约（2021 年 9 月 23 日）

四、经验启示

（一）及早谋划、全面部署是先决条件

龙岗数字创意产业走廊成功获得国家级文化产业示范园区创建资格，关键在于及早谋划、全面部署。2017 年初，就已提出“文化产业对标朝阳，创建全国第二个国家文化产业创新实验区”工作思路，并进行专题研究和部署，确定以数字创意为核心产业创建国家级文化产业示范园区。2018 年 5 月，开启国家级文化产业示范园区综合规划编制工作。经过半年时间的调查研究、专题讨论和意见征集，并考察学习了香港、澳门、广州、珠海等湾区主要城市的文化产业工作经验，于同年 12 月完成《粤港澳大湾区数字创意产业基地综合发展规划》和《龙岗数字创意产业走廊综合发展规划》编制工作，成为创建国家级文化产业示范园区的纲领性文件。经过三年多的精心谋划和周密筹备，数字创意产业走廊最终获得了国家级文化产业示范园区的创建资格，成为深圳历史首个入选项目。

（二）精准施策、多方协同是坚实基础

数字创意产业走廊建设是一项系统工程，覆盖范围广、涉及部门多，为了统筹推进工作，避免管理碎片化，需要精准施策、多方协同，牢固树立大局意识，强化战略思维，围绕目标，分解任务，压实工作责任。市、区两级成立创建国家级文化产业示范园区工作领导小组，有效实现了对各级各部门的统筹协调，确保了任务早落实、政策早到位、成效早显现。在引导文化企业及园区主动适应常态化疫情防控的同时，龙岗区以政策举措的确定性应对外部环境的不确定性，协调各有关部门全面落实各项普惠性政策，注重提质增能，促进升级蓄能，聚焦未来发展方向，着力挖掘制度红利，打好公共服务“组合拳”，为推动企业数字化转型、扩大高品质产品供给、激发新消费市场活力提供了政策支撑。

（三）创新驱动、发挥优势是根本支撑

在科技创新方面，作为全国科技进步先进城区、科技进步示范区、科普示范区，龙岗区国家高新技术企业数量、专利合作条约（Patent Cooperation Treaty，简称 PCT）国际专利申请量均占全市约 1/3，强大的区域科技创新能力为走廊建设发展提供了重要驱动力和支撑力。在政策创新方面，龙岗区积极开展产业政策修订，创新性出台“数创产业 50 条”，成为全国首个数字创意产业专用扶持政策。在平台创新方面，走廊依托文化产业园区和龙头数创企业资源，大力推进数字创意产业创新孵化平台的建设，探索政、校、企合力搭建数创产业公共实训基地、数创学院等创新载体，尝试创新产教融合人才培养模式，搭建企业需求与高校课程设置对接机制。

（四）问题导向、真抓实干是重要保障

数字创意产业走廊建设之初，存在产业发展布局不够均衡、产业配套环境有待提升、人才政策针对性不强、走廊品牌影响力较低等问题。深圳市龙岗区坚持问题导向、真抓实干、精准发力、逐个击破，多方协同推动数字创意产业

释放强劲活力。国家级文化产业示范园区创建验收标准要求严、指标细、任务重，深圳市龙岗区比照验收标准逐项拆解任务、厘清责任，一方面绘好“发展图”，充实顶层规划设计，提升创新驱动能力，整合产业空间资源，引进培育市场主体，丰富数创产业生态，改善人才结构，优化配套服务设施；另一方面谱好“文化曲”，引导走廊内园区和企业坚持正确的政治导向和文化方向，加强党建引领，弘扬社会主义核心价值观，积极开展公益类文化活动，塑造活力品质产业廊道。

未来，深圳将继续深入贯彻落实“数字中国”战略，一方面继续吸引国内外优质数字创意产业资源落户，另一方面大力培育本土数创企业做大做强，致力于将数字创意产业走廊打造为全国数字创意产业发展高地、人才集聚高地和内容技术创新高地，同时积极加快重大文化设施建设，持续创建文化体育活动品牌，不断拓展普惠型公共文化体育活动，同时也为全国文化产业园区建设运营探索出一条全新的发展模式和路径。

龙华区率先打造未来城市场景试验区

深圳依托数字技术优势，积极推进数字孪生城市建设，以龙华区为单元开展未来城市场景试验，聚焦“人的体验、城的融合、产的发展”，全域构建新技术、新产业、新业态、新模式示范应用场景，探索发展更有质量、运转更加聪明、治理更加科学、生活更加美好的未来城市，加速打造未来城市发展试验田。

一、背景意义

未来城市不是单纯现代建筑的集合，而是发展质量更高、运转更聪明、治理更科学、生活更美好的社会有机体，是生活、生产与公共服务共融共生的市民家园。

（一）推进未来城市建设成为全球共识

随着新一轮科技革命和产业变革的兴起，城市发展轨迹正加速蝶变，国内外重点城市都在探索新理论新技术驱动下的未来城市新形态。2017 年，美国谷歌公司在多伦多推出“Sidewalk Labs”智慧社区项目，为多元化的居民、工作者和访客提供更高质量的生活品质。新加坡推出“未来城市计划”，推进宜居环境、永续发展和韧性城市建设。2019 年，巴塞罗那推出 City OS（智慧城市操作系统），调度、整合与管理整个智慧城市建设中的数据、技术和应用，形成互联、开放和智能的有机整体。日本推出了“未来原型城市”项目，提出用 IT 连接整个城镇，在东京探索“未来派垂直城市”，将城市街区压缩成一幢“摩天大楼”，演示未来城市的结构和运营方式。近年来，国内部分城市也开始了未来城市的探索。成都市成立新经济委员会，推出城市机会清单，打造新经济应用场景。浙江是我国首个从省级层面提出“未来社区”概念的省份，计划打造60个未来社区。

（二）未来城市场景试验是探索高密度城区未来发展的重要路径

经过40年高速发展，深圳经济特区城市空间结构、生产方式、组织形态和运行机制发生深刻变革，面临城市治理承压明显、发展空间不足等诸多挑战。深圳亟需注重在科学化、精细化、智能化上下功夫，发挥深圳信息产业发展优势，推动城市管理手段、管理模式、管理理念创新，让城市运转更聪明、更智慧。深圳迫切需要在前40年取得的城市建设成就基础上，在更高起点上瞄准全球标杆城市建设的目标要求，以持续的科技创新为引领，培育新业态、新模式、新动能，推动深圳新一轮产业和城市的协调发展。

（三）深圳市以龙华区为单元开展未来城市场景试验

深圳率先以具备基础条件的龙华区为单元开展未来城市场景试验，提供可复制可参考的示范性经验。深圳市龙华区具备未来城市探索基础，作为深圳的产业大区、人口大区，在产业转型瓶颈、土地约束、高密度人口管理等方面的问题较典型，基于其数字技术优势以及数字基础设施建设基础，通过开展未来城市场景试验促进产业转型升级、提升城市治理水平，能够为新一轮城市建设发展提供参考性高、可复制性强的经验。

二、主要做法及成效

深圳市龙华区抢抓“双区”建设和综合改革试点重大历史机遇，以改革的思维和创新的举措构建“政策＋平台＋清单＋赛事”的未来城市场景建设生态。

（一）建立未来城市场景实体化运作政策体系

1. 成立数字城区建设领导小组，建立周例会、周调研、周学习的专班工作机制，强化未来城市场景工作组织领导和统筹协调力量。印发《龙华区全域未来城市场景试验实施方案》，提出打造八大主题场景；印发《龙华区全域未来城市场景试验 2021 年工作要点》，聚焦“民生七优”提出 25 项重点任务。

2. 抓实抓好智库建设，搭建未来城市场景试验区建设实体化运作平台，推动成立龙华城市场景实验室有限公司，以政府搭台、企业唱戏的方式，以需求为牵引、以场景为驱动、以技术为标准引导协助企业深入开展未来城市场景试验建设。对接电子科技大学高等研究院等机构筹建未来城市研究院，汇聚产学研各界优势资源，打造未来城市建设政产学研共同体。赴成都、重庆多地调研学习，与业内优质企业洽谈对接，推动场景遴选、科技导入与成果转化，营造数字城区良好生态。

3. 召开全球新闻发布会宣布全域开放试验场景，发布瞄准五大领域、构建八大主题场景的整体计划：构建科学运转、安全高效的整体“智”治场景；构建催生交流、友好包容、怡然自乐的公共生活场景；构建智联、智创、智享的未来产业创新场景；构建水清岸绿、鱼翔浅底、人享其中的未来生态场景；构建车聪明、路智慧、人舒适的未来交通场景；构建时尚前卫、品牌荟萃、创意云集的数字时尚新场景；构建最贴心、最智慧、最精准的人才服务场景；构建全方位、多视角、跨时空的数字文化场景。

（二）开展数字孪生试点平台建设

1. 按照“统一底座、特色应用”的原则，通过技术驱动、数字赋能，探索高密度开发片区整体“智”治新模式，旨在构建数字空间基础设施，复用市空间数字平台、区智慧龙华平台成果，融合全空间三维模型，连接天、空、地立体化感知网络，集成融合多源异构的城市运行数据，为民生“七优”、空间优化和城市安全提供一体化支撑。

2. 率先选取北站国际商务区开展数字孪生试点。结合高密度建成区特色，以综合管理、消防管控、人流疏散等为重点，打造数字孪生试点平台，目前已基本完成 10 平方公里范围内建筑三维模型单体化构建及超 1000 栋建筑单体模型精修工作。在数字孪生平台模块方面，已完成龙华区实景三维 MESH 模型

深圳北站片区数字孪生试点

成果集成，实现遥感影像数据、历史城市规划设计报建方案、地楼房空间数据及企业空间数据等多源数据融合；在精准识城模块方面，完成街景视频融合接口等物联感知数据接入，推动完成人口空间分布、流动分布及产业分布特征分析；在精准营城模块方面，完成北站片区范围内建筑物单体化建模及北站综合体室内建模，实现城市更新报建、城市空间设计等城市规建管全生命周期管理应用，基于地下管网三维化融合展示实现城市安全管理应用。

3. 遴选重点片区结合各自特点试点建设差异化数字孪生系统平台。其中，龙华国际商圈结合城市更新项目集聚特点，以用地功能核查、公共配套核查、建筑方案辅助审核决策为重点，打造数字城区开发建设平台。鹭湖中心城结合公共服务核心区特色，以公共资源数字化共享体验及政府智能管控为重点，打造数字城市管理操作系统。

（三）发布未来城市场景试验清单

1. 推动重点领域场景落地示范。聚焦数字孪生试点场景、未来交通场景、未来生活场景、城中村综合治理场景、未来时尚场景、未来文旅场景、未来生

态场景、未来办公园区场景等八大主题场景，发布未来公园、无人配送等 24 项未来城市场景试验清单。坚持以需求清单、小规模试验模式，构建场景矩阵，提供试验场地，鼓励更多试验方案解决商及技术团队在龙华测试承压、场景试验、优化技术、锚定方向，为新技术应用、新产品链接、商业模式迭代提供机会。

2. 鼓励多元力量参与场景建设。自 2021 年 8 月发布场景需求清单至今，吸引美团、华为、腾讯等世界级先进技术龙头企业以及协会组织、科研机构、创新团队和社会公众广泛参与试验计划，龙华区隔离酒店防跌倒监测场景、未来办公综合示范场景、都市农业、时尚秀演、龙华城市客厅等 8 项场景已建成，无人机配送场景、红山 6979 无人车智能配送场景、智能养老生活示范等多项场景已进入落地实施阶段。全面加强宣传，针对应用场景推广，举办新闻发布会、推介会等各类活动，并建成龙华城市客厅等，广泛连接各界资源，助力话语引领。

（四）承办好未来城市场景大赛暨开放数据应用大赛

深圳市政务服务数据管理局与龙华区人民政府联合举办 2021 全球开放数据应用创新大赛，策划并实施未来城市场景大会分论坛、大赛训练营、大赛发布厅等多项活动，承办专业赛道中的数字城区（城镇）赛道、数字交通赛道以及非专业赛道的畅想赛道。与万物传感等 6 支优秀团队开展成果落地意向签约，形成成果落地分工方案，正积极推动豪位科技、万物传感等获奖团队成果落地，加速吸引全球各类创新主体和前沿技术。

三、经验启示

（一）"场景营城" 培育未来城市新动能

未来城市的探索依赖场景的助推，场景是未来城市的基本构建单元，是推动创新应用的新孵化平台、寻求改变生活方式的新试验空间，将有利于更好地实现科技与经济、社会的深度衔接，催生新组织、新产业、新业态、新模式，推动城市不断进步。深圳市龙华区本着开放的心态，将全域作为未来城市场景试验场，通过主动培育和供给丰富的应用生态，为新技术商业化应用提供支点，为新产品链接市场提供平台，为商业模式迭代提供机会，进而推动人、城、产融合发展。

（二）“场景清单”搭建城市供需平台

按照“在场景中验证技术、在场景中迭代技术、在场景中助推城市发展”的理念，加快新技术、新产品的开发和应用。通过发布城市场景需求清单、企业场景技术供给清单与企业场景需求清单等，围绕支持企业开展研发创新、充分发挥社会资本扶持作用、开放政府数据资源、搭建合作交流平台四个方面给予全链条支持，加速打造全球颠覆性技术竞技场、未来城市场景试验田和美好生活展示窗。

（三）“全链条服务”营造良好生态

坚持全周期服务理念，为新经济场景建设各环节提供全方位多类别的服务，加快推进场景创新应用、落地推广。营造一个场景试验生态，构建覆盖“5G+千兆光网+智慧专网+物联网”的通信网络基础设施体系，建设未来城市新部件，围绕痛点堵点深化未来城市相关领域改革。创新建立清单式、滚动式示范场景参与机制，通过编制未来城市场景储备清单等途径，打造永不落幕的前沿科技竞技场。

未来，深圳市龙华区将全域打造数字孪生城市示范区，从数字技术与应用场景两端发力，形成不同来源、格式的城市运行大数据融合新机制，构建技术自主可控的“数字孪生+新城建”产业体系，夯实未来城市建设基础。

坪山区建立民有所呼、我有所应的民生诉求响应机制

坚持以人民为中心，是习近平新时代中国特色社会主义思想的重要内容，也是深圳建设先行示范区，打造"民生幸福标杆"的内在要求。结合中央、省、市关于治理体系和治理能力现代化的相关要求，深圳坚持科技赋能，聚焦流程再造，以"五年磨一剑"的韧劲，学习借鉴国际知名企业"流程 +IT"的组织架构和业务流程变革经验，持续开展民生诉求改革，构建起"集中受理、统一分拨、协同处置、多元共治"的民生诉求全周期管理体系，全力提升人民的幸福感、获得感、体验感。

一、背景意义

习近平总书记指出，要抓一些"牛鼻子"工作，抓好政务服务"一网通办"、城市运行"一网统管"，坚持从群众需求和城市治理突出问题出发，把分散式信息系统整合起来，做到实战中管用、基层干部爱用、群众感到受用。长期以来，政府部门的咨询、投诉、建议渠道众多，普遍存在分类标准不一致、办理流程不规范、评价标准不统一、感知预警不及时、群众体验不友好等问题，导致大量渠道圈粉难、用户活跃度低，给市民、企业带来困扰和不便，也影响了政府形象和公信力。为此，深圳市坪山区按照"小切口、深层次、渐进式"的思路，坚持把民生诉求系统改革作为"一号改革任务"，构建了全区统一的事件分拨体系，实现了"一个系统分事件、一张表单统情况、一套标准抓落实"。

国家发展改革委将深圳市坪山区"建立民有所呼、我有所应的民生诉求响应机制"正式列为向全国推广的深圳经济特区 5 方面 47 条创新举措和经验做

法之一，新闻联播、新华社、光明日报等媒体进行了专题报道。该项改革还获评人民网和中央党校“全国创新社会治理最佳案例”，作为优秀案例被中国政府网选登，新华社刊发的专题稿被上百家媒体转载、阅读量一天破百万。

二、主要做法

深圳市坪山区从群众最关心的问题入手，采取“整渠道、统分拨”“并表单、缩时限”“抓实效、优体验”“融智慧、助治理”“惠民生、促发展”等系列举措，努力打造民有所呼、我有所应的民生诉求响应机制。

（一）整渠道、统分拨

1. 全面整合受理渠道，主推微信端入口。通过关停、迁移、合并等方式，陆续将 161 个电话、邮箱、微信公众号、APP 等民生诉求受理渠道整合为热线端的 12345 热线、微信端的“@ 坪山”、网页端的“政府信箱”三个渠道，主推“@ 坪山”。2021 年，“@ 坪山”事件量占比达 61.16%。

2. 统一事件分拨队伍，探索“平战一体”模式。改革前，基层工作人员需开通十几个系统账号，加入几十个微信群或 QQ 群。改革后，通过构建

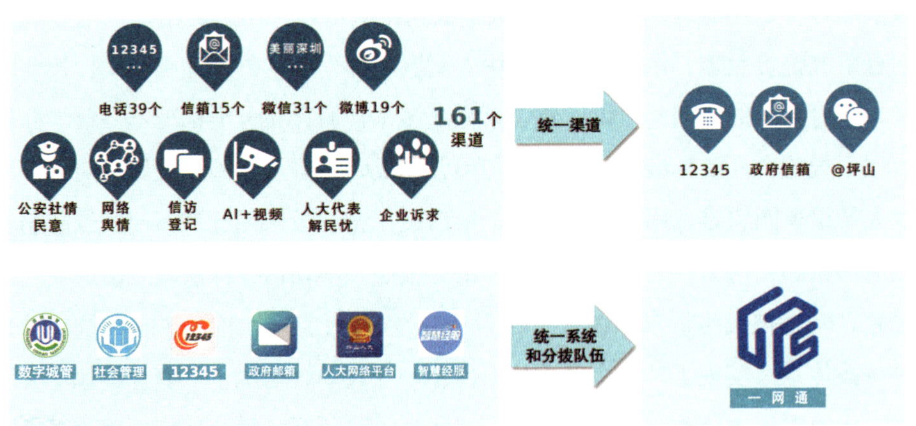

整渠道、统分拨系统页面

“1+6+23+N”的事件分拨体系，区一级的分拨人员整合至区指挥中心，6 个街道的分拨人员整合至街道指挥分中心，并实行应急值班和事件分拨“平战一体”运行模式，起到了“1+1>2”的效果。

（二）并表单、缩时限

1. 统一事件分类分级标准，明确责任部门和法律依据。联合区委编办梳理各事件分拨系统的分类分级标准、处置责任主体，形成统一的职责清单，并请法律顾问对清单中 1000 余部法律的相关条文更新完善。经过 4 轮修订，清单目前为 4 级、1681 小类，基本实现分类无交叉、事项界定清晰、责任部门明确，通过将清单做到系统中，事件分拨更精准，流转处置更快速。

2. 规范优化业务流程，统一压缩办理时限。以数字化城管事件办理流程为基础模板，制定“一般”“简易”两套业务流程，规范了 5—9 个不等的标准化流程节点，并制定详细的适用规则。处置时限方面，第一轮时限压缩时，将原有各系统时限分为咨询、建议、投诉三大类，分别取最短处置时限作为统一要求（以 12345 热线来源事件为例，处置时限从信访条例规定的不分类别 60 个自然日压缩至按分类 2 小时—15 个工作日）。到第三轮时，将三大类事件处置时限分别压缩至 1 个工作日、3 个工作日、1 小时—7 个工作日。

坪山区“一网统管”职责清单

<table>
<tr><th>序号</th><th>一级分类</th><th colspan="10">二级分类</th></tr>
<tr><td>1</td><td>市容环卫</td><td>垃圾</td><td>废弃物</td><td>绿化养护</td><td>道路保洁</td><td>占道经营</td><td>户外广告</td><td>市容秩序</td><td>绿化设计</td><td>家禽宠物</td><td>其他市容环卫</td></tr>
<tr><td rowspan="2">2</td><td rowspan="2">环保水务</td><td>环保水务政策</td><td>水污染</td><td>大气污染</td><td>噪声污染</td><td>固废污染</td><td>光污染</td><td>放射性污染</td><td>水利</td><td>水务管理</td><td>节水用水管理</td></tr>
<tr><td>水资源管理</td><td>水源工程管理</td><td>水务工程建设管理</td><td>排水管理</td><td>水土保持</td><td>环保监测与标志管理</td><td>其他环保水务</td><td></td><td></td><td></td></tr>
<tr><td>3</td><td>市政设施</td><td>井盖</td><td>环卫设施</td><td>交通设施</td><td>道路设施</td><td>消防设施</td><td>电力通信设施</td><td>公园设施</td><td>其他市政设施</td><td></td><td></td></tr>
<tr><td>4</td><td>交通运输</td><td>交通证照</td><td>交通秩序</td><td>道路管理</td><td>运输管理</td><td>其他交通运输</td><td></td><td></td><td></td><td></td><td></td></tr>
</table>

续表

序号	一级分类	二级分类									
5	教育管理	学校规划建设	学籍学位管理	师资管理	教学管理	教育收费	培训结构	其他教育管理			
6	规土城建	土地资源管理	城乡规划建设	住房保障	房地产管理	物业管理	建筑市场	其他规土城建			
7	安全管理	生产安全	消防安全	燃气安全	化学品安全	交通安全	校园安全	施工安全	特种设备	自然灾害	其他安全管理
8	食药市监	食品安全	药品安全	市场管理	烟草市场	野生资源管理	互联网与通信市场管理	其他食药市监			
9	医疗卫生	医疗管理	卫生监管	人口计生	公共卫生事件	公共卫生事件（新冠肺炎疫情）	其他医疗卫生				
10	劳动社保	人才引进	就业创业	劳动保护	工资福利	社会保险	其他劳动社保				
11	文体旅游	文化	体育	旅游	社区文明创建	其他文体旅游					
12	治安维稳	社会治安	警务督察	刑事执行	刑案侦破	户籍证件	公共法律服务	民间纠纷	其他治安维稳		
13	民政服务	区划地名	福利慈善	社会服务	社会组织	社会救助	救灾减灾	双拥优抚	其他民政服务		
14	经济管理	行政效能	企业管理	企业服务	商业贸易	金融财税	能源管理	国资监管	其他经济管理		
15	纪检监察	行政效能	职务违法犯罪	党政处分申诉	党纪作风	批评建议	其他纪检监察				
16	组织人事	选拔任用	人事管理	编制职数	军转安置	机构改革	离休待遇	其他组织人事			
17	党建群团	党的建设	群团组织	志愿者	其他党建群团						
18	统一战线	民族宗教	港澳台侨	其他统一战线							
19	农林管理	林业管理	扶贫开放	农资农技	农垦农场	农产品	惠农补贴	其他农林管理			

合计一级分类 19 个，二级分类 139 个，三级分类 1288 个，四级分类 495 个，末级分类共 1681 个，其中包含网格员采集事项 182 个。

（三）抓实效、优体验

1. 高位推进督办问责，狠抓事件处置实效。区主要领导亲自挂帅，确保各项改革措施落到实处，每周书记办公会固定通报民生诉求办理情况，推进疑难事件切实解决。区纪委监委联合区政务服务数据管理局，问责推诿扯皮及懒政

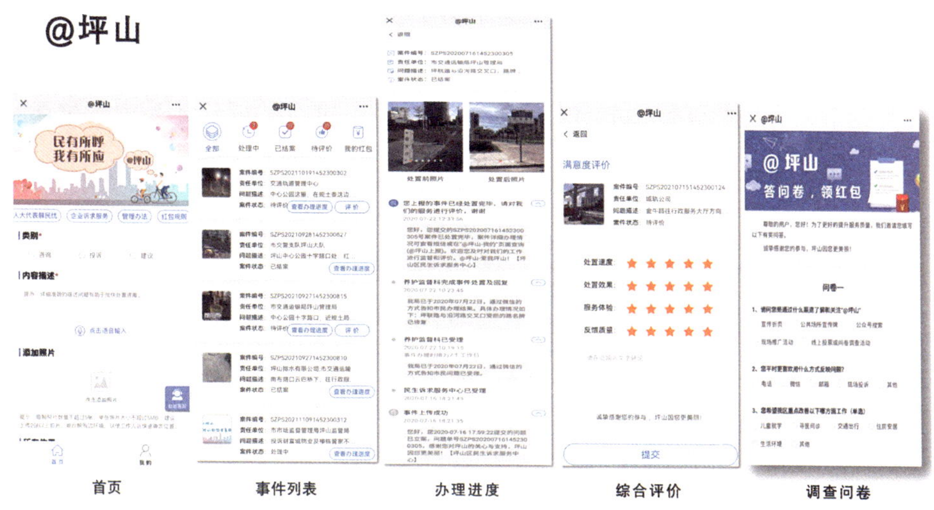

“@ 坪山”各界面

怠政的部门、人员。通过“首办负责制”“并联派件”“正向激励”“先抢修、再问责”的快速响应机制，全面提升处置效率。

2. 以人民满意为标准，持续优化服务体验。优化“@ 坪山”事件上报界面，简化操作流程，市民使用更方便。打通上报前端和分拨后端，“@ 坪山”同步呈现 5—13 个受理、分拨、处置、反馈等节点的进度条，部门或网格员现场处置后拍照上传，市民更直观掌握处置进度和实效。建立满意度五星评价体系，市民可从处置速度、处置效果、服务体验、反馈质量等维度评价，同时开展问卷调查、建议征集，倒逼各部门优化处置流程、提升服务水平。出台制度固化改革成果，出台《坪山区民生诉求管理办法》并修订 4 次，规范事件受理、处置、协调、督办、办结、考核等标准。

（四）融智慧、助治理

1. 以人工智能技术提升系统效能。创新“AI+ 视频”智能立案。视频资源平台通过算法发现河道污染、人群聚集隐患等 17 种城市管理事件，自动上报至民生诉求系统分拨处置，2021 年单日高峰立案 25 宗，及时将问题消灭于萌芽状态，减少基层人工巡查工作量。创建智能应答知识库，实现“秒回”。在“@ 坪山”上线智能客服机器人，24 小时自动应答市民咨询的问题。建立事件标签体系，为每单事件打上自定义标签，3 级、339 个的标签体系为实时查询统计、快速准确分析奠定基础。

2. 数据分析助力科学决策、精准治理。将周期性分析与专题分析相结合，编制周、月、季、年等周期性报告及生态环境保护、道路交通等专项报告共 736 期，并发送相关部门。与市政务服务数据管理局联合举办首届深圳开放数据应用创新大赛，吸引 60 余个团队参加民生诉求分析赛，通过知名大数据专家点评、研讨，进一步丰富分析模型，优化呈现方式。利用数据可视化工具构建模型库，定制化统计分析模型达 200 个。开发街道、社区事件分析模块并挂接至政务微信，可实时查看民生诉求、网格事件的分布、类型等数据分析模型。创建民生诉求每日早报机制，统筹网络舆情、公安社情民意、信访案件等信息，选编热点、敏感事件短信，发送至区领导及相关部门，以便提前介入。累计向区委政法委、信访局等部门发送提醒函 151 封，报送应急防护处置事件 159 次，提醒其尽早警觉、提前干预。

（五）惠民生、促发展

1. 实施民生服务供给侧改革。梳理近三年民生服务需求事件，与同期民生实事、微实事项目映射对比，从需求量前五的环境、交通、居住、安全、教育需求入手，分街道匹配分析，查找缺乏项目，为民生项目计划的制定提供依据。与北京大学、中山大学合作，深度挖掘分析城市运行管理大数据。利用民生诉求事件脱敏数据，形成近三年事件研究报告，从诉求的热点、群体、盲点痛点等维度研判发展趋势及建议。探索“民生诉求 + 智慧码”改革，打造以人民为中心的数字化发展新模式。开发智慧码平台，实现赋码、用码、事件处置等功能，在试点片区选取路灯杆、井盖等 1500 余个部件贴码（附带定位、责任部门、联系方式等信息），市民、网格员扫码可实现部件故障的上报、处置与实时反馈，加强城市部件与民生诉求业务的深度关联，提升民众参与感。

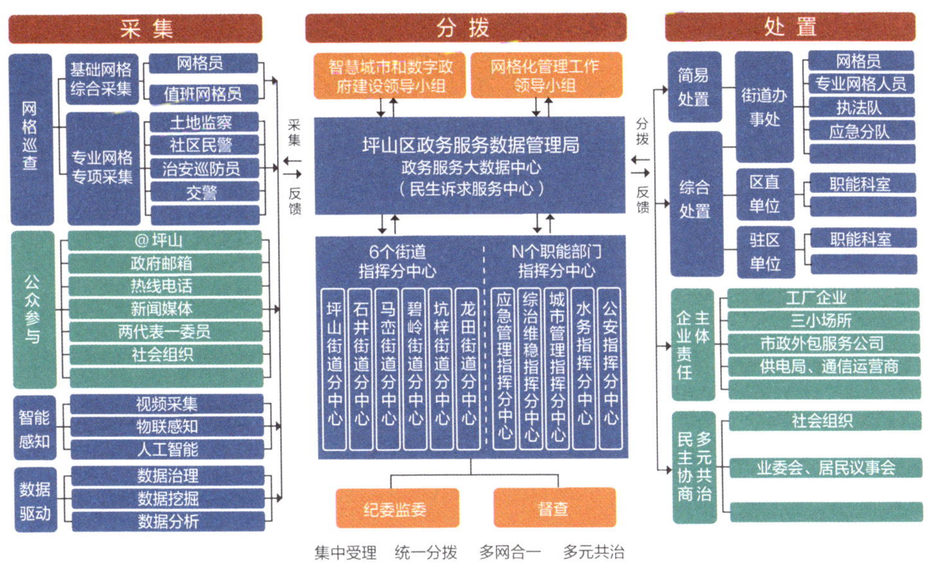

坪山区"一网统管"流程图

2."一网通"打通线上线下。接入时空信息云、视频资源、大数据等平台，下放 7766 个高清视频探头使用权限，社区开展卡口督查等工作时可实时查看指挥；下放"人房法"、城市部件等 32 类、635 个图层、122 万条数据，每个部件的单位、区域等信息清晰呈现。为街道、社区开发了社区概况、一站式服务等 5 个可视化页面和应急指挥、疫情防控等 3 个主题化场景，让基层工作人员"底数清、情况明、判断准"。围绕防汛防风、交通事故等应急指挥场景和文明创建、老年关怀等常态化服务场景进行应用建设，坚持"问题导向、场景驱动"，打造智慧社区。

3."一支队伍"激活治理效能。整合街社工作队伍，将网格员、消防整治等队伍与社区治安队整合，成立归属社区党委管理的综合整治队；选派街道科级干部任整治队长、兼任社区副书记，选派街道党工委委员任社区第一书记，推动综合整治工作，形成事权归街道、指挥在社区的工作架构。同时，梳理 141 项社区综合整治事项，简单事项即采即办，重难点事项由街道派出执法人员协同办理。再造整治工作流程，应用"一网通"系统采集、处置，构建"发现—整治—反馈—复查"工作闭环。

4.“一站式”提升党群服务功能。围绕热点诉求开设民生座谈会、人才微课堂，“一站式”对接公众需求。依托社区综合治理中心设立人民调解岗，联合法官、律师等，“一站式”调处矛盾纠纷。

5.“一线工作法”密切党群干群联系。街道每日将重难点事件推送至相关领导，暂未解决的建立动态台账，结合区领导“挂街联社包居进厂”和“两代表一委员进社区”工作统筹解决。

三、工作成效

深圳市坪山区重塑民生诉求体系、倒逼政府部门流程再造的改革实践，有效提升各部门工作效率，也为提高社会治理智能化专业化水平、构建优质均衡的公共服务体系打下了坚实基础。

（一）公众参与更积极

2021 年系统共受理事件 19.84 万宗，其中民生诉求事件 8.9 万宗，“一支队伍”上报事件 10.94 万宗（同比增长 99.33%）。“创新坪山”公众号粉丝数同比增长 27.08%，市民参与社会治理的意愿日趋强烈。

（二）事件处置更高效

2021 年，在民生诉求事件量同比上升 73.56%的情况下，总办结率仍达 99.78%；平均处置用时 3.62 个工作日，同比减少 0.44 个工作日，处置最快仅用时 5 分钟。

（三）政府运行更透明

事件处置全流程公开、可视，为效能评价和监督创造条件，化解了市民对诉求“石沉大海”的担忧，提升政府形象及公信力。多维数据分析研判，助力职能部门合理配置资源；畅通的民意渠道，助力执政者更真实地感知施政反响从而进行科学决策。

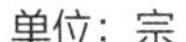

单位：宗

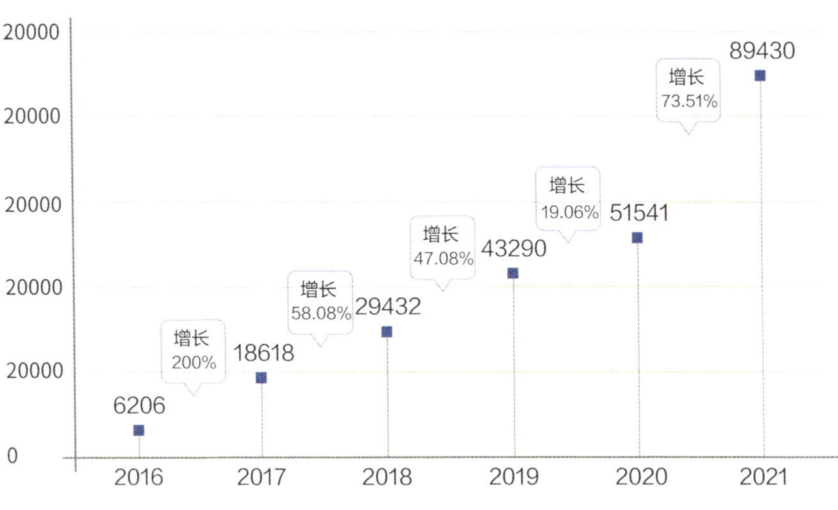

2016—2021 年民生诉求事件量

单位：万

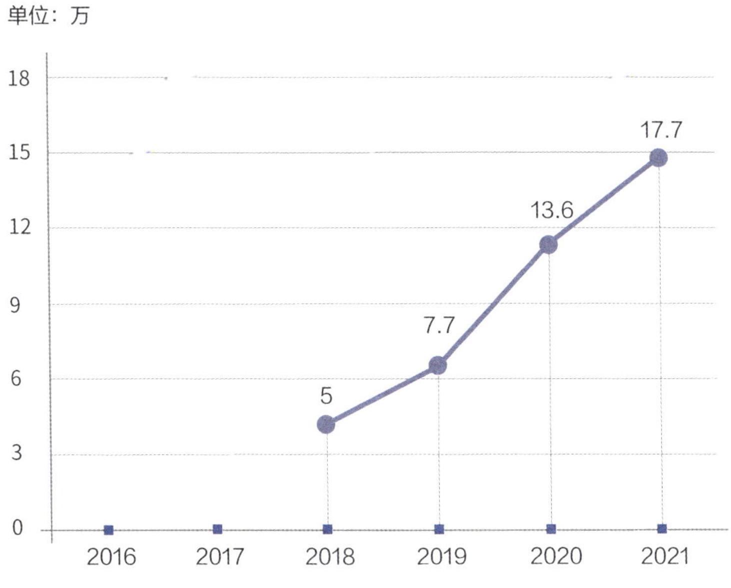

2016—2021 年“创新坪山”粉丝数

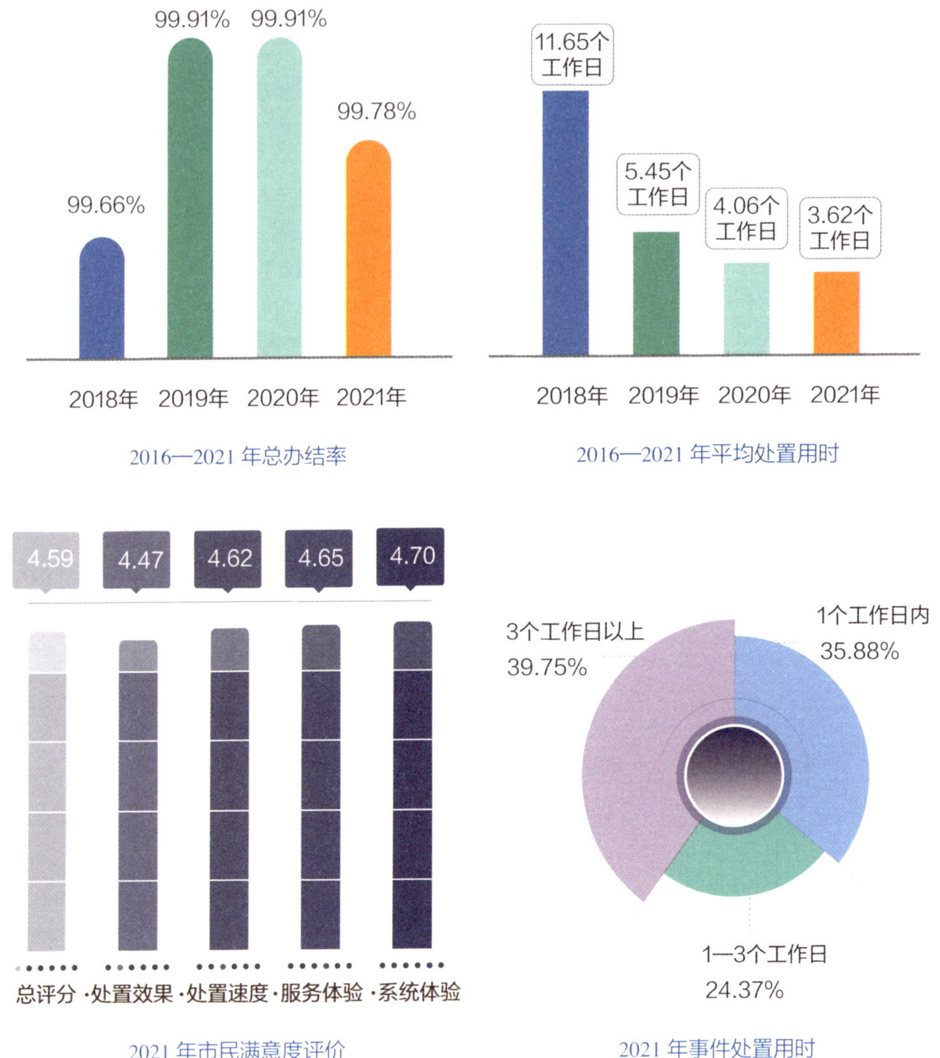

2016—2021 年总办结率

2016—2021 年平均处置用时

2021 年市民满意度评价

2021 年事件处置用时

（四）政民关系更和谐

结合有奖问卷、满意度评价体系，与市民形成“改进—反馈—改进”闭环，促进政府业务流程优化；多元沟通形式减轻市民与政府的距离感，提升了群众获得感，累计收到表扬信 246 封。热点、敏感事件实时通报、预警机制帮助相关部门精准提前介入、及时应对，有效将矛盾化解于萌芽阶段，2021 年，深圳市坪山区被国家信访局评为信访“三无”区县。

（五）基层减负更明显

通过民生诉求系统的精准分拨，调度到区、街的事件分别占59%、33%，社区负责事件仅占8%，切实为基层减负增能。同时将民生诉求、网格管理、视频感知、时空信息、疫情防控等应用集成到街道、社区指挥中心和工作人员的政务微信上，实现了“全域感知、全时联动、全程可控”。

四、经验启示

城市管理和社会治理随着城市的发展和社会的进步日益复杂，依靠传统政府大包大揽的方式难以为继，公众参与其中、实现多元共治是必由之路。深圳市坪山区这条“从问题出发、从基层出发”的逆向改革路径，看似一个“小切口”，实则是一次“深层次、渐进式”的改革，是推进治理能力现代化的一项创新举措，具有较强的创新性和可复制性，也有一些经验值得探讨。

（一）渠道畅通是前提

政民沟通渠道是否畅通，是否能直接贯穿现有的管理层级，各级管理者是否能实时地“听民声、察民意、汇民智”，是构建新型政民关系、实现公众广泛参与和多元共治的前提条件。

（二）高位推进是保障

民生诉求流程再造，涉及渠道、系统、队伍的整合，且要让群众满意，关键在于建立、执行严格的考核督办体系，确保问题高效处置，缺乏高位推进将难以为继。

（三）统一分拨是核心

受理渠道形式多样，处置部门层级繁杂，面临的群众更是千千万万，要实现“一站式”服务，实现全程留痕、可追溯、可追责，就必须牢牢把握“统一分拨”这个核心点，包括统一的分拨队伍及分拨系统，这是串联一切的根基。

（四）标准一致是关键

统一事件分类分级、处置流程等标准，是建立良好运转秩序的关键，是实现高效管理、协同配合的必要条件，是开展数据统计分析的重要前提，是牢固“流程 +IT”改革主线的黏合剂，还可为社会治理的精细化、智能化、法治化提供有力支撑。

（五）数据分析是引擎

数据是构建数字政府的基石，民生诉求数据的变化，构建出的是一个微观、高清的社会。数据分析可以更精准地把握民心民情，更清晰地了解管理短板，更直接地掌握矛盾根源，从而在政府决策中发挥强大作用力。

未来，深圳将继续对标《意见》提出的“实现主动、精准、整体式、智能化的政府管理和服务”要求，不断拓展智慧治理应用场景，推动专业网格与基础网格在社区的有机融合，形成综合网格管理力量和事项规范化的“多网合一、一网统管”基层治理工作格局，努力打造“民有所呼、我有所应，民有所需、我有所为”的智慧型、服务型政府。

光明区加强基层社会治理创新
深入打造群众诉求服务"光明模式"

习近平总书记强调，"要加强和创新基层社会治理，使每个社会细胞都健康活跃，将矛盾纠纷化解在基层，将和谐稳定创建在基层"。深圳认真贯彻落实习近平总书记重要指示精神，坚持改革创新，支持光明区搭建四级平台、整合多元资源、下沉化解力量、研发智慧系统，在家门口解决群众矛盾纠纷，发展了新时代"枫桥经验"，打造了群众诉求服务"光明模式"。

一、背景意义

随着经济社会的发展，尤其是中国城市化进程的快速发展，如何构建基层社会治理新格局，不断提升基层治理现代化水平，成为当下迫在眉睫的难题。针对群众需求更加多元、社会治理难度加大等新挑战新要求，深圳坚持目标导向、问题导向，积极探索适应超大城市矛盾纠纷化解的新模式，推动基层矛盾纠纷"发现在早、化解在小、预防在先"。

近年来，随着深圳打造大湾区综合性国家科学中心和世界一流科学城的战略部署，其中光明区作为核心承载区，各类风险矛盾叠加、信访问题高发，社会治理面临一系列新挑战新要求。深圳市光明区在大力推进经济社会发展的同时，也不断致力于加强和创新基层社会治理，在群众诉求服务阵地、队伍、机制、系统四方面精准发力，依法、就地、及时化解矛盾纠纷，打造了在家门口解决群众矛盾纠纷的"光明模式"，相关工作要求被列入省政府 2021 年第 129 项重点工作，目前正在全省推广。

二、主要做法

（一）以党建为引领，突出社区“主阵地”作用，由“外在压力”变“内生动力”

1. 从机制运行上，赋权社区党委，让社区成为解决群众矛盾的一线指挥部。充分发挥信访联席办统筹协调职能，授权街道、社区党委使用加盖区信联办公章的“发令单”，对需要相关部门参与调处的矛盾纠纷，由街道、社区党委“发令”，要求相关部门到现场调处。将“基层发令、部门执行”情况纳入政府绩效考核，明确规定各类事项的区、街职能部门报到时限、到场领导级别和化解时间，真正做到以群众诉求“为令”，部门“闻令”而动。通过做实“基层发令、部门执行”机制，使过去社区看得见但解决不了或解决不好的问题，有力有序有效实现就地化解。2021 年，基层“发令”837 次，部门及时执行率 100%。

2. 从责任落实上，强化“三级负责制”，让职能部门主动到现场解决群众矛盾。由社区党委统筹，依托社区群众诉求服务大厅，98%的矛盾纠纷当天在社区解决；对于跨社区的、情况较复杂的、有聚集隐患的矛盾纠纷，由区、街成立专班进行化解；对于一时化解不了的涉稳事项，进行依法处理。

3. 从监督问责上，以公开透明为抓手，让群众矛盾纠纷高效化解、不过夜。开发群众诉求服务智慧指挥系统，组建工作协调微信群，做到所有群众诉求服务事项的调处过程、部门到场情况和处置结果均能实时报告、人人可见，强化公开透明、公众监督。

（二）以共治为基础，突出平安员“主力军”作用，由“政府主导”变“多元治理”

1. 广泛动员人民群众，实现矛盾纠纷发现在早。一方面，发动群众“一个不落”。在全区 6 万多栋楼宇门口、楼梯口等人员必经位置，张贴有群众诉求服务二维码，群众可随时扫码在线反映诉求、报告情况，全面激活了社会治理的“神经末梢”。另一方面，平安员队伍“主动发现”。组建 1.4 万余名平安员

社区“五老”在做群众调解工作

队伍，包括楼栋长、网格员、社工等 14 类群体，有效解决了城市陌生人社会矛盾纠纷预警预测难问题。加强群团融合治理，将 2072 名义工纳入平安员队伍，参与群众诉求排查化解。推选 180 名优秀平安员成立“光明区平安志愿服务队”，充分发挥旗帜引领和先锋导向作用。

2. 高度整合行政司法资源，实现矛盾纠纷化解在小。整合全区行政、司法力量，配备 43 名法官、检察官驻点社区，参与涉法涉诉问题调处。发动“两代表一委员”、社区“五老”（老书记、老党员、老干部、老教师、老调解员）组成义务调解员队伍，实现多元化解。培育出光明“红小二”、玉塘“晓燕调解室”、楼村“五老工作室”等一批叫得响的民间调解品牌。

3. 引进社会服务力量，实现矛盾纠纷预防在先。通过整合现有政府购买的法律、心理等服务力量，先后在群众诉求服务站点配备人民调解员 301 人，驻点法律顾问 111 人，心理服务人员 78 人，常态化提供诉求服务、心理服务、法律服务等，从源头上减少群众矛盾风险隐患的发生。

（三）以人民为中心，突出群众“家门口”服务，由“群众上访”变“就地化解”

1. 把场地建到群众家门口。整合全区现有场地资源，建立 1 个区级、6 个街道、31 个社区“群众诉求服务大厅”，并在住宅小区、建筑工地、企业园区、学校、医院等矛盾易发场所，搭建 158 个群众诉求服务站点，做到群众集中在哪里，诉求服务站建在哪里。启动街道综治中心全面升级改造工作，辖区光明街道成功创建“广东省信访工作示范街道”。加强服务阵地融合，充分整合职工服务中心、企业工会组织、志愿 U 站等群团阵地，升级建设群众诉求服务站，进一步延伸群众诉求服务“触角”。

2. 把力量下沉到群众家门口。整合街道各类社会治理力量，到社区一线开展工作，做大做强社区。在各街道以及土整、住建、水务、工务、教育、人力等矛盾纠纷多发的部门，组建诉求服务专业队伍，第一时间到社区、到现场化解矛盾。加强常态化业务培训，已组织培训 355 批 12400 余人次，进一步提高队伍综合素质。

3. 把服务送到群众家门口。结合城市治理特点，为群众提供纠纷调处、投诉建议、法律服务、心理服务、帮扶救助等服务，构建“500 米为民服务圈”，从源头上预防和减少社会矛盾的产生。联合工、青、妇部门开展关爱帮扶，系统梳理关爱帮扶项目 18 条，为符合条件的来访群众提供帮扶救助。2021 年，诉求服务平台共受理群众诉求 25076 宗，其中投诉建议 866 宗，调处矛盾纠纷 11801 宗，提供法律服务 9094 宗、心理服务 3165 宗，对接帮扶群众 150 宗，发放帮扶救助资金 380 万元。

（四）以科技为支撑，突出系统“智能化”服务，由“传统管控”变“智慧治理”

1.“一张网”闭环管理。建立群众诉求服务智慧管理系统，开通“光明群众诉求服务”微信公众号和小程序，特别设置“在线反映诉求”版块，扩宽反

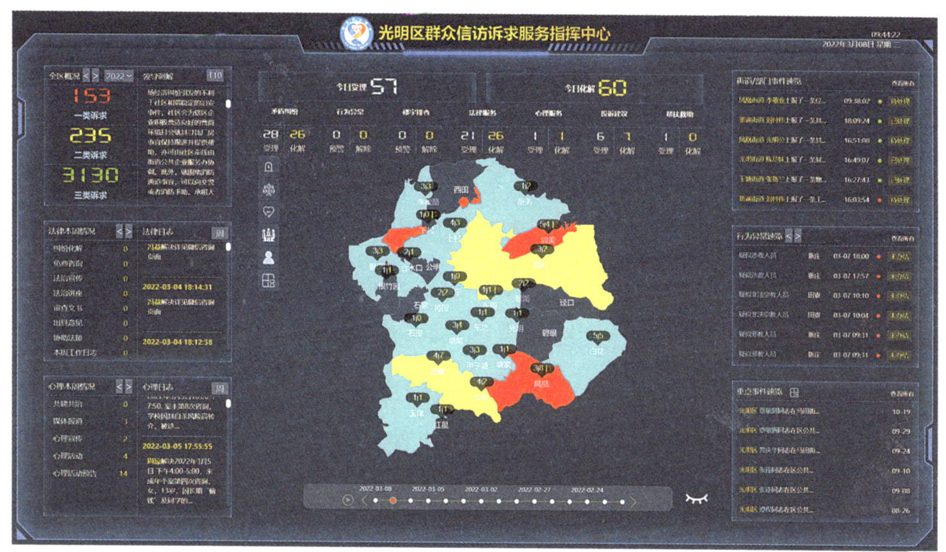

光明区群众诉求服务智慧管理系统风险预警图页面

映渠道，群众可以在线一键反映诉求，做到第一时间发现、受理、化解、确认、反馈全流程闭环管理。完善智慧系统指挥功能，实现64个诉求服务大厅（一类站点）视频会议系统和监控系统全覆盖。

2.“一张图”分级预警。建立群众矛盾纠纷分级预警机制，根据矛盾纠纷涉及人数、紧急程度、涉案金额等因素进行分级分类，要求一类诉求10分钟响应、30分钟受理，自动生成风险评估图，在智慧系统实时显示、动态更新，为党委和政府实时掌握情况、研判形势、科学决策提供依据，做到“一键可查、心中有数”。

3.“一条龙”便捷服务。建立48个在线司法确认室，对于达成调解协议的涉及金额较大、情况较复杂的重大纠纷事项，半小时内完成当场申请、当场在线确认、当场制作文书、当场送达等全部流程，让“数据多跑路、群众少跑腿”。目前，已完成线上司法确认299件。特别是开展“不见面”线上服务，疫情期间化解涉疫情矛盾纠纷535宗，涉及金额2974万元，修改涉疫合同330份；为集中隔离人员提供心理健康评估2.75万人次，发现并解除心理隐患3432人，做到“隔离不隔爱，线上服务一直在”。

（五）以机制为保障，突出“一盘棋”思维，实现“单打独斗”变“齐抓共管”

1. 建立重点领域源头治理机制。系统梳理问题涉及面广、群众反映强烈的土地整备、物业管理、教育学位、涉法涉诉等重点领域，发动土整、住建、教育、政法等部门，深入调查研究，以问题为导向，形成了 7 个工作制度、9 个配套方案、107 条具体操作指引，进一步健全源头解决信访诉求类案的长效机制。成功化解了辖区企业涉及 1930 名工人的重大劳资纠纷，实现外部势力零介入、群众性事件零发生和工人零出厂区、零上访、零舆情炒作的“五个零”目标。

2. 完善信访工作责任体系。从组织领导、源头治理、分类化解、重点稳控、应急劝返、督导问责等六大方面，进一步明确信访处置要求，用好信访部门“三项建议权”，压实各部门全流程工作责任，形成齐抓共管合力，扎实做好信访维稳各项工作。

3. 推动落实定期会商机制。将会商研究情况纳入绩效考核，确保社区每天一碰头，街道和相关职能部门每周一研究本辖区本主管行业内的诉求服务工作情况。通过系列举措，推动职能部门履职尽责，进一步凝聚矛盾纠纷化解合力。

三、工作成效

群众诉求服务工作开展以来，深圳市光明区基层社会治理成效显著，矛盾纠纷高效化解，辖区信访和治安形势持续好转，得到上级主管部门和社会各界高度认可。

（一）矛盾纠纷高效化解

2021 年，光明区共受理群众诉求 25076 宗，已化解 25075 宗，化解率 99.9%，服务群众 37.9 万人，涉及金额 9.7 亿元。创建全国首个“211”劳资关系预警处置体系，成功化解重大劳资纠纷，被纳入全市信访维稳工作培训典型案例，中央、省委相关内参刊发光明区经验做法。中央政法委及省委等领导现场调研群众诉求服务“光明模式”并给予高度肯定，省内外兄弟单位调研175批2184人次，《中国新闻周刊》《南方日报》《深圳特区报》等媒体纷纷报道。

（二）信访态势持续平稳向好

2021年深圳市光明区上访人次比2019年下降70.53%，信访形势持续向好，信访绩效考核连续3年排名深圳市第一，光明区获评首届全国信访工作示范县（市、区、旗）。

（三）基层治理效能持续提升

通过就地化解矛盾纠纷，特别是主动介入公安110警情联动调处，光明区民转刑案件大幅下降，刑事治安总警情连续3年下降，社会治安明显好转。光明区率先在全市完成三级社会心理服务体系建设，构建全区重点人群心理危机“三预一帮扶”体系，成为深圳市基层社会心理服务示范点。

四、经验启示

党的领导是社会治理的根本保证，群众路线是社会治理的突出优势，源头化解是社会治理的主题主线，齐抓共管是社会治理的重要手段。

1. 始终坚持党建引领，加强党对社会治理工作的全面领导。聚焦构建社会治理大格局，强化党委领导、强化顶层设计，建立健全“基层发令、部门执行”等工作机制，授权赋能社区党委，调动部门资源下沉一线，协同化解基层矛盾，推动形成社会治理共治局面。

2. 始终坚持群众路线，充分发挥党的群众工作优势。坚持把信访工作作为了解民情、集中民智、维护民利、凝聚民心的一项重要工作，千方百计为群众排忧解难，广泛发动群众积极参与信访隐患排查化解，确保社会和谐稳定。

3. 始终坚持源头化解，推动矛盾隐患化解在早在小。前移信访问题治理关口，延伸矛盾纠纷排查受理触角，整合司法、行政、社会资源下沉一线，实现“小事不出社区，大事不出街道，矛盾不上交”。

4. 坚持部门联动，形成齐抓共管的信访工作合力。充分发挥信访工作联席会议指挥作用，加强统筹协调，强化督查考核，完善激励措施，全面压实职能部门信访化解主体责任，形成集团作战、密切协作的工作局面。

未来，深圳持续推广群众诉求服务“光明模式”，强化源头治理，助推群众诉求服务精细化、智能化、专业化，不断擦亮群众诉求服务“金字招牌”，为全国加快推进社会治理体系和治理能力现代化提供“崭新样本”。

大鹏新区奋力打造“绿水青山就是金山银山”实践创新标杆

深圳牢固树立和践行“绿水青山就是金山银山”的发展理念，在生态文明体制机制改革道路上先行先试，依托国家生态文明建设示范区和“绿水青山就是金山银山”实践创新基地——深圳市大鹏新区，创新实施生态环境导向（EOD）的开发模式，探索出了一条具有深圳特色的经济发达地区生态保护区域“两山”转化路径。

一、背景意义

深圳市大鹏新区陆域面积295平方公里，海域面积305平方公里，海岸线128公里，森林覆盖率高达77.49%，是深圳的“生态特区”。2021年，大鹏新区空气质量综合指数2.18，空气质量优良率97.8%，$PM_{2.5}$平均浓度14.2微克/立方米，河流水质达标率100%，近岸海域水质达标率100%，生态环境状况指数（EI）在全省实现“六连冠”，获评全国第五批“绿水青山就是金山银山”实践创新基地。

“绿水青山就是金山银山”是习近平生态文明思想的核心内容，是生态文明建设需要坚持的重要原则之一。深圳建设中国特色社会主义先行示范区，必须牢固树立和践行“绿水青山就是金山银山”的理念，打造可持续发展先锋，为落实联合国2030年可持续发展议程提供中国经验。大鹏新区奋力打造“绿水青山就是金山银山”实践创新标杆，是深入贯彻习近平新时代生态文明建设思想的深圳行动，是勇当可持续发展先锋标杆样板的深圳担当，将为全国其他资源禀赋优异的山海城区开辟“两山”实践路径进行先行探索、提供经验，具有重大示范意义。

二、主要做法及成效

（一）厚植“绿水青山”本底根基，全面提升优质生态产品供给能力

1. 开展全方位绿水青山保护行动。不断健全蓝天、碧水、净土工作机制，实施“大鹏蓝”大气环境质量提升行动，推进源头治理正本清源改造全覆盖，推动土壤环境保护和质量提升。上线运行大鹏新区生态环境动态监测系统（二期），搭建“水、气、声、土、林”全方位实时动态监测监控技术平台，构建“横向到边、纵向到底”的可视化、多维度生态环境智慧监管网络。在全国范围内首次提出区域环境风险和应急资源分布可视化新思路，首创“环境风险源地图”，实现大鹏新区环境风险可视化“一张图”。

2. 引领高品质美丽海湾建设。率先针对海岸带单元开展空间全覆盖、生态环境全要素评估与系统化监管体制机制研究，摸清海湾生态家底，开展系统分析诊断。从“生态—社会—经济”复合视角出发，重点对坝光、新大、金沙湾片区等承担重要社会经济生产活动功能的海湾开展研究，系统谋划海岸带环境治理措施。对海岸带生态环境开展年度监测，明确大鹏海岸带区域现状条件，及128公里海岸线上不同空间单元的关键影响因子及制约要素，以各项生态环境要素和社会经济要素为核心建立大鹏新区海岸带要素间的互动关系，明确不同要素间的影响条件及作用机制，延伸生态环境监管触角，拓展区域生态环境监管覆盖范围，完善生态环境监管联动模式，为“美丽海湾”建设提供具体支撑和坚实保障。

3. 精心打造“公园里的大鹏”。“公园里的大鹏”推窗可见，“粉黛”公园频频“出圈”，人均公园绿地面积超过30平方米，为全市平均水平的2.7倍。“省四星级宜居社区”实现全覆盖。编制《大鹏半岛生态廊道体系构建指引》，加快构建点、线、面相结合的山脉、河流、道路等生态廊道网络体系，将野生动物迁徙动态监测纳入生态环境监测系统建设二期，严格开展野生动植物资源保护，“保护野生动物，拒绝异域宠物”项目荣获广东省“谁执法谁普法”年度优秀普法项目奖，荣获“国家第二批深化小型水库管理体制改革样板区”的称号，生态文明金字招牌越来越靓。

（二）探索“金山银山”转化路径、创新构建高质量绿色发展模式

1. 推动“生态 + 旅游”发展。推进生态旅游产业高端融合发展，打造生态旅游特色品牌。大鹏新区旅游规划确立“一体两翼”发展格局，积极打造“海

有序规划发展滨海特色民宿，打造较场尾民宿群

较场尾位于大鹏银滩路东、鹏飞路南至龙岐湾之间狭长的海滨地带，北面与大鹏所城和鹏城村相邻，总面积约33万平方米，海岸线约3000米，环境优美。村落面向龙岐湾，与南澳新大及七娘山隔海相望。大鹏新区累计投入1.5亿元完善污水管网、电力设备、服务中心等市政公共设施，实施“景村贯通”工程。成立新区民宿协会，出台《大鹏新区民宿管理办法》，对民宿实行“社区自治、行业自律、部门监管、属地统筹、安全经营”的管理模式，引进国际知名认证机构SGS制定民宿“大鹏标准”，牵头制定深圳地方标准《民宿服务规范》，推动实现生态资源价值高效转化。经改造提升后的较场尾民宿聚集区，凭借优美的滨海生态资源和舒适惬意的滨海风情民宿生活体验，已聚集民宿340余家。吸引全国各地游客前来观光旅游，较场尾民宿小镇年接待游客最高达424.22万人次，旅游收入逾16亿元，成为生态价值向旅游产品价值转化的典范。

水—海岛—海岸”立体旅游开发模式。依托“中国杯”帆船赛、七星湾游艇会等各类活动平台，发展游艇产业、水上运动产业及相关服务业。依托大鹏半岛户外运动安全环保公益基金，推广、普及海岸线穿越等户外运动安全知识和实用技能。开发赖氏洲海岛旅游资源，拓展旅游及科普教育生态功能，打造湾区

挖掘滨海生态资源文化价值，打造婚庆产业基地

玫瑰海岸位于大鹏新区溪涌社区大鹏湾畔，总面积约22.6万平方米，质地细软的沙滩1.5公里。依托这一优美海岸线实施绿色开发，创新“社区参股+公司运营”荒废滩涂开发模式，将大鹏新区自然海湾资源与婚庆文化产业进行整合，探索出符合区域实际的“生态+产业”“文化+旅游”特色发展路径。通过“街道主导、社区开发、居民入股、公司管理”的模式对玫瑰海岸的优质海滩资源进行开发利用，因地制宜建设3D内景影棚、婚俗博物馆、化妆大厅和婚礼教堂等婚庆设施，打造“文化、爱情、生态”高度融合的海滨旅游景区，建设全国首个以“婚纱摄影+海滨旅游”为载体，以生态型海滨度假旅游为主题、婚庆产业基地为目标的海岸带婚庆主题基地“玫瑰海岸”。该基地汇集500余家高端影楼及婚庆企业，年接待15万对婚庆来客，仅集体收入每年已超300万元，同时解决近100名本地居民就业问题，连续8年成为文博会分会场，现已成为南中国最大的以婚庆文化为主题的旅游景区，成功实现自然海湾资源向文化产业价值转化。

旅游度假新名片。全球最大乐高乐园深圳度假区正式动工，金沙湾国际乐园水世界、儿童世界开园，“C-LOUD 深圳大鹏音乐嘉年华”获央视“点赞”，旅游人数自建区以来的 782.68 万人次增长至 2021 年的 1394 万人次，旅游收入完成 66.3 亿元。

2. 推动“生态 + 文化”发展。厚植大鹏特色生态文化，强化全国重点文物保护单位——大鹏所城和东江纵队司令部旧址保护与利用，大鹏所城列入国家大遗址保护名录，大鹏所城文化旅游区成功创建省级文化和旅游融合发展示范区，东江纵队司令部旧址、袁庚故居列入首批广东省革命文物实录。成功参与举办第十七届中国文博会宣传推广大鹏生态艺术文化节，培育玫瑰小镇国际婚博园演绎婚俗文化、玫瑰海岸主打婚纱摄影、艺象 iDTOWN 国际艺术园区强化创意设计和国际艺术交流，打造大鹏生态文化创意高地。开设致力于生物多样性保护的大鹏“自然课堂”和“守护蔚蓝”生态文明建设课堂，增强公众参与生态公益活动积极性。坝光自然学校充分利用坝光山海动植物资源本底，打造山、海、河 3 条精品郊野科普路线，2021 年荣获“深圳市环境教育基地”称号。

3. 推动“生态 + 大健康”发展。以建设深圳国际生物谷（食品谷）坝光核心启动区为核心，在已落地国家基因库、乐土沃森生命科技中心、生命科学产业园和海洋生物产业园等机构平台的基础上，进一步引进河南大学深圳研究院、中国农业大学深圳研究院，与上海光明食品集团、伊利集团、中粮集团、正大集团等 20 家知名企业达成合作意向。国际食品谷发展规划和实施方案正式印发，中国农业科学院深圳农业基因组研究所实现马铃薯杂交育种技术从 0 到 1 的突破，全国首家规模化生物医药开发制造基地启动。深化坝光片区“一区两带三组团”开发策略，谋划 50 万平方米优质产业空间载体，推进生物家园、坝光产业孵化器及创新创业园等项目打造国际一流产业研发空间，推动泰康之家鹏园社区项目建设成为大规模、全功能、国际标准的生命健康社区，会同坪山区打造坪山—大鹏粤港澳大湾区生命健康创新示范区，提升粤港澳大湾区生命健康产业发展水平。

建设生命科技创新中心，打造大健康产业高地

深圳市大鹏新区依托优质自然生态环境，2021年共计投资81亿元、累计投资逾350亿元推进深圳国际生物谷坝光核心启动区开发建设，高标准推进深圳国际食品谷规划建设。在开发建设中，坝光超过70%的山海林湖原貌被保存，专门建设了银叶树湿地园，将原本2公顷的湿地扩大到96公顷，保存了全国乃至全世界发现的最完整、树龄最长的天然古银叶树群落，有的树龄已超500年；完好保存了建村超300年的盐灶古村风貌，既守住了青山绿水，又留下了美丽乡愁。大鹏新区在坝光片区积极推动EOD模式，探索将生态环境治理项目与产业开发项目高效融合，实现生态环境资源化、产业经济绿色化，目前已转为产业导入、园区运营高质量建设全面发力阶段，正在加快建设坝光国际生物谷精准医疗先锋区，努力打造生物产业集聚发展高地。

（三）聚焦“体制机制”改革创新，不断强化可持续发展保障

1. 以生态资产核算为抓手推动“两山”转化机制改革。率先开展覆盖辖区海域的海洋碳汇核算研究，2021 年发布全国首部《海洋碳汇核算指南》，重点筛选出红树林、盐沼泽、贝类、藻类等 7 个可交易碳汇类型及 11 项碳汇指标，

选取 17 项排放因子，明确数据来源与途径，构建海洋碳汇核算体系，探索海洋碳汇交易机制，确定统一的报告形式，形成全国首个具有科学性、规范性和可操作性的海洋碳汇标准体系，为深圳乃至全国开展海洋碳汇核算提供试点经验。

2. 以 EOD 模式为核心探索践行“两山”理论新路径。勇探绿色开发新路，把实施 EOD 模式作为践行“两山”理论的重要抓手，在全国率先创新构建区域 EOD 发展模式，发布 EOD 模式项目管理规定，明确 EOD 项目评估技术要求，规范 EOD 项目实施程序，开展一系列 EOD 项目扶持服务，建立 EOD 项目库，形成 EOD 项目规范化管理“一条龙”体系，以项目经济效益和生态效益双增长为标准，优化“两山”转化模式。

3. 以推动全过程保护为主线开展环境资源司法衔接机制。整合生态环保、水务、林业、规划土地、海洋渔业等领域执法资源，逐步建立起“海陆”一体化执法信息化体系以及全区综合执法监控技术支撑体系。依托全省首个环境资源“三合一”审判法庭，以专业手段集中管辖环境资源类一审民事、刑事、行政案件和所产生的执行案件，切实提升环境资源案件执行效率。率先探索生态环境损害赔偿替代性修复新模式，创新构建“责任明确、机制畅通、技术规范、修复有效”的特色生态环境损害赔偿制度，破解“企业污染、群众受害、政府买单”困局，构建“生态环境 + 公安 + 法院 + 检察院”多部门联动的生态环境资源保护执法司法新格局。

三、经验启示

（一）坚持生态立区，践行“绿水青山就是金山银山”发展理念

以习近平新时代中国特色社会主义思想为指导，全面贯彻习近平生态文明思想，牢固树立和践行“绿水青山就是金山银山”的理念，坚持生态立区、经济强区、福民兴区，以 GEP 增值作为经济社会发展的指挥棒，以生态文明体制改革破解“保护与发展”的难题，在不断提升生态环境质量的基础上，努力

将生态资源优势转化为经济发展优势。

（二）坚持系统联动，强化生态环境保护统筹协调

优化工作机制，强化统筹协调，成立生态环境保护委员会，统筹协调生态环境保护工作，研究生态环境保护工作的重要政策和重要举措，协调解决工作推进中关键环节的重大问题，督促检查有关政策落实情况，保障“生态效益—社会效益—经济效益”协同提升。建立生态环境执法联动机制，整合职能、划分事权、分层监管、联合执法，强化区级—街道—社区三级联动，为环境污染综合治理、生态环境质量持续改善、生态文明建设水平稳步提升提供组织基础和政策保障。

（三）坚持改革示范，探索“两山”实践“大鹏模式”

立足区域实际，找准“两山”转化改革突破口和着力点，对符合未来发展方向、具有重大示范带动作用、需要试点探索的“两山”转化体制创新、制度设计等先行先试，强化重大行政决策生态环境保护合规审查，推进重点区域 EOD 开发模式，实施全国首个生态社区评价标准，启动首个海洋碳汇工程，积极探索“两山”转化体制机制创新举措，为打造“两山”实践创新标杆提供源动力。

未来，深圳市将牢固树立和践行“绿水青山就是金山银山”理念，依托大鹏新区自然资源禀赋和体制机制优势，围绕循环经济、生态旅游、新产业新动能、协同联动融合发展等方面，积极探索实践绿水青山转化为金山银山的有效路径，打造“绿水青山就是金山银山”实践创新标杆，成为粤港澳大湾区沿海经济带上产业繁荣、生态优美的璀璨明珠。

深汕特别合作区高质量推进乡村振兴打造特色田园都市

农为邦本，本固邦宁。实施乡村振兴战略，是以习近平同志为核心的党中央作出的重大决策部署，是决胜全面建成小康社会、全面建设社会主义现代化强国的重大历史任务。深圳市以更高站位、更大担当贯彻落实乡村振兴国家战略，做实做好农业强、农村美、农民富的大文章，举全市之力支持深汕特别合作区高标准全面推进乡村振兴，抓好顶层设计、统筹协调、示范引领、监督考核，全力建设具有深圳特色的田园都市。

一、背景意义

（一）基本情况

深圳市深汕特别合作区（以下简称“深汕合作区”）是深圳市唯一拥有农村的地区，也是深圳市实施乡村振兴战略的主战场、主阵地。深汕合作区总面积468.3平方公里，农用地面积约407.52平方公里，其中林地363.8平方公里，三调耕地保有量20.11平方公里，划定基本农田18.28平方公里。辖区内鹅埠、小漠、赤石和鲘门四镇的户籍人口约7.73万人，其中农村人口约7.62万人，目前共有34个行政村、5个社区、187个自然村（村民小组），建制镇面积为6.12平方公里，村庄面积为7平方公里。建档立卡贫困户811户共计2474人，已按期实现全部脱贫，并持续开展防止返贫监测。

（二）重大意义

1. 打造全国乡村振兴后发地区深汕模式新样板。深汕合作区基础弱底子薄，历史欠账多，大力推进“三农”工作、全面实施乡村振兴战略，是贯彻落实中央、省、市决策部署的需要，是深入推进党史学习教育、为群众办实事的需要，也是补齐历史欠账、加快建设发展的需要。作为乡村振兴后发地区，把抓好乡村振兴工作作为当前的一项重要政治任务，用足用好中央、省、市的系列政策，建设具有岭南文化底蕴、深圳特色的美丽都市乡村和乡村振兴样板村。

2. 打造“三农”领域中国特色社会主义先行示范区。从世界百年未有之大变局看，稳住农业基本盘、守好“三农”基础是应变局、开新局的“压舱石”。深汕合作区以深圳先行示范区的担当和标准践行乡村振兴国家战略，高质量推进乡村振兴各项工作任务落地落实，牢固树立“一盘棋”思想，按照产业兴旺、生态宜居、乡风文明、治理有效、生活富裕的总要求，促进深汕合作区内农业高质高效、乡村宜居宜业、农民富裕富足，在“三农”领域打造中国特色社会主义先行示范区。

3. 深化农村综合性改革引领共同富裕新标杆。财政部办公厅发布的《关于进一步做好农村综合性改革试点试验工作的通知》，提出继续支持有条件的地区开展农村综合性改革试点试验，并专门指出“深圳市的农村综合性改革试点试验，应当在深汕特别合作区内实施”。深化农村综合性改革，是完善乡村治理机制体系和治理能力现代化、巩固农村基层党组织领导核心地位的积极实践，是促进农业增产、农民增收、农村繁荣，引领实现共同富裕的有力支撑，为深圳新时代改革开放再出发贡献深汕经验。

二、主要做法及成效

（一）以规划为引领，统筹推进“五大振兴”

1. 高规格推进乡村振兴战略。举全市之力支持深汕合作区高标准全面实现乡村振兴，市委实施乡村振兴战略领导小组印发《深圳市各区（新区）结对帮扶深汕特别合作区乡村振兴工作方案》，围绕农业农村现代化的目标，抓亮点、创特色、补短板、强弱项，构建“政府主导、多方参与、全民帮扶”的帮扶格

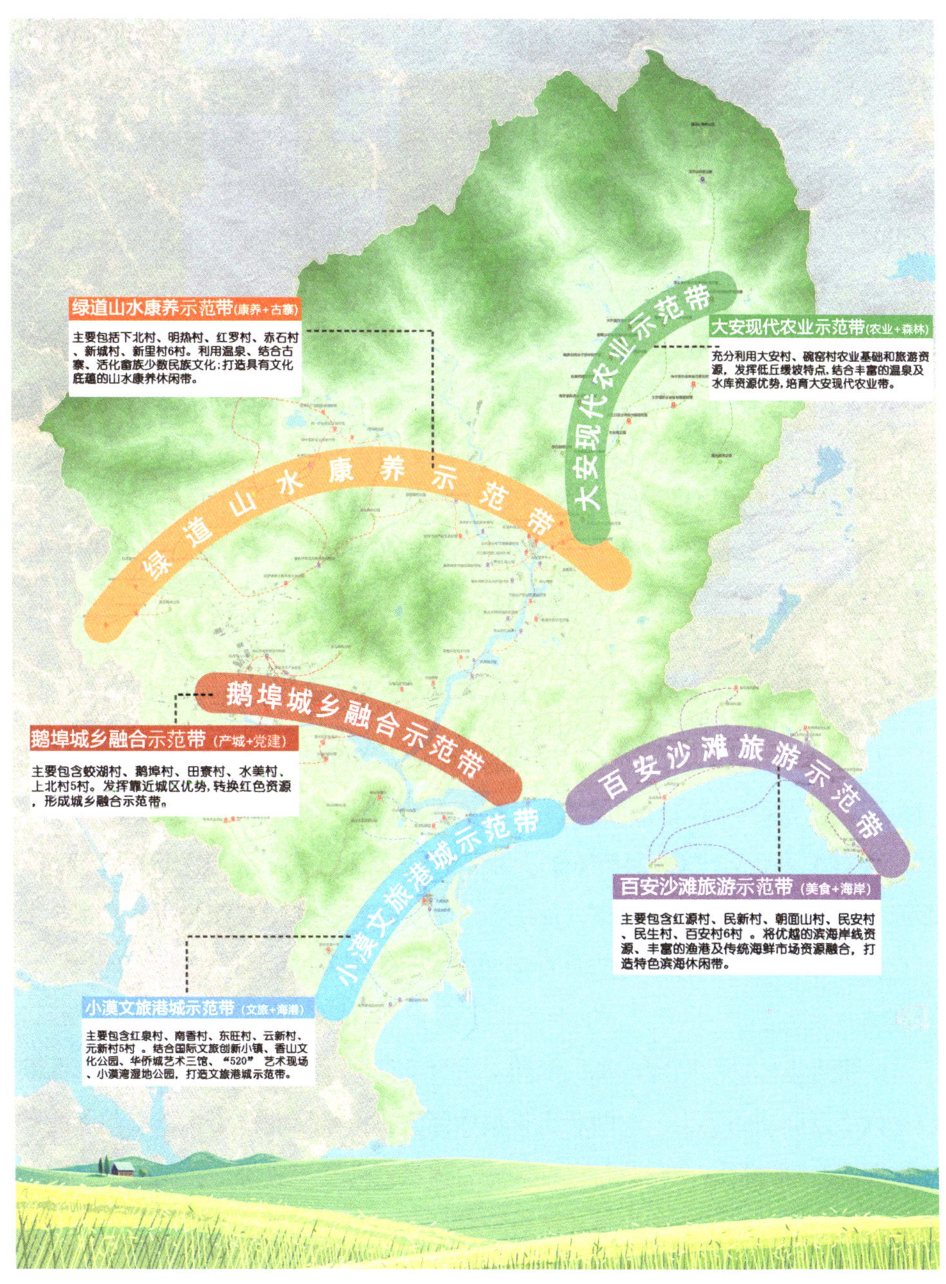

“五光十色”都市乡村示范带

局。2021 年深汕合作区将乡村振兴纳入“三大攻坚行动”，出台《乡村振兴攻坚行动方案》，组织 82 名干部挂点服务，选派 31 名干部驻镇帮镇扶村。

2. 高标准建设精品示范村。把握“三大攻坚行动”契机，围绕村庄规划、完善基础设施、提升村容村貌等方面工作，着力打造一批精品示范村庄。按照“一村一特色”发展思路，选取 8 个村集中精力打造具有高效带动、示范引领作用的乡村振兴带头村，树立乡村振兴模板。在此基础上制定八村先行示范、重点村（23 个）接续推广、普通村（75 个）全面铺开的梯队化发展路线，形成“八村示范、全区整治”的环境整治工作局面。

3. 高水平布局都市乡村示范带。坚持一张蓝图绘到底，结合深汕合作区总规、片区控规，综合考虑合作区村庄的资源禀赋、风貌建设、历史传承、产业布局、发展空间等因素，在原有 8 个示范村的基础上增点、连线、扩面、提质，规划建设 5 条规模涵盖 4 镇 24 个行政村，能集中体现十类资源禀赋特色的“五光十色”都市乡村示范带。并以示范带建设为主抓手，实现“五带示范、全域推进”，推动加快实现“五大振兴”。

（二）以改革为动力，聚焦推进涉农领域改革

1. 推动农村综合性改革试点。选定鹅埠镇红罗村、上北村和赤石镇明热村、明溪村等 4 个行政村开展试点。围绕乡村产业、数字乡村、农民增收、乡村治理等维度，以“创新 + 融合”为模式、“农业 + 科技”为核心、“智慧 + 多元”为方向、“党建 + 自治”为保障。探索以数字乡村为首期任务，实现数字化转型和智慧化提升，打造具有深圳标准、体现深圳数字产业优势的数字乡村品牌。

2. 推进集体产权制度改革。加快对农村集体经营性资产股份制改革，激发农村内生发展动力活力，不断壮大村集体经济。出台《农村集体产权制度改革工作方案》，推进 39 个行政村（社区）集体经营性资产股份合作制改革。围绕清产核资、成员确认、折股量化、登记赋码、入市交易五个重要环节，加快构建归属清晰、权能完整、流转顺畅、保护严格的农村集体产权制度，完善市场经济要求的集体经济运行机制。截至 2021 年底，全区已有 31 个行政村、192 个集体经济组织启动产改工作，红罗畲族村股份经济合作联合社于 12 月 31 日获颁农村集体经济组织登记证。

红罗村实景图

3. 深化农村土地制度改革。探索农村土地征收与转用分离的审批机制，创新土地征收成片开发模式，探索拓宽集体建设用地入市范围，开展全域土地综合整治。扎实做好农村宅基地建设指导，严格落实“一户一宅”规定，研究探索农村宅基地制度改革试点工作，出台《深圳市深汕特别合作区村民非商品住宅建设工作指引》，加强对村民非商品住宅建设管理，促进节约集约用地，规范村民非商品住宅建设行为和办事程序。

（三）以产业为抓手，深入推进农业转型升级

1. 抓好粮食安全保障。落实“藏粮于地、藏粮于技”要求，不断提高粮食供给保障能力。一方面，加强农村违法乱占耕地建房整治，通过水田垦造、补充耕地整改、撂荒地复耕等手段，坚守耕地数量和质量红线。另一方面，做好粮食生产安全、种业翻身仗工作，通过农业保险、粮食种植补贴等手段加大奖

补力度，加强农业技术培训，增大亩产效益。

2. 发展现代型都市农业。强化现代农业科技水平和物质装备支撑，推进粮食生产补贴、地力补贴、机具补贴等政策落实。依托中国农业科学院深圳农业基因组研究所、深圳市农科集团有限公司等实施良种培育及优种栽培计划。探索海水稻种业培育，深圳市深汕特别合作区土地资产运营管理服务有限公司与中农海稻（深圳）生物科技有限公司共同成立“深圳乡村振兴实验室”，在以往因土壤原因无法种植的盐碱地上推广培育全品类的海水稻种子，并以“海水稻深汕种业试验基地”为核心，种植超过 10 万亩的海水稻，辐射周边地区。

3. 构建现代农业产业体系。推广“公司 + 基地 + 农户”的发展模式，探索构建三产融合的现代农业发展之路。对接引进深圳市农科集团有限公司，开发建设集现代农业、田园休闲、农创智谷三大板块于一体的都市田园综合体。创新互联网与特色农业深度融合模式，依托农业物联网、大数据等信息技术手段推动形成新型“种、养、加、销”一体化新型农业模式。按照“全区统筹、多镇连片、一镇多业”的产业发展思路，支持乡村产业发展，全面推进乡村产业振兴。

（四）以生态为导向，重点改进农村生产生活条件

1. 以人居环境整治固底板。从工作机制、压实责任、资金保障、共治共享四个方面入手，全域开展“向脏乱差开战、向干净整洁看齐”人居环境整治攻坚行动，重点攻坚垃圾、污水、“六乱”专项整治等 45 项重点问题。设立“区—镇—村”三级联动机制，成立由区党工委书记、管委会主任任双组长的工作专班，实行“镇村吹哨、部门报到”的工作机制，建立“一周一考评、一周一调度”的工作模式。长效巩固工作成果，每月最后一个周六定为“村庄清洁日”。截至 2021 年底摸排的共 15368 个人居环境问题，已全部完成整治。

2. 以迁建合并村基础设施改造补短板。着重补齐 76 个迁建合并村在集中供水全覆盖、垃圾转运、污水处理、村道硬化、厕所革命等方面的基础设施短板，项目总概算 4.19 亿元。实施农村电网升级改造，推动供气设施向农村延伸，创新农村公共基础设施管护体制，全面提升管护质量和水平。高质量推动“四好农村路”建设，完成 12.6 公里通村道路维修整治、10 座危旧桥梁维修改

水美村实景图

造、17 处高风险边坡地质灾害治理。完成 5G 基站建设任务，实现深汕 700 兆 5G 网络全覆盖，成为全国首个实现乡村 5G 全覆盖地区。

3. 以“美丽圩镇”建设强主板。坚持把创建“美丽圩镇”与新型城镇化、乡村振兴有效衔接，积极破解城乡融合发展瓶颈。围绕镇街主干路（街）沿线地区（镇街中心区）开展以“136”行动计划为核心的整治提升工作，力推“美丽圩镇”建设取得实效、形成亮点、起到示范。以“一个规划”统筹谋划镇街提升建设，以“三项行动”强化基础设施和公共服务配套设施，提升镇街特色风貌和形象品位，全面整治镇街“脏、乱、差”现象，以“六项保障”为美丽圩镇建设成果建立长效化管护机制，确保各项措施长期平稳实施。

（五）以人民为中心，不断增进农民生活幸福感

1. 巩固脱贫攻坚成果。建立农村低收入人口帮扶机制，健全防止返贫监测和帮扶机制。全力做好建档立卡贫困户 811 户、贫困人口 2474 人的“回头看”工作，通过农户申报、镇村核查、比对筛查等措施，初步排查出 61 户易返贫重点检测对象。发挥政策性兜底作用，做好低保金、五保金等社会救助资金的

发放工作，确保无劳动能力脱贫人口基本生活保障。通过加强就业技能培训、开展“以奖代补”等方式，增强有劳动能力脱贫人口创业就业能力。

2. 培育乡村产业振兴主体。健全适合乡村特点的人才培养、引进机制，重点围绕特色产业和教育、医疗等公共服务，打造引领支撑乡村振兴的人才队伍。实施“粤菜师傅”“广东技工”“南粤家政”等培训和竞赛，创新培训组织形式，探索田间课堂、网络教室等培训方式，支持农民专业合作社、专业技术协会、龙头企业等主体承担培训，促进农村劳动力技能就业和增收致富。举办粤菜师傅、乡村电商技能培训班、广东技工等多场培训，下达“以奖代补”项目资金 388.80 万元。

3. 着力提升乡村基层治理能力。坚持党建引领，不断增强党组织的政治功能和组织功能，成立区、镇实施乡村振兴战略领导小组，严格落实五级书记抓乡村振兴责任制，形成推动乡村振兴的强大合力，全面提升基层治理效能。推进“头雁工程”、南粤党员先锋工程，提升基层治理能力，推进民主法治示范村培育，实现街道、村（居）委会人民调解委员会全覆盖。大力培养懂农业、爱农村、爱农民的“三农”工作队伍，推广村级事务“阳光公开”监管平台，切实减轻村级组织负担。

三、经验启示

（一）坚持定好规划计划，因地制宜推进乡村振兴

深汕合作区全面推进乡村振兴战略，结合合作区实际，以规划“五光十色”都市乡村示范带为引领，因地制宜联通山、林、河、海、田、村、城等要素，开展示范带规划、设计、实施、建设、运营、发展的“全生命周期参与式”规划。同时，将任务细化分解成若干小任务，统筹安排三年进程，以短期计划和长远规划相结合推动“五光十色”都市乡村示范带建设。

（二）坚持用好自然资源，以点带面推进乡村振兴

在实施“八村示范、全区整治”，提升人居环境、改善村容村貌的基础上，

"八村示范"布局图

深汕合作区增点、连线、扩面、提质，打造能集中体现十类资源禀赋特色的"五光十色"都市乡村示范带。正确处理好全面推进和示范带动的关系，从建设示范精品村到整合资源禀赋较好的连片村域，再到集中打造五个乡村振兴示范带，循序渐进推进全域振兴。

（三）坚持做好科技赋能、以产带富推进乡村振兴

深汕合作区充分发挥深圳科技创新和数字信息方面优势，着重在农业科技化、乡村数字化方面探索实践，以数字化信息作为农业新生产要素，构建面向"产前—产中—产后"农业生产链，实现传统农业向数字农业转变。同时，将"互联网 +"向农村延伸，赋能创意农业、认养农业、观光农业、健康养生、生态民宿等新业态新产业，构建"一村一品"新格局，促进农业增产、农民增收、农村繁荣，推动实现共同富裕。

（四）坚持守好生态环境，协调共进推进乡村振兴

生态宜居是乡村振兴的内在要求，深汕合作区明确“四个维度”，以开展人居综合环境大整治固底板，以加快改造教育、医疗、交通、卫生、环保等补短板，以“美丽圩镇”建设强主板，以都市乡村示范带建设锻长板，让良好生态成为乡村振兴的支撑点。探索创新“镇村吹哨、部门报到”攻坚机制、“村庄清洁日”长效机制，把人力、物力、财力向基层一线倾斜，逐步形成在卫生保洁、绿化维护、污水处理等方面制度化、长效化的人居环境管护机制，有序推进涵盖美丽家园、美丽田园、美丽河湖、美丽廊道、美丽工地的美丽乡村建设。

（五）坚持抓好结对帮扶，健全机制推进乡村振兴

牢牢抓住深圳市各区（新区）结对帮扶深汕合作区 4 镇 30 个行政村机遇，统筹做好自主发展与各区（新区）结对帮扶有效衔接，选派优秀干部到乡村振兴一线岗位与各区(新区）结对帮扶、驻镇、驻村干部和市选调生等形成合力，把乡村振兴作为培养锻炼干部的广阔舞台。采取“1+3”工作模式，分别建立资金管理体系、项目管理体系、干部管理体系三项具体工作方案，构建保障机制，有条不紊推进乡村振兴。

未来，深圳市深汕合作区将继续按照产业兴旺、生态宜居、乡风文明、治理有效、生活富裕的总要求，深入实施乡村振兴战略，深化农村综合性改革，以都市乡村示范带建设为主抓手，促进农业高质高效、乡村宜居宜业、农民富裕富足，将深汕合作区打造成具有湾区标准、体现深汕特色的美丽都市乡村和乡村振兴样板，以深圳先行示范区的担当贡献深汕力量。

国际对标篇

“后疫情”时代的深圳全球城市竞争力建设

自《意见》发布以来，深圳在科尔尼全球城市指数排名稳步上升，2021年深圳排名较2020年上升3名，位列全球第72名。深圳科技产业的蓬勃发展、金融的活跃表现以及人才集聚，为城市发展注入活力。当前城市国际化进入“后疫情”时代，深圳应继续向全球综合竞争力第一梯队城市进军，同时关注地域及文化相似性，重点面向“一带一路”国家加强合作，打造优势影响辐射区。

一、全球城市发展新变化：“后疫情”时代的全球城市网络

（一）全球城市理论框架与GCI评估体系介绍

全球城市，指在社会、经济、文化和政治等层面直接影响全球事务的城市。当今世界，经济全球化、政治多极化、社会信息化和文化多元化等相互交织和互为推动，加速了全球网络的形成。全球城市便是全球网络体系中的系统中枢和主要节点。近二十年来，全球城市从以“单一网络+流量中心”为特征的1.0阶段发展为当前以“多层网络+通路枢纽”为特征的2.0阶段，更加强调城市的差异化及全球联结协作。科尔尼全球城市指数（Global Cities Index，以下简称GCI）正是基于全球城市2.0阶段下的国际城市评估体系，首次发布于2008年，由科尔尼咨询公司、芝加哥全球事务委员会以及《外交政策》杂志共同研究并发布。由于新兴地区（中东、中亚）等新区域中心城市的不断涌现，GCI报告上榜城市不断增加，2021年新增入选的城市包括日本横滨以及中国合肥、济南，昆明和中国台湾地区的高雄，已覆盖70个国家的156个城

市，其中包括31个中国城市。

该体系强调城市的国际竞争力取决于在城市多层次联系与互动中所扮演的角色，围绕“商业活动、人才资本、信息交流、文化体验和国际事务”五大维度27个指标，综合评估当前全球最具竞争力的城市以及城市在通路网络中作为枢纽的实力。基于各城市GCI综合排名和各维度表现，可将156个城市分为三梯队。第一梯队为全球综合排名前30的城市，占据约前20%的头部位置；第二梯队综合排名位于第31—75名的区间，分布在中间约30%的位置；第三梯队分布在末位50%多的区间，位于第76—156名。通过进一步比较各梯队城市的各个维度得分，不同梯队城市在发展模式上呈现显著差异。

（二）2021年GCI报告关注重点

在2021年的GCI报告中，我们总结全球城市发展趋势，并结合近年来中国宏观政策与城市发展重心，识别了三大关键战略趋势，同样对深圳未来的国际化发展，具有一定参考意义：

1. 城市国际化发展进入“后疫情”时代。尽管疫情带来大量国际交流的实体联系受限，但是非实体的联系依旧存在——尤其是对于领先的中国国际城市而言，在数字化技术的支持下，商务交流、资本流通、信息流动依然处于较高水平。这也是2021年中国城市出现排名分化的背后力量之一：高枢纽性的城市，如北京、上海、深圳、杭州等城市，依然可以在“后疫情”阶段，保持较高的国际联系与国际竞争力；而排名下降的很多城市，则在国际游客与国际物流减少的时代，难以维持其在全球城市网络中的枢纽节点地位。“后疫情”时代，城市如何找到自己的独特发展通路，进一步维系与强化在城市网络中的互联互通水平，也是中国城市下一阶段国际化发展的新征程。

2. 提高城市韧性与可持续发展。近年来中国城市正面临越来越大的气候变化挑战，随着中国明确承诺碳达峰碳中和，城市层面的绿色低碳发展正变得越来越关键。而在“双碳”之外，生物多样性、环保治理等主题，同样正成为城市发展的近期重点。

3. 消费中心城市与创意城市建设。随着中国中等收入群体的扩大，以及中国经济发展对“内循环”关注程度的提高，对城市消费的关注度近年来不断上升。随着“消费中心城市”等相关政策的推出，中国领先城市正越来越多打造世界级、前瞻性、体验性的商圈与业态，上海TX淮海、上海前滩太古里、北京环球影城、北戴河阿那亚、杭州天目里，都见证了这一点。这一过程也与中国城市更新与微改造的新趋势深度结合，通过精细的改造，在保留城市文化记忆与发展肌理的同时，带来区域的焕活与复苏——不仅刺激与促进消费，也吸引创意办公与新经济业态的集聚。

（三）中国31个上榜城市的整体的表现

《全球城市综合排名》中，北美和欧洲地区的城市仍然保持领先，但亚洲城市正迅速赶超。受到新冠肺炎疫情冲击，除中国之外的所有区域，城市平均得分增长都低于1%，甚至负增长，但只有中国依靠强有力的疫情应对举措，快速实现复苏，城市平均得分增长超过3%。过去五年间，中国城市得分的年均复合增长率也是所有区域中最高的。2021年中国有3个城市（北京、香港、上海）进入全球前十强城市，与美国上榜城市数量一致（纽约、洛杉矶、芝加哥），超过欧洲和亚太其他地区。

在大湾区层面，目前区内“9+2”的11个城市中已有深圳、广州、香港、东莞和佛山5个城市进入GCI排名。以上榜城市数量而言，大湾区已成为全球仅次于长三角（6个上榜城市）的顶级城市群之一，其中：香港位于第一梯队（全球前30），深圳和广州位于第二梯队（全球前75）；佛山和东莞位于第三梯队。尽管香港排名稍降，但深圳和广州城市综合竞争力持续提升，粤港澳大湾区依然以其独特的多元化体制、高度的市场化与国际化水平、领先的营商环境与改革创新精神，比肩世界顶级城市群。

可以将2021年的中国城市整体表现总结为两个关键词——“异速”和“韧性”。

“异速”代表着中国城市2021年的得分出现明显分化，不管是一线城市中北京的排名下降与上海的排名上升；还是新一线与强二线城市中明显的城市得分分化，都体现了这一点。

“韧性”则解释了异速分化背后的原因：在面临全球系统性的危机中，更能看出哪些城市拥有更强的发展韧性，体现在城市治理、人才吸引、经济结构与可持续发展等各个维度，从而实现逆风增长。韧性同样也体现在能够构筑多层次的国际互联互通通路，从而在实体城市国际联系受限的情形下，依然能保持其在全球城市网络中的枢纽地位。

二、深圳在 GCI 指标体系中的表现与成绩

（一）整体表现

通过 2021 年瞄准高质量发展高地、法治城市示范、城市文明典范、民生幸福标杆、可持续发展先锋的战略定位持续奋斗，深圳排名从 2020 年 75 名进一步提升至 2021 年的 72 名，上升了 3 名，在北上广深四个一线城市中，2021 年深圳的得分与排名提升幅度居首（上海 +2 名，北京 -1 名，广州 +2 名）。基于 GCI 评估结果，深圳在 2021 年继续位列全球城市第二梯队城市，未来应加速迈入全球城市第一梯队。

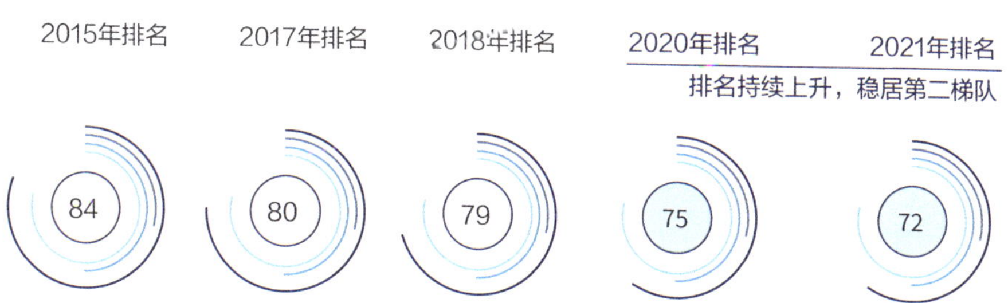

排名的提升主要由商业活动驱动，其权重为 30%，因此对深圳的评估得分起到极大积极作用。深圳在商业活动单项维度位居全球第 25 位，进入关键单项维度的全球第一梯队，相比 2020 年提升 10 名，实现大幅度的快速提升。2021 年仍然在全球领先的服务性机构数、独角兽企业等方面的表现突出，人力资本基本稳定（基于 GCI 单项得分的数据变化，一般单个维度上下浮动 3 名属于正常波动）。

具体而言，"商业活动"是深圳的传统优势维度，排名拉分显著，深圳商

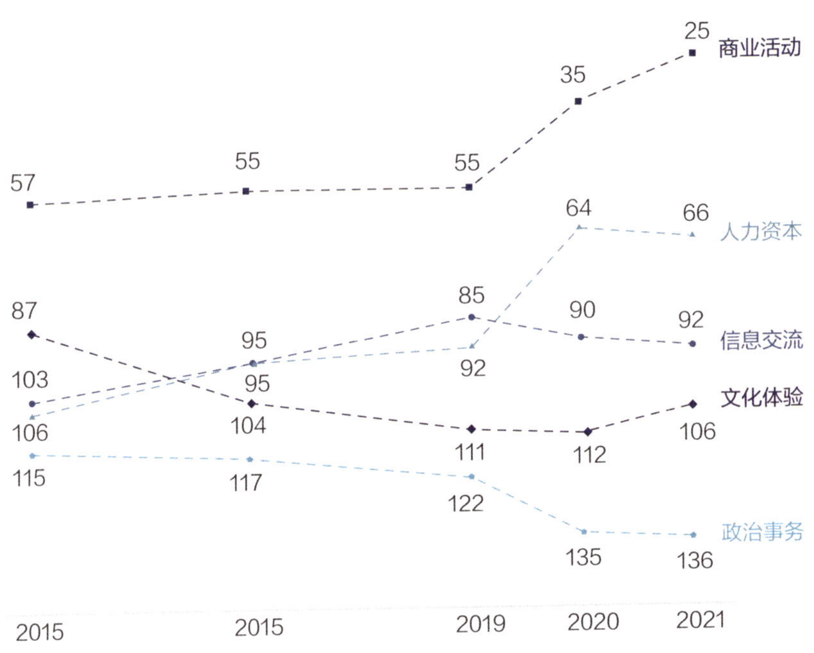

业活动得分位于全球第一梯队水平——在财富 500 强、独角兽企业、海运吞吐量等具体商业活动指标上，位居全球前十；“人力资本”是深圳的相对优势维度，得分略低于第二梯队的平均水平，但略高于深圳的综合排名；“信息交流”是深圳的中性维度；“文化体验”得分与第三梯队平均水平持平，但 2021 年有一定提升，属于有待加强的维度；“政治事务”维度有待进一步提升。

（二）分项表现

1. 强优势维度：商业活动。在敢闯敢试、敢为人先、埋头苦干的特区精神的推动下，立足科技创新、产业生态、政策制度等特色优势禀赋，商业活动一直以来都是深圳的传统优势维度。深圳当前商业活动维度整体排名第 25，相比 2020 年上升了 10 名，是深圳拉分效应最显著的强优势长板。与传统商业活动枢纽城市以全球总部、高级生产性服务、金融资本为主导的传统 CBD 模式不同，深圳的商业活动具备更为突出的改革先锋特点，在数字经济、独角兽企业、民营企业活力等方面优势突出。总的来看，深圳的城市经济实力和商业活动的国际竞争力，在多维度上已处于全球领先地位。

商贸物流方面

2021年深圳港口型国家物流枢纽被纳入“十四五”首批国家物流枢纽建设名单，与平湖南商贸服务型国家物流枢纽（2019年入选）、宝安机场空港型国家物流枢纽（2020年入选）合力共筑“海、陆、空”高效集约的国家物流枢纽体系。“双港”物流发展迅速，2021年，深圳港完成集装箱吞吐量2877万标箱，吞吐量位居全球第四，深圳机场的空港三大指标在全球名列前茅。

营商环境方面

深圳持续把“优化营商环境”确定为“一号改革工程”，2021年正式发布营商环境4.0改革政策，提出26个领域共计222项改革任务，不断深化营商环境改革，进一步激发和释放了企业的创业、创新发展活力。深圳综合改革试点取得重要阶段性成果，2021年40条首批授权事项基本落地，并制定放宽市场准入24条特别措施。

初创企业孵化方面

基于深圳优越的营商环境和良好的创新创业氛围，深圳创业密度已经连续7年居全国大中城市首位。2021年，深圳国家级高新技术企业数量超过2万家，居全国城市第二；专精特新“小巨人”企业169家，位列全国第四；共有32家估值10亿美元以上的独角兽企业，排名全球第五。

全球企业培育方面

2021年《财富》世界500强榜单中，深圳共有平安、华为等8家企业上榜，深圳世界500强企业数在全球排名前十。2021年深圳有17家企业营收超过1000亿，数量进一步提升。剔除央企总部，深圳非央企上市公司市值全国第一，体现了独特的经济结构与活力。

资本市场方面

深市两板合并后总市值超过20万亿，创业板上市公司突破1000家，“专精特新培育版”推出，其资本市场呈现了显著的支持创新、支持早期企业的特质，并在全球资本市场和资本通路城市中的影响力进一步扩大。

2. 相对优势维度：人力资本。深圳人力资本维度 2021 年排名全球第 66，比 2020 年略微下降 2 名，属于正常得分波动。单项排名相比城市综合排名第 72 名略高，属于相对优势维度。通过优越的补贴福利和便捷的人才服务等一系列强力的人才引进政策，深圳人才发展环境不断优化，人才活动品牌效应不断增强，2021 年新增认定国内外高层次人才 4278 人，引进落户各类人才 25.6 万人，全市就业人口达 1249 万人。深圳在本地人才源头培养和人才发展与服务方面，还存在提升空间。深圳在高等学府等人力资本关键指标方面，尚无法达到国内其他一线城市的水平。

此外，近年来深圳在持续留存高学历年轻人才方面，来自上海、杭州、成都等城市的竞争不断加剧。深圳互联网与新经济企业较多，人才竞争激烈，但深圳要避免人才“内卷化”从公司雇主层面扩大到城市层面，尤其是在基础教育、医疗服务、居民居所和物价水平方面带来的生活成本与居住压力需得到有效管理。

3. 中性维度：信息交流。深圳在信息交流维度的全球排名为第 92 名，相比 2020 年下降 2 名，属于正常波动范围。该维度主要与所在国家的信息治理水平、政治定位和开放政策有关，属于中性维度。城市差异性主要体现在各城市的世界知名新闻出版机构布局情况和全球网络搜索曝光量。深圳是海外新闻资讯类网站的重头报道对象，高科技特色成为深圳在国际传播中的“城市名片”。另一方面，深圳作为数字经济先锋城市，拥有先进技术支撑和高端数字要素资源，5G、工业互联网、人工智能、云计算、大数据等数字经济业态集聚发展、势头良好，达到国际领先水平。2021 年深圳数字经济核心产业增加值超过 9000 亿，占全市 GDP 超过 30%，总量和比重位居全国第一。

4. 待加强维度：文化体验。深圳作为一个年轻的城市，与历史悠久的传统一线城市相比，文化底蕴不足、文化影响力不高。但随着近年来深圳不断加大文化建设，文化排名不断升高。2021 年深圳文化体验维度整体排名全球第 106 名，相比于 2020 年 112 名，提升了 6 名。2021 年深圳推进新时代十大文化设施和十大特色文化街区建设，举办文博会、大湾区中秋电影音乐晚会等重磅级文化活动，推出全国知名的文艺精品，不断激发文化创新活力。2020 年价值最高的 13 个新建设文化设施项目中，其中有 7 个位于深圳，占总价值 30%。深圳规划到 2035 年博物馆达 150 座。随着政府对文化的重视，深圳文化软实力将在未来几年大幅提升。

5. 待加强维度：政治参与。改革开放四十年来，深圳以经济发展作为主要定位，在政治事务参与中实力排名较落后，为全球第 136 名，相比 2020 年下降了 1 名，属于正常得分波动。《意见》指出支持深圳承办重大主场外交活动，2021 年深圳成功举办中国共产党与世界政党领导人峰会深圳分会场活动，未来深圳可进一步参与国际治理，提升政治影响力。

三、展望与建议

（一）“迈入第一梯队全球城市”发展蓝图

深圳要继续向全球综合竞争力第一梯队城市进军，就要在全球城市分工网络中，扮演重要的资源整合、要素流通、决策协调角色。总体而言，深圳需继续推进排名、层级、通路三方面的发展与转变。

1. 成为全球综合竞争力前 30 名的第一梯队全球城市。2021 年深圳 GDP 已首次跻身全球前十，但若要跻身第一梯队城市，就发展水平、国际知名度和开放程度而言，深圳仍需有实质性的能级跃升。反映在 GCI 评估体系中，则是五大维度中三个以上都应位居全球城市前二十乃至更高，并在其余维度没有明显短板。

2. 实现由区域中心城市向全球枢纽城市的转变。随着全球宏观层面的不确定提升，我们认为未来全球枢纽城市的影响力打造，也需要建立自己独特的辐射圈层和辐射线路，例如深圳的“全球海洋中心城市”就是一个围绕“海上丝绸之路”沿线，强化城市合作，提升城市影响的重要举措。

3. 成为多层次全球城市网络通路上的关键枢纽。全球第一梯队城市的形成需要基于“优势发展”原则，因此未来深圳的发展重心应围绕巩固优势通路，如提升先进制造通路、交通门户通路、贸易物流通路等全球优势发展维度。同时适度补齐明显短板，逐渐打通文化创意、信息互动、政治交往等弱势通路。

（二）“两主两辅”通路发展效果评估

基于“迈入第一梯队全球城市”的发展蓝图，在去年的报告中，我们建议深圳将打造“两主两辅”四大优势通路作为发展主线——“两主”即培育壮大“人力资本”新兴优势维度、巩固“商业活动”传统优势维度；“两辅”即适度补齐“文化体验”通路短板，逐步探索符合自身特色的“政治事务”参与模式。2021 年，基于 GCI 的评估结果，印证了深圳在“两主两辅”的通路发展上取得的积极成绩。

1. 在两个主要优势通路层面。深圳的“商业活动”传统优势维度，实现了单项排名上升 10 名的显著进步，已经位居全球前 25 名；“人力资本”维度排名和得分则相对稳定，需要在未来持续壮大。随着中国进入高质量发展阶段，对城市人力资本维度的评估，不仅考虑到职业机遇与薪酬，也将宜居性和城市活动丰富度等城市软环境纳入重要考量。

2. 在两个辅助提升通路层面。“文化体验”维度得分上升 14%，排名提升了 6 位，相信随着“十大文化设施”等一系列举措的推进，深圳在该通路的排名有望进一步提升。而在“政治事务”维度，排名和得分保持相对稳定，随着未来国际交流与交往逐步放开，深圳需要在未来推进更多的智库、国际组织、国际论坛与峰会的有效落地。

（三）新的发展建议：打造国际影响力优势辐射区

2021 年，科尔尼咨询公司、世界经济论坛、中国城市和小城镇改革发展中心三方机构，共同发起“一带一路”城市互联互通指数研究并形成报告，旨在评估“一带一路”典型城市之间各类关键要素的流动情况，帮助城市提高国际化发展水平，打造互联互通伙伴关系，促进“一带一路”建设的高质量发展。报告从政策沟通、设施联通、贸易畅通、资金融通、民心相通和信息互联六个维度，首批选取了“一带一路”沿线包括深圳在内的 22 座典型城市，评估了城市间 219 个国际双向联系，分析了超过 4000 条城市点对点数据，形成了“一

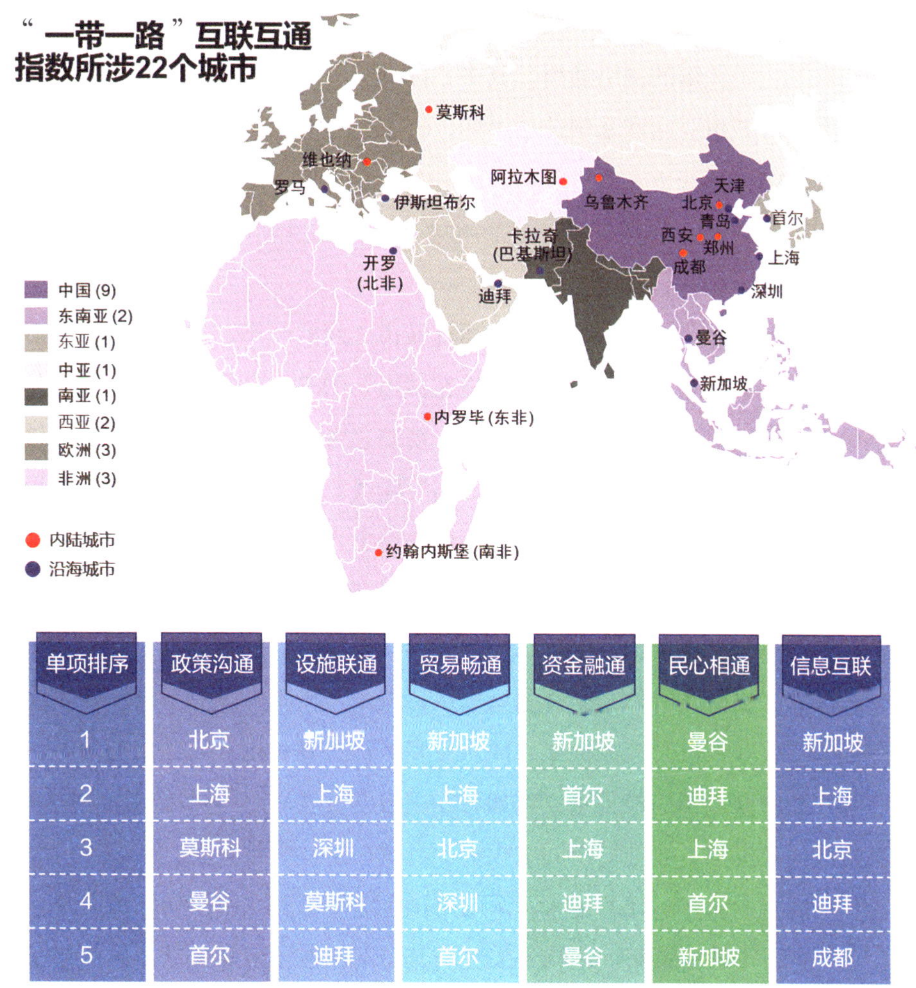

单项排序	政策沟通	设施联通	贸易畅通	资金融通	民心相通	信息互联
1	北京	新加坡	新加坡	新加坡	曼谷	新加坡
2	上海	上海	上海	首尔	迪拜	上海
3	莫斯科	深圳	北京	上海	上海	北京
4	曼谷	莫斯科	深圳	迪拜	首尔	迪拜
5	首尔	迪拜	首尔	曼谷	新加坡	成都

带一路”城市互联互通指数综合排名及各个维度的单项排名。通过对数据的分析，评估了“一带一路”沿线城市间关键要素流动及互联互通水平，并积极探索提高城市间互联互通水平的解决方案。

报告涵盖的22个城市中，新加坡位列“一带一路”城市互联互通的首位，深圳位列第九，在中国城市中仅次于上海和北京。尤其在设施联通、贸易畅通两个维度位居单项前五名，主要因其较强的海运实力，以及与海运相关的系列物流、信息流与资金流往来频繁，并带动一系列相关产业集群发展成熟。

报告不仅仅对单个城市层面的联通水平进行评估，还进一步以“城市联系”

本身作为评估对象，关注在“一带一路”城市网络中，目前哪些城市之间具备较强的联系、是关键的网络通路。其中“深圳—新加坡”的城市联系，在所有的 195 个国际城市双向联系中位居第四，这也与“海上丝绸之路”的枢纽城市联系性有较强关系。

基于上述研究，深圳提升国际影响力，首先应当关注地域及文化相似性，打造优势影响辐射区。

1. 重点推进与“一带一路”强连通性城市之间的合作。未来应该结合“全球海洋中心城市”和“海上丝绸之路枢纽城市”的双重定位，将主要资源与优势集中在沿线城市的合作上，更容易事半功倍。考虑到“深圳—新加坡”较强的城市联系，且共同位于“海上丝绸之路”沿线，并在产业方面具备较强的相似性与互补性，应继续加强深圳与新加坡的城市点对点交流。目前两个城市已建立紧密合作的城市联系，双边城市应在现有基础上继续挖掘潜在合作机会，健全双边沟通和交流机制，推进全方位的互联互通。

2. 探索构建多元化的互联互通城市伙伴关系。在城市政府层面，应不局限于传统的“友好城市”交流框架，而从更多样化、多元化、综合化的角度，构建互联互通的城市间伙伴关系，例如可在高强度发展通路的两端城市之间互设办事处或代表机构，促进城市间的投资、经贸合作、文化交流、旅游促进等工作。对跨国企业而言，随着越来越多的跨国企业反思其“一刀切”的全球化战略，转向推行本地化策略，应格外关注与其总部所在城市和关键业务所在城市间具有密切通路联系的城市，这有助于通过加速融入当地社区，不断扩大业务辐射范围。对本地企业而言，也可以针对某一特定的单项通路，加强与对方城市企业的合作，例如具备较强文旅联系的城市，双方的旅行社与旅游企业，可以针对性加强合作，共同开发两地客群。

3. 突出城市间信息互联互通网络建设。深圳是数字经济的领先者，2021 年数字经济核心产业总量与 GDP 占比都位居中国城市之首。目前所有的全球城市发展，都高度重视数字化转型，力图把握数字时代下城市未来发展的趋势。未来以信息技术、金融为代表的高端生产性服务业，也是全球产业中最为国际化且依靠数字技术的部分。随着中国在电子商务及跨境电商等细分领域已具备全球领先实力，深圳应依托数字技术基础，率先推进对建设国际数字贸易平台的支持，扩大中国对共建“一带一路”国家甚至全球的合作及影响力。

总体而言，深圳正把握新一轮战略发展期、向全球第一梯队城市不断迈进。基于全球城市的“优势发展理论”，建议持续以壮大“人力资本”新兴优势维度、巩固“商业活动”传统优势维度作为发展主线；以适度补齐“文化体验”通路短板、逐步探索符合自身特色的“政治事务”参与模式为辅助。同时，未来深圳也应当围绕“海洋特色”，打造自己的国际影响力优势辐射区，探索构筑多层特色通路。

深圳建设全球海洋中心城市思路建议

《规划纲要》和《意见》等国家战略性规划中都明确支持深圳加快建设全球海洋中心城市。《世界领先海事之都》报告从航运、海事金融与法律、海事技术、港口与物流、城市吸引力与竞争力等五个方面对海事城市进行评价和排名，对标世界领先海洋中心城市，深圳应巩固现有发展基础和优势，补齐航运、海事金融与法律等短板，强化国际航运服务功能，以涉海科技产业发展为抓手，建设全球领先的国际航运中心，加快建设全球海洋中心城市。

一、“世界领先海事之都”指标体系

梅农经济学（Menon Economics）和挪威船级社（DNV）于2012年首次发布《世界领先海事之都》(Leading Maritime Capitals Of The World Report)（以下简称“报告”)。2022年报告延续以往评估框架，对全球海事城市按照客观指标进行排名，针对排名前50名城市再进行专家评价（即主观指标排名）后进行总排名。

（一）总体排名情况

在2022年报告中，新加坡位居世界领先海事之都排行榜第1名，荷兰鹿特丹、英国伦敦、中国上海、日本东京、中国香港、挪威奥斯陆、美国纽约、德国汉堡、丹麦哥本哈根分列第2—10名。从历年排名看，新加坡在历次世界领先海事之都评价中始终稳居第一，属于第一梯队唯一成员；伦敦、奥斯陆、汉堡、香港、上海、鹿特丹等城市是前五常客，属于第二梯队；其他进入前15的城市属于第三梯队。从中国城市来看，进入前50的城市有：上海（4）、香港(6)、北京(18)、广州(22)、宁波(25)、台北(29)、青岛(30)、厦门(35)、大连（37）。

2022年世界领先海事之都城市排名

排名	综合排名	航运	海事金融与法律	海事技术	港口与物流	城市吸引力与竞争力
1	新加坡	雅典	纽约	新加坡	上海	新加坡
2	鹿特丹	新加坡	伦敦	奥斯陆	鹿特丹	伦敦
3	伦敦	东京	东京	釜山	新加坡	哥本哈根
4	上海	上海	奥斯陆	伦敦	香港	鹿特丹
5	东京	汉堡	巴黎	上海	广州	奥斯陆
6	香港	伦敦	鹿特丹	东京	迪拜	汉堡
7	奥斯陆	香港	香港	鹿特丹	宁波	温哥华
8	纽约	哥本哈根	新加坡	汉堡	青岛	悉尼
9	汉堡	雅加达	北京	北京	汉堡	纽约
10	哥本哈根	鹿特丹	上海	首尔	吉隆坡	香港
11	釜山	奥斯陆	哥本哈根	休斯敦	安特卫普	休斯敦
12	雅典	首尔	悉尼	哥本哈根	东京	洛杉矶
13	迪拜	北京	雅典	巴黎	厦门	西雅图
14	巴黎	迪拜	汉堡	今治	洛杉矶	迈阿密
15	休斯敦	今治	孟买	雅典	科伦坡	东京

历年《世界领先海事之都》报告城市排名

排名	2012	2015	2017	2019	2022
1	新加坡	新加坡	新加坡	新加坡	新加坡
2	奥斯陆	汉堡	汉堡	汉堡	鹿特丹
3	伦敦	奥斯陆	奥斯陆	鹿特丹	伦敦
4	汉堡	香港	上海	香港	上海
5	香港	上海	伦敦	伦敦	东京
6	纽约	伦敦	鹿特丹	上海	香港
7	上海	东京	香港	奥斯陆	奥斯陆
8	东京	鹿特丹	东京	东京	纽约
9	哥本哈根	纽约	哥本哈根	迪拜	汉堡
10	雅典	雅典	迪拜	釜山	哥本哈根
11	鹿特丹	釜山	纽约	雅典	釜山
12	里约热内卢	哥本哈根	雅典	纽约	雅典
13	/	迪拜	釜山	哥本哈根	迪拜
14	/	孟买	休斯敦	休斯敦	巴黎
15	/	里约热内卢	广州	安特卫普	休斯敦

（二）指标分析

“航运”指标涉及船队规模、航运公司总部数量、营业收入等方面。新加坡管理和拥有船队规模均居全球第二，分别为 8300 万和 5200 万总吨；拥有注册成立 200 余家航运公司，数量位居全球第三。上海拥有庞大的中国远洋船队，其中包括总吨位居世界第一的船东中远海运，知名国际航运组织纷纷在上海设立总部、分支机构或项目实体。

“海事金融与法律”指标主要涉及法律专家数、贷款及证券等方面。纽约排名第一，2019—2021 年海事企业 IPO 及股票交易金额接近 180 亿美元；伦敦在海事法律专家、海事法律公司数量及海事保险金额等方面均位居全球首位，分别为 16 个、112 家和 740 亿美元。

“海事技术”指标主要涉及造船能力和技术实力等方面。奥斯陆拥有全球最大的船级社（挪威船级社 DNV）；上海拥有 8 家外国船级社中国总部。造船能力指标以所造船舶 CGT（修正总吨）和市场价值为基础衡量一个城市造船业规模和成功水平，该指标反映了造船规模、价值和制造潜在更复杂、更高价值资产的综合能力，同时也为打造包括海事设备供应商和服务商等产业链的海事集群发挥了重要作用。釜山是全球造船业中心，釜山船厂年度交付量(CGT)和造船订单量（CGT）位列全球造船能力指标首位，中国城市中的大连、上海和广州亦跻身前列。

“港口与物流”指标主要涉及港口集装箱吞吐量、港口运营商规模、班轮运输连通性指数、液化天然气（LNG）燃料供应等方面。上海港口集装箱吞吐量连续十二年全球第一，外贸航线连通性全球第一，中远海运是全球最大港口运营商，在该一级指标评价中迅速超越新加坡、鹿特丹和香港，攀升至第一名。鹿特丹在液化天然气及油轮运输（规模超过 3.5 万立方米，排名第一）、港口智慧化发展水平位居前列，整体超越新加坡，排在第二位。由于中国作为世界贸易中心地位日益凸显，全球十大集装箱港口有 7 个在中国，宁波、青岛、厦门等港口城市均进入该一级指标评价排名前十五。

“城市吸引力与竞争力”指标主要涉及营商便利性、政府透明及腐败、创新创业等方面。新加坡是世界上最具吸引力和竞争力的海洋城市，在营商便利、通关效率方面排名全球第一。哥本哈根“透明、廉洁的政商环境”排名全球第一。

二、香港和上海发展经验

（一）香港：涉海金融业和航运服务业优势明显

香港海洋经济发展起步早，海洋经济配套服务业发达，形成了与区域内其他港口错位发展的模式。在海洋经济配套服务业中，香港的涉海金融业和航运服务业发展完善，最具比较优势。

1. 领先的涉海金融服务业。资本市场发展成熟、法律体系健全规范、高端金融人才集聚等优势使香港的金融服务业处于全球领先水平。香港涉海金融主要包括海洋产业融资和海事保险及再保险，具体包含银行贷款融资、股票融资、信托基金、融资租赁和海事保险等业务领域。对待涉海金融服务产业，香港政府以政府引导和市场自然需求相结合，充分发挥市场能动性，实施自由通航、自由贸易、大部分货物免征关税等政策，降低香港的金融服务成本，提高了香港涉海金融服务业在世界市场的竞争力。

2. 发达的航运服务业。香港是世界航运中心，在码头营运效率、自由贸易港政策、航运服务运行机制、完善的航运法治制度、集聚的航运金融及保险资源等方面优势明显，在航运服务运行机制、航运服务政策等方面已完全与国际接轨。

香港航运服务业范围主要涉及船舶管理、船务经纪、船务融资、航运保险及法律等领域，其中海事仲裁、船舶注册和货运代理最具有代表性。在海事仲裁方面，香港汇聚了世界上最著名的海事行业的金融、经纪和法律的机构和人才，具有完善的仲裁服务能力。在船舶注册方面，香港船舶注册手续简单快捷，船舶吨税税率低。在货运代理业方面，香港货运基础设施完善，大多数大型货运代理商都有广泛的海外分支网络，为国际航空公司及远洋轮船公司提供代理服务，还提供仓储、包装、分货、配送以及综合物流解决方案等增值服务。

（二）上海：充分发挥区位和政策优势实现要素集聚

上海依托“长三角”“自贸区”的贸易与物流优势，以现代航运服务业为抓手，实现金融、法律、人才、文化、营商环境的全方位发展，形成国际航运要素集聚效应。

1. 大力推进现代航运服务业。在航运保险、信息服务、海事仲裁、船舶租赁等高端航运服务领域优势显著，具有强大的全球航运资源配置能力。在海洋保险方面，对注册在上海的保险企业从事国际航运保险业务取得的收入免征营业税，航运保险市场规模稳居前列，船舶险和货运险业务总量占全国近 1/4，国际市场份额仅次于伦敦和新加坡。在航运信息服务方面，中国出口集装箱运价指数（CCFI）、中国沿海煤炭运价指数（CBCFI）得到市场广泛认可，基于“中国航运数据库”“港航大数据实验室”的应用项目相继实施。在海事仲裁方面，积极争取仲裁对外开放政策制度支持，允许境外仲裁机构和争议解决机构在上海设立代表机构，上海海事法院和海事仲裁服务机构共同打造国际海事司法上海基地，包揽内地近70%海事仲裁服务。

2. 打造良好海事发展环境。实施政策降低港口使用成本，放宽经营限制，持续优化营商环境。举办“中国国际海事会展”“中国航海日”系列活动，打造中国航海博物馆等航运文化品牌，提升航运文化辨识度和认同感。全面落实国家减税降费部署，降低港口使用成本。开放除国内水路运输业务外全部航运业务，累积吸引34家外资国际船舶管理公司获批入驻自贸试验区。开辟通达全球集装箱航线网络，吸引马士基、东方海外、韩进等全球前20家班轮公司、航运公司在沪设立机构。

三、深圳发展基础

整体来看，全球海洋中心城市建设取得一定成效，航运枢纽建设初步形成、海洋产业高质量发展、海洋管理水平国内领先，海洋城市吸引力和竞争力有所增强。

（一）国际枢纽港地位优势明显

依托天然深水良港以及珠三角外贸货源市场优势，深圳港稳居全球第四大集装箱港口，2021年集装箱吞吐量达2877万标箱，是华南地区超大型集装箱船舶首选港，全球1.8万标箱以上集装箱船舶100%靠泊深圳港。随着全球LNG使用需求快速增长，深圳港建成全国最大的LNG接卸港，总设计吞吐能力1430万吨，2021年LNG接卸量约1200万吨，居全国沿海港口第一，占全国总量1/7。枢纽港地位进一步强化，2021年深圳国际班轮航线达291条，开通15个组合港、7个内陆港。深圳港绿色低碳水平全国领先，深圳港岸电使用规模全国第一，现有清洁能源拖车、电叉车、龙门吊等设备均可使用电能，含油污水、生活污水、生活垃圾处置率达 100%。妈湾港建成粤港澳大湾区第一个 5G 绿色低碳智慧港口。

（二）深圳海洋经济持续增长

国家赋予深圳建设全球海洋中心城市重大历史任务，引发新一轮海洋经济发展热潮，以盐田港集团、招商重工（深圳）等为代表的海洋企业持续发展壮大，拥有中兴通讯、研祥智能、亚太卫星等科技型涉海企业，截至 2021 年底，深圳涉海企业快速增长至 1.9 万余家，海洋生产总值达到 2012 亿元，2015—2021 年年均复合增长 13.6%，增速高于同期 GDP 约 3.8 个百分点。海洋领域延续深圳创新驱动发展“背景色”，鹏城实验室、南方科技大学等十多家高校和科研机构涉海科研团队不断壮大。

四、政策建议

（一）聚焦航运高水平发展，巩固深圳港枢纽地位

以建设基础设施高质量发展试点为契机，持续优化港口功能布局，提升港口综合服务水平，打造世界一流的国际集装箱枢纽港。一是继续推进港口、航道、锚地等基础设施建设，开展新技术应用示范，推动港口绿色低碳化和智能化改造，提升港口设施硬件服务能力和运行效能。优化公路、铁路、水运等集疏运网络，加快建设内陆港体体系和推广组合港模式，提升“海铁联运”“水水中转”比率，巩固和拓展货源腹地范围和辐射空间。二是以 LNG 能源供应和贸易为突破口，建设保税燃料加注中心、深圳海上国际 LNG 加注中心、天然气贸易集聚区，制定保税 LNG 加注补贴政策。

（二）发挥毗邻香港优势，提升航运服务水平

香港国际航运中心在营商环境，对船舶拥有和经营、融资租赁、海事保险等业务的税收优惠政策，以及实际拥有的航运类人才、企业等要素资源聚集

上，都拥有显著优势。深圳可利用粤港澳大湾区建设机遇，一是完善航运服务功能，加快形成完善完整、便利的航运服务产业链。吸引香港航运金融机构在深圳设立分支机构或服务中心，吸引香港船舶注册处在深圳建设内地总部。二是吸引产业链“关键”环节，也就是船东和船舶经营人。有针对性地对在深圳设立总部的船东企业、船舶经营企业给予税收优惠，特别是近年来，随着国际航运市场异常景气而成功上市的一批航运企业。

（三）顺应“后疫情”时代形势，多渠道开展对外合作

顺应“后疫情”时代全球供应链体系调整和国际市场需求变化，一是优化航线布局，重点巩固拓展欧美远洋集装箱班轮航线，抢抓区域全面经济伙伴关系协定（RCEP）发展机遇，瞄准运力和航线调整契机，支持港口企业调整优化航线，适当布局日韩、澳新主要集拼目的港的航线。鼓励国际航运联盟及国际班轮公司在深圳港增加航线，提升亚洲航线密度，开辟“一带一路”沿线国家和地区新航线。推出特色化电商海运快线，实现全球点对点海上配送，支持快捷化电商进出口贸易。二是全方位、多渠道加快全球友好港网络建设，拓展交流合作领域，鼓励港航产业“走出去”，深度融入全球产业链、价值链，推动建立国际港口链。

（四）发挥科技产业优势，推动海事行业数字化转型

坚持科技赋能，推动港口数字化转型和智慧化建设，推动科技成果转化，促进深圳优势产业“向海发展”。一是借鉴新加坡的先进经验，通过智能化、绿色化解决港产城矛盾，探索基于数据分析、AI 等新兴技术的自动化、智能化技术在港口的应用，加快建设粤港澳大湾区港口物流协同平台，通过区块链技术做好综合利用，将深圳港从物流港打造成贸易港、智慧港、数据港。二是加快高端海洋创新资源集聚，加快建设国家深海科考中心、海洋大学等重点项目，布局建设产业支撑服务平台，建设公共服务型和技术开发型产业支撑服务平台体系，推动海洋科技成果转化。

深圳加快打造世界重要人才中心和创新高地

习近平总书记在中央人才工作会议上强调指出，“加快建设世界重要人才中心和创新高地，需要进行战略布局。综合考虑，可以在北京、上海、粤港澳大湾区建设高水平人才高地”，为我国新时代人才工作的改革与创新指明了方向。深圳作为粤港澳大湾区建设重要引擎，将迎来新的更大的人才发展机遇。

一、背景意义

深圳是我国改革开放和创新发展的“探路者”与“示范区”，在粤港澳大湾区协同创新发展中，肩负着连结港澳、打造国内国际“双循环”窗口的重要使命。凭借良好的区位优势、开放包容的创新环境，以及高效务实的公共管理服务体系，深圳在人才引进方面已经位居全国领军梯队，不断创新的市级政策（如人才房、个税补贴等人才政策、“孔雀人才”项目等）和区级政策（如前海“一卡通”服务等），为国内其他城市和地区提供了人才政策的“参考样板”。在粤港澳大湾区加快建设世界重要人才中心和创新高地的重大机遇中，深圳具有显著优势。

然而，需要清醒认识到的是，人才发展的“头雁城市”也正在面临严峻的挑战，北上广深四大传统聚才区域的优势正在逐渐被削弱。一方面，国家间的人才竞争愈发激烈，使国内领军城市从国际引才面临巨大挑战；另一方面，国内城市间人才政策呈现竞争式创新，其他国家中心城市、海南自贸港等，在人才竞争中正迎头赶来；与此同时，“头雁城市”还往往深受“超大城市病”影响，新生青年群体“落地生根”存在较多困难。

综合国力竞争说到底是人才竞争，城市创新发展的核心归根到底还是人才的竞争。可以看到，在创新发展的道路上，机遇与挑战共存，深圳人才工作可以在进一步深化体制机制改革的同时，向更多发达经济体和世界城市“取经”，探索出一套具有中国特色的新时代人才创新发展体系。

二、深圳人才工作现状

2021 年，在中国社会科学院和经济日报社共同发布的《中国城市竞争力第 19 次报告》中，深圳均位居全国城市综合经济竞争力排行榜和可持续竞争力排行榜第二位，其中全国城市综合经济竞争力排名位居上海之后，可持续竞争力排行位居香港之后。可以看到，深圳在全国范围内的城市竞争力排行中优势显著，深圳作为粤港澳大湾区资本、技术和人才交汇“内外循环”的关键支点，拥有建设世界重要人才中心和创新高地的独特优势。

（一）青年人才聚集、海归人才成为重要发展驱动力

在一线城市中，深圳发展起步较晚，人口基数相比北上广等传统一线城市相对较少。但是，深圳人才工作的理念起点相对较高，政策机制更注重服务和效率，在加快人才配套建设的同时，充分利用差异优势，瞄准优秀青年人才，尤其是留学归国人才群体，出台应届毕业生(毕业两年内）和留学归国人员(需学历认证）无工作和社保条件限制直接落户的政策，以“来了就是深圳人”的政策魄力，吸引了众多青年人才来深逐梦。

近年来，深圳留学归国人才引进取得较大进展。根据相关统计数据，深圳引进海外留学回国人员数量逐年增加，2019 年至 2021 年连续三年每年涨幅超过 40%，截至 2021 年底，深圳已引进留学回国人员逾 18 万人。全球化智库《中国留学发展报告（2020—2021)》数据显示，从留学回国人员户籍地数据来看，户籍深圳的留学回国人员占比较高为 4.55%，仅次于北京（9.91%)、上海（6.27%)。从留学回国人员现居住地数据来看，回国后在深圳发展的海归占比为 7.24%，也仅次于北京（19.67%)、上海（13.06%)。

（二）高层次人才政策效力突出，人才圈层初步形成

广纳天下英才，深圳拿出真招实招为高层次人才落地发展提供支持。统计数据显示，2021 年深圳引进落户各类人才 25.6 万人，1768 万常住人口中各类人才总量超 600 万，占常住人口的 34%；新增认定国内外高层次人才 4278 人，全市在站博士后 5137 人。

人才计划层面，深圳在 2011 年便推出具有显著竞争力的“孔雀计划”，纳入“孔雀计划”的海外高层次人才，不仅可以享受相关奖励补贴，还可以在居留和出入境、落户、子女入学、配偶就业、医疗保险等方面享受优惠待遇。2017 年出台实施的《深圳经济特区人才工作条例》提出实行更具竞争力的“高、精、尖、缺”人才激励政策。2021 年，深圳推出升级版“鹏城孔雀计划”，重点突出用人主体作用和市场激励导向，重构人才分类评价激励体系，破除“四唯”对人才评价的影响，聚天下英才而用之。

人才服务层面，深圳于 2018 年、2019 年出台实施《深圳市关于加快发展人力资源服务业的若干措施》《深圳市人力资源服务机构场租补贴实施办法》《深圳市人力资源服务产业园建设扶持资金管理办法》《深圳市人力资源服务机构监管办法》等政策文件，形成了较为完善的人力资源服务产业政策体系。《深圳市关于加快发展人力资源服务业的若干措施》还提出设立“人才伯乐奖”，鼓励企事业单位、人力资源服务机构招才引智，利用各方优势吸引两院院士、海外高层次人才引进计划、国家或地方级领军人才、海外高层次 A 类、B 类人才等。2022 年 3 月，深圳出台《深圳市新引进博士人才生活补贴工作实施办法》，为国内外新引进的博士人才在深生活和发展提供补贴支持。

人才培养层面，与其他一线城市相比，深圳在高等教育层面存在差距，在一定程度上制约了深圳人才培养、发展、深造与终身学习的循环能力，不利于人才本地化的进阶发展与高层次人才的留存。深圳敏锐地意识到单纯的人才引进已经无法满足深圳加快转变经济发展方式关键期的人才需求，探索通过创新形式培养和涵养人才十分关键。目前，深圳已积极建设香港中文大学（深圳）、

南方科技大学等一批高校，以弥补创新型城市建设的短板。

此外，深圳还大力吸引科研人才入驻。《关于促进人才优先发展的若干措施》特别指出要强化博士后“人才战略储备库”功能，国际化成为了深圳各类高校与研究院师资与研究队伍的重要特征。如北京大学深圳研究生院的 242 名全职教师中，有外国专家 55 人，有留学归国人才 101 人。香港中文大学（深圳）有世界知名教师 400 余人，引进的教师 100%具有在国际一流高校执教或研究工作经验，其中包括诺贝尔奖得主 5 位，图灵奖得主 2 位，菲尔兹奖获得者 1 位。

2021 年深圳市高校与研究院院士数量

（单位：人）

高校 / 科研院所	院士	海外经历的院士	外籍院士
深圳大学	45	/	20
南方科技大学	47	/	17
香港中文大学深圳	17	11	8
哈尔滨工业大学（深圳）	17	/	/
北京大学深圳研究生院	2	/	/
深圳清华大学研究院	7	/	/
中国科学院深圳先进研究所	3	3	3
人工智能与机器人研究院	2	2	0

数据来源：深圳市相关高校的学校网站信息收集整理

（三）创新创业人才聚集，人才创新发展的载体不断升级

深圳已经发展成为优质高新企业的聚集地。统计数据显示，2021 年深圳地区生产总值达 3.07 万亿元，全社会研发投入占地区生产总值比重达 5.49%，国家高新技术企业 2.1 万家，稳居全国城市前两位。技术合同成交额 1627 亿元，同比增长 57%，创历史新高。世界知识产权组织（WIPO）发布的《2021

年全球创新指数报告》显示，深圳—香港—广州科技集群综合实力位列全球第二。2020 年营商环境评价中，深圳“创新创业活跃度”指标被国家发改委列为全国标杆。2022 年，深圳还将新增国家高新技术企业 500 家、国家级专精特新“小巨人”企业 100 家，新增境内外上市公司 30 家以上，新培育“独角兽”企业 5 家。

粤港澳大湾区合作框架为深圳创新创业人才的聚集提供新的发展机遇。2017 年，港深正式签署《关于港深推进落马洲河套地区共同发展的合作备忘录》，明确双方共同建设“深港科技创新合作区”，建立了 6 个创业孵化平台，支持港澳青年在合作区创新创业，包括港科大自建的蓝海湾孵化港、毕马威运营的香港青年福田创新创业社区等按照香港和国际通行规则运作的平台基地。2021 年 9 月出台的《关于支持港澳青年在粤港澳大湾区就业创业的实施意见》进一步激发港澳人才在深圳的创业热情。截至 2021 年底，前海深港青年梦工场累计孵化创业团队 549 家，其中香港团队 286 家。前海企业共吸引 3652 名香港籍人才。

（四）人才流动通道壁垒基本破除，粤港澳大湾区人才资源撬动不断加强

深圳注重通过进一步为用人单位放权，为人才“松绑”。《深圳经济特区人才工作条例》明确了放宽或取消对人才流动的各种限制。通过支持高校、科研机构吸引企业创新人才兼职，鼓励事业单位科研人员离岗创业，放宽科研人员因公出国（境）管理，以及促进人才向基层和艰苦岗位流动等举措，建立起更加灵活的人才管理体制和运行机制。

此外，粤港澳地区人才联动在深港两地已有初步进展。2020 年建筑工程、计量及控制、质量管理、计算机 IT 信息工程等 5 个试点专业领域的工程技术人员专业资格在粤港澳大湾区得到互认。2021 年深圳发布《关于进一步便利港澳居民在深发展的若干措施》，在学习、就业、创业、生活四方面提出的 18 条措施，让港澳居民在深享受“市民待遇”。

（五）政策先行优势显著，逐步建立长效的人才吸引机制

个税优惠及优惠力度是影响高层次人才引进的重要举措。深圳前海在2013年就针对在区内工作的境外高端和紧缺人才出台相关政策，经前海管理局认定，享受工资薪金个税15%的优惠政策，且认定名额原则上不设上限。2019年，国家税务总局出台《关于粤港澳大湾区个人所得税优惠政策的通知》，允许珠三角九市政府提供个税补贴，进一步扩大了政策范围，形成大湾区政策联动，进一步提升了区域政策效益。

出入境政策和生活便利度是影响高层次人才融入发展的重要关切。2020年6月，深圳先行先试四项举措，提出"对深圳市政府引进的海外高层次人才、外国高端人才，其配偶或子女为外籍人士或在境外长期生活的，便利其办理赡家款项下跨境汇款"及"对来深圳工作的外籍人士，便利其为随行子女代办境内就读国际学校学费结汇"，有条件放宽对外籍人才的外汇管制，便利外籍人才在深生活。2021年深圳印发《深圳市外籍"高精尖缺"人才认定标准（试行）》，推动为符合条件的外籍人员办理R字签证、出入境和停居留便利等措施落地。

（六）优化人才服务环境与安居保障，解决人才后顾之忧

着力构建人才住房和保障性住房双轨并行的多层次、广覆盖的住房保障体系，持续改善人才安居条件。深圳于2014年出台《深圳市人才安居办法》并于2020年根据经济社会发展水平进行了及时调整，此外在2016年还发布了《关于完善人才住房制度的若干措施》，旨在建立起统一合理的人才住房管理体制，全面解决人才住房困难问题。人才住房保障是深圳人才整体战略的重要组成部分，对于解决人才住房的后顾之忧、确保住房分配的公平公正公开和实现可持续人才发展前景有着重要意义。

完善高层次人才医疗保健待遇，提供更加便捷的医疗服务，减轻深圳人才看病就医的经济负担。根据深圳2018年出台的《关于促进人才优先发展的若干措施》，为人才提供高品质医疗服务，并在三甲医院特需门诊为外籍人才提供预约诊疗和外语服务，并鼓励符合条件的医院、诊疗中心与国内外保险公司

合作，加入国际医疗保险直付网络系统，为外籍人才医疗提供便利。

为人才配偶就业、子女入学提供便利，解决了人才落户安家的顾虑。深圳出台的《关于做好高层次人才配偶就业工作的通知》就落实配偶就业问题的职责分工、解决方式和办理程序等方面进行了明确规定。同时，深圳为非本市户籍的高层次人才子女在义务教育与高中阶段提供享受本市户籍学生待遇的优惠政策，推进中小学国际合作办学和国际学校建设，为外籍人员子女提供教育便利。

三、助力大湾区加快建设世界重要人才中心和创新高地，打造全球青年人才创新发展的“梦想之城”

“未来属于青年，希望寄予青年。”青年是重要的人才资源，加大基础人才储备是培养顶尖人才预备军的重要前提。欧美国家人才竞争战略的经验启示，青年人才是全球人才竞争中的重要群体，谁能够做好青年人才的引进工作，谁就能够占据创新发展的有利位置。对此，深圳需结合自身优势，先行先试更加开放的国际青年人才引进与发展机制，以国际青年人才作为未来人才发展增量的主要目标，引领我国省市区域间人才竞争新的发展格局。

第一，充分发挥市场主体在专业人才引进中的辨识能力和在科技创新与全球化发展的切实需求，鼓励深圳科技龙头企业建立全球管培生制度，支持创新创业企业寻找全球合伙人和技术骨干，设立专门奖项和补贴，支持更多企业发力，吸引包括海归人才在内的国际青年人才来深发展。

第二，与国家有关部门先行先试国际人才来深发展更加便利的出入境、停居留等国际人才管理与服务机制，建立国际人才管理与服务的数字化平台，完善和优化国际人才在深发展的配套机制，为国际人才来深发展提供更加便利的社会条件，探索人才中心和创新高地目标下的新管理模式。

第三，不断完善国际人才来深发展的信息平台，解决人才就业与企业需求间的信息不对称等问题。鼓励深圳有条件的企业及人力资源机构开展国际人才线上、线下招聘活动，建立专业的职业培训、评估和发展机制；推动招聘和求职平台、深圳企业与海外高校校友网络加强合作，为企业和潜在的求职者、创业者构建即时、畅通的信息和交流渠道，第一时间获取来深发展的信息。同时，还可以吸引包括国际人才合作组织在内的专业人才研究和服务机构，举办国际人才峰会等活动，邀请各界知名人士为活动造势，释放深圳广纳天下英才信号，并以此机会发布和宣传深圳重要引才战略、优惠政策，吸引更多人才走近深圳、走进深圳；举办面向全球的专业竞赛、研讨会、成果展等活动，定位战略领域海内外优秀人才，建立深圳战略领域专业人才库，构建全行业各层次人才图谱；与国际组织、学会、智库展开交流合作，为深圳企业和人才学习先进国际技术、增强国际化视野和能力提供机会。

第四，完善多元、开放、国际化的创新创业支撑平台，针对深圳各产业的需求，有针对性地建设一批创新创业基地、创新空间、侨创空间等，为人才提供充足的双创空间。有关部门可进一步简化、合并审批手续，逐步探索开放在科研资金申请和孵化资金使用中的限制，同时积极牵线创业企业与民间创投机构，为国际青年人才提供包含基础研究、技术攻关和成果转化等环节在内的全链条支持。

第五，鼓励企业建立离岸研究机构和合作项目，利用500强企业和高新科技企业发展优势，围绕新一代信息技术产业、互联网产业、新材料产业等产业，借鉴国际经验，鼓励企业“出海”与海外知名高校合作建立联合实验室或专业学院，利用海外高校在人才、科研资源、科创环境的优势，推动科研人才实现重大研究与技术突破。

第六，向深圳重点战略产业领域（网络与通信、软件与信息服务、智能终端、超高清视频显示、新能源、海洋产业等“二十大战略性信新兴产业集群”，以及合成生物、区块链等“八大未来产业”）的高层次急需紧缺的人才，积极争取个税优惠政策试点，扩大以税收为依托的经济激励类引才措施潜力。例如，对重点产业领域的境外高层次（或紧缺）人才和中国籍紧缺人才，其个人所得税负超过15%的部分予以免征；对注册在深圳并实质性运营的关键产业企业，减按15%征收企业所得税；探索推广“互联网+税务”体系建设，通过互联网平台开放离岸、跨境税务办理渠道，实现“零跑动”的跨境办税服务等。

第七，依托市场主体，改革和优化人才评价体系，让人才评价体系为产业创新和经济发展服务。鼓励企业根据不同的核心技术项目、重要岗位关键技能等需求间建立更有针对性的人才评价和认定标准。同时，在粤港澳大湾区协同发展中，应借鉴江浙沪长三角区经济、旅游、科技等领域的互建互通机制，在职称、职业资格、学分学时等方面达成互认，达到多方面紧密合作及资源互通。

第八，与有关部门先行先试更具竞争力的中外合作办学机制，借鉴新加坡高校的建设经验，引进国内国际高端教育和学术资源，打造深圳版的“新加坡国立大学”，为全球优秀学生提供新的择校选择。同时，充分发挥高科技企业在前沿人才培养的积极性，建立更加深入的校企融合培养机制，吸引更多国际青年人才在深深造和创新发展。

第九，完善和优化更具融入感的国际化人才社区，从国际人才更好融入和发挥作用的角度开展国际人才社区的提质升级，通过社区共建共享共荣的理念，充分调动国际青年人才的主观能动性。鼓励国际青年人才参与到国际人才社区的建设和发展中来，在社区实践的参与中充分提升国际青年人才的融入感。

与此同时，深圳可以在大湾区协同创新发展中发挥重要的引领带动作用，国家和广东省层面，可以进一步加大粤港澳创新创业交互和保障机制建设的支持力度，促进地区产业链和人才链的良性发展。目前以前海、横琴为代表的“一小时生活圈”在大湾区基本成型，建议以制度、关税与法域深化协同方案为基础，或产业上下游深度合作，将更多产业化的环节与港澳及其余粤内城市进行承接和分享，提供便利人才流动、科研资源流动及开设业务等方面的支持措施，产生区域内的创新溢出效应，同时携手为合作区招才引智，将人才联动工作从深港扩展到整个粤港澳大湾区地区，实现从研发到试验再到产业化的全链条运作，建立大湾区产业创新链条驱动的区域发展大生态。

打造全球数字经济先锋城市

习近平总书记在中央政治局第三十四次集体学习时的讲话中指出，要不断做强做优做大我国数字经济。《“十四五”数字经济发展规划》指出，我国数字经济转向深化应用、规范发展、普惠共享的新阶段。“十四五”期间，深圳致力于打造全球数字先锋城市，把发展数字经济作为重要抓手。

一、全球数字经济发展方兴未艾

当前，全球数字经济在总体规模、数字技术、数据要素、数字贸易、数字治理方面呈现出五大趋势。

（一）数字经济规模进一步扩大，成为全球经济的主引擎

1. 全球数字经济增长态势显著。与传统生产方式相比，以数字化为代表的新生产方式创造的经济价值占比逐年提升，成为提振全球经济的主引擎。疫情期间全球经济遭遇深度衰退，但 47 个主要国家 2020 年的数字经济规模达 32.6 万亿美元，占 GDP 比重为 43.7%，同比名义增长 3.0%，显著高于同期 GDP 增速 5.8 个百分点，2021 年数字经济规模增加到 38.1 万亿美元，占 GDP 比重上升为 45.0%，体现出数字经济蓬勃的发展势头。

2. 中国数字经济发展迅猛。近年来我国数字经济规模不断增长，且增速远高于同期 GDP 增速。2020 年我国数字经济增加值为 39.2 万亿元，占 GDP 的比重达到 38.6%，年度名义增长率为 9.7%，是同期 GDP 名义增速的 3.2 倍。“十四五”期间，在市场需求、技术创新与公共政策的协同推动下，我国数

字经济发展规模将进一步扩大。最新数据显示，2021 年我国数字经济规模占GDP 比重达到 39.8%。

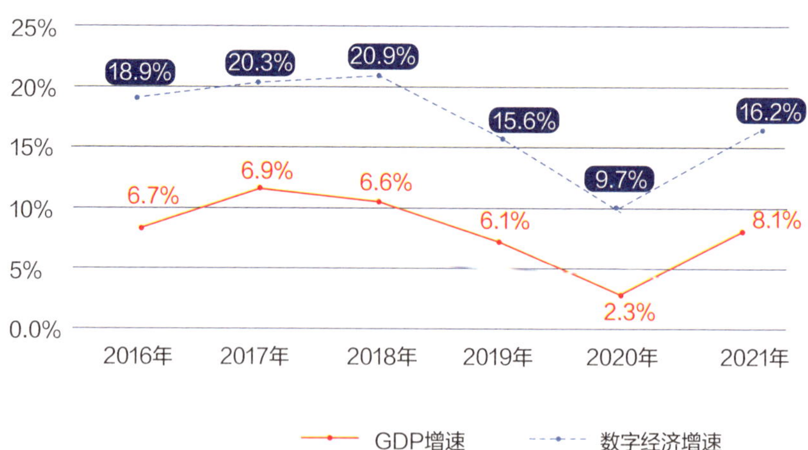

数据来源：中国信息通信研究院

（二）数字技术扩散程度进一步提高，成为数字经济的驱动力

1. 以数字技术为核心的数字产业快速发展。互联网产业平稳发展，据工信部统计，2021 年规模以上互联网和相关服务企业完成业务收入 15500 亿元，同比增

长 21.2%，增速比上年加快 8.7 个百分点。云计算市场维持较高增速，据市场研究机构 Canalys 调研，2021 年我国云基础设施服务市场规模约 1740 亿元，同比提升 45%。5G 行业保持稳定增长，投资侧来看，2021 年我国三大基础电信运营商计划 5G 资本开支总计约 1847 亿元，较 2020 年增长 5.1%；消费侧来看，5G 发展推动用户终端消费升级，2021 年我国 5G 手机出货量达 2.66 亿部，同比增长 63.5%。未来人工智能、区块链、量子技术将成为全球数字产业的战略重点方向。

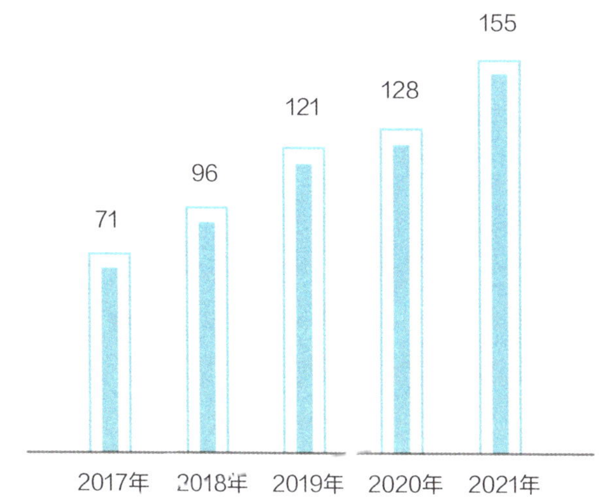

规模以上互联网和相关服务企业的业务收入（百亿元）

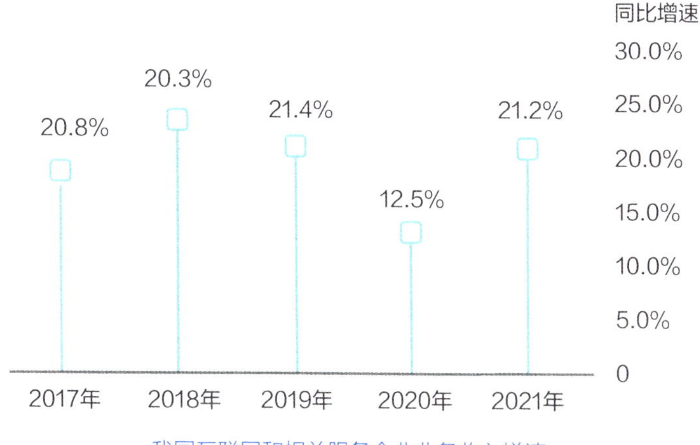

我国互联网和相关服务企业业务收入增速

数据来源：工业和信息化部

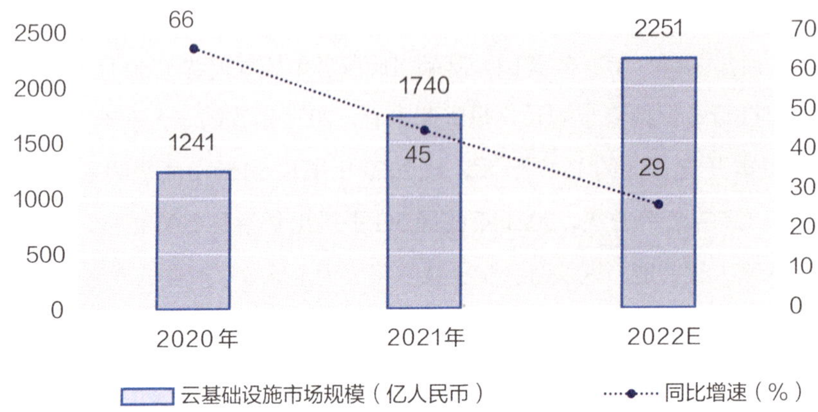

我国云计算市场发展情况

数据来源：Canalys

2. 产业数字化深入发展。产业数字化通过数字技术支撑和数据赋能，对实体经济产业进行全要素数字化升级、转型和再造。全球产业数字化占数字经济比重在 2021 年为 85%，是数字经济发展的主引擎。第三产业引领产业数字化融合渗透，2021 年第一、第二、第三产业数字经济占行业增加值比重分别为 8.6%、24.3%和 45.3%。

（三）数据价值优势进一步凸显，成为不可或缺的生产要素

数据要素的价值优势体现在不断融入宏观经济、对需求侧和供给侧产生深刻影响。发达国家较早意识到数据的价值并围绕数据进行战略布局。美国施行“开放政府数据”行动，旨在通过开放公共领域数据增强政府与公众间的互动，巩固美国数据领域的优势地位，并于 2019 年明确提出将数据作为战略资源。英国于 2020 年发布了《国家数据战略》，此后又建立一系列更细化的行动方案来确保战略的有效实施。欧盟推出了作为未来十年的数据战略行动纲要的《欧盟数据战略》，旨在加强成员国之间的数据共享以打造欧洲共同数据空间、构建单一数据市场。我国近年提出加快培育数据要素市场，将数据列为与土地、劳动力、资本、技术并列的第五大生产要素，目前已经进入数据资源化阶段，下一步如何推进数据资产化将是构建数据要素市场的关键和核心。

（四）数字贸易新兴业态进一步拓展，成为外向型经济的重要载体

数字贸易成为外向型经济的重要载体，全球服务贸易数字化趋势明显。数字贸易的发展更加依赖包括云存储和计算、数字平台、人工智能、5G 网络以及区块链服务在内的基础性数字服务。按联合国贸易和发展会议统计，2020 年全球数字化交付的服务贸易总额达 31676 亿美元，占全球服务贸易比重为 63.6%，较上年比重提高了 11.76%。根据国务院发展研究中心数据，我国数字服务贸易规模总体呈上升趋势，由 2011 年的 1648.4 亿美元增长至 2020 年的 2939.9 亿美元，年均复合增长率达到 6.6%，数字服务贸易占服务贸易的比重由 36.7%提升至 44.4%。

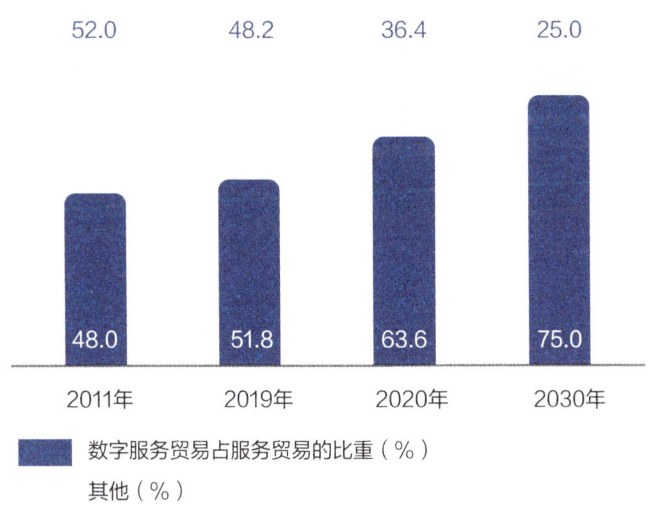

2011—2030 年全球数字服务贸易比重变化情况

数据来源：联合国贸易和发展会议

（五）数字安全底线意识进一步增强，成为数字治理的核心议题

对数字安全的重视程度随着数字经济的发展迅速提高。从政府层面来看，目前越来越多的政府官员已经认识到数字安全在国民经济发展中的重要地位，

并积极采取措施进行应对。例如，2021 年 4 月，欧盟将数据安全列为网络安全局最高优先级的重点研究方向。截至 2020 年 12 月，英国政府向数字安全软件开发和商业示范投入 7000 万英镑。从企业层面来看，对数字安全的担忧将在很大程度上阻碍企业的数字化转型，对数字安全技术的重视导致企业持续加大对该领域的资金、人员和技术的投入。

二、其他城市数字经济发展经验

数字经济发展得到各国政府的高度重视，我国把技术创新、制造业数字化转型和数字政府建设作为数字经济发展的重要抓手。国内北京、上海、杭州三大城市注重提前规划、发挥优势、赋能实体经济等，成为我国数字经济发展的领先地区。

（一）北京制定数字经济战略规划、精准布局高精尖产业

北京充分发挥首都示范辐射能力的优势，是目前国内数字经济的标杆城市。2021 年北京市数字经济核心产业增加值 8900 亿元，同比增长 16.4%，占 GDP 比重为 22.1%。

1. 制定数字经济发展全链条、全景式规划。《北京市关于加快建设全球数字经济标杆城市的实施方案》明确了北京市加快发展数字经济的战略规划，计划打造包括城市数字智能转型、国际数据要素配置、新兴数字产业孵化、全球数字技术创新、数字治理中国方案、数字经济对外合作在内的“六个高地”，力争到 2025 年进入国际先进数字经济城市行列，到 2030 年建设成为全球数字经济标杆城市。

2. 精准布局高精尖领域和高端业态。《北京市“十四五”时期高精尖产业发展规划》明确发展先进制造业，集成电路、智能网联汽车、智能制造与装备、绿色能源与节能环保等均是目前的重点方向。传统制造业的国企龙头也加速数字化转型升级进程，例如，北汽集团在车联网、车载计算机及智能等新兴产业领域展开技术研发、产品创新，逐步实现用户、业务、价值链运

营数字化。

（二）上海发挥应用场景和金融优势，推动新兴产业集聚

上海全面推进城市数字化转型和数字基础设施建设。根据上海市经济和信息化委员会公布的数据，预计 2021 年上海数字经济核心产业增加值超过 5000 亿元，占 GDP 比重约 12%。

1. 以应用场景建设推动产业集聚。上海市提出“工赋上海”行动，已推动 300 多家企业进行创新工业互联网应用，其中包括集成电路、生物医药等重点领域。通过开展“人工智能应用场景建设实施计划”，公布应用场景需求并向全球征集解决方案等，以应用场景建设推动产业集聚。截至 2021 年 9 月底，上海人工智能相关企业已超过 1200 家，规上产业规模已达 2000 多亿元。上海也是全国首个将元宇宙写进城市“十四五”规划的城市。

2. 发挥科创板优势培育优质企业。科创板作为重点支持新一代信息技术、高端装备、新材料、新能源、节能环保以及生物医药等高新技术产业和战略性新兴产业的重要平台，为上海市吸引了一大批优质新经济、高技术企业。如中芯国际作为中国内地技术最先进的集成电路制造企业，拥有全球化的制造和服务基地，于 2020 年 7 月在科创板上市，并且以 532.3 亿元的募资金额位居科创板榜首，中芯国际所在的张江科学城汇聚一批上下游企业，成为我国集成电路产业制造重镇。

（三）杭州提前布局数字经济，赋能实体产业发展

杭州依托其互联网为核心的信息产业，数字经济的发展水平处于国内第一梯队。2021 年杭州数字经济核心产业增加值 4905 亿元，同比增长 11.5%，高于 GDP 增速 3 个百分点，占 GDP 的 27.1%。

1. 超前谋划数字经济产业发展。近年来，杭州市将数字经济定位为全市“一号工程”，先后出台了《杭州市数字经济发展“十四五”规划》等政策文件，在产业结构优化、科技创新能力、数字治理能力、数据要素市场培育、制度标准建设等方面明确了发展方向和路径，为全市数字经济产业发展提供有力

抓手。布局之江实验室等创新载体，建设了一系列新兴平台，挖掘科技创新对数字经济的牵引作用，形成应用开发与实体产业培育相互促进的良好创新生态体系。

2. 杭州以数字经济赋能实体经济发展。农业方面，持续深化“互联网+农业”建设，催生农业全链服务，生产领域的智慧应用为农业企业提高效率35%以上；制造业方面，率先走出一条从“机器换人”到“工厂物联网”再到“企业上云”的智能制造之路；服务业方面，充分释放在贸易、金融、物流、文创等重点服务领域的数字化优势，打造数字经济服务业特色品牌，推进“新零售示范之城”建设，打造全球数字贸易中心。

三、深圳发展数字经济的四大优势

2021 年，深圳市地区生产总值达到 3.07 万亿元，数字经济核心产业增加值突破 9000 亿元，占 GDP 比重升至 30.6%，同比增长 6.8%，总量和比重均位居全国第一。据中国信通院研究，深圳与北京、上海是数字经济综合引领型城市，位列城市数字经济竞争力第一梯队。深圳在基础设施、技术研发、应用场景、立法和政策方面都具备全国领先的优势，为高标准、高质量打造全球数字经济先锋城市奠定了坚实的基础。

（一）数字基础设施建设领先，为数字经济壮大奠定坚实底座

深圳在数字基础设施建设方面取得较大进展。通信网络基础设施方面，深圳构建了“5G+千兆光网+智慧专网+卫星网+物联网”的通信网络基础设施体系，极大推动传输能级跃升。在全球率先实现 5G 独立组网全市域覆盖，截至 2021 年 10 月，累计建成 5G 基站 5 万个，基站密度达每平方公里 24.68 个，位居全国第一。5G 用户达 761 万，5G 用户及流量占比居一线城市首位。数据基础设施方面，深圳数据中心机架数约 2.5 万，规模在广东排名第二，近两年正在建设粤港澳大湾区大数据中心、深圳数据交易所等重大平台，支撑数据要素资源化和资产化。算力基础设施方面，深圳在 2021 全国 AI 计算力发展城

市排行榜中名列第三、大湾区第一。正在建设中的“鹏城云脑”AI计算集群、国家超级计算深圳中心的E级计算机，将进一步为数字技术研发提供强大的算力底座。

（二）自主创新能力持续增强，为科技产业创新发展增添活力

2021年深圳在科技创新领域投入378.8亿元，比2020年增长12.5%，重点支持基础研究、关键核心攻关、重大科技项目和重大创新平台建设。截至2021年底，深圳各类创新载体达到3070个，国家高新技术企业总量超过1.7万家，居广东省第一、全国大中城市第二。

创新载体方面，深圳高起点建立了鹏城实验室、人工智能与数字经济广东省实验室（深圳）、粤港澳大湾区数字经济研究院；推动全国首家开放原子开源技术服务中心落户，为数字经济发展提供智力支撑和空间承载。深圳获批组建国家5G中高频器件创新中心、广东省第三代半导体技术创新中心；拥有三个工信部跨行业跨领域工业互联网平台——腾讯WeMake工业互联网平台、华为FusionPlant工业互联网平台和富士康Fii Cloud工业互联网平台；深圳的腾讯、华为、平安、商汤分别承担医疗影像、基础软硬件、普惠金融、智能视觉四个国家级人工智能开放创新平台建设，为科技支撑产业创新增添新动能。

（三）行业应用场景遍地开花，为技术赋能实体经济树立标杆

行业应用方面，深圳涌现出一批产业数字化的典型应用案例。金融领域，深圳利用数字人民币第一批试点城市的先发优势，成为人民银行批准的全国首家开展数字人民币外部可控试点城市。截至2021年末，深圳已落地近40万个数字人民币应用场景。医疗领域，腾讯医疗影像辅助诊断系统“觅影”评为国家新一代人工智能开放创新平台。安防领域，云天励飞“深目”系统协助深圳公安破获1万多起各类案件，协助找回160多名失踪儿童和走失老人，荣获国内人工智能最高荣誉吴文俊人工智能科技进步奖。

深圳典型行业应用场景及代表性企业

应用场景	代表性企业
智慧医疗	腾讯、平安科技、晶泰科技
智慧城市	商汤科技、云天励飞
自动驾驶	AutoX、元戎启行
机器人	大疆创新、优必选
智慧金融	微众银行、平安壹账通
智慧语音	北科瑞声、追一科技

公共服务方面，深圳在国家行政学院电子政务研究中心公布的2020年国家网上政务服务能力全国城市排名中位居第一。自2019年起推出“i深圳”统一政务服务APP，目前政务服务事项99.94%实现“最多跑一次”、93.19%实现“不见面审批”。疫情暴发后率先推出“深i您”健康码无接触通行模式，有效支撑人口有序流动、减少聚集性风险，为模式实现全国推广提供先行先试。

（四）法律政策标准逐步完善，为数字经济行稳致远“保驾护航”

立法方面，深圳利用经济特区立法权，围绕数据、数字经济、人工智能、智能网联汽车等新兴领域率先立法。率先出台的《深圳经济特区数据条例》，率先探索公共数据的流通，为建设数据要素市场奠定制度基础，并在市政府、福田区、南山区、宝安区、坪山区试点“首席数据官”。政策方面，深圳制定加速培育20大战略性新兴产业集群与8大未来产业集群的行动计划，重点发展集成电路等“卡脖子”行业，提前布局区块链、量子信息、类脑智能等未来产业，运用“清单式”的政策工具箱突破关键核心技术受制于人、产业链和供应链不够稳固的问题。标准方面，企业积极参与国内国际行业标准制定，例如微众银行组织了IEEE联邦学习国际标准、我国首个关于联邦学习的团体规范标准制定，为全球可解释人工智能的发展提供“中国方案”。

四、深圳打造全球数字经济先锋城市的路径建议

立足于国家对数字经济采取促进发展和监管规范两手抓的战略部署，对标国内外先进经验，建议深圳“顺应趋势、放眼全球、扬长避短”，把握数字时代发展大潮，充分发挥自身优势，从五大路径发力，打造全国乃至全球数字经济发展的先锋城市，构筑数字经济发展新优势。

（一）统筹推动技术创新与产业化

相关政府部门加快研究制定数字基础设施的中长期发展规划，谋划数字基础设施的发展路径，为数字技术研发与快速应用提供强有力的支撑。支持国家实验室、高校、科研院所、大型科技公司等各类创新主体发挥各自优势，共同构建产学研深度融合的技术创新体系，加快基础研究向技术创新的转化速度，加强大数据、云计算、人工智能等通用数字技术创新及操作系统、高端芯片等卡脖子领域技术攻关，推动具有行业通用性解决方案与软硬件产品的协同研发。支持企业、高校与科研院所参与新兴技术领域的标准制定工作，推动地方标准上升为全国、全球标准。选择人工智能、物联网、工业互联网、智能网联汽车等新兴领域作为突破方向，积极布局“区域级”标准、“国家级”标准，培育未来数字技术竞争的新优势。

（二）系统谋划推进“数实融合”发展

系统谋划“数实融合”，充分利用海量数据和丰富应用场景的优势，在《深圳市国资国企数字化转型实施方案》的基础上，进一步出台支持广大中小企业数字化转型的政策，并依托行业协会、产业联盟总结推广传统产业数字化转型的先进经验，促进数字技术与实体经济深度融合，赋能传统产业转型升级。支持数字科技企业与行业龙头开展深度合作，在金融、交通、商业、能源、旅游、教育、交通、医疗、社区、养老、家政等重点领域打造应用场景标杆项目，对数字解决方案提供方、行业应用方提供优惠政策，降低传统行业技术使用门槛和成本，形成可复制可推广的示范效应。优化数字产业和新业态新模式

发展的金融支持，强化政府政策性引导基金、创投基金等对新兴数字产业和新业态新模式重大工程和示范项目的投资牵引，鼓励金融机构创新开发适应数字经济企业的金融产品和服务。

（三）加快培育数字经济市场主体

发挥政府和国有企业需求侧引导带动作用，积极利用政府采购、创新券、用云券等方式支持优质数字产品和数字化服务的测试应用和示范推广，探索向市民发放涵盖数字产品、数字服务等领域的消费券，进一步引导扩大数字消费市场。对“专精特新”企业加强产业政策的下沉力度和扶持精准性，重点对科创型中小微企业给予在资金、研发、人才等方面的支持，搭建助力业务拓展的行业公共服务平台，从供给侧激发市场活力。引导支持企业运用大数据等数字技术，及时洞察市场需求，优化产品及服务供给，进一步激发智能终端、本地电商、数字内容、文化创意等领域的消费需求，进一步建设以数字消费为特色的“综合型信息消费示范城市”。

（四）积极开展数字贸易国际合作

培育具有国际竞争力的数字贸易企业，扩大视频、影音、游戏等数字内容产品的出口贸易规模，支持教育、医疗等可数字化交付服务开拓国际市场，以国际市场反哺我国数字技术、产品、服务、标准的升级。谋划建设面向“一带一路”国家的数字出口基地，为相关企业提供公共服务平台和基础设施，积极承办或鼓励行业协会举办数字经济领域高质量的国际交流与合作会议，更好满足对东南亚、西亚、俄罗斯、波兰、匈牙利等国家和地区的出口贸易增长需求。积极参与制定国际数字经济发展规则，在影响数字经济发展的数字服务税、跨境数据流动、隐私合规等领域争取更多的话语权与决策权，助力深圳打造数字贸易国际枢纽。

（五）健全完善数字经济安全体系

强化数字安全理论和技术体系研究，鼓励基础电信运营商、行业用户、科研机构、高等院校、安全企业等建立网络安全联合创新中心、实验室等，强化基础网络安全理论研究，布局网络安全领域关键核心技术创新能力。增强网络安全防护和风险防范能力，充分运用大数据、人工智能等新技术，构建境外恶意 IP 监测防御体系，探索建设原生安全的下一代信息基础设施，创新网络安全防御机制，提高网络安全风险防范预警能力，降低各种网络安全风险。提升数据安全保障水平，强化数据安全风险评估、监测预警和应急处置。在国家及行业数据跨境传输安全管理制度框架下，以数据跨境传输（出境）安全管理为试点，建立数据安全保护能力评估认证、数据流通备份审查、跨境数据流通和交易风险评估等数据安全管理机制。支持科技企业开展数据安全领域产品研发和布局，加强隐私计算、数据脱敏、密码等数据安全技术与产品的研发应用，强化数据安全产品和服务供给。

深圳建设全球金融科技中心的战略路径

金融科技已成为全球金融创新变革的核心驱动力与全新主战场。根据金融稳定委员会（Financial Stability Board，FSB，由 G20 成员国于 2009 年组建）定义，金融科技是技术驱动的金融创新，旨在运用现代科技成果改造或创新金融产品、经营模式、业务流程等，推动金融发展提质增效。作为国内最早支持金融科技发展的城市之一，深圳金融科技已实现质的飞跃，在 2022 年英国智库 Z/Yen 集团发布的第 31 期全球金融中心指数“金融科技专项”中位列全球第六。下阶段深圳应对标国内外先进经验，不断锻长板补短板，争取以金融科技实现金融赛道的“弯道超车”，打造成为全球金融科技中心。

一、金融科技发展背景与趋势

（一）新技术赋能传统金融，金融科技业态蓬勃发展

新一轮科技革命背景下，金融科技蓬勃发展，新兴技术与金融业深度融合，日益成为现代金融体系的重要组成部分以及金融创新发展的核心动力，“无科技不金融”已成为行业共识。2013 年起，随着移动支付的竞争日趋激烈，互联网保险、消费金融等新业态都浮出了水面。这些新业态被视作一个整体，引发全社会在认知和观念上的重大变化，汇聚成一股浩浩荡荡的金融科技热潮。近年来，中国金融科技发展围绕业务创新、市场格局、监管政策的变化，覆盖了移动支付、消费金融、数字货币、信用卡、大数据风控等各个领域，金融机构、互联网公司、新兴创业公司也承担起各自不同的角色，其功能快速演变。尤其是运用区块链技术的数字货币或将成为各国金融竞争的战场，截至

2021 年底已有 60 多个国家开展数字货币实验，数字人民币试点也在深圳、苏州、成都等地相继开展实验。

（二）受新冠疫情影响，金融科技行业加速变革

新冠疫情进一步加快了金融科技的融合及运用，加速了金融变革，催生了新的金融产品、金融模式及金融业态。一方面，C 端非接触式交易方式在日常支付、救济发放等方面的大量应用，促使金融科技公司在一些有较强传统支付习惯的地区，更顺畅地推广非接触式交易。另一方面，B 端企业的金融科技也快速发展，尤其是面向小微企业和面向供应链的金融服务成为重要的业务增长点。疫情期间，全国工商联会同 100 多家金融机构依托各自掌握的小微金融数据推出无接触贷款“助微计划”，有效解决了中小微企业资金链断裂的问题，帮助中小微企业加快复工复产。目前北京、上海、重庆、深圳、雄安新区、杭州、苏州、成都、广州、山东等省市区的主要金融机构都创新发展了服务 B 端企业客户的供应链金融科技产品，并申请进入监管沙盒试点测试。

（三）央地政策保驾护航，金融科技发展迈入新阶段

国家层面，2021 年国家“十四五”规划纲要正式提出“数字中国”战略，明确要推进产业数字化、稳妥发展金融科技，加快金融机构数字化转型。中国人民银行印发《金融科技发展规划（2022—2025 年）》明确指出，金融科技作为技术驱动的金融创新，是深化金融供给侧结构性改革、增强金融服务实体经济能力的重要引擎，并勉励金融业“凝心聚力、砥砺奋进”，推动我国金融科技从“立柱架梁”全面迈入“积厚成势”新阶段。深圳层面，2021 年 1 月发布《深圳市数字经济产业创新发展实施方案（2021—2023）》，强调在金融科技方面重点支持基于云计算、大数据、机器学习等技术的金融产品创新。2022 年深圳印发《深圳市扶持金融科技发展若干措施》，在吸引金融科技类企业在深聚集发展、提升深圳金融科技全球影响力等八个方面提出举措，加快金融科技产业升级。从中央到地方，金融科技的支持政策不断涌现，为深圳金融科技行业下阶段发展奠定良好基础。

二、金融科技发展经验及对比

当前，金融科技已成为各地区塑造金融竞争优势的前沿领域。为巩固金融领域领先地位，北京、上海等国际金融中心发挥各自优势，围绕金融科技的创新及监管进行了深入研究、前瞻探索与长远布局。

（一）北京经验

截至2021年，北京拥有全球最多的金融科技上市企业，同时传统金融科技化水平全球领先，以工农中建为代表的传统金融机构正加速数字化转型进程。北京金融科技发展迅猛的背后是政府强劲的政策支持，以及领跑全国的创新监管。北京不仅率先出台中国首份金融科技发展规划《北京市促进金融科技发展规划（2018—2022年）》，启动国家级金融科技示范区建设，而且形成了"1+3+N"互联网金融监管体系，创新性地开发"冒烟指数"和监测预警平台，成为了中国目前唯一正式启动"监管沙盒"的城市。北京版"监管沙箱"累计发布3批22个项目，首批3个项目已完成测试并"出箱"。率先开展资本市场金融科技创新试点，首批16个项目启动入箱。同时每年保持至少出台一项金融科技强相关政策的密集度。

（二）上海经验

自1992年确立建设国际金融中心战略目标以来，大部分外资金融机构选择上海作为中国总部，金融产业迅速发展，头部非银机构、交易所等金融要素集聚，拥有4家全国性交易所，占到中国的一半。上海作为金融产业驱动型的金融科技中心，其金融科技发展同样得益于积极的政策支持与一流的营商环境。人民银行上海总部发布《关于促进金融科技发展 支持上海建设金融科技中心的指导意见》后，上海将发展金融科技上升到了新的战略高度，明确指出建设金融科技中心是上海国际金融中心建设的新内涵、新机遇和新动力，从打造具有全球影响力的金融科技生态等8方面提出40项指导意见，并将推出《关于加快推进上海金融科技中心建设的实施方案》，助力营造一流金融科技发展环境。

三、深圳发展金融科技的现状

深圳发展金融科技的市场优势和区位优势较为明显，连接内地与香港，现有金融科技受众基数大、市场培育成熟，金融科技产业链较为完善。根据证券时报和中国资本市场研究院联合新财富编制的《2021 中国内地城市金融科技竞争力榜》，深圳金融科技竞争力位列全国第三，尤其在金融科技产业方面的实力遥遥领先。

（一）金融科技应用场景丰富

深圳拥有丰富的金融科技应用场景，银行、证券、保险、普惠金融、财富管理、跨境金融等领域应用广泛。

1. 金融业繁荣发展提供丰富的应用场景。2021 年深圳金融业增加值 4739 亿元，占 GDP 比重为 15.4%。人民币存款余额 10.7 万亿元，增长 10.7%，分别高于全国 1.4 个百分点、全省 1.1 个百分点；人民币贷款余额 7.4 万亿元，增长 14.4%，分别高于全国 2.8 个百分点、全省 0.7 个百分点，居主要城市首位；保费收入 1427 亿元，较上年增长 4.23%，分别高于全国 0.07 个百分点、全省 0.15 个百分点；证券交易额 69.1 万亿元，继续大幅增长 44.3%，与上年基本持平。银行领域，截至 2021 年末，深圳银行业资产余额 11.27 万亿元，居全国大中城市第三位。证券领域，深圳证券公司 22 家、基金公司（注册地口径）32 家，居全国第二；境内上市公司 364 家，数量居全国第三。保险领域，27 家法人保险公司总资产 5.75 万亿元，居全国第二。同时深圳大力推动跨境金融业务，形成六个跨境双向的全通道金融政策和业务体系。2021 年率先开展跨国公司本外币一体化资金池试点、“跨境理财通”业务试点等，均为金融科技发展提供了丰富的应用场景。

2. 不断推动金融科技在各类场景的落地实践。2019 年 10 月，深圳人民银行联合多部门启动深圳市金融科技应用试点。截至 2021 年 3 月末，深圳市 29 个金融科技应用试点项目已全部上线运行，在抗击疫情、安全可控和惠民利企等方面成效显著。2020 年 10 月，深圳在国内率先开展数字人民币外部可控试点，目前已落地试点场景超 4 万个，覆盖生活服务、零售消费、餐饮服务、交通出行等领域。发布国内首支金融科技指数并挂牌首个基金产品。各金融机构不断探索金融科技业务，亮点纷呈，如中信银行搭建全球首个自主可控基于云架构平台的信用卡核心系统，招商银行建立全业务流实时监测与运营平台等。

（二）金融科技企业与基础设施集聚

深圳拥有诸多金融科技巨头企业、重量级金融机构和基础设施，在提升科技金融产业链成熟度方面发挥引领作用。

1. 深圳金融科技企业实力雄厚。一是拥有中国平安、腾讯金科、微众银行、招商金科等一批国内外领先的金融科技龙头企业，平安集团坚持“综合金融 + 医疗健康”双轮驱动战略，加大科技投入力度，根据世界知识产权组织（WIPO）专利数据库发布的数据显示，平安集团金融科技专利申请量位列全球第一，截至 2021 年底，集团科技专利申请数累计达 38420 项，金融科技及数字医疗专利保持全球第一位。招商银行是银行业数字化转型先行者，推出业内首家人工智能投顾服务。二是技术创新型企业集聚助力金融技术迭代，深圳境内外信息技术行业上市公司市值超 7 万亿元，约为上海的 4 倍，北京的 2 倍，拥有华为、腾讯等行业龙头企业，以及华锐科技、价值在线等金融科技细分领域技术领先的企业，依托其成熟的云计算、人工智能、机器学习等核心技术，成为金融科技重要的设备供应商和产品研发企业。

2. 系统性的重要金融机构与基础设施落户深圳。拥有中国两大证券交易所之一——深圳证券交易所，深圳证券交易所自 2017 年设立金融科技发展中心以来，与头部券商合作开展产业链图谱与智能化监管研究，自主研发新一代核心交易系统，为金融业提供了一个开创性的案例。央行数字货币研究所金融科技研究院、未来金融监管科技研究院、全国唯一的金融科技测评中心、全国首家市场化个人征信公司百行征信等一批金融科技重要机构在深圳落地发展，为金融科技发展提供了基础设施保障。

（三）金融科技创新监管走在全国前列

当前，深圳在科技治理、数据合规流转等方面走在全国的前列，助力深圳金融科技守正创新。

1. 出台系列完善区域金融科技监管政策治理体系。针对科技手段在金融领域大规模应用带来的风险和问题，构建了“1+1+3”监管政策体系，借鉴股权分置改革经验，在全国率先发布《深圳市网络借贷信息中介机构良性退出指引》，提出了“2/3+ 双过半”的退出方案表决规则，并配套发布了《清产核资指引》《知情人举报指引》和《失信惩戒指引》，引导实现了网贷平台有序良性退出。针对以虚拟货币、元宇宙等名义进行的非法集资风险进行前瞻研究和风险提示。成立深圳市金融科技伦理委员会，发布《深圳市金融科技伦理宣言》，成为全国第一个由监管部门推动、业界积极参与的关于金融科技伦理建设的专业组织。

2. 开展金融科技创新监管试点。沙盒监管是目前业界公认的金融科技监管最为成功的方式，深圳启动金融科技创新监管试点，已推动两批 7 个试点项目入盒测试，聚焦于区块链、大数据、人工智能等前沿技术，涵盖中小微企业融资智慧风控、供应链金融、信用普惠服务、跨境人民币收款等金融应用场景，引导持牌金融机构、科技公司在依法合规、风险可控前提下，探索运用新兴技术手段驱动金融创新，更好服务深圳经济发展。

3. 强化技术在金融监管的应用。“深圳市金融风险监测预警平台”通过整合互联网公开信息、政务数据、银行资金账户异动信息、信访投诉举报等信息，构建了地方金融风险基础数据库，并以人、资金、业务为主线编制“海豚指数（DOLPHIN）”，对辖内 24 万家新兴金融企业风险进行全方位实时监测，对部分违法线索移交公安打击。加强网贷机构信息报送质量校验，构建了业务合同、银行流水、财务报表勾稽关系等多重角度的数据真实性核验体系。依托公民 eID 数字身份提供可信身份认证和电子签名能力，运用区块链等技术构建政务数据安全校验平台，实现个人政务数据的合规流转。

（四）多层次打造金融科技人才高地

深圳紧抓金融科技人才建设工程，陆续发布多项人才政策，涵盖人才引进、培养、激励等多领域，构筑金融科技人才高地，加速深圳金融科技生态体系建设。

1. 加大人才引进力度。深圳市公布《扶持金融科技发展若干措施》，支持符合条件的金融科技机构申请博士后工作站、创新实践基地，鼓励在站博士后开展课题研究和技术成果转换。

2. 专项聚焦人才培养。启动“深圳市百千万金融人才培养工程”，加大金融科技人才培养力度，提高金融科技人才在百千万工程中的占比。2019 年 3 月，深圳联合港澳金管局推行“深港澳金融科技师”专才计划，构建金融科技先发优势，建立金融科技人才培养机制，向三地金融市场源源不断输送熟悉全球金融规则、胜任各类型岗位的拔尖金融科技专家型人才，确保在全球范围内具备市场攻坚力、管理穿透力和专业竞争力。目前获得认证的“深港澳金融科技师”认证目标已超过 1000 人。同时，支持相关机构开办深圳金融领军人才金融科技研修班和“深港澳金融科技师”专题培训，按审计开办费用的 50%给予支持，推动建立常态化的金融人才培养机制。

3. 强化专业人才激励。深圳大力激励金融科技领域人才，陆续落地“香蜜湖金融科技创新奖”“深圳市金融创新奖和金融科技专项奖”等项目奖励。福田区还发布专门的金融科技人才奖励政策，将对取得“深港澳金融科技师”二级以上资格证书，且在福田区内同一家金融科技企业（机构）全职工作的人才给予奖励。配套奖励政策有效扩大专才计划的社会影响力与公信力，使金融科技从业人员和业内机构认识到“金融 + 科技”复合人才的真实价值，促成人才在粤港澳地区标准化流动的良性循环。

同时也要认识到，当前深圳科技金融发展还存在一些不足。根据中国金融科技人才培养与发展研讨会发布我国主要城市金融科技人才发展 HOPE 指数，深圳总体排名位居第二，但其中人力资源水平（Human Resource）仅为 22.93 分，在 20 个城市中排名第 9 位，相比北京、上海等地，金融科技人才培养与储备不足，深圳金融科技发展需要弥补人才基础劣势。此外还存在金融机构总部数量和盈利能力有待提升、金融科技载体建设有待加强等问题。

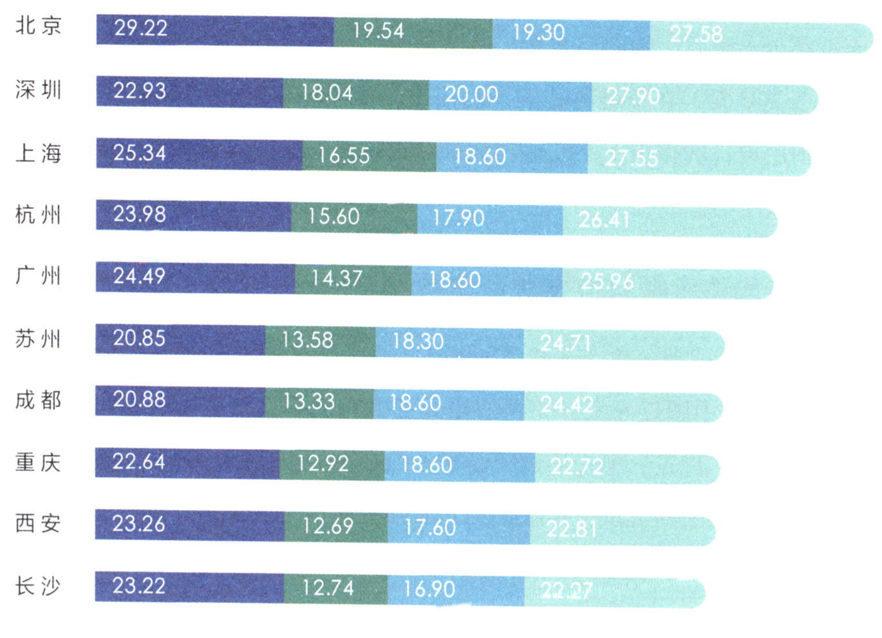

数据来源："中国金融科技人才培养与发展研讨会"发布（会议由中国银行业协会、国家金融与发展实验室学术指导，金融科技 50 人论坛承办）

三、对策建议

从深圳打造全球金融科技中心、提升国际影响力的角度出发，从待解决的重要性上看，建议从六方面着手：

（一）加快出台金融科技专项规划

目前，北京、杭州、上海等地已相继出台《北京市促进金融科技发展规划（2018—2022 年）》《杭州国际金融科技中心建设专项规划》《加快推进上海金融科技中心建设实施方案》等相关发展规划，为区域内金融科技发展指明方向，同时在助力推动金融科技项目落地、科研进展、要素积聚等方面发挥了重要作用。当前深圳在明确未来发展方向、各主体定位、工作重心、区域协调等方面则缺少市级层面的明确方案，亟需针对性地制定专项规划以统筹整合各类主体、各类要素，在金融科技的产品研发、成果转化、产品市场化等各阶段，在有效顶层设计的指引下不断锻长板补短板，推动深圳建设成为首屈一指的国际金融科技中心。

（二）构建金融科技投融资体系

《2021 年全球独角兽企业榜单》数据显示，金融科技领域的独角兽企业中，美国占 67 家、中国仅 6 家，完善的投融资生态体系正是美国金融科技领先全球的关键因素。首先，率先构建较为完善的金融科技投融资体系，推动符合条件的金融企业在国内上市、再融资和开展并购重组。其次，支持设立金融科技风险投资基金，发挥创业投资引导基金作用、吸引更多社会资本投资金融科技项目。再次，支持金融科技企业以基础技术和知识产权运营收入为底层资产，探索发行证券化产品，拓宽金融科技企业融资渠道。

（三）加快推进金融科技监管创新

通过监管沙盒的实施，可有效提升深圳对金融科技参与的监管能力，构建安全高效的监管科技生态系统。一方面，通过监管沙盒探索跨境合作，对接国际既有金融科技监管体系，开展双多边监管沙盒标准互认，加入全球金融创新网络。另一方面，适当放宽入盒标准，鼓励更多金融机构进入监管沙盒，并加快制定明确的出盒标准，鼓励出盒项目尽快落地。

（四）促进金融科技人才集聚

人才是金融科技行业发展的根本动力，而目前深圳金融科技人才缺口在一线城市中是最突出的，亟须加大金融科技人才引进培养力度。首先，梳理现有高等教育资源，参考北京大学发起设立了金融科技研究中心、区块链研究中心案例，加大力度鼓励深圳高校院所设立金融科技研究机构和学术组织，并加强与香港院校的项目合作与人才输送机制建设。其次，在全市范围内出台扶持“深港澳金融科技师”专才计划的政策，逐步完善深港间互通的人才认定体系与标准，为金融科技人才跨区就业提供更多便利与条件。最后，全方位打造人才宜居环境，吸引高端人才落户并长期定居深圳，除了提高福利待遇等传统引才手段以外，加快完善教育、医疗、社区等配套设施，推动人才稳定留深发展。

（五）推进金融科技标准化建设

掌握金融标准化建设的主导权，即掌握了未来金融科技发展的主控权。利用好金融科技产业生态完整、应用场景丰富的突出优势，率先在国内完成标准化体系建设，每年分步骤支持若干项金融科技标准制定工作，并不断扩展这些标准的应用范围、扩大影响力。在此过程中，发挥行业协会价值，支持更多行业标准落地及运营，通过组织相关企业参与编制团体标准、行业标准和地方标准，积极参与联合国、ISO 等国际标准的制定工作，结合金融科技专利体系的建设，快速形成行业话语权。

（六）打造金融科技高端活动品牌

近年来国内外主要金融科技中心城市均已打造出系列高级别行业论坛及峰会，如美国的“朗迪峰会”，北京的“中国金融科技大会”“中关村金融科技论坛年会”，上海的“外滩大会”，杭州的“中国・杭州金融科技峰会”，苏州的“中国金融科技产业峰会”等。通过论坛的聚合作用，可为政府官员、专家学者、投资人、全球企业、科研机构、创业团队提供充分交流研讨的平台。一方面，整合现有国际金融博览会、金融科技全球峰会、金融科技发展论坛等平台，高水平举办“全球金融科技节”，打造深圳金融科技的高端品牌。另一方面，金融科技领先企业牵头成立相关联盟，将论坛的宣传与传播工作制度化，通过秘书处的运作方式，协助政府主办部门，承办相关交流活动，共同打造深圳国际化金融科技高端论坛品牌。

新时期深圳加快集聚国际组织的思路建议

国际组织作为全球治理的重要主体和国际交往的高级形式，在全球体系的建设中扮演着关键角色，是经济全球化进程中的重要一环。《意见》指出推动更多国际组织和机构落户深圳。新阶段，深圳应进一步引进国际组织落户，利用产业基础、科技创新等优势，积极参与全球治理，不断提升国际地位与影响力。

一、背景意义

国际组织专指具有国际性行为特征，由两个以上国家政府或其他行为体，为实现共同目的，以一定的协议形式设立的非营利机构，旨在通过成员间的合作实现共同目标。自工业革命，经由两次世界大战及冷战的洗礼，国际组织也发展出了多样的运行模式和聚焦领域，其职能覆盖了整个国际社会。

（一）面临多边国际格局，国际组织成为影响地区形势的关键支点

在现有的国际环境下，国际组织是全球治理的重要参与者；同单一主权国家相比，国际组织有着更为广泛的认可度和影响力，是当今各国及地区沟通合作的重要桥梁和平台。随着全球公共领域的逐渐扩张，社会议题逐渐全球化，同时，全球化进程的日益深入使得全球秩序正加速变革，国际环境日趋复杂。此条件下，国际组织作为协调多边立场和制定国际规则的重要主体，在全球事务及全球治理中所发挥的作用将更为显著。

另外，随着人类不断扩充如太空、人工智能等新疆域，国际组织可通过制定规则等方式改变或影响各国或各地区在未来国际格局中的角色位置。在新兴领域，国际组织推动新机制和新规则的制定，不仅补充或规避原有体系中的不足或缺陷、提供了应对新兴领域问题的解决思路，更为广大发展中国家提供了相对平等的参与机会，为其提供完善全球治理体制的参与通道。从长远看，参与国际组织始终是国际舞台上博弈长期话语权、资源主导权的重要方式。同时也应意识到，随着当前国际关系和权力结构的变化，争夺全球治理话语权和规则制定权的博弈日趋激烈，更凸显了国际组织的重要性和对全球治理人才的迫切需求。

（二）响应中央政策，中国通过国际组织积极参与全球治理

从理论角度来看，中国需要参与全球治理，改变国际组织“单边治理”的格局和传统，促进全球治理和地区治理的公平性和全面性。习近平总书记提出构建人类命运共同体的理念，自 2015 年首次在第 70 届联合国大会上提出，多次在联合国系统内得到认可与呼应。作为多边主义和团结合作的坚定倡导者，联合国也期待中国在国际体系改革等重要问题上发挥更大作用。

从具体实践中也可看出，中国近年已逐渐扩大了与各主要政府间组织、国际组织、区域组织的合作并加深了参与程度，取得了一定的成果和影响力。如中国倡议并推动建立亚洲基础设施投资银行、金砖国家新开发银行等，为全球治理体制建设提供重要补充。中国积极在上海合作组织中发挥引领作用，提出亚洲安全观等理念，也已经成为推动亚洲区域治理的重要力量。

（三）大力发展国际组织，是深圳形成新优势与新竞争力的关键抓手

吸引国际组织进驻深圳，可塑造深圳的城市形象，增加城市活力，促进经济和相关产业发展，吸引人才入驻。深圳早在 2011 年便印发《深圳市推进国际化城市建设行动纲要》，提出加快建设国际化城市可促进深圳加快转变经济发展方式，进一步提升城市发展水平。集聚全球性高端人才、资源、平台等有

助于深圳高质量发展。深圳有潜力成为一个创新发展国际治理的基地和枢纽，在国际社会上发挥应有的作用。

对于深圳的国内影响而言，大力发展国际组织和开展相关国际活动，可以使深圳在国内成为新兴话题与领域的孵化站甚至是典型案例，争取更多政策利好。随着《意见》《综合改革试点实施方案》等文件出台，深圳站在新的历史起点上，肩负着建设中国特色社会主义先行示范区和粤港澳大湾区重要引擎的重大使命。深圳这座城市可以成为中国国家文化软实力的重要组成部分。

二、深圳集聚国际组织的基础优势

（一）深圳国际组织发展现状

深圳国际组织发展目前仍处于起步阶段，但近年来深圳逐步重视国际资源对接，大力引进和推动国际组织落地，加强国际传播能力建设，提升全球话语权。

1. 推动国际组织落地深圳。首先，引进联合国教科文组织高等教育创新中心。联合国教育、科学及文化组织（下称“教科文组织”）2016 年在深圳正式设立了中国第一个高等教育领域的教科文组织二类机构，即联合国教科文组织高等教育创新中心（中国深圳）（International Centre for Higher Education Innovation under the auspices of UNESCO，简称“创新中心”，英文简称“UNESCO-ICHEI”）。创新中心依托深圳市信息通信技术（ICT）产业优势，结合中国高等教育大众化经验，着眼于海上丝绸之路沿线发展中国家对数字化转型的需求，通过与各国旗舰大学合作，加强大学教师开展在线与混合式教学的能力，促进亚非高等院校的数字化转型，以此扩大终身学习和优质、公平教育的机会。其次，落地金砖国家未来网络研究院中国分院。2018 年 9 月召开的第四届金砖国家通信部长会议正式批准建立“金砖国家未来网络研究院”，鼓励和支持金砖各国建立分支机构。2019 年 8 月 6 日，金砖国家未来网络研究院中国分院在深圳揭牌成立。目前，中国分院正通过工信部积极争取金砖国家未来网络研究院理事会秘书处落户深圳。

2. 主动设立和谋划国际组织。首先，推动设立联合国开发计划署可持续发展金融与技术中心，聚焦数字化及科技创新领域的关键问题，更有效地配置公共和私营金融资源支持 2030 年议程。目前正以设立享有完全外交地位的联合国开发计划署直属机构为目标推动中心落户工作。其次，精心谋划全球创新城市合作组织，该组织是深圳全力筹建的国际组织，其愿景是共建世界开放创新平台，加强城市间各领域创新交流与合作，以创新赋能城市可持续发展，以创新引领城市经济发展、社会进步、民生改善。2021 年 1 月，全国对外友协正式函复同意担任创合组织业务主管单位。目前，会员招募工作正稳步推进，已有 7 个国外城市、8 个国内城市和 36 个优质机构同意加入全球创新城市合作组织。再次，积极对接国际组织资源，2021 年举办中国（深圳）国际组织合作发展论坛，与联合国工业发展组织共同举办五洲工业发展论坛，邀请国际组织、国际企业专家，强化资源整合，更好地发挥国际组织作用赋能城市发展。

3. 加强国际组织传播。2015 年 5 月，深圳市政府向教科文组织捐赠 200 万美元，设立“联合国教科文组织—深圳信托基金”，以期开展国际高等教育领域的工作。基金项目的亚洲部分聚焦信息通信技术（ICT）驱动的高等教育创新和高校能力建设，非洲部分聚焦高等教育质量保障机构的建设和强化。基金项目获得了教科文组织系统、亚洲和非洲国家以及国际高等教育界的广泛关注，特别是通过项目直接受益的亚洲两国和非洲十国的政府以及试点大学对基金项目给予了高度认可。教科文组织评价深圳信托基金项目“在支持教科文组织履行其高等教育职责方面发挥了独特而显著的作用，是南南合作的典范”。首期深圳信托基金项目的亚洲部分已于 2019 年顺利结题，向全球高等教育利益相关者展示深圳在促进国际合作、实践国际项目方面的力量与风采；非洲部分在 2022 年教科文组织第三届世界高等教育大会上顺利结题，在深圳支持下非洲国家高等教育质量保障体系的建设与提升工作，得到了来自多个参与国家与教科文组织高教部门的充分肯定。常驻深圳的创新中心牵头发起设立了国际网络教育学院（The International Institute of Online Education，简称 IIOE），IIOE 平台通过多方募集、主导制作，累计提供了 600 多门利用 ICT 赋能高校教师在线多语言课程，从 2020 年 9 月开始，IIOE 还采用创新教学方法开展了多场云计算、大数据、物联网、人工智能等领域的教师信息化能力在线培训，利用自主学习与直播互动的有机结合，对自135个国家与地区的超过12000人次教师进行了培训，为发展中国家高校教师的信息能力发展提供支持，彰显了深圳在促进网络空间中的多边文化交流、学术往来、人才交流、知识分享方面的国际影响力。

（二）深圳集聚国际组织的优势

1. 作为改革开放的城市模版，深圳为国际组织的发展提供了良好的政策环境。以印发的《深圳市推进国际化城市建设行动纲要（2011）》为里程碑，深圳秉持着开放、先锋的思路持续制定一系列政策及城市规划，并将打造国际化城市作为城市方向，充分鼓励以国际组织为代表的全球机构入驻深圳。2019年6月深圳印发《关于推进国际化街区建设 提升城市国际化水平的实施意见》，12月印发《关于加强国际语言环境建设全面提升公共服务国际化水平的工作方案》；2021年深圳“十四五”规划提出全面提升城市对外交往能力与文化辐射力，引进国际组织和机构落户深圳。

2. 深圳着力打造国际化街区及国际语言环境，营造国际化氛围以吸引国际组织、国际人才入驻。深圳在全国首创“越深圳、越国际”国际化街区建设体系，制定了“146”总体发展框架，即以引领国际化城市建设高质量发展为“一个中心”，坚持产城人融合、可持续发展、因地制宜、共建共享“四个理念”，从规划建设、公共服务、人才服务、智慧化发展、国际化氛围及对外宣介等“六个方面”，高水平推进首批20个国际化街区建设，以点带面，提升城市国际化水平。深圳持续推进国际语言环境建设，以重点场所和领域为着力点加强公示语外文标识建设，成功举办六届“深圳市民讲外语”英语大赛，提高市民的国际交往能力。

3. 深圳作为高科技企业与产业聚集地，为国际组织、尤其是关注新兴及前沿领域的国际组织提供了良好的基础设施和经济条件。金砖国家未来网络研究院专家曾表示，深圳的通信网络，尤其是5G，无论是技术、产业或制造水平都处于全球领先水平，优质企业也比较多。深圳要广泛地对接国际组织，以促进科技创新能力的能力建设和平台建设，推动具有包容性的国际科技治理规则与讨论，与国际组织共同开展国际协同创新。

三、政策建议

综合分析国际组织的意义与价值、深圳发展国际组织的优势与潜力，以及对标全球在吸引国际组织方面表现突出的城市，创新中心作为深圳第一所国际组织，总结了建立以来的实践经验及业已取得的成就，提出以下四点建议，为深圳日后推进国际组织发展及传播提供参考。

（一）利用粤港澳大湾区城市群优势打造国际组织集群

随着“粤港澳大湾区”系列政策逐渐成形与完善，联动“国际化城市新客厅”“世界级创新城市”等创想，深圳应考虑维持多元、先进、国际化的视角，并坚持长期、全面、前瞻性的战略，将发展国际组织这一工作系统地融入并规划到政府未来的倡议、决策和行动之中，吸引更多国际组织来到粤港澳大湾区城市群落户，并以此为基地建设国际组织集群。

（二）加强与全球国际组织的项目合作与交流

参加项目合作与交流、主办或承办国际组织活动既是城市参与国际组织的重要模式和路径，也是实现城市公共外交能力和综合国际地位提升的重要方式。国务院在2021年发布的《新时代的中国国际发展合作》白皮书中，呼吁以人类命运共同体理念为指引，以正确义利观为价值导向，在力所能及的范围内积极开展国际发展合作。结合城市的发展诉求与国家的号召，深圳可考虑积极加入国际组织活动和伙伴网络，持续以城市单位和政府名义参与、支持、推动国际组织项目（如联合国教科文组织—深圳信托基金），加大财政支持与资源投入，同时积极参与或组织全球范围内的国际会议与交流，进一步提升深圳在国际组织舞台的活跃度与可见度。

（三）支持国际组织对外传播深圳经验

通过国际组织的平台传播深圳经验，分享深圳成就，不仅可以为深圳参与国际议题提供空间，更能建设深圳的国际话语权。深圳政府可考虑密切关注入驻深圳的国际组织所取得的工作成绩，加强对相关项目及驻深国际组织对外传播的支持工作，辅助驻深国际组织争取国家层面和全球层面的宣传机会与渠道，从而提高深圳的国际关注度与地位，也可使深圳“利益社会化”、使深圳方案“变成国际方案”。

（四）制定引进培育国际组织人才的政策

建设国际组织需要充分的人才储备，“引得进”“用得好”“留得住”，方能实现国际组织及相关事务、影响力的可持续发展。十年树木，百年树人，国际组织及全球治理人才的培养并非一蹴而就，需要立足长远、注重长期投入和积淀，更需要完善教育体制和人才保障机制。为使深圳具备长期发展国际组织的实力，相关政策制定者可考虑借鉴国际标准与经验，结合科技与经济水平等深圳本土优势，培育、引进、持续吸引国际组织人才，关注国际组织工作人员专业能力建设，并为国际组织工作人员打通能最终为深圳城市建设服务的职业发展路径和选择。

深圳打造可持续发展城市的战略路径

随着可持续发展概念的逐步完善，人类对于资源、环境、经济和社会协调发展的共同愿景更加明晰。建设国家可持续发展示范区是中国作为一个负责任的发展中大国，落实联合国《2030年可持续发展议程》、参与全球治理的务实行动。近年来，深圳勇于担当全国可持续发展探路先锋的新使命，在大力推动绿色发展、循环发展、低碳发展，最大限度地促进环境与经济社会协调发展、人与自然和谐共生等方面作出巨大努力。在最新发布的《中国经济绿色发展报告》中，根据城市尺度的绿色发展指数排序，深圳位居全国首位。深圳作为全世界知名的创新创业创意之都，未来将继续以创新引领超大型城市的可持续发展。

一、可持续发展城市的定义与内涵

可持续发展城市是指在全球实施可持续发展的过程中，城市系统结构和功能相互协调，通过均衡地分布农业、工业、交通等城市活动，促使城市新的结构、功能与原有结构、功能和谐一致。可持续发展城市的评价维度主要包括以下四大维度：资源维度、环境维度、经济维度和社会维度。

从资源维度看，世界银行经济学家赫尔曼·戴利提出三条要求：第一，社会使用可再生资源的速度，不得超过可再生资源的更新速度；第二，社会使用非再生资源的速度，不得超过作为其替代品的、可持续利用的可再生资源的开发速度；第三，社会排放污染物的速度，不得超过环境对污染物的吸纳速度。

从环境维度看，联合国发布的《2030年可持续发展议程》中，明确提出了2030年全球可持续发展的17个目标，其中有3个与环境高度相关的发展目标，包括为所有人提供水和卫生设施并对其进行可持续管理；采取紧急行动应对气候变化及其影响；保护、恢复和促进可持续利用陆地生态系统，可持续管理森林，防治荒漠化，制止和扭转土地退化，遏制生物多样性的丧失。

从经济维度看，提升城市的生产效率及物质产品的产出，是保障城市可持续发展的基石。除此之外，促进持久、包容和可持续经济增长，以促进生产性就业和人人获得体面工作是联合国发布的《2030年可持续发展议程》的发展目标之一。

从社会维度看，创建和平、包容的社会环境以促进可持续发展，主要包括以下方面。第一，确保包容和公平的优质教育，让全民终身享有学习机会；第二，实现性别平等，增强所有妇女和女童的权能；第三，在城市各级建立有效和负责的司法机构；第四，促进构建包容和平等的社会舆论氛围。

2020年发布的《可持续发展蓝皮书：中国可持续发展评价报告》，基于中国可持续发展评价指标体系的基本框架，对各省份及100座大中城市的可持续发展情况进行排名，综合排名前五的城市分别是珠海、北京、深圳、杭州和广州。该蓝皮书显示，中国可持续发展状况得到稳步改善，发展较为平稳。接下来，我们将聚焦全球领先的可持续发展城市，为深圳市寻找可持续发展道路上可以借鉴的案例。

二、全球可持续发展城市的特征总结及专项对标

通过对大量可持续发展城市的深入研究，针对“可持续发展城市”的独特发展形态，罗兰贝格总结出六大共性特征。罗兰贝格将分别结合选定标杆城市的独特亮点，对以下共性特征进行解读。

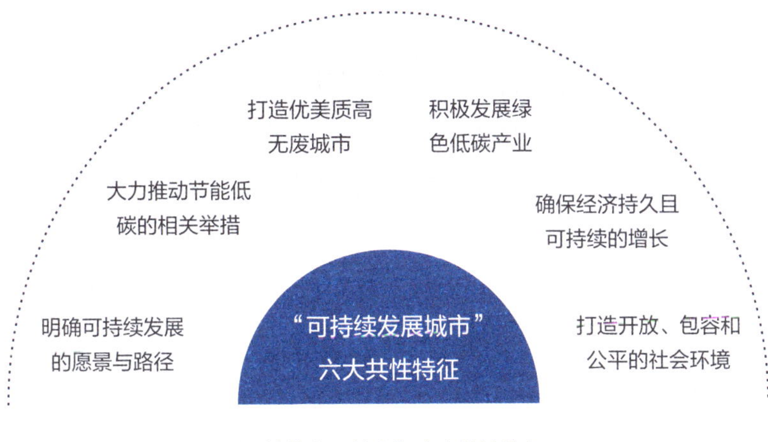

"可持续发展城市"六大共性特征

（一）明确可持续发展的愿景与路径

明确未来发展愿景是城市可持续发展的核心与基石，而基于愿景分解出的具体可量化的目标及相应切实可行的发展路径则是支持愿景实现的重要抓手。各标杆城市均基于全球及国家发展最终目标及自身基础，规划了明确的战略愿景及相应目标，并设置了具有针对性及可实操性的实施路径。

以丹麦哥本哈根为例，该地以气候规划为引领，与总体规划、区域规划三位一体紧密协作。作为全球绿色宜居城市标杆，哥本哈根 2009 年发布《哥本哈根气候规划》，提出 2025 年成为全球首个"碳中和"首都这一明确愿景，同时提出节能、能源生产、绿色交通和市政项目四个领域的具体目标。以能源生产 2025 年目标为例，包括区域供暖实现 100%零碳、市政建筑上架设 6 万平方米的太阳能电池板、有机垃圾完全生物气化等具体可量化的细分目标。同时哥本哈根政府制定了三个子阶段（2013—2016 年、2017—2020 年和 2021—2025 年）实施路线图及相应行动重点，并随着新知识和新技术的发展不断调整相关举措。如在 2009 年第一阶段开始前设立了 50 项具体举措与 6 大标杆项目，并于 2012 年基于技术创新、项目实施情况及城市化发展水平进行了相应的补充及修订。截至 2018 年，哥本哈根已经在 2005 年的基础上完成了 52%碳排放的削减，在真正实现成为"一个令人瞩目的绿色大都市"城市发展目标上稳步前进。

可持续发展理念在各级规划中的延续性和协调性是哥本哈根的另一特色。例如，在城市总体规划中，哥本哈根明确“建立全球可持续发展责任城市”的理念，与时俱进提出“零化石”、生物质能热电联产等全新议程。在城市区域规划中，哥本哈根强调在主城区和卫星城中加强交通体系可持续性和绿地空间连通性建设。

（二）大力推动节能低碳的相关举措

节能减排是改善城市环境质量的重要路径，也是未来城市改善生态环境的重要抓手。节能减排包括碳定价、碳捕集、封存与利用和能源结构调整等方式，是贯穿“产”“城”“人”共同可持续发展的重要主线。

东京首创城市级强制碳排放交易体系。碳定价机制成为各国控制产业温室气体排放的首要选择，因此建立碳排放交易体系已成为具有持续改进性的重要举措。日本东京于 2010 年建立了世界上第一个城市级的强制排放交易体系，并设置了包括减排目标、覆盖范围、配额分配、履约机制和灵活性机制的总量控制排放交易机制。在该交易体系施行后的第一个履约阶段（2010—2014），东京就实现了 25%的减排量及超过 90%的高实体履约率。

伦敦水晶大厦样板项目引领建筑减排。在城市建筑的节能减排方面，水晶大厦通过智能化的楼宇监控以实现节能减排。水晶大厦已安装全集成楼宇管理系统，包括了智能分析模块、火灾探测器、占用侦测器和舒适度传感器，全面室内控制可实现房间内部的最大舒适度，以及最小的能源消耗。同时，在楼顶安装分布式光伏电池，通过光电效应将光转换成电流使用，较大的光伏系统可为房屋照明和供电。除此之外，水晶大厦还将雨水进行收集，处理后用于饮用。采用节水器具、低流量龙头，同时与市政供水系统连接确保在旱季有足够供水。目前与同类办公楼相比，水晶大厦可节电 50%，减少 65%的二氧化碳排放。

斯德哥尔摩通行税和可再生能源双轮驱动绿色公交体系。对于与生活息息相关的交通减排，欧洲绿色之都斯德哥尔摩通过鼓励公共交通和使用可再生能源以实现节能减排。鼓励公共交通方面，斯德哥尔摩政府在市中心容易引起交通拥堵的地区征收每天最高 6 欧元的通行税，提高了公共交通的出行比例；使用可再生能源方面，所有火车和市内公交车都使用可再生能源产生的电力、生物燃料和沼气，9%的私家车采用乙醇、沼气、混合动力电动或超低排放汽车。

（三）打造优美质高无废城市

传统城市的发展大多建立在资源大量消耗、污染无节制排放的不可持续的模式上，因此实现城市固废、排污的可持续管理、打造“无废社会”“无废城市”也成为城市可持续发展的重要举措。

旧金山政策组合拳铸就“无废城市”。2003 年，旧金山确定到 2020 年实现无废弃物、建设“无废城市”的目标，意味着将对所有废弃物进行回收利用、生物处理，避免焚烧或填埋。旧金山“无废城市”核心驱动是政府建立了覆盖生产企业、家庭及个人、废弃物处理厂商的严密无废体系。对生产企业，旧金山市广泛采用禁令、强制措施、征收费用等方式减少废弃物产生，通过禁令（如禁止销售 1 升以下的瓶装水及部分一次性餐具）、激励（奖励在设计及生产产品时减少废弃过程产物的企业）等方式要求生产企业对其产品从设计到使用后回收实施全周期负责。对家庭及个人，政府颁布法令强制要求居民对生活废弃物进行回收，同时通过减免垃圾费等方式鼓励居民垃圾分类。在这套组合拳下，旧金山市用 20 年时间在整个城市培育出零废弃文化，实现了 80%垃圾分流率，并被经济学人智库评为北美最环保城市。

北九州市官、产、学、民联动促进循环经济发展。北九州市创造了以公民参与为中心，官、产、学、民共同参与的“北九州模板”。其中环境局指导、环保公司规范处理、研究机构全力支持环境科研及人才培养、公民积极参与并承担核心职责。一方面，北九州市将促进环境行动作为城市居民学习的必须内容，通过促进居民环保理念提升、垃圾分类基础技能掌握为“无废”发展打下坚实基础；另一方面，政府向社会和市民公开信息，多次召开会议和居民交流，以尊重居民的意见为推动力最大程度地调动居民的环保主观能动性。

（四）积极发展绿色低碳产业

未来城市需要进一步建立绿色低碳产业体系，打造产业绿色供应体系与优化升级产业结构。在产业升级方面，需要提升新兴产业的比重，调整与降低高耗能产业的比重，逐步减少对化石能源的依赖，加大绿色能源的使用比例。除此之外，城市在建设的过程中，需要积极营造低碳绿色产业生态，构建面向产业和企业的绿色服务体系。

温哥华被称为“绿色经济的麦加城”，其通过设置碳税促进绿色产业聚集、建立产业园区以商引商及法律导向等方式大力发展新能源产业、节能产业和低碳技术产业。吸引众多清洁技术企业聚集，推动城市绿色产业发展；同时设立低碳经济园区，打造了世界第三大清洁产业集群，并逐步实现以商引商；通过颁布“2030 年起禁止销售新的汽油和柴油汽车”等具有导向性法律规划支持电动汽车发展。在一系列政策引导下，温哥华的绿色产业发展“质”和“量”成绩斐然。从质量上看，温哥华孕育了 Loop Energy（氢燃料电池）、Awesense（数字能源科技）等全球领先的绿色科技企业，吸引了加拿大全国 1/4 的清洁技术公司落户。从规模上看，温哥华绿色产业发展已经融入城市的方方面面，已建成包括七大子行业的绿色产业体系，即：绿色农业、绿色建筑、清洁技术及替代能源、绿色基础设施、可持续发展服务和教育、水土修复、循环经济。七大绿色子行业有力带动了就业和社会民生发展。

（五）确保经济持久且可持续的增长

经济持久且可持续的、不以牺牲环境为代价的增长是城市的关键根基，也是城市实现可持续发展的重要保障。影响城市经济可持续性的因素包括单位经济发展所消耗资源量、就业率、住宅负担能力等事关公平、效率的多个因素。

以在过去十年内实现里程碑式巨变的美国西雅图为例，其可持续经济发展主要依靠高科技产业引领、文化资源建设与开发及宜居的生产生活环境。西雅图给予波音公司优惠税率和基础设施补助，打造埃弗里特航空产业集群，同时通过大力发展数字经济产业，先后培育了微软、亚马逊等产业巨头；此外，西雅图推动形成以文化产业为主体的特色区域，如以设计、新媒体为主的贝尔顿和以音乐、时尚类消费为主的乔治城，逐步成为美国表演艺术的中心；同时，西雅图通过大力治理污染河流、推动可负担住房计划等方式为居民提供优美且可负担的生活环境。基于以上三点，西雅图一方面通过科技及文化产业实现资源消耗减少，同时大大增加科创、治理及环保相关就业及住房保障，实现了经济的可持续发展。

（六）打造开放、包容和公平的社会环境

可持续发展城市的关键特征是拥有开放、包容和公平的社会环境。伦敦等大城市在规划时从以经济利益导向走向社区主导式更新，旨在更好地改善改造地区原住居民的生活和工作环境。社区主导式更新也从“主流”人群主导过渡为更加包容式的“全民”主导。比如在伦敦王十字车站的包容性设计更新项目中，邀请弱势群体以及志愿者与更新改造的设计师一同入场体验，以设计出最佳的出行路线、标示和相应的公共设施，打造了“残障人士 > 行人 > 车辆”的让权空间。此外还有一系列其他包容性设计，如车站临街公共停车点保障不少于 5%的残障车辆，电梯与电梯间有清晰的地面标识为有需人士提供尽量避开主要客流短且平坦的直通路径，大量打造无障碍的慢行系统等。通过大量制度和设施的支撑，尽可能地保障了弱势群体享受应有的福利和待遇，获得公平和包容的社会生活环境。

三、深圳在可持续发展方面已经累积的基础

深圳迄今为止在战略引领、节能低碳、治污降废、绿色产业发展、经济可持续增长、优化社会环境六大方面获得长足发展，并进一步探索超大型城市可持续发展可操作、可复制、可推广的有效模式，逐步对全国其他城市可持续发展发挥着示范效应。但同时，基于历史沉淀、技术手段等方面的局限，深圳较国际超一流可持续发展城市仍有一定距离，仍需借鉴国际经验持续发力。

（一）明晰愿景引领，扎实路径落实

2018 年初，国务院正式批复同意深圳市建设国家可持续发展议程创新示范区，自此深圳明确自身“以创新引领超大型城市可持续发展”的愿景与定位。基于该定位，深圳政府颁布《深圳市可持续发展规划（2017—2030 年）》及相关方案，搭建了“4 个工程”（资源高效利用工程、环境保护工程、健康深圳工程、社会治理现代化工程）结构。在落地层面，深圳坚持拒绝空谈，狠抓落实，建立起 30 项可量化详细目标。基于已建立起明确的愿景、体系化的规划及扎实可行的实现路径，深圳的可持续发展建设正按照时间表稳步推进。

（二）领先碳交易市场，低碳绿城全国领先

深圳于 2013 年建成全国首个碳交易市场。截至 2021 年 12 月，管控单位 687 家，覆盖制造业、水务、公共交通、港口等 31 个行业，碳市场配额总成交量 6517 万吨，总成交额 14.58 亿元，市场流动性居全国试点碳市场首位。同时深圳在全国率先颁布了《深圳经济特区循环经济促进条例》及《深圳市绿色建筑高质量发展行动实施方案（2021—2025）》，基于条例及实施方案指导，深圳现绿色建筑总面积超过 5 亿平方米，规模位居全国前列。此外，深圳积极推广绿色出行，在全国率先实现公交车 100%纯电动化、出租车 100%纯电动化、工业锅炉 100%清洁化，率先实施轻型车国Ⅵ排放标准。深圳也是全球新能源汽车推广规模最大的城市之一，预计 2025 年新能源汽车将会达到 100 万辆，累计建成公共网络和专用网络快速充电桩 4.3 万个左右。尽管深圳每度电产值在全国名列前茅，是万元 GDP 能耗、碳排放强度最低的大城市，但总能耗强度降低幅度及能源消费总量控制两方面成效不及预期，仍有提升空间。

（三）污水治理初见成效，固废减排崭露头角

治污减排是深圳可持续发展的四大工程之一，尤其是污水治理。由于深圳水务基础设施建设的历史欠账多，水污染问题突出，生态环境治理任务十分艰巨。面对困难，深圳积极主动迎接挑战，立下一年“秀水长清”、三年“碧水

安澜”、五年“幸福河湖”的治理目标，深入实施治水提质工作计划，加快污水管网建设和污水处理设施高标准新改扩建，全面推进海绵城市建设，多管齐下实施面源治理、清淤疏浚、生态补水、生态修复等措施，至今已成效卓然。深圳坚持推行从源头减少固体废物产生量，推动固体废物回收利用，最大限度减少填埋量，并提出了四个阶段目标：2020 年“起跑”、2025 年“跟跑”、2035 年“并跑”、本世纪中叶“领跑”。

（四）壮大发展低碳产业，积极推动绿色经济

深圳作为我国绿色低碳产业中坚力量，始终坚持体系化绿色产业集群发展，已在新能源汽车、废弃物处理等绿色低碳产业拥有一批行业领军企业。截至 2021 年底，深圳共创建国家绿色工厂 45 家，绿色供应链管理示范企业 7 家，绿色工业园区 2 个，绿色产品 71 个，绿色设计示范企业 5 家，绿色制造系统集成和解决方案供应商项目 8 个，国家绿色数据中心 4 家，初步建立了工业绿色制造体系。深圳大力建设氢能产业，拥有近 70 家创新型企业及科研机构从事氢能技术研发和产品开发，研发出电解水制氢设备、高功率密度电堆及系统、燃料电池重卡、氢能无人机等具有自主知识产权的氢能科技产品，初步形成了较为完整的氢能产业链。2021 年 12 月印发《深圳市氢能产业发展规划（2021—2025 年）》，提出将深圳打造成为粤港澳大湾区氢能产业创新发展高地。此外为更好支撑绿色产业发展，深圳积极探索绿色金融产业，工商银行、农业银行深圳分行等多家机构设置绿色金融部、组建绿色金融团队或成立绿色支行，推进绿色金融专业化经营。部分金融机构创新绿色金融业务模式，如国开行深圳分行参与发行“碳中和”专题“债券通”绿色金融债等。绿色金融的快速增长，正成为推动深圳经济社会高质量发展新动能。

（五）推动创新引领的可持续经济增长

深圳 GDP 从 1979 年不足 2 亿元跃升至 2021 年突破 3 万亿元。在经济高速发展的同时，深圳坚持创新引领，坚决拒绝引入高污高耗产业，实现绿色发展指数位列广东省第一。创新是深圳的根，也是深圳的基因组合。截至 2021

年底，深圳已建成各类创新载体3070个，每万人发明专利拥有量为112件；5G技术、无人机、基因测序、新能源汽车等领域技术水平居世界前列；拥有国家超级计算深圳中心、深圳国家基因库等一批重大科技基础设施。但深圳相比国际一流科创城市，仍面临原始创新能力不强、优质医疗服务资源供给不足、住宅可负担性较弱等影响可持续健康发展的挑战。为攻克以上制约城市可持续发展和竞争力提升的突出短板，深圳先后出台《深圳市科技创新发展“十四五”规划》《深圳经济特区健康条例》《关于进一步促进我市房地产市场平稳健康发展的通知》等法规，进一步支撑经济可持续健康发展。

（六）坚持高水平对外开放，保障居民安居乐业

40年来，开放始终是深圳的底色。得益于开放包容的改革气质，深圳从当初人口仅有3万多的边陲小镇发展成为人口超过千万的超大城市。无论是中国企业还是外国企业，本地居民还是外来人口，先来者还是后到者，深圳都给予友善帮助、公平待遇，文明社会环境、和谐生活氛围吸引着全球人才在此汇聚，生活投资创业。如全国首创外国人在深就业居留两证一站式办理，将原需多次来往两部门耗时15个工作日的办理流程简化为“一网式、一站式”工作居留业务办理模式，广受外国友人好评。同时深圳坚持建设全国“最安全稳定、最公平公正、法治环境最好”标杆城市，全市刑事治安总警情连续三年分别下降23.1%、6.2%和15.3%，电信网络诈骗犯罪提前实现同环比“双下降”，给市民充分的安全感。此外，深圳2021年出台《深圳经济特区无障碍城市建设条例》，在全国首次提出无障碍城市理念，突出将无障碍城市建设纳入文明城市建设范畴，强调运用通用设计理念，构建从规划、设计、施工、评估、验收、管理、服务到反馈的全链条无障碍城市建设体系，使得障碍人士群体能够在生活、就业、就学方面可就地、可指引、可避障、可融合。

四、对于深圳未来发展的展望

综上，我们看到深圳作为中国可持续发展先锋队、世界可持续发展新星，

除自身可持续发展已取得优异的成绩外，应继续探索适合中国城市可持续发展国情的“深圳模式”。面对后疫情时代全球经济复苏缓慢、新技术新产品新业态发展仍存瓶颈、过去高速发展带来的历史包袱等艰难挑战，深圳仍需坚定不移地以创新引领超大型城市可持续发展为主题，着力破解“大城市病”，着力推动经济、社会与环境协调发展，加快建成中国特色社会主义先行示范区。深圳可在接下来的发展中做好以下方面的规划和布局，打造进一步可持续增长发展体系：

（一）坚持愿景引领、规划统筹，争当全国第一、世界领先可持续发展城市

坚持以创新引领超大型城市可持续发展为主题，以 5 年为单位，基于实际达成情况及新技术新制度发展持续优化更新《深圳市可持续发展规划（2017—2030 年）》；建立各自项目年度目标分解及达成复盘机制，尤其需基于中国碳达峰碳中和目标，设立切实可行的每阶段碳排放目标；持续发扬埋头苦干的特区精神，确保项目有序开展、绿色低碳切实落地；基于此同时向全国绿色发展首位、世界第一梯队的目标发起冲锋，真正打造适合中国国情的“深圳模式”。

（二）深化绿色低碳措施，打造全国标杆的最绿政府、最绿产业、最绿生活

在现有绿色低碳举措的基础上，进一步加强低碳渗透率。通过政府采购优先低碳产品、能源使用优先可再生能源、加快无纸化办公打造低碳政府；通过深化碳排放权交易、税收优惠、鼓励低碳园区建设等方式打造低碳产业；通过进一步促进能源改革提升可再生能源使用比例、进一步推广电车使用、深化绿色建筑标准执行。

（三）推进无废城市建设、深化水质管理，积极贯彻绿水青山就是金山银山

基于现有顶层设计引领，持续深化体制机制改革，从制度、市场、技术、监管四大保障体系四轮驱动。持续推进污水及固体废物源头减量和资源化利

用，最大限度减少填埋量，进一步激发市场活力，鼓励相关污水固废处理企业打造生产企业产品全生命周期负责制，从根源上减少污废产生。在现有城内水域治理基础上，以入海污染物总量控制为核心、重点河湾的环境综合治理为抓手，进一步重视海洋环境综合整治。此外加强居民教育，通过推动形成绿色发展方式和生活方式，促使环保理念深入人心。

（四）大力发展低碳绿色经济产业，打造世界级绿色产业集群

持续深化扶持绿色低碳产业，推动深圳氢能、新能源汽车、废弃物处理等绿色低碳产业集群发展。严格环境准入标准、排放标准，提高产业准入门槛，开展清洁生产、推进传统产业空间聚集，促进传统产业改造升级和绿色化。立足深圳地缘、人才、产业积淀等，基于现有产业园，通过政企合作、筑巢引凤、以商引商等方式逐步完善绿色产业链，打造国际领先的产业集群。

（五）立足科技创新发展，拉动经济可持续增长

通过深化“开放式创新城市”深度转型的顶层规划和部署、持续加强知识产权法规条例、金融生态、数据生态等软环境建设、对内做好深圳本地的人才系统培养和供给，对外通过立体化的政策吸引全球顶尖人才汇集，强化原始创新能力。加大力度研发推广节能减排、绿色建筑、绿色能源、绿色交通、低碳发展、清洁生产、水资源保护、气候变化应对等方面的节能环保技术，促进产业绿色转型和经济发展方式转变。积极提升医疗、教育等基础服务能力，多手段提升住宅可负担性，以提升城市长远竞争力、经济可持续增长力。

（六）保持包容公平的“来了就是深圳人”精神，推动更高水平对外开放

深化深圳无障社会发展，持续推进“设备无障碍”“观念无障碍”“文化无障碍”的全链条建设“有爱无碍”社会环境。同时进一步引领粤港澳大湾区打造公平开放社会环境，进一步优化外省及国际友人在深圳生产生活的便捷度，真正实现“来了就是深圳人”。

后 记

本书是《中共中央、国务院关于支持深圳建设中国特色社会主义先行示范区的意见》发布以来，公开出版的第二本深圳先行示范区发展报告。本书在收集资料和写作期间，始终得到市委市政府领导、各区各部门、专家智库及头部企业的大力支持。

感谢王立华、王延青、王昕浩、文维、方丹苗、邓超、付奇艺、吕哲、朱玉华、刘合庆、刘娟伶、许璇、孙静、严稳定、李水生、李创、李佳松、李思嘉、杨成云、杨勇、吴晓丹、何平、邹紫露、汪大鹏、张思池、陈秋明、苗宁礼、罗海丽、周荣生、庞仁松、庞勤、胡威韬、胡麒麟、曹赛先、梁亚洲、董文斗、董秀、董彧、鲁祯祯、戴胜江（按姓氏笔画为序）等同志对五大率先篇和先行示范篇编写工作作出的贡献。感谢科尔尼咨询公司、挪威船级社、全球化智库、腾讯研究院、平安集团、联合国科教文组织高等教育创新中心、罗兰贝格管理咨询公司等国内外智库专家对国际对标篇撰写工作作出的贡献。特别感谢人民出版社在本书编撰出版过程中给予的帮助。

本书力求准确记录深圳 2021 年推进中国特色社会主义先行示范区建设工作，但难免挂一漏万，恳请读者批评指正。

编写组

2022 年 12 月

责任编辑：李之美

图书在版编目（CIP）数据

深圳中国特色社会主义先行示范区发展报告 . 2021 / 深圳市推进中国特色社会主义先行示范区建设领导小组办公室 主编 . — 北京：人民出版社，2023.2
ISBN 978－7－01－025315－2

Ⅰ. ①深… Ⅱ. ①深… Ⅲ. ①区域经济发展－研究报告－深圳－2021 Ⅳ. ① F127.653

中国版本图书馆 CIP 数据核字（2022）第 237599 号

深圳中国特色社会主义先行示范区发展报告（2021）
SHENZHEN ZHONGGUO TESE SHEHUIZHUYI XIANXING SHIFANQU FAZHAN BAOGAO（2021）

深圳市推进中国特色社会主义先行示范区建设领导小组办公室 主编

人民出版社 出版发行
（100706 北京市东城区隆福寺街 99 号）

北京新华印刷有限公司印刷 新华书店经销

2023 年 2 月第 1 版 2023 年 2 月北京第 1 次印刷
开本：710 毫米 ×1000 毫米 1/16 印张：30.75
字数：480 千字

ISBN 978－7－01－025315－2 定价：172.00 元

邮购地址 100706 北京市东城区隆福寺街 99 号
人民东方图书销售中心 电话（010）65250042 65289539